INHALTSVERZEICHNIS
TABLE DES MATIÈRES

Legende v.l.n.r. / Légende (de gauche à droite):
Fabienne Huber, Oliver Grützner & Laura Frey

Liebe Camperinnen und Camper

Wir freuen uns Ihnen einen Einblick in die faszinierende Welt des Campings in der Schweiz und im nahen Ausland zu geben.

Am 1. März 1949 wurde die erste Camping-Sektion ins Leben gerufen – somit darf der TCS auf 75 Jahre Campinggeschichte zurückblicken. Damals konnte den Mitgliedern 7 Zeltplätze angeboten werden. Heute sind es deren 24 TCS Campingplätze.

Campingplätze in der Schweiz werden digitaler und sind online buchbar. So kann die nächste Reise bequem von Zuhause geplant werden. Schauen Sie mal auf der grössten Buchungsplattform für Campingplätze www.pincamp.ch rein.

Lassen Sie sich inspirieren. Ihnen wünschen wir viele unvergesslich schöne Campingerlebnisse im Jahr 2024.

Chères campeuses, chers campeurs,

Nous sommes heureux de pouvoir vous offrir un aperçu de l'univers fascinant du camping en Suisse et dans ses pays voisins.

La première section de camping a vu le jour le 1er mars 1949. L'histoire du TCS remonte donc à 75 ans. A l'époque, sept terrains de camping étaient proposés aux membres. Le TCS en compte aujourd'hui 24.

Les campings en Suisse passent au numérique et peuvent être réservés en ligne. Vous pourrez donc organiser votre prochain voyage directement chez vous, grâce à la plus grande plateforme de réservation de campings: www.pincamp.ch.

Laissez-vous inspirer. Nous vous souhaitons bien des aventures inoubliables en camping pour l'année 2024.

Oliver Grützner
Leiter Tourismus und Freizeit / Responsable Tourisme et loisirs

Laura Frey
PM Campingführer / PM Guide des campings

Fabienne Huber
Leiterin Club- und Verbandsmanagement Camping / Responsable Gestion Camping Club/Association

SWISSCAMPS.CH

Verband Schweizerischer Campings
Association Suisse des Campings
Associazione Svizzera dei Campeggi
Swiss Camping Association

50 YEARS

CAMPING IM WANDEL DER ZEIT
LE CAMPING AU FIL DU TEMPS

Erst möchte ich diese Gelegenheit nutzen, dem TCS zu seinem 75-Jahr-Jubiläum zu gratulieren. Auch swisscamps – der Verband Schweizerischer Campings – hat Grund zu feiern. Gegründet wurde unser Branchenverband im Jahr 1974, somit blicken wir auf 50 Jahre Verbandsgeschichte zurück. Zentrale Themen sind heute die regionale Verankerung und Stärkung der Campingplätze sowie die politische Arbeit für die Campingbranche auf nationaler Ebene.

In den letzten Jahrzehnten hat sich Camping stark verändert. War es früher oft mit einfachen Zelten und rudimentärer Ausstattung verbunden, gibt es gegenwärtig eine Vielzahl von Campingausrüstungen und -technologien, die den Komfort und die Bequemlichkeit beim Camping erhöhen. Bevorzugt sind Camper-Vans, Wohnmobile, Wohnwagen oder Glampingunterkünfte, um die Campingferien zu geniessen. Gleichzeitig hat sich die Einstellung zum Camping verändert. Früher wurde Camping oft als einfache und kostengünstige Möglichkeit betrachtet, die Natur zu erleben. Heute wird Camping oft als eine Möglichkeit angesehen, dem Alltagsstress zu entfliehen und eine Verbindung zur Natur herzustellen.

Gönnen Sie sich eine Auszeit in der Natur, am Wasser, in den Bergen auf einem unserer 165 Campingplätzen. Auf Ihren Besuch freuen wir uns sehr.

Pour commencer j'aimerais féliciter le TCS à l'occasion de son 75ème anniversaire. swisscamps – Association Suisse des Campings a également de quoi se réjouir. Notre association de campings crée en 1974, nous permet de revenir sur 50 ans d'histoire. Actuellement nous nous préoccupons en priorité de l'ancrage régional et de la consolidation des campings ainsi que l'aspect politique de la branche au niveau national.

Au cours des dernières décennies le monde du camping a considérablement évolué. Si par le passé le camping était souvent associé à la simplicité avec quelques tentes et des équipements rudimentaires, une multitude d'équipements et technologies contribue au confort des campeurs de nos jours. On note une préférence pour les camping-cars, mobil homes, caravanes ou hébergements glamping de la part des vacanciers. Par la même occasion l'image du camping s'est modifiée. Par le passé le camping était considéré comme un moyen simple et peu coûteux pour vivre en plein air, alors que de nos jours il offre la possibilité d'échapper au stress quotidien en se reconnectant à la nature.

Offrez vous une pause nature, au bord de l'eau ou à la montagne sur l'un de nos 165 campings. Au plaisir de vous rencontrer.

Marcel Zysset
swisscamps Zentralpräsident/ Président central

Mehr über swisscamps: Seite 22 / Plus d'infos sur swisscamps: page 22

TCS Camping

Für unbeschwerte Tage in der Natur / Pour des journées insouciantes dans la nature

TCS Camping
Erleben Sie unvergessliche Ferien in der Natur auf den TCS Campingplätzen in der Schweiz. Ein idyllischer Camping am See, am Fluss, nahe der Stadt oder in den Bergen – hier finden Sie Ihren Traumplatz. Mit diversen Campingplätzen in der Schweiz gibt es für jeden das passende Angebot.

TCS Glamping
Glamping, also glamouröses Camping, ist die perfekte Kombination aus Naturerlebnis und einer grossen Portion Komfort – mit einem Hauch von Glamour! Mieten Sie eine von über 30 fertig eingerichteten Mietunterkünften auf unseren Campingplätzen und geniessen Sie die naturnahen Ferien – ganz ohne Schleppen der Campingausrüstung.

Gastronomie
Die Gastronomiebetriebe auf den TCS Campingplätzen bieten ihren Gästen eine breite Auswahl an köstlichen Gerichten, wie zum Beispiel unsere beliebten TCS Camping Fischknusperli oder der TCS Camping Burger. Wir legen grossen Wert auf regionale und frische Zutaten und eine sorgfältige Zubereitung in der Küche, um Ihnen ein unvergessliches Geschmackserlebnis zu bieten.

TCS Camping
Vivez des vacances inoubliables en pleine nature dans les campings TCS de Suisse. Que vous cherchiez un camping idyllique au bord d'un lac, d'un fleuve, proche d'une ville ou en pleine montagne, vous trouverez votre bonheur. Chacun et chacune peut trouver l'offre qui lui correspond.

TCS Glamping
Le glamping, contraction de «glamour camping», combine parfaitement nature et confort, une touche de charme en plus! Faites votre choix parmi plus de trente logements entièrement aménagés sur nos campings et profitez de vacances au plus près de la nature, sans avoir à vous encombrer d'un équipement de camping.

Restauration
Les établissements de restauration des campings TCS proposent à leurs hôtes un large choix de plats savoureux tels que nos fameux filets de poisson frits camping TCS ou encore le hamburger camping TCS. Nous accordons beaucoup d'importance à la fraîcheur et à la régionalité des produits, ainsi qu'au soin de la préparation en cuisine afin de vous offrir une expérience gustative inoubliable.

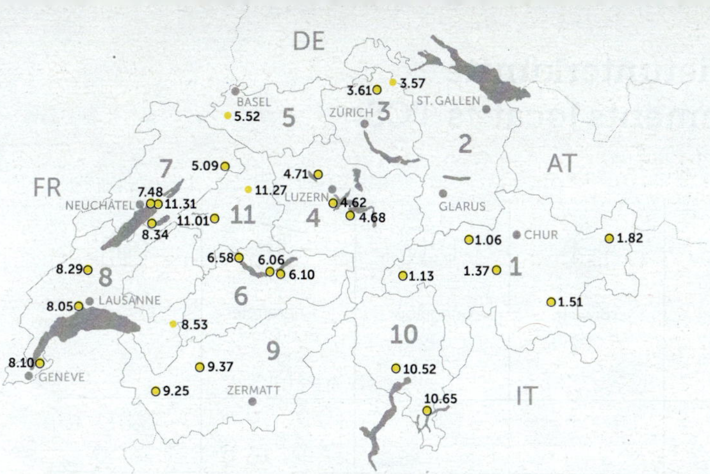

15–20 %*	TCS Camping Mitglieder / Membres
10 %	TCS Mitglieder / Membres CCI Camping Card International

Das ganze Jahr auf allen TCS Campingplätzen gültig. Gilt für Mietunterkünfte und Stellplätze. Nicht kumulierbar.
* 15 % in der Hochsaison, 20 % in der Nebensaison
Rabais valable toute l'année sur tous les campings TCS et pour tous les logements locatifs et emplacements. Non cumulable.
* 15 % de rabais durant la haute saison, 20 % de rabais durant la basse saison

Zeichenerklärung / Explications

- Bettwäsche komplett / Literie complète
- Bett ohne Duvet, Matratze und Kissen bezogen, Schlafsack mitbringen / Sans literie, hormis draps housse et oreiller avec taie, apporter sac de couchage
- Kochplatte / Plaque de cuisson
- Toilette
- Duschen mit Warmwasser / Douches avec eau chaude
- Fliessend Wasser / Eau courante
- Stromanschluss / Prise électrique
- Heizung / Chauffage
- Kaffeemaschine / Cafetière électrique

TCS Camping

1.06	Flims **	54
1.13	Disentis ****	56
1.37	Thusis Viamala ***	60
1.51	Samedan ***	66
1.82	Scuol ****	70
3.61	Flaach am Rhein ****	94
4.62	Luzern-Horw ***	104
4.68	Buochs Vierwaldstättersee ****	106
4.71	Sempach ****	108
5.09	Solothurn ****	152
6.06	Interlaken ***	126
6.10	Bönigen Brienzersee ****	130
6.58	Gwatt Thunersee ****	140
7.48	La Tène Neuenburgersee ***	158
8.05	Morges ***	178
8.10	Genève-Vésenaz ****	180
8.29	Orbe ***	184
8.34	Salavaux Plage ***	168
9.25	Martigny ***	194
9.37	Sion ****	198
10.52	Gordevio Valle Maggia ***	216
10.65	Lugano-Muzzano ****	220
11.01	Bern Eymatt ****	228
11.31	Gampelen Neuenburgersee ****	172

TCS Camping Club

3.57	Rässenwies	93
5.52	Camping uf der Holle	118
8.53	Vers-l'Eglise La Murée	188
11.27	Camping Waldegg	230

Diverse TCS Mietunterkünfte
Divers hébergements locatifs TCS

	AirLodge	Biwak Bivouac	Bungalow	Barrierefreier Bungalow Bungalow sans barrières	Cabane
	Max. 4	Max. 2	Max. 4	Max. 5	Max. 6
Bern Eymatt			●	●	
Bönigen Brienzersee		●		●	
Buochs Vierwaldstättersee			●	●	
Disentis					
Flaach am Rhein			●	●	
Flims					
Gampelen Neuenburgersee		●			
Genève-Vésenaz		●			
Gordevio Valle Maggia		●			
Gwatt Thunersee					
Interlaken					
Lugano-Muzzano					
Luzern-Horw					
Martigny		●			
Morges					
Orbe					
Salavaux Plage		●			
Scuol					
Sempach			●	●	
Sion	●			●	●
Solothurn					●
Thusis Viamala					

Chalet Deluxe	Family Pod	Family Pod Deluxe Family pod deluxe	Geopod	Leuchtturm Phare	Mobilhome
Max. 4	Max. 4	Max. 4	Max. 2	Max. 2	Max. 6
	●				
	●				
		●			
	●				
	●				
	●				
	●				
	●				
●					
		●			●
	●			●	
	●				
	●				
	●		●		
	●				
●					
	●				

Diverse TCS Mietunterkünfte
Divers hébergements locatifs TCS

	Nomadenzelt Tente nomade	Nostalgiewagen Roulotte	Pod	RiverLodge	Safarizelt Deluxe Tente-safari deluxe
	Max. 2	Max. 4	Max. 3	Max. 4	Max. 5
Bern Eymatt			●		
Bönigen Brienzersee			●		
Buochs Vierwaldstättersee	●		●		
Disentis					
Flaach am Rhein		●	●		●
Flims			●		
Gampelen Neuenburgersee			●		
Genève-Vésenaz			●		
Gordevio Valle Maggia	●		●		
Gwatt Thunersee					
Interlaken				●	
Lugano-Muzzano		●	●		●
Luzern-Horw					
Martigny			●		
Morges					
Orbe			●		
Salavaux Plage			●		
Scuol					
Sempach			●		
Sion			●		
Solothurn		●	●		●
Thusis Viamala					

Weitere TCS Glamping und Mietunterkünfte auf tcs-camping.ch/glamping / Autres Glamping TCS et hébergements locatifs sur tcs-camping.ch/glamping

Safarizelt Comet Tente-safari Comet	Safarizelt Sparkle Tente-safari Sparkle	Streamline Vintage	SwissTubes	Tipi	Wohnwagen Vintage Caravane vintage
Max. 8	Max. 2	Max. 4	Max. 8	Max. 4	Max. 2
				●	
				●	
				●	
			●		
		●			●
				●	
●	●			●	
				●	

TCS Camping Mitgliedschaft

Geniessen Sie Campingferien günstiger und sorgenfrei

TCS Sociétariat Camping

Passez des vacances au camping sans stress et à prix réduit

für CHF 60.–/Jahr / pour CHF 60.–/an

Profitieren Sie von attraktiven Rabatten auf Campingplätzen
15% Rabatt in der Hochsaison und 20% in der Nebensaison auf sämtlichen TCS Campingplätzen.

Sorgenfrei fahren mit Motorhomes
Erstklassige Pannen- und Unfallhilfe für Motorhomes bis 7,5 t und Wohnanhänger bis 3,5 t.

Profitez de réductions attrayantes sur les campings
15% de rabais durant la haute saison et 20% durant la basse saison sur tous les campings TCS.

Voyager sans stress en camping-car
Assistance dépannage et accident pour camping-cars jusqu'à 7,5 t et caravanes jusqu'à 3,5 t

Internationale Campingkarten kostenlos für Sie

Mit der CCI und CKE sparen Sie auch im Ausland.

TCS Campingführer Schweiz & Europa als Geschenk

Der ideale Begleiter auf Reisen und zuhause als Planungshilfe für reibungslose Campingferien im In- und Ausland.

Mit der TCS Camping Mitgliedschaft profitieren Sie von weiteren Camping-Mehrwerten:

- Bis 20% Rabatt auf Campingzubehör bei ausgewählten Fachhändler
- Veranstaltungen im In- und Ausland mit Ihrem Camping Club
- Vergünstigte Prämie bei der TCS Wohnmobil-Versicherung

Sind Sie noch nicht Mitglied?
Mehr Informationen unter tcs.ch/camping-mitglied oder 0844 888 111.

Cartes de camping internationales gratuites pour vous

Les cartes CCI et CKE vous donnent également droit à des réductions à l'étranger.

Guide TCS Camping Suisse & Europe offert

Le guide TCS Camping est l'outil idéal à emporter en voyage et à utiliser chez soi pour planifier ses vacances au camping, en Suisse ou à l'étranger.

En tant que membre TCS Camping vous profitez d'autres avantages camping:

- Jusqu'à 20% de rabais sur les accessoires de camping auprès d'une sélection de revendeurs spécialisés
- Manifestations en Suisse et à l'étranger avec votre Camping Club
- Prime réduite sur l'assurance camping-car TCS

Vous n'êtes pas encore membre?
Vous obtiendrez de plus amples informations sur tcs.ch/membre-campeur ou par téléphone 0844 888 111.

TCS Camping Club Community

Gemeinsam dem schönsten Hobby der Welt frönen. / Partagez avec d'autres le plus beau hobby du monde.

Profitieren Sie von den abwechslungsreichen Aktivitäten im In- und Ausland, organisiert durch die regionalen TCS Camping Clubs. Teilen Sie Ihre Campingerlebnisse mit Gleichgesinnten oder nehmen Sie an einem internationalen Rallye teil.

Informationen zu den Aktivitäten der regionalen TCS Camping Clubs finden Sie auf **campingclubtcs.ch.**

Profitez du riche éventail d'activités organisées par les Camping Clubs TCS régionaux en Suisse et à l'étranger. Partagez vos expériences de camping avec d'autres amoureux du camping ou participez au rallye international.

Vous trouverez des informations sur les activités des Camping Clubs TCS régionaux sur **campingclubtcs.ch.**

TCS Camping Club Adressen / Adresses

TCS Camping Club Aargau
Markus Steiner
Bäbenmattweg 9, 5727 Oberkulm
T +41 (0)62 776 00 86
M +41 (0)79 690 04 55
markus.steiner@bluewin.ch
www.cca-aargau.ch

TCS Camping Club beider Basel
Sibylle Liechti
Unterwartweg 51, 4132 Muttenz
M +41 (0)79 920 48 49
sibylle.liechti@bl.ch
www.tcscampingbasel.ch

TCS Camping Club Bern
Jürg Treichler
Aarbergstrasse 9, 3294 Büren an der Aare
T +41 (0)32 665 70 91
M +41 (0)79 458 02 69,
juerg.treichler@tcs-ccb.ch
www.tcs-ccb.ch

TCS Camping Club Biel-Seeland
Leander Gutzwiller
Rossauerstrasse 5, 8932 Mettmenstetten
M +41 (0)79 403 01 47
seeland@outlook.com
www.tcs.ch/cc-biel

TCS Camping Club Fribourg/Freiburg
Catherine Cuennet
Rte du Gottau 11, 1772 Nierlet-les Bois
T +41 (0)79 668 80 66
catherine.cuennet@bluewin.ch
www.tcs.ch/cc-fr

TCS Camping Club de Genève
Fred-Henri Schweger
Chemin des Semailles 13a, 1212 Grand-Lancy
M +41 (0)79 438 62 87
schwegerfh@bluewin.ch
www.campingclubdegeneve.ch

TCS Camping Club Graubünden
Margret Thöny
Im Lux 8, 7302 Landquart
M +41 (0)79 633 62 56
margret.thoeny@bluewin.ch
www.tcs.ch/cc-gr

TCS Camping Club Jurassien
Florian Schmied
Faulenbachweg 12a, 3700 Spiez
M +41 (0)79 825 69 33
flo-schmied@bluewin.ch
www.ccjurassien.ch

TCS Camping Club Neuchâtel
Anouk Gillabert
Sus Pont 2a, 2046 Fontaines
T +41 (0)32 853 62 15
M +41 (0)79 463 19 65
cat.gillabert@gmail.com
www.campeurs-ne.ch

TCS Camping Club St. Gallen-Appenzell
Fredi Indermaur
Moos 4897, 9112 Schachen b. Herisau
M +41 (0)79 782 48 51
fredi.indermaur@bluewin.ch
www.tcs.ch/cc-sgai

TCS Camping Club Schaffhausen
Jacques Ramò
Thayngerstrasse 59, 8207 Schaffhausen
T +41 (0)79 421 05 14
j.ramo@shlink.ch
www.tcs-ccsh.ch

TCS Camping Club Solothurn
Beat Zimmermann
Chrüzmatt 8, 4612 Wangen
M +41 (0)76 303 83 90
info@tcs-ccso.ch
www.tcs-ccso.ch

TCS Camping Club Thurgau
Michael Schmid
Hauptstrasse 46 a, 8546 Islikon
T +41 (0)52 366 55 47
info@tcs-cctg.ch
www.tcs-cctg.ch

TCS Camping Club Valais/Wallis
Doris Lauscher
Briannenstrasse 37, 3952 Susten
M +41 (0)79 658 72 72
tcscampingclubvs@bluewin.ch
www.tcs.ch/cc-vs

TCS Camping Club Vaud
Jean-Marc Jaton
Rue de Malagny 10, 1196 Gland
M +41 (0)79 716 14 25
jmjaton@gmail.com
www.camping-caravaningvd.com

TCS Camping Club Waldstätte
Franziska Hagmann
Bühl 4, 6207 Nottwil
T +41 (0)76 381 05 08
info@malerhagmann.ch
www.tcs-ccw.ch

TCS Camping Club Zürich
Nicole Hollenstein
Bellikonerstrasse 32, 5444 Künten
T +41 (0)43 539 47 38
nicole.hollenstein@tcs-ccz.ch
www.tcs-ccz.ch

Wir begleiten Camper im Alltag / Nous accompagnons les campeurs au quotidien

Das erste Mal auf dem Campingplatz

Ein Campingplatz ist ein kleines Universum mit eigenen Regeln. Für Camping-Anfänger ist es nicht leicht durchzublicken. Wir haben für alle Neu-Camper die wichtigsten Punkte zusammengefasst.

Wenn nicht alles auf Anhieb klappt: Fragen Sie Ihren Parzellen-Nachbarn, wenn Sie nicht weiterkommen! Er wird Ihnen gerne Auskunft geben.

So funktioniert ein Campingplatz
camping-insider.ch/campingplatz

Lesen Sie weitere Artikel ab Seite 548
oder auf camping-insider.ch

Premier séjour en camping

Un camping ressemble à un petit univers doté de ses propres règles. Pour les campeuses et campeurs débutants, il n'est pas facile de s'y retrouver. Nous avons donc résumé ici les principaux points à l'usage des novices du camping.

Si tout ne marche pas d'emblée et que vous ne savez plus quoi faire, demandez à votre voisin d'emplacement! Il vous renseignera volontiers.

Voici un aperçu du fonctionnement d'un camping: **camping-insider.ch/camping**

Lisez plus d'articles à partir de la page 548
ou sur camping-insider.ch

CAMPING INSIDER

Jetzt Camping-Insider Newsletter abonnieren. / S'abonner à la newsletter Camping-Insider.

Campingferien in den Bergen

Campen in den Bergen birgt Herausforderungen. Überlegen Sie bereits beim Planen:

- Muss ich auf meiner Route einen Pass überqueren?
- Ist der Pass für Wohnwagen/Wohnmobile erlaubt?
- Ist der Pass zur Reisezeit offen?
- Reisen im Herbst/Winter: bin ich für allfällige Wintereinbrüche auf Bergstrassen oder beim Campen gerüstet?

Tipps für Campingferien in den Bergen:
camping-insider.ch/berge

Vacances au camping en montagne

Camper en montagne recèle quelques difficultés. Les points suivants doivent être pris en compte dès la planification des vacances:

- Dois-je franchir un col sur ma route?
- Les attelages avec caravane ou les camping-cars peuvent-ils emprunter cette route?
- Le col est-il ouvert durant la période de mon voyage?
- Voyage en automne ou en hiver: suis-je paré/e pour circuler sur des routes de montagne ou passer la nuit dans des conditions hivernales?

Conseils pour camper en montagne:
camping-insider.ch/montagnes

T C S
Jetzt buchen!
Auch bei der Campermiete lohnt sich der TCS
Camper mit Mitgliederrabatt buchen.
Bis zu 5 % Rabatt auf den Tagesmietpreis.
Erfahren Sie mehr auf tcs-campermiete.ch

SWISSCAMPS.CH

Verband Schweizerischer Campings
Association Suisse des Campings
Associazione Svizzera dei Campeggi
Swiss Camping Association

Camping Tamaro Resort

Camping Sursee

Camping Eienwäldli

SWISSCAMPS – SEIT 1974 / DEPUIS 1974

swisscamps ist der nationale Dachverband für Campings in der Schweiz. Der Verband repräsentiert rund 165 Campings aus allen Landesteilen der Schweiz und organisiert sich mit vier Regionalverbänden (Kollektiv- und Einzelmitgliedschaften).

Der Verband fördert das Image der Branche und engagiert sich mit einer umfassenden Bewertung zur Erhaltung und Steigerung der Qualität auf den Schweizer Campingplätzen. Im Weiteren vertritt der Verband die Interessen der Campingplatzbesitzer und -verwalter gegenüber Behörden, Verbänden und anderen Institutionen und setzt sich für die gemeinsamen fachlichen, wirtschaftlichen, sozialen und touristischen Belange ein. Übergeordnetes Ziel ist es, Camping als qualitativ hochwertige Form der Freizeit- und Feriengestaltung in der schweizerischen aber auch europäischen Tourismuswirtschaft zu platzieren.

swisscamps – Association Suisse des Campings est l'association faîtière nationale. L'association représente 165 campings suisses toutes régions confondues et travaille en coopération avec quatre associations régionales (membres collectifs et individuels).

L'association soutient l'image de la branche et s'engage en faveur du maintien et de l'optimisation de la qualité dans les campings suisses par le biais d'une évaluation complète. En outre, l'association représente les intérêts des propriétaires et gérants de camping vis-à-vis des autorités publiques, des associations et autres institutions, et s'engage en faveur d'intérêts professionnels, sociaux et touristiques communs. L'objectif fondamental est d'établir le camping en tant que forme de loisirs et de vacances de haute qualité au sein de l'industrie touristique suisse et européenne.

Besuchen Sie uns auf swisscamps.ch
Visitez-nous à swisscamps.ch

Camping Manor Farm 1

MIETUNTERKÜNFTE / HÉBERGEMENTS DE LOCATION

Graubünden Grisons	
1.01	Waldcamping Landquart
1.06	TCS Camping Flims
1.13	TCS Camping Disentis
1.28	St. Cassian
1.31	Islas
1.37	TCS Camping Thusis
1.46	Camping Splügen
1.47	Camping Andeer
1.51	TCS Camping Samedan
1.53	Morteratsch
1.65	Camping Madulain
1.67	Chapella
1.75	Muglin Val Müstair
1.82	TCS Camping Scuol
1.83	Sur En
1.85	Arina

Waldcamping Landquart

Bern, Berner Oberland Berne, Oberland Bernois	
11.01	TCS Camping Bern Eymatt
11.21	Wydeli
11.68	Camping Heubach-Rüschegg
6.01	Manor Farm 1
6.02	Camping Alpenblick
6.04	Lazy-Rancho 4
6.06	TCS Camping Interlaken
6.10	TCS Camping Bönigen
6.21	Camping Jungfrau
6.23	Breithorn
6.24	Rütti
6.26	Dany's Camping
6.36	Aaregg
6.38	Hofstatt-Derfli
6.40	Balmweid
6.41	Alpencamping
6.42	Aareschlucht
6.44	Grund
6.52	Stuhlegg
6.58	TCS Camping Gwatt Thunersee
6.62	Camping Grassi
6.63	Frutigresort
6.72	Eggmatte
6.74	Arnist
6.76	Fankhauser
6.77	Camping Vermeille
6.79	Seegarten
6.80	Hasenweide
6.85	Camping Saanen
6.86	Bellerive

Camping Bellinzona

Tessin	
10.11	Camping Bellinzona
10.13	Joghi e Bubu
10.25	Lido Mappo
10.26	Camping Tamaro Resort
10.27	Miralago Camping
10.31	Campofelice Camping Village
10.40	Camping Delta
10.46	Camping Melezza
10.50	Camping Piccolo Paradiso
10.52	TCS Camping Gordevio
10.65	TCS Camping Lugano-Muzzano
10.79	Camping Lugano Lake
10.83	Tresiana
10.91	Monte Generoso

Aaregg

Wallis Valais	
9.25	TCS Camping Martigny
9.37	TCS Camping Sion
9.50	Swiss Plage
9.78	Santa Monica

Yverdon Plage

Luzern, Vierwaldstättersee Lucerne, Lac des Quatre-Cantons	
4.13	Camping Husky-Lodge
4.14	Oberiberg
4.62	TCS Camping Horw
4.67	Camping Vitznau
4.68	TCS Camping Buochs
4.71	TCS Camping Sempach
4.73	Sursee Waldheim
4.74	Camping-Seeblick
4.80	Camping Thorbach
4.88	Camping Seefeld Park
4.95	Obsee

TCS Camping Sempach

Jura & Drei-Seen-Land Jura & Trois-Lacs	
11.31	TCS Camping Gampelen
11.37	Camping Erlach
11.65	Seeland Camp
7.41	Lac des Brenets
7.45	Camping de Cortaillod
7.46	Paradis-Plage
7.49	Camping des Pêches
7.50	Bellerive
7.70	Camping de Belfond
7.74	Jura Bivouac
7.78	Camping La Cibourg
7.80	Camping Saignelégier
7.84	Camping du Raimeux
7.87	Tariche
7.95	Camping les Grottes
8.20	Camping de Vallorbe
8.22	Yverdon Plage
8.29	TCS Camping Orbe
8.31	Camping de Chevroux
8.34	TCS Camping Salavaux

Camping Husky-Lodge

Freiburg, Genfersee Fribourg, Lac Léman	
7.13	Camping de la Forêt
7.17	Schwarzsee
8.05	TCS Camping Morges
8.10	TCS Camping Genève-Vésenaz
8.43	Les Horizons Bleus

Basel, Zürich, Ostschweiz Bâle, Zurich, Suisse Orientale	
2.11	Murg am Walensee
2.21	Atzmännig
2.56	Anker Jakobsbad
2.58	Camping Werdenberg
2.66	Camping Wagenhausen
2.68	Hüttenberg
2.75	Fischerhaus
2.83	Ruderbaum
2.90	Seehorn
2.92	Campingplatz Buchhorn
3.48	Wildberg
3.61	TCS Camping Flaach
5.09	TCS Camping Solothurn
5.17	Waldesruh

SWISSCAMPS.CH

KLASSIFIZIERUNG DER CAMPINGS IN DER SCHWEIZ

swisscamps – Verband Schweizerischer Campings (VSC) bewertet mit dem Touring Club Schweiz (TCS) und dem Schweizer Camping- und Caravaning Verband (SCCV) in einem regelmässigen Zyklus die Campingplätze der Schweiz. Die Bewertungskriterien werden den internationalen Entwicklungen sowie den zukünftigen Gäste-erwartungen angepasst. Bewertet werden die Verbands Mitglied-Campingplätze. Nicht-Mitglieder können sich freiwillig einer Bewertung unterziehen. Über 210 Campings sind klassiert und tragen ein bis maximal fünf Sterne. Die Klassifizierung ist Ihnen eine Hilfestellung bei der Suche nach dem passenden Campingplatz.

Schnelle Übersicht

Die Anzahl der Sterne gibt Ihnen einen Eindruck des Standards, den Sie erwarten können. Die Sterne fassen die Klassifizierung zusammen, die der Campingplatz in den vier Unterkategorien Lage, Anlage, Sanitäre Einrichtungen und Dienstleistung erhalten hat.

★★★★★ Erstklass-Camping
Herausragende Infrastruktur des Objekts. Grosszügiges Flächenangebot. Stilvolle und luxuriöse Ausstattung mit allem technischen Komfort. Sehr gepflegter und exklusiver Gesamteindruck.

★★★★ Komfort-Camping
Infrastruktur für gehobene Ansprüche. Neuwertige Ausstattung in gepflegter Qualität mit besonderem Komfort. Erstklassiger Gesamteindruck mit optisch aufeinander abgestimmten Formen und Materialien.

★★★ Standard-Camping
Ansprechende Infrastruktur in gutem Zustand. Ordentliche, gepflegte Ausstattung mit gutem Komfort. Wohnlicher und ansprechender Gesamteindruck.

★★ Zweckmässiger-Camping
Zufriedenstellende Infrastruktur. Zweckmässige Ausstattung mit mittlerem Komfort. Funktionalität steht im Vordergrund. Solider Gesamteindruck.

★ Einfacher-Camping
Notwendige Infrastruktur ist vorhanden. Einfache Ausstattung mit angepasstem Komfort. In gebrauchsfertigem Zustand.

Detaillierte Beschreibung

Die Sterne der Unterkategorien geben Ihnen einen Eindruck vom Standard, den Sie je Kategorie erwarten können.

Lage
Landschaft (am See, in den Bergen), störende Faktoren (Autobahn, Durchgangsstrasse), Zugänglichkeit.

Ausbau
Infrastruktur (Zufahrt, Stellplatzfläche, Bodenbeschaffenheit), Service an den Stellplätzen (Strom-, Wasseranschluss).

Sanitäre Anlage
Sanitärer Service (Toiletten, Duschen, Babywickelraum), Waschmaschinen, Wäschetrockner und Anderes (z.B. Motorhome-Entsorgungsstation).

Dienstleistungen
Angebot des Campingplatzes, z.B. Unterhaltungsprogramm, Velovermietung, Lebensmittelversorgung undRestaurants.

CLASSEMENT DES CAMPINGS EN SUISSE

swisscamps – Association Suisse des Campings (ASC), qualifie les campings en Suisse conjointement avec le Touring Club Suisse (TCS) et la Fédération Suisse de Camping et Caravaning (FSCC) à intervalles réguliers. Les critères d'évaluation sont adaptés au fur et à mesure aux développements internationaux et aux attentes des futurs hôtes. Seul les campings membres de l'association sont évalués. Les non-membres peuvent se soumettre volontairement à une qualification. Plus de 210 campings sont classés avec l'attribution de une à cinq étoiles au maximum. La classification vous aidera à trouver le camping idéal.

Aperçu rapide

Le nombre d'étoiles vous donne une idée du standard du camping. Les étoiles constituent une moyenne de la classification obtenue par le camping dans les sous-catégories site, camping, installations sanitaires et prestations.

★★★★★ Camping de première classe
Infrastructure haut de gamme. Emplacements généreux. Équipements luxueux et aménagés avec style, pourvus de tout le confort technique. Impression générale: très soigné et exclusif.

★★★★ Camping confort
Infrastructure pour un niveau d'exigences élevé. Équipements neufs, de bonne qualité et d'un très bon confort. Impression générale: harmonie visuelle des formes et des matériaux.

★★★ Camping standard
Infrastructure agréable, en bon état. Équipements corrects et bien entretenus, offrant un bon confort. Impression générale: accueillant et agréable.

★★ Camping fonctionnel
Infrastructure satisfaisante. Équipements fonctionnels de confort moyen. La fonctionnalité est prioritaire. Impression générale: pratique et solide.

★ Camping simple
Infrastructure minimale assurée. Équipements simples et confort correspondant. En état de fonctionnement.

Description détaillée

Les étoiles des sous-catégories vous donnent une idée du standard de chaque catégorie.

Situation
Paysage (au bord du lac, dans les montagnes), éléments perturbateurs (autoroute, route principale), accessibilité.

Infrastructures
Infrastructure (accès, superficie des emplacements, état du sol), service aux emplacements (raccordement électrique, arrivée d'eau).

Installations sanitaire
Infrastructure sanitaire (toilettes, douches, coin à langer pour les bébés), lave-linge, sèche-linge et autres (p. ex. vidage pour camping-car).

Services
Offre du camping, p. ex. programme d'animation, location de vélos, approvisionnement alimentaire et restaurants.

Der N° 1 Road Trip der Alpen.

Die Grand Tour of Switzerland vereint die Highlights der Schweiz auf einer Reise. Die Strecke führt durch vier Sprachregionen, über fünf Alpenpässe, zu dreizehn UNESCO-Welterbestätten sowie zwei Biosphären und an 22 Seen entlang. Viel Spass auf einer unvergesslichen Entdeckungsreise!

Steckbrief der Grand Tour.

Highlights: 46 Top-Attraktionen
Länge: 1643 km (inkl. drei Zufahrten 1970 km)
Höchster Punkt: Furkapass, 2429 m ü. M.
Tiefster Punkt: Lago Maggiore, 193 m ü. M.
Empfohlene Reisezeit: April–Oktober (Befahrbarkeit der Alpenpässe nur während Sommermonaten gewährleistet)

Grand Tour App.

Die Grand Tour App ist die ideale digitale Begleiterin auf der Grand Tour of Switzerland und unterstützt Reisende bei der Planung und Navigation entlang unseres Schweizer Roadtrips.

MySwitzerland.com/grandtourapp

Grand Tour Foto-Spots.

Atemberaubende Viertausender, liebliche Hügellandschaften, mittelalterliche Städte, der tosende Rheinfall – auf der Grand Tour reihen sich die Sehenswürdigkeiten wie Perlen auf einer Schnur. Für unsere Grand Tour Gäste setzen wir die schönsten Aussichtspunkte entlang der Strecke mit unseren roten Foto-Spots in Szene.

MySwitzerland.com/fotospots

E-Grand Tour.

Ein dichtes Netz an Ladestationen setzt die gesamte Route unter Strom und garantiert damit auf über 1600 Kilometern ein ebenso bequemes wie sauberes Fahrvergnügen.

Eine tolle Auswahl an E-Fahrzeugen findet man z.B. auf www.europcar.ch/schweiz-tourismus

MySwitzerland.com/e-grandtour

Campingplätze.

Die Campingplätze entlang der Grand Tour of Switzerland sind im TCS-Campingführer mit folgendem Zeichen markiert:

GRAND TOUR
of Switzerland

Interessiert?

Weitere Informationen für die Planung Ihrer Tour finden Sie unter

MySwitzerland.com/grandtour

Schweiz.

TCS Camping Grand Tour of Switzerland

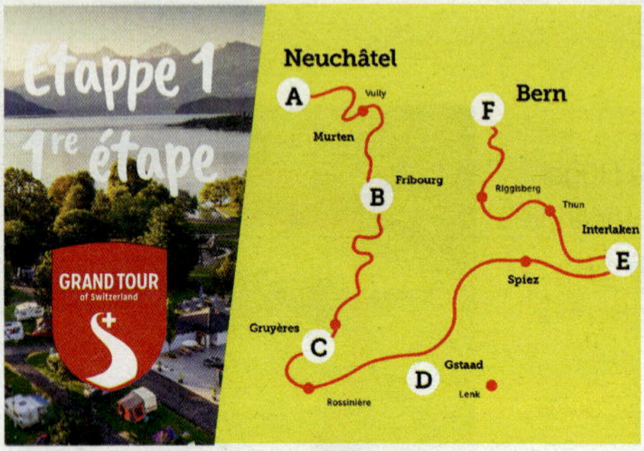

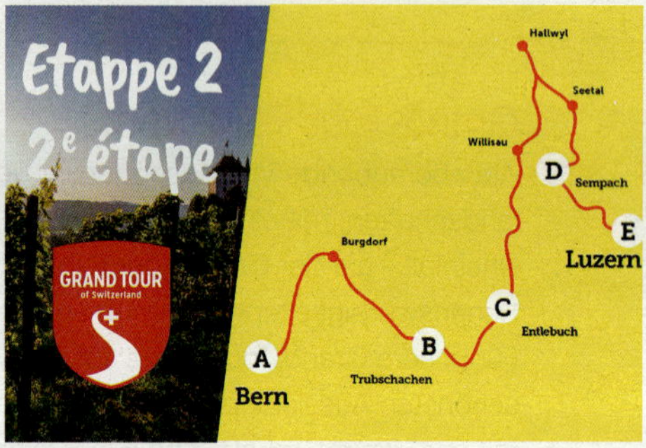

Neuchâtel – Bern
Neuchâtel – Berne

Highlights
- Lathénium – Museum für Archäologie
- Städtchen Murten
- Dorf Gruyère
- Maison Cailler, Broc
- Hochmoor Lauenensee
- Tropenhaus Frutigen

Les coups de cœur
- Laténium – musée d'archéologie
- Petite ville de Morat
- Village de Gruyères
- Maison Cailler, Broc
- Marais du lac de Lauenen
- Maison tropicale de Frutigen

Übernachtung | Nuitée
- TCS Camping Salavaux Plage
- TCS Camping Bönigen Brienzersee
- TCS Camping Bern Eymatt

Bern – Luzern
Berne – Lucerne

Highlights
- UNESCO-Weltkulturerbe Altstadt Bern
- Emmentaler Schaukäserei
- Kambly Erlebnis Trubschachen
- UNESCO Biosphäre Entlebuch
- Vogelwarte Sempach
- Kapellbrücke Luzern

Les coups de cœur
- Vieille ville de Berne, patrimoine mondial de l'UNESCO
- Fromagerie de démonstration d'Emmental
- L'univers Kambly à Trubschachen
- Réserve de biosphère de l'UNESCO de l'Entlebuch
- Station ornithologique de Sempach
- Pont de la Chapelle à Lucerne

Übernachtung | Nuitée
- Camping Thorbach
- TCS Camping Sempach
- TCS Camping Buochs Vierwaldstättersee

Weitere Campingplätze finden Sie auf /
D'autres campings se trouvent sur: **pincamp.ch**

CAMPING
INSIDER

Luzern – Zürich
Lucerne – Zurich

Highlights
- Ausflug aufs Stanserhorn
- Autofähre Vierwaldstättersee
- Erlebnisregion Mythen
- Kloster Einsiedeln
- Rapperswil, die Rosenstadt
- Stadt Zürich

Les coups de cœur
- Excursion au Stanserhorn
- Ferry sur le lac des Quatre-Cantons
- Région de découverte des Mythen
- Abbaye d'Einsiedeln
- Rapperswil, la ville des roses
- Ville de Zurich

Übernachtung | Nuitée
- Camping Buchenhof
- Camping Fischer's Fritz
- TCS Camping Flaach am Rhein

Zürich – Maienfeld
Zurich – Maienfeld

Highlights
- Der Rheinfall
- Arenenberg (Napoleonmuseum)
- Kathedrale St. Gallen
- Säntis – Der höchste Berg im Alpstein
- Vaduz – Fürstentum Liechtenstein
- Heididorf Maienfeld

Les coups de cœur
- Les chutes du Rhin
- Arenenberg (musée Napoléon)
- Cathédrale de Saint-Gall
- Le Säntis, le plus haut sommet de l'Alpstein
- Vaduz – principauté du Liechtenstein
- Maienfeld, le village de Heidi

Übernachtung | Nuitée
- Camping Wagenhausen
- Camping Werdenberg
- Camping Giessenpark

camping-insider.ch/campinggrandtour

TCS Camping Grand Tour of Switzerland

Maienfeld – Locarno
Maienfeld – Locarno

Highlights
- Bergdorf Guarda
- Schweizerischer Nationalpark
- Das mondäne St. Moritz
- Aussichtsberg Muottas Muragl
- Viamala Schlucht

Les coups de cœur
- Guarda, village de montagne
- Parc national suisse
- Station mondaine de Saint-Moritz
- Sommet panoramique de Muottas Muragl
- Gorge de Viamala

Übernachtung | Nuitée
- TCS Camping Samedan
- TCS Camping Thusis Viamala
- TCS Camping Gordevio Maggiatal

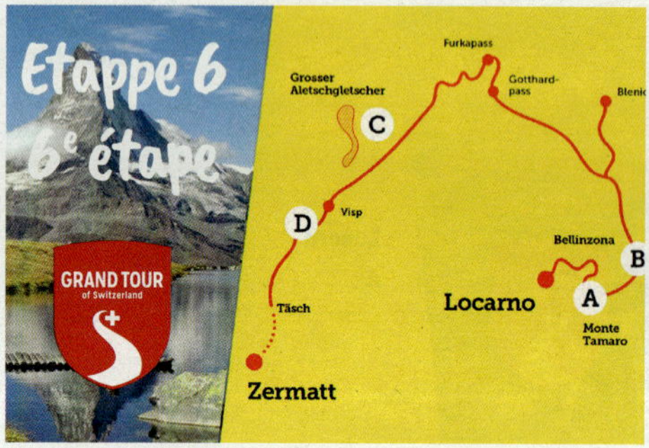

Locarno – Zermatt
Locarno – Zermatt

Highlights
- Ausflug auf den Monte Tamaro
- Swissminiatur
- Gotthardpass (Tremola)
- Furkapass und Rhonegletscher
- Grosser Aletschgletscher
- Ausflugsberge in Zermatt

Les coups de cœur
- Excursion au Monte Tamaro
- Swissminiatur
- Col du Saint-Gothard (Tremola)
- Col de la Furka et glacier du Rhône
- Grand glacier d'Aletsch
- Excursions en montagne depuis Zermatt

Übernachtung | Nuitée
- Camping Bellinzona
- Camping Eggishorn
- Camping Mühleye

Weitere Campingplätze finden Sie auf /
D'autres campings se trouvent sur: **pincamp.ch**

CAMPING INSIDER

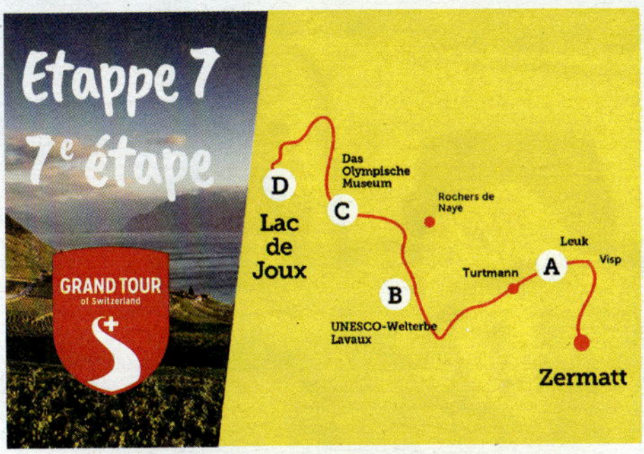

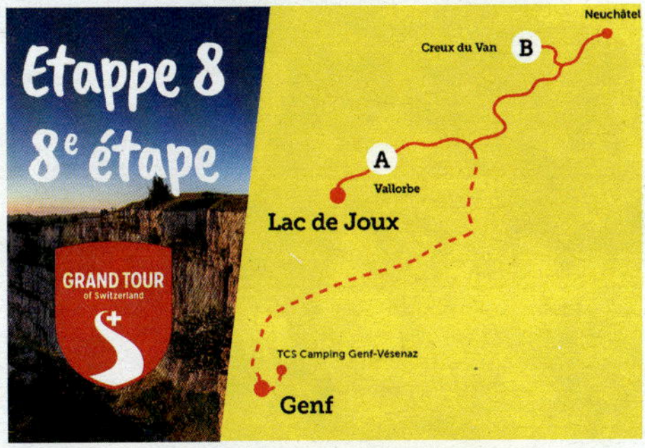

Zermatt – Lac de Joux
Zermatt – Lac de Joux

Highlights
- Augstbordkäserei in Turtmann
- Schlösser von Sion
- Ausflug auf die Rochers-de-Naye
- UNESCO-Welterbe Lavaux
- Das Olympische Museum
- Mit dem Raddampfer über den Genfersee

Les coups de cœur
- Fromagerie Augstbord à Tourtemagne
- Châteaux de Sion
- Excursion aux Rochers-de-Naye
- Lavaux, patrimoine mondial de l'UNESCO
- Le Musée Olympique
- Croisière en bateau à vapeur sur le lac Léman

Übernachtung | Nuitée
- Camping du Lac de Joux
- TCS Camping Martigny
- TCS Camping Morges

Lac de Joux – Genf
Lac de Joux – Genève

Highlights
- Die Grotten von Vallorbe
- Neuchâtel
- Felsenkessel Creux du Van
- Jet d'Eau Genf

Les coups de cœur
- Les grottes de Vallorbe
- Neuchâtel
- Cirque rocheux du Creux du Van
- Jet d'eau de Genève

Übernachtung | Nuitée
- TCS Camping Orbe
- TCS Camping La Tène Neuenburgersee
- TCS Camping Genf-Vésenaz

camping-insider.ch/campinggrandtour

BEWERTEN & GEWINNEN
ÉVALUER & GAGNER

Teilen Sie jetzt Ihre Campingplatz-Erlebnisse mit anderen Campern auf PiNCAMP. So helfen Sie anderen Campern, eine bessere Wahl zu treffen und ihre persönliche Traumreise zu planen. Und lassen auch Sie sich von den Erfahrungsberichten anderer inspirieren.

Partagez votre experience en camping avec d'autres campeurs sur PiNCAMP, le portail du camping du TCS. Vous permettrez ainsi a d'autres campeurs de faire le bon choix lors de la planification du voyage de leurs rêves. Ainsi, vous trouverez vous aussi de l'inspiration dans les témoignages des autres.

Teilnahmebedingungen

Eine Teilnahme am Gewinnspiel ist nur nach Bewertung mit mindestens einem Wortkommentar eines auf PiNCAMP aufgeführten Campingplatzes möglich. Die Gewinner werden unter allen Bewertungen, die den Nutzungsbedingungen entsprechen und im Kalenderjahr 2024 abgegeben wurden, per Los ermittelt. Eine Gewinnbenachrichtigung erfolgt über die E-Mail, die im Rahmen des Bewertungsprozesses angegeben wurde. Die Nutzung der E-Mail-Adresse erfolgt zu diesem Zweck und gemäss unserer Datenschutzerklärung. Der Versand des Gewinns erfolgt entweder auf dem Postweg oder elektronisch per E-Mail. Die Auslosung findet jeweils im Folgemonat statt, Teilnahmeschluss für die Ziehung ist der letzte Tag des jeweiligen Kalendermonats, 23.59 Uhr. Der Rechtsweg ist ausgeschlossen. Von der Verlosung ausgeschlossen sind Mitarbeiter des Touring Club Schweiz, ADAC e.V., der ADAC Regionalorganisationen, der ADAC SE, der ADAC Stiftung und der mit diesen mittelbar oder unmittelbar verbundenen Unternehmen sowie deren Angehörige.

Conditions de participation

La participation au jeu-concours est possible uniquement si le participant a déja soumis un avis, avec au moins un mot en commentaire, a propos d'un camping figurant sur PiNCAMP. Les gagnants seront designes par tirage au sort parmi tous les avis soumis au cours de l'annee civile 2024 et conformement aux conditions d'utilisation. Une notification sera envoyee aux gagnants par courrier electronique a l'adresse donnee dans le cadre de la procedure de soumission d'avis. L'adresse e-mail est utilisee a cet effet et en conformite avec notre politique de confidentialite. L'envoi du gain se fait soit par voie postale, soit par voie électronique par e-mail. Le tirage au sort a lieu le mois suivant, la date limite de participation au tirage est le dernier jour du mois civil concerné, à 23h59. La voie judiciaire est exclue. Les employes du Touring Club Schweiz, de l'ADAC e.V., des organisations regionales ADAC, de l'ADAC SE, de la fondation ADAC et des entreprises qui leur sont directement ou indirectement associees, ainsi que leurs membres, sont exclus du tirage au sort.

SO EINFACH GEHT'S:

1. Auf pincamp.ch Campingplatz suchen
2. Auf «Jetzt bewerten» klicken
3. Bewertung abgeben & gewinnen

Ihre Meinung lohnt sich! Unter allen Bewertungen verlosen wir tolle Preise.

Mehr dazu auf:
pincamp.ch/bewerten

POUR CELA, RIEN DE PLUS FACILE:

1. Aller sur la page pincamp.ch/evaluer
2. Choisir un camping et l'évaluer
3. Envoyer et gagner

Votre avis en vaut la peine! Nous effectuerons un tirage au sort parmi toutes les evaluations pour de superbes prix.

Plus d'informations sur:
pincamp.ch/evaluer-campings

powered by

UN CAMPING, BEAUCOUP DE POSSIBILITÉS

CAMPING AU BORD DE LA MER

Que ce soit pour des vacances prolongées à la plage, une halte de quelques jours sur la côte lors d'un grand voyage ou encore une véritable aventure sur une île, faire du camping au bord de la mer réserve toujours de belles et uniques expériences. Découvrez en ligne près de 3000 campings en bord de mer à travers l'Europe sur

pincamp.ch/en-bord-de-mer

CAMPING AVEC UN CHIEN

Respirer l'air marin, plonger dans les vagues, courir après le ballon sur la plage... Profitez de belles vacances en camping avec votre chien au coeur des plus beaux paysages d'Europe. Découvrez dès maintenant plus de 7000 campings acceptant les chiens sur

pincamp.ch/chien

CAMPING EN FAMILLE

Pour les familles, il n'y a rien de tel que de passer les vacances au camping. Les enfants peuvent s'amuser sur les aires de jeux ou dans la piscine et lier rapidement des amitiés avec des personnes de leur âge. Découvrez des campings adaptés aux enfants dans toute l'Europe en ligne sur

pincamp.ch/avec-des-enfants

CAMPING DANS LES ALPES

Naturellement! Les vacances en camping dans les Alpes offrent la possibilité de profiter de la beauté à couper le souffle de la nature. Les Alpes réservent des montagnes majestueuses, des lacs à l'eau cristalline, de jolis sentiers de randonnée et une multitude de circuits de VTT. Découvrez les nombreux campings des Alpes en ligne sur

pincamp.ch/alpes

powered by TCS

ROUTENVORSCHLÄGE IN EUROPA
PROPOSITIONS D'ITINÉRAIRES EN EUROPE

RUND UM DEN GARDASEE
AUTOUR DU LAC DE GARDE

Mai–Sept. / mai–sept. | 1 Woche / 1 semaine | ca. 150 km env. 150 km

Highlights

- Punta San Viglio, eine Schönheit am Gardasee
- Garda: beliebter Ferienort
- Ein wahres Juwel ist Sirmione, dessen historische Altstadt sich am Ende der langgezogenen Halbinsel befindet
- Ein Muss ist ein kleiner Rundgang durch Limone sul Garda

Les coups de cœur

- Punta San Viglio, une beauté au lac de Garde
- Garda: lieu de vacances très apprécié
- Sirmione est un authentique bijou, avec sa vieille ville historique située à l'extrémité de la presqu'île étirée en longueur
- Un petit tour à Limone sul Garda est incontournable

PIN CAMP

Mehr Infos / Plus d'infos
tcs.ch

ISTRIEN RUNDREISE
CIRCUIT EN ISTRIE

Apr.–Sept. / avr.–sept. | 3 Wochen / 3 semaines | 600 km

Highlights

- Pula ist die grösste und älteste Stadt Istriens
- Insel Krk mit zahlreichen Buchten, Kiesel- und Sandstränden
- Nationalpark Plitvicer Seen
- Rijeka, das Tor zu den kroatischen Inseln

Les coups de cœur

- Pula est la plus grande et la plus ancienne ville d'Istrie
- L'île de Krk avec ses nombreuses baies, ses plages de galets et de sable
- Parc national des lacs de Plitvice
- Rijeka, la porte d'entrée des îles croates

PIN CAMP

Mehr Infos / Plus d'infos
tcs.ch

ATLANTIKKÜSTE FRANKREICH
CÔTE ATLANTIQUE FRANÇAISE

Mai–Sept. / mai–sept. | 10 Tage / 10 jours | 250 km

Highlights

- Spaziergang auf der Wanderdüne von Pilat
- Sonnenbaden und Surfer beobachten in Moliets-Plage
- Rundgang in Hossegor
- Die Stadt Biarritz

Les coups de cœur

- Promenade sur la dune mobile du Pilat
- Bain de soleil et observation des surfeurs à Moliets-Plage
- Tour de ville à Hossegor
- La ville de Biarritz

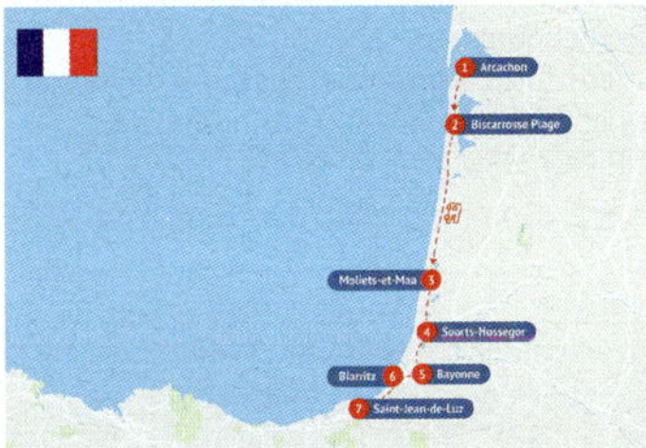

Mehr Infos / Plus d'infos
tcs.ch

MÁLAGA & COSTA DEL SOL
MÁLAGA & COSTA DEL SOL

März–Mai / mars–mai | 2 Wochen / 2 semaines | 750 km

Highlights

- Frigiliana, das schönste weisse Dorf in Andalusien
- Nationalpark Cabo de Gata
- Entspannen an den weissen Sandstränden der Costa Cálida
- Torrevieja und die Strände der Costa Blanca
- Die Stadt Valencia

Les coups de cœur

- Frigiliana, le plus beau village blanc d'Andalousie
- Parc national de Cabo de Gata
- Se détendre sur les plages de sable blanc de la Costa Cálida
- Torrevieja et les plages de la Costa Blanca
- La ville de Valence

Mehr Infos / Plus d'infos
tcs.ch

LESEANLEITUNG
GUIDE DE LECTURE

Beschreibung Campingplatz-Eintrag / Descriptif des campings

Die Beschreibung im PiNCAMP-Verzeichnis informiert kompakt und übersichtlich über die wichtigsten Merkmale eines Campingplatzes. Die Standardausstattung geben wir in Form von Piktogrammen wieder. Die Zeichenerklärung hierzu finden Sie im Ausklapper. / Le descriptif figurant dans la liste PiNCAMP donne des informations concises et générales sur les principales caractéristiques d'un camping. L'équipement standard est indiqué sous forme de pictogrammes. La légende correspondante est fournie dans le dépliant.

2 3 4 5

1 **Unterseen «Camping Alpenblick»** **** pincamp.ch/BE3510 6.02

6 ha 3 560 T 100 S 100 M 0 46°40'47.9"N, 7°49'2"E

7 Seestrasse 130, CH-3800 Unterseen, T +41 (0)33 822 77 57, info@camping-alpenblick.ch, www.camping-alpenblick.ch

8 0,1 km 365 16 A DE FR IT EN free

9 ★★★★☆ ★★★★☆ ★★★☆☆ ★★★☆☆

10 Ebenes Rasengelände am Waldrand. Blick auf Berge. / Terrain herbeux plat, à l'orée de la forêt. Vue sur les montagnes.

11 **Preise/Nacht / Prix/nuit** CHF 0, CHF 0, CHF 9.90, CHF 4.70, CHF 5, TAX, % CCI, VISA reka

1. Ortsname und Campingplatzname
   Nom de la localité et du camping

2. Klassifikation des Campingplatzes in der Schweiz. Die Anzahl der Sterne gibt Ihnen einen Eindruck des Standards, den Sie erwarten können. (Details Seite 26)
   Classification du camping en Suisse. Le nombre d'étoiles vous donne une idée du niveau de standing auquel vous pouvez vous attendre. (Plus d'infos à la page 26)

   *
   Einfacher-Campingplatz
   Camping simple

   **
   Zweckmässiger-Campingplatz
   Camping fonctionnel

   ***
   Standard-Campingplatz
   Camping standard

   ****
   Komfort-Campingplatz
   Camping confort

   *****
   Erstklass-Campingplatz
   Camping de première classe

3. Mehr Campingplatz-Details und weitere Bilder zum Campingplatz finden Sie auf pincamp.ch/(PiNCAMP-Suchnummer).
   Vous trouverez plus d'informations sur le camping et d'autres photos sur pincamp.ch/(numéro de référence PiNCAMP).

4 Für besondere Interessen. Die Symbole zeigen folgendes:
Pour les intérêts particuliers. Voici ce que signifient ces symboles:

Mitglied bei swisscamps – Verband Schweizerischer Campingplätze
Le camping est membre de swisscamps – Assocation suisse des campings.

Bei Swisstainable steht die nachhaltige Entwicklung des Schweizer Tourismus im Fokus. Eine Teilnahme am Nachhaltigkeitsprogramm steht allen touristischen Betrieben und Organisationen in der Schweiz offen. Um die unterschiedlichen Voraussetzungen und den unterschiedlichen Grad des nachhaltigen Engagements berücksichtigen zu können, ist das Programm in drei Levels gegliedert.
Swisstainable promeut un développement durable du tourisme en Suisse. Tous les établissements et toutes les organisations touristiques de Suisse ont la possibilité de participer à ce programme. Afin de pouvoir tenir compte des différents contextes et des différents niveaux d'engagement en faveur du développement durable des participants, le programme est divisé en trois niveaux.

Liegt an der Grand Tour of Switzerland.
Ce camping se situe sur le Grand Tour of Switzerland.

5 Campingplatz-Suchnummer. Sie hilft Ihnen, den Campingplatz auf den Karten zu lokalisieren.
Numéro de référence du camping. Il vous aide à localiser le camping sur les cartes.

6 Details zu Platz und Gelände. Hier finden Sie die wichtigsten Informationen zur Betriebszeit, Grösse und zur Struktur des Platzes sowie die GPS-Koordinaten zur Anfahrt.
Détails relatifs au camping et au terrain. Vous y trouverez les principales informations sur la période d'ouverture, la taille et les aménagements du camping, ainsi que ses coordonnées GPS en vue de votre arrivée.

7 Kontaktangaben. An dieser Stelle ist die Adresse und weitere Kontaktdaten des Campingplatzes aufgeführt.
Coordonnées: c'est là que sont indiquées l'adresse et les autres coordonnées du camping.

8 Ausstattung und Angebot im Detail. Hier finden Sie die unterschiedlichsten Ausstattungs- und Servicemerkmale. Die Piktogramme sind in vier Kategorien unterteilt, die auch in der Schweiz in der Unterkategorie bewertet werden. Die Zeichenerklärung befindet sich auf der Umschlagseite.
Détails sur les équipements et l'offre. Vous y trouverez toutes les informations sur les équipements et les services proposés. Les pictogrammes sont divisés en quatre sous-catégories, dont chacune est évaluée en Suisse. La légende se trouve sur la page de couverture.

9 Klassifikation – Unterkategorien. Die Sterne der Unterkategorien in der Schweiz geben Ihnen einen Eindruck des Standards, den Sie je Kategorie erwarten können. (Details Seite 26)
Classification en sous-catégories. Les étoiles obtenues dans les quatre sous-catégories en Suisse vous donnent une idée du niveau de standing que vous pouvez attendre. (Plus d'infos à la page 26)

10 Textbeschreibung. An dieser Stelle finden Sie eine Kurzbeschreibung zur Beschaffenheit des Campingplatzes sowie weitere nützliche Informationen zum Campingplatz.
Petit descriptif fournissant des renseignements sur le type de camping et d'autres informations utiles.

11 Preise und Zahlungsmittel. In diesem Abschnitt finden Sie alle wichtigen Einzelpreise, Taxen, Rabatte und Zahlungsmittel. In der Schweiz werden Neben- und Hauptsaisonpreise ausgewiesen. Bei den übrigen Ländern «Warenkorb-Preise» für die Neben- und Hauptsaison:
- Preis für zwei Erwachsene und einen Stellplatz.
- Preis für zwei Erwachsene mit einem 10-jährigen Kind und einen Stellplatz.

Die Angaben basieren auf den bis Redaktionsschluss erhaltenen Angaben der Campingbetriebe. Wir empfehlen in jedem Fall vor Reservierung eine direkte Kontaktaufnahme mit dem jeweiligen Campingplatz.

Prix et moyens de paiement. Cette section indique les principaux tarifs, taxes, rabais et moyens de paiement. En Suisse, haute saison et basse saison sont indiquées. Pour les autres pays, «prix du panier» pour la basse et la haute saison:
- Prix pour deux adultes et un emplacement.
- Prix pour deux adultes avec un enfant de 10 ans et un emplacement.

Elle s'appuie sur les informations four-nies par le camping avant la clôture de la rédac-tion. Nous vous conseillons toutefois de prendre contact directement avec le camping avant de faire votre réservation.

LESEANLEITUNG
GUIDE DE LECTURE

TCS Camping: Beschreibung Preistabelle / **TCS Camping:** Détail des tarifs

Preise/Nacht / Prix/nuit

12		CHF	10–26
13		CHF	12–38
14		CHF	10–14
15		CHF	5–7
16		CHF	6
17		CHF	25

19 TAX, %, CCI/CKE, VISA, reka

20 Änderungen vorbehalten • Im Preis der Parzelle sind Entsorgung, Strom (wenn immer möglich), ein Auto/Motorrad inbegriffen • Spezialtarif für kleines Zelt ohne Auto / Sous réserve de modifications • La voirie, l'électricité (dans la mesure du possible) et un véhicule sont inclus dans le prix de la parcelle • Tarif spécial pour petite tente sans voiture

Mietunterkünfte / Hébergements locatifs

18	Family Pod	CHF	115–150
	Tipi *	CHF	85–120

Infos ab Seite 6 / voir page 6 sqq.

20 Änderungen vorbehalten • Keine Reservationskosten • Matratzen immer mit Fixleintüchern. Bettwäsche auf Wunsch CHF 20/Person • Inklusiv: Endreinigung, Strom und ein Auto/Motorrad / Sous réserve de modifications • Pas de frais de réservation • Matelas toujours recouverts d'un drap housse. Literie sur demande CHF 20/personne • Inclus: nettoyage final, électricité et une voiture/moto

* Schlafsack mitbringen / apporter sac de couchage

Rechenbeispiel
Exemple

1. Zelt / Tente	22.00
2 Erwachsene / Adultes *	22.00
1 Kind / Enfant (> 6)	5.50
1 Kind / Enfant (< 6)	0.00
Total	**CHF 49.50**

* exkl. Taxen / excl. taxes

12 Zelt pro Nacht
Tente par nuit

13 Parzelle pro Nacht
Emplacement par nuit

14 Erwachsener pro Nacht
Adulte par nuit

15 Kinder (0–5 Jahre: gratis) pro Nacht
Enfants (0–5 ans: gratuits) par nuit

16 Hund pro Nacht
Chien par nuit

17 Quickstop/Stop & Go pro Nacht
Quickstop/Stop & Go par nuit

18 Mietunterkunft pro Nacht
Hébergements locatifs par nuit

19 Taxen, Rabatte und Zahlungsmittel
Taxes, rabais et mode de paiement

20 Spezielle Hinweise
Informations spéciales

TCS Camping: Ermässigungen / TCS Camping: Réductions

15–20 %*	TCS Camping Mitglieder / Membres	Das ganze Jahr auf allen TCS Campingplätzen gültig. Gilt für Mietunterkünfte und Stellplätze. Nicht kumulierbar. * 15 % in der Hochsaison, 20 % in der Nebensaison Rabais valable toute l'année sur tous les campings TCS et pour tous les logements locatifs et emplacements. Non cumulable. * 15 % de rabais durant la haute saison, 20 % de rabais durant la basse saison
10 %	TCS Mitglieder / Membres CCI Camping Card International	

TCS Glamping und Mietunterkünfte / Glamping TCS et logements de location

- AirLodge
- Biwak / Bivouac
- Bungalow
- Barrierefreier Bungalow / Bungalow sans barrières
- Bungalow Mini / Bungalow mini
- Cabane
- Chalet
- Chalet Deluxe
- Chalet Mini / Chalet mini
- Family Pod / Family pod
- Family Pod Deluxe / Family pod deluxe
- Geopod
- Leuchtturm / Phare
- Loggia
- Mobilhome
- Molo
- Nomadenzelt / Tente nomade
- Nostalgiewagen / Roulotte
- Nostalgiewagen Mini / Roulotte mini
- Pod
- RiverLodge
- Safarizelt / Tente-safari
- Safarizelt Comet / Tente-safari comet
- Safarizelt Deluxe / Tente-safari deluxe
- Safarizelt Sparkle / Tente-safari sparkle
- Streamline Vintage
- SwissTubes
- Tipi
- Wohnwagen / Caravane
- Woodlodge

Mehr Informationen zu den Mietunterkünften ab Seite 6 / Plus d'informations sur les hébergements locatifs à la page 6 sqq.

Aminess Camping

KLASSIFIZIERUNG CAMPINGS IN EUROPA
CLASSEMENT CAMPINGS EN EUROPE

ADAC-Sterne-Gesamtbewertung für Campingplätze im Ausland

Die ADAC-Sterne-Gesamtbewertung zeigt das Angebotsniveau eines Campingplatzes. Möglich sind ganze und halbe Sterne. Berechnet wird die Gesamtklassifikation aus den Einzelergebnissen in fünf verschiedenen Leistungsbereichen. Es sind die Bereiche Sanitärausstattung, Platzgelände, Versorgung, Freizeitangebote und Bademöglichkeiten. Die Detailbewertung wie ein Campingplatz in den einzelnen Leistungsbereichen abschneidet, finden Sie online auf pincamp.ch

Alles zur ADAC-Sterne-Gesamtbewertung unter **pincamp.ch/adac-qualitaetskriterien**

Évaluation globale au moyen des étoiles ADAC pour les campings situés à l'étranger

L'évaluation globale au moyen des étoiles ADAC indique le niveau d'offre du camping. Les étoiles peuvent être entièrement ou à moitié pleines. La classification globale est calculée à partir des résultats obtenus dans cinq domaines de prestations: les sanitaires, le site, l'alimentation, l'offre de loisirs et les possibilités de baignade. Pour connaître la note obtenue par le camping dans les différents domaines, rendez-vous sur pincamp.ch.

Tout sur l'évaluation globale par étoiles de l'ADAC sur **pincamp.ch/adac-criteres-qualite**

Camping Morteratsch

REGIONEN DER SCHWEIZ
RÉGIONS EN SUISSE

Sind Sie auf der Suche nach Ihrem perfekten Campingplatz? Auf den folgenden Seiten finden Sie über 250 Campingplätze in der Schweiz.

Wenn Sie mehr über die Campingplätze erfahren möchten, lesen Sie weiter auf **pincamp.ch/(PiNCAMP-Suchnummer)**, wo Sie auch über 3000 Campingplätze in ganz Europa direkt buchen können.

Sie haben die Auswahl aus über 14000 Campingplätzen in 40 Ländern. Wir wünschen Ihnen schöne Ferien!

Vous êtes à la recherche du camping parfait? Découvrez ici la présentation de plus de 250 établissements en Suisse.

Si vous souhaitez en savoir plus sur les campings, retrouvez plus d'informations sur **pincamp.ch/(numéro de référence PiNCAMP)**. Vous pourrez également y réserver directement votre séjour dans plus de 3000 campings à travers l'Europe.

Faites votre choix parmi une sélection de plus de 14000 campings dans 40 pays. Nous vous souhaitons de très bonnes vacances!

REISEINFORMATIONEN SCHWEIZ
INFORMATIONS DE VOYAGE EN SUISSE

Charmante Städte, die Alpen, Wintersport und natürliche Landschaften: die hauptsächlichen Touristenattraktionen der Schweiz.

Verkehrsregeln
Rechtsverkehr. Tagfahr-/Abblendlicht bei Tag und Nacht obligatorisch. Ungebremste als auch gebremste Anhänger brauchen eine Sicherheitsverbindung. Die Abreissleine muss an der dafür vorgesehenen Öse oder einer nachträglich, den Vorschriften entsprechenden Verbindungsmöglichkeit befestigt werden.

Strassengebühren
Der Kauf einer Vignette ist für die Benützung des Autobahnnetzes obligatorisch für Motorfahrzeuge und Anhänger bis 3,5 t. Diese kostet CHF 40.– und ist an der Grenze, an Tankstellen, in verschiedenen Postbüros und bei den Sektionen des TCS erhältlich. Für Fahrzeuge über 3,5 t ist die Schwerverkehrsabgabe fällig.

Geschwindigkeitsbegrenzung

Innerorts	50 km/h
Ausserorts ( )	80 km/h
Autobahn (< 3,5 t)	100 km/h
Autobahn (> 3,5 t)	80 km/h
Ausserorts (< 3,5 t)	80 km/h
Autobahn (< 3,5 t)	120 km/h
Ausserorts (> 3,5 t)	80 km/h
Autobahn (> 3,5 t)	100 km/h

Hier finden Sie weitere wichtige Reiseinformationen bezüglich Schweiz.

tcs.ch/schweiz

Wild campen
Von Gesetzes wegen ist wild campen in der Schweiz nicht verboten. Was aber nicht heisst, dass es somit generell erlaubt ist. Die Hoheit liegt letzten Endes aber bei den Gemeinden, die eigene Regeln und Verordnungen festlegen können.

Detailliertere Informationen ab Seite 234 oder auf camping-insider.ch

Notrufnummern

Polizei	117
Ambulanz	144
Feuerwehr	118
Strassenhilfsdienst	0800 140 140

Quelle: tcs.ch

Villes charmantes, les Alpes, sports d'hiver et paysages naturels: voici les principales attractions de la Suisse.

Règles de circulation
Conduite à droite. Les feux de jour/croisement sont obligatoires 24 h sur 24. Les remorques, qu'elles soient freinées ou non, doivent être équipées d'un dispositif d'attelage de sécurité. La corde de sécurité doit être attachée à l'anneau prévu à cet effet ou au système installé a posteriori et conforme aux prescriptions.

Péage
L'achat d'une vignette est obligatoire pour les véhicules à moteur et les remorques jusqu'à 3,5 t circulant sur l'autoroute. Celle-ci coûte CHF 40.– et est disponible aux postes frontière, stations-service, divers bureaux de poste ainsi qu'aux sections du TCS. Les véhicules de plus de 3,5 t doivent, eux, payer la redevance sur le trafic des poids lourds.

Limitation de la vitesse

Dans les localités	50 km/h
En dehors des localités ( )	80 km/h
Autoroute (< 3,5 t)	100 km/h
Autoroute (> 3,5 t)	80 km/h
En dehors des localités (< 3,5 t)	80 km/h
Autoroute (< 3,5 t)	120 km/h
En dehors des localités (> 3,5 t)	80 km/h
Autoroute (> 3,5 t)	100 km/h

Vous trouverez ici d'autres informations pour votre voyage en Suisse.

tcs.ch/suisse

Camping sauvage
En Suisse, le camping sauvage n'est pas interdit par la loi. Ce qui ne signifie pas pour autant qu'il est autorisé de manière générale. En fin de compte, la décision finale incombe toutefois aux communes, qui peuvent édicter leurs propres règles et ordonnances.

Vous trouverez plus de détails à partir de la page 234 ou sur camping-insider.ch

Numéros d'appel d'urgence

Police	117
Ambulance	144
Pompiers	118
Assistance routière	0800 140 140

Source: tcs.ch

DIE PERFEKTEN BEGLEITER
FÜR PLANUNG UND REISE:
Kümmerly+Frey
Strassenkarten
1:301 000
Schweiz
Suisse
Kümmerly+Frey
www.swisstravelcenter.ch
1:600 000
Frankreich Süd
France du Sud
Kümmerly+Frey
www.swisstravelcenter.com
1:650 000
Finnland
Finlande
Cappelen Kart 1:335 000
Süd-Norwegen
Norvège du Sud
Oslo – Stavanger – Bergen
Profitieren Sie von 20% Rabatt
auf das gesamte Sortiment
www.swisstravelcenter.ch
mit Promo-Code TCSCHKF24
Kümmerly+Frey
www.swisstravelcenter.com

GRAUBÜNDEN
LES GRISONS

1

TCS Camping

Weitere / D'autres

Landquart «Waldcamping Landquart» ★★★ pincamp.ch/GR1150 1.01

1.1.–27.10., 5.12.–31.12. ha 5 m/üM 555 T 25 S 20 M 2 46°58'14.3"N, 9°35'37.1"E

Ganda 21, CH-7302 Landquart, T +41 (0)79 482 65 95, info@waldcamping.ch, www.waldcamping.ch

1,5 km 365 16 A DE FR IT EN free

Wiesen- und Waldgelände an einem schmalen Bach. Durch den Platz führt ein Wanderweg. Bahnlinie in Hörweite. / Terrain boisé au bord d'un ruisseau. Un sentier de randonnée traverse le camping. Voie ferrée à proximité sonore.

Preise/Nacht / Prix/nuit CHF 10–22, CHF 18–24, CHF 10–12, CHF 5–6, CHF 4, CHF 22–30, TAX, CCI/CKE,

Chur «Camp Au» ★★★ pincamp.ch/GR1250 1.03

ha 3 m/üM 570 T 90 S 60 M 3 46°51'43"N, 9°30'26.4"E

Felsenaustrasse 61, CH-7000 Chur, T +41 (0)81 284 22 83, info@camping-chur.ch, www.camping-chur.ch

0,5 km 365 13 A DE EN free

Ebens Wiesengelände, mit Bäumen, am Zusammenfluss von Plessur und Rhein. Zur einen Seite Blick auf Berge. / Terrain plat, avec des arbres, au confluent du Plessur et du Rhin. D'un côte vue sur les montagnes.

TAX, VISA

Trin Mullin «Camping Trin» pincamp.ch/Pin_236805 1.05

ha 2 m/üM 800 T 150 S 20 M 6 46°49'18.4"N, 9°19'34"E

Camping Trin, CH-7016 Trin Mullin, T +41 (0)76 440 19 93, info@campingtrin.ch, www.campingtrin.ch

2,5 km DE FR IT EN free

Ebenes Wiesen- und Rasengelande in den Bergen und am Waldrand. / Terrain de prairie plat et herbeux, en montagne et à l'orée de la forêt.

Preise/Nacht / Prix/nuit CHF 9–14, CHF 18–22, CHF 12, CHF 6–10, CHF 2, VISA

Surcuolm «Panoramaplatz» ★★★ pincamp.ch/Pin_231905 1.10

ha 2 m/üM 1300 T 20 S 40 M 1 46°45'37.7"N, 9°8'38.7"E

Kantonsstrasse, CH-7138 Surcuolm, T +41 (0)81 933 32 23, info@camping-surcuolm.ch, www.camping-surcuolm.ch

DE

Ebenes Rasengelände. / Terrain herbeux plat.

Preise/Nacht / Prix/nuit CHF 10, CHF 17–18, CHF 9.50, CHF 4, CHF 3, VISA

TCS CAMPING 1.06

Flims ★★

1.1.–7.4., 8.5.–20.10., 14.12.–31.12.2024

46°49'28.1"N, 9°16'53.2"E ha 1 m üM 1100 T 65 S 80 M 6 pincamp.ch/GR1300

2 km 16 A DE FR IT EN free

Beschreibung
Leicht geneigtes Rasengelände, Terrassenlage in den Bergen, am Berghang und am Waldrand

Highlights Camping
Gratis-WiFi • Inklusive Strom • Kinder bis 5 Jahre gratis • Hunde erlaubt

Description
Terrain herbeux, terrain en terrasses légèrement en pente, en montagne, à flanc de montagne et à l'orée de la forêt

Highlights Camping
WiFi gratuit • Électricité incluse • Enfants jusqu'à 5 ans gratuits • Chiens autorisés

15–20 %*	TCS Camping Mitglieder / Membres
10 %	TCS Mitglieder / Membres CCI Camping Card International

Das ganze Jahr auf allen TCS Campingplätzen gültig. Gilt für Mietunterkünfte und Stellplätze. Nicht kumulierbar.
*15 % in der Hochsaison, 20 % in der Nebensaison
Rabais valable toute l'année sur tous les campings TCS et pour tous les logements locatifs et emplacements. Non cumulable.
*15 % de rabais durant la haute saison, 20 % de rabais durant la basse saison

Preise/Nacht / Prix/nuit

Zelt	CHF	9–22
Wohnwagen	CHF	12–23
Erwachsene	CHF	10–12
Kinder	CHF	5–6
Hund	CHF	6
Kurzaufenthalt	CHF	25

TAX, %, CCI,

VISA, reka

Änderungen vorbehalten • Im Preis der Parzelle sind Entsorgung, Strom (wenn immer möglich), ein Auto/Motorrad inbegriffen • Spezialtarif für kleines Zelt ohne Auto / Sous réserve de modifications • La voirie, l'électricité (dans la mesure du possible) et un véhicule sont inclus dans le prix de la parcelle • Tarif spécial pour petite tente sans voiture

Mietunterkünfte / Hébergements locatifs

Pod max. 2	CHF	70–90
Pod max. 3	CHF	90–110
Pod max. 4	CHF	110–130

Infos ab Seite 6 / voir page 6 sqq.

Änderungen vorbehalten • Keine Reservationskosten • Matratzen immer mit Fixleintüchern. Bettwäsche auf Wunsch CHF 20/Person • Inklusiv: Endreinigung, Strom und ein Auto/Motorrad / Sous réserve de modifications • Pas de frais de réservation • Matelas toujours recouverts d'un drap housse. Literie sur demande CHF 20/personne • Inclus: nettoyage final, électricité et une voiture/moto

* Schlafsack mitbringen / apporter sac de couchage

TCS Camping Flims
Via Prau la Selva 4
7018 Flims Waldhaus
T +41 (0)81 911 15 75
camping.flims@tcs.ch
www.tcs-camping.ch/flims

Jetzt online buchen / Réserver en ligne

TCS CAMPING 1.13

Disentis ★★★★

20.4.–22.9.2024

46°41'50"N, 8°51'10.8"E ha 3 m üM 1050 T 85 S 26 M 7 pincamp.ch/GR1500

DE FR EN free

★★★☆☆ ★★★★☆ ★★★★☆ ★★★★☆

Beschreibung
Naturbelassenes Wiesen- und Rasengelände, Terrassenlage in den Bergen und am Waldrand

Highlights Camping
Gratis-WiFi • Inklusive Strom • Kinder bis 5 Jahre gratis • Hunde erlaubt • Gratis Ortsbus und diverse Vergünstigungen mit der Gästekarte Disentis Sedrun • Tipi Dörfchen • Goldwaschen direkt beim Platz • Restaurant mit grosser Terrasse • Kinderspielplatz

Description
Terrain de prairie herbeux, terrain en terrasses naturel, en montagne et à l'orée de la forêt

Highlights Camping
WiFi gratuit • Électricité incluse • Enfants jusqu'à 5 ans gratuits • Chiens autorisés • Bus local gratuit et diverses réductions avec la carte d'hôte Disentis Sedrun • Petit village de tipis • Orpaillage directement sur place • Restaurant avec grande terrasse • Terrain de jeux pour enfants

15–20 %*	TCS Camping Mitglieder / Membres
10 %	TCS Mitglieder / Membres CCI Camping Card International

Das ganze Jahr auf allen TCS Campingplätzen gültig. Gilt für Mietunterkünfte und Stellplätze. Nicht kumulierbar.
*15 % in der Hochsaison, 20 % in der Nebensaison
Rabais valable toute l'année sur tous les campings TCS et pour tous les logements locatifs et emplacements. Non cumulable.
*15 % de rabais durant la haute saison, 20 % de rabais durant la basse saison

Preise/Nacht / Prix/nuit

	CHF	10–26
	CHF	12–38
	CHF	11–15
	CHF	5.50–7.50
	CHF	6
	CHF	25

TAX, %, CCI,

VISA, reka

Änderungen vorbehalten • Im Preis der Parzelle sind Entsorgung, Strom (wenn immer möglich), ein Auto/Motorrad inbegriffen • Spezialtarif für kleines Zelt ohne Auto / Sous réserve de modifications • La voirie, l'électricité (dans la mesure du possible) et un véhicule sont inclus dans le prix de la parcelle • Tarif spécial pour petite tente sans voiture

Mietunterkünfte / Hébergements locatifs

Family Pod	CHF	115–150
Tipi *	CHF	85–120

Infos ab Seite 6 / voir page 6 sqq.

Änderungen vorbehalten • Keine Reservationskosten • Matratzen immer mit Fixleintüchern. Bettwäsche auf Wunsch CHF 20/Person • Inklusiv: Endreinigung, Strom und ein Auto/Motorrad / Sous réserve de modifications • Pas de frais de réservation • Matelas toujours recouverts d'un drap housse. Literie sur demande CHF 20/personne • Inclus: nettoyage final, électricité et une voiture/moto

* Schlafsack mitbringen / apporter sac de couchage

TCS Camping Disentis
Via Fontanivas 9
7180 Disentis/Mustér
T +41 (0)81 947 44 22
camping.disentis@tcs.ch
www.tcs-camping.ch/disentis

Jetzt online buchen/
Réserver en ligne

Trun «Camping Trun» *** pincamp.ch/GR1400 — 1.11

29.3.–31.10. ha 5 · m üM 860 · T 100 · S 75 · M 0 · 46°44'31.4"N, 8°59'38"E

Via Campadi 2, CH-7166 Trun, T +41 (0)81 544 56 97, info@camping-trun.ch, www.camping-trun.ch

1 km · 16 A · DE · EN · free

★★★☆☆ · ★★★☆☆ · ★★★★☆ · ★★☆☆☆

Naturbelassenes Flussauengelände mit hohen Erlen und Sträuchern sowie grossen Wiesenflächen. / Prairies et zones alluviales avec de hauts aulnes et des buissons.

Preise/Nacht / Prix/nuit CHF 15, CHF 20–24, CHF 10–13, CHF 5.50–7, CHF 0, TAX, VISA

Rueras «Campingplatz & Restaurant Viva» pincamp.ch/GR_105026 — 1.15

ha 3 · m üM 1400 · T 35 · S 35 · M 0 · 46°40'21.6"N, 8°45'13.2"E

Via Prau Cumin 11 , CH-7189 Rueras, T +41 (0)79 126 80 61, hallo@campingviva.ch, www.campingviva.ch

3 km · DE · FR · IT · EN · free

Auf einer offenen Ebene, umarmt von den Bündner Bergen und direkt am jungen Rhein. / Sur une plaine ouverte, embrassée par les montagnes des Grisons et directement sur le jeune Rhin.

Vattiz «Davos Munts» pincamp.ch/Pin_234090 — 1.18

ha 0,5 · m üM 1300 · T 50 · S · M 0 · 46°42'30"N, 9°9'15"E

Davos Munts 190A, CH-7146 Vattiz, T +41 (0)79 611 02 11, contact@davosmunts.ch, www.davosmunts.ch

P · DE · FR · IT · EN · free

Ebenes Wiesengelände am See und in den Bergen. / Terrain gazonné plat, au bord du lac et en montagne.

Preise/Nacht / Prix/nuit CHF 15–25, CHF 20–25, CHF 10–20, CHF 0–10, CHF 3, VISA

Davos Glaris «RinerLodge» pincamp.ch/GR3100 — 1.22

ha 0,5 · m üM 1457 · T 84 · S · M 25 · 46°44'38.5"N, 9°46'44.7"E

Landwasserstrasse 64, CH-7277 Davos Glaris, T +41 (0)81 417 00 33, rinerlodge@davosklosters.ch, www.camping-davos.ch

0,1 km · 9,9 km · P · DE · FR · EN · free

Ebenes Wiesengelände in den Bergen. Nahe der Talstation der Rinerhorn-Seilbahn. Blick auf Berge. / Terrain gazonné plat en montagne. Près de la station de vallée du téléphérique du Rinerhorn. Vues sur les montagnes.

Preise/Nacht / Prix/nuit CHF 18.70–46.40, CHF 24.70–49.40, CHF 10.30, CHF 4, CHF 3, TAX, VISA, reka

Arosa «Camping Arosa» * pincamp.ch/Pin_230974

1.25

1.1.–13.4., 9.6.–31.12. ha 1 m üM 1800 T 20 S 25 M 0 46°46'38"N, 9°39'19.4"E

Cholgruobaweg 2, CH-7050 Arosa, T +41 (0)81 356 52 43, info@camping-arosa.ch, www.campingarosa.ch

0,8 km 0,5 km 365

DE FR IT EN free

★★★★☆ ★★☆☆☆ ★☆☆☆☆ ★☆☆☆☆

Leicht geneigtes, ebenes, welliges, naturbelassenes Rasengelände in den Bergen und am Berghang. / Terrain herbeux légèrement en pente, plat, vallonné.

VISA

Churwalden «Pradafenz» **** pincamp.ch/GR2100

1.26

1.1.–6.4., 25.5.–30.10., 14.12.–31.12. ha 2 m üM 1230 T 50 S 140 M 0 46°46'36.6"N, 9°32'29.5"E

Girabodawäg 34, CH-7075 Churwalden, T +41 (0)81 382 19 21, camping@pradafenz.ch, www.pradafenz.ch

0,1 km 4 km P 365

DE EN

★★★★☆ ★★★★☆ ★★★★★ ★★☆☆☆

Terrassiertes Gelände mit vereinzelten Laub- und Nadelbäumen. Am Ortsrand. Blick auf Berge. / Terrain en terrasse avec des arbres à feuilles caduques et des conifères isolés. À la périphérie de la ville. Vue sur les montagnes.

Preise/Nacht / Prix/nuit CHF 8–12, CHF 13–16, CHF 9, CHF 5–7.50, TAX, VISA

TCS CAMPING 1.37

Thusis Viamala ★★★

28.3.–20.10.2024

46°42'0.8"N, 9°26'42.3"E ha 5 m ü.M. 720 T 60 S 40 M 4 pincamp.ch/GR2300

0,5 km

DE FR IT EN free

★☆☆☆☆ ★★★☆☆ ★★★★☆ ★★☆☆☆

Beschreibung
Ebenes, welliges, naturbelassenes Gelände in den Bergen

Highlights Camping
Gratis-WiFi • Inklusive Strom • Kinder bis 5 Jahre gratis • Hunde erlaubt • Viamala-Schlucht • An der Nord-Süd-Achse

Description
Terrain plat, vallonné, naturel, en montagne

Highlights Camping
WiFi gratuit • Électricité incluse • Enfants jusqu'à 5 ans gratuits • Chiens autorisés • La gorge de la Viamala • Sur l'axe nord-sud

15–20 %*	TCS Camping Mitglieder / Membres
10 %	TCS Mitglieder / Membres CCI Camping Card International

Das ganze Jahr auf allen TCS Campingplätzen gültig. Gilt für Mietunterkünfte und Stellplätze. Nicht kumulierbar.
*15 % in der Hochsaison, 20 % in der Nebensaison
Rabais valable toute l'année sur tous les campings TCS et pour tous les logements locatifs et emplacements. Non cumulable.
*15 % de rabais durant la haute saison, 20 % de rabais durant la basse saison

Preise/Nacht / Prix/nuit

Zelt	CHF	10–26
Wohnwagen	CHF	20–28
Erwachsene	CHF	11–14
Kinder	CHF	5.50–7
Hund	CHF	6
Stopover	CHF	25

TAX, %, CCI,

Änderungen vorbehalten • Im Preis der Parzelle sind Entsorgung, Strom (wenn immer möglich), ein Auto/Motorrad inbegriffen • Spezialtarif für kleines Zelt ohne Auto / Sous réserve de modifications • La voirie, l'électricité (dans la mesure du possible) et un véhicule sont inclus dans le prix de la parcelle • Tarif spécial pour petite tente sans voiture

Mietunterkünfte / Hébergements locatifs

Chalet Mini	CHF	65–95
Chalet	CHF	120–160
Tipi *	CHF	85–120

Infos ab Seite 6 / voir page 6 sqq.

Änderungen vorbehalten • Keine Reservationskosten • Matratzen immer mit Fixleintüchern Bettwäsche auf Wunsch CHF 20/Person • Inklusiv: Endreinigung, Strom und ein Auto/Motorrad / Sous réserve de modifications • Pas de frais de réservation • Matelas toujours recouverts d'un drap housse. Literie sur demande CHF 20/personne • Inclus: nettoyage final, électricité et une voiture/moto

* Schlafsack mitbringen / apporter sac de couchage

TCS Camping Thusis Viamala
Pantunweg 3
7430 Thusis
T +41 (0)81 651 24 72
camping.thusis@tcs.ch
www.tcs-camping.ch/thusis

Jetzt online buchen/
Réserver en ligne

Lernzerheide/Lai «Gravas» ** pincamp.ch/GR2200

1.27

1.1.–31.12. ha 1 m ü.M. 1474 T 18 S 76 M 0 46°43'21.4"N, 9°33'19.1"E

Gravas 6, CH-7078 Lernzerheide/Lai, T +41 (0)81 384 23 35, gravas@camping-lenzerheide.ch, www.camping-lenzerheide.ch/de/camping-gravas

2 km

DE IT EN free

★★★☆☆ ★★★☆☆ ★★☆☆☆ ★★☆☆☆

Naturbelassenes Gelände in den Bergen mit nischenartigen Standplätzen. Für Wohnmobile einige befestigte Standplätze. / Terrain naturel, en montagne avec des niches. Pour les camping-cars, quelques emplacements pavés.

Preise/Nacht / Prix/nuit CHF 10–17, CHF 20–25, CHF 0–14, CHF 0–6.50, CHF 0–2, VISA

Lantsch/Lenz «St. Cassian» *** pincamp.ch/GR2220

1.28

1.1.–31.12. ha 3 m ü.M. 1420 T 45 S 140 M 4 46°41'21.5"N, 9°33'44.9"E

Voia Principala 130, CH-7083 Lantsch/Lenz, T +41 (0)81 384 24 72, st.cassian@camping-lenzerheide.ch, www.camping-lenzerheide.ch/camping-st-cassian

0,1 km 2,5 km 16 A

DE FR IT EN free

★★★★☆ ★★★☆☆ ★★★☆☆ ★★★☆☆

Leicht geneigtes, ebenes, naturbelassenes Wiesen- und Rasengelände in den Bergen, am Berghang und am Waldrand. / Terrain de prairie herbeux et légère-ment en pente, plat, naturel, en montagne, à flanc de montagne et à l'orée de la forêt.

Preise/Nacht / Prix/nuit CHF 10–18, CHF 15–22, CHF 9, CHF 6, CHF 2, TAX, VISA

Filisur «Islas» ** pincamp.ch/GR2250

1.31

23.3.–31.10. ha 4 m ü.M. 950 T 70 S 73 M 2 46°40'18.7"N, 9°40'26.4"E

Camping Islas 1, CH-7477 Filisur, T +41 (0)79 684 31 43, info@campingislas.ch, www.campingislas.ch

13 A DE EN free

★★★★☆ ★★☆☆☆ ★★☆☆☆ ★★☆☆☆

Ebenes, naturbelassenes Wiesengelände mit Bäumen, am Fluss Albula. Blick auf umliegende Berge. / Terrain plat, essentiellement naturel, avec des arbres au bord de l'Albula. Vue sur les montagnes environnantes.

Neu 2024 / Nouveau 2024 Neue Sanitäranlage und Aufenthaltsraum / Nouvelles installations sanitaires et salle de séjour

Preise/Nacht / Prix/nuit CHF 8–12, CHF 15.50–17.50, CHF 9–10, CHF 4.50–5, CHF 3, TAX, VISA

Savognin «Julia» *** pincamp.ch/Pin_231407

1.39

1.1.–31.12. ha 0,5 m ü.M. 1200 T 15 S 10 M 0 46°35'54.4"N, 9°35'22"E

Veia Sandeilas 12b, CH-7460 Savognin, T +41 (0)79 346 22 67, camping.julia@savogninbergbahnen.ch, www.savogninbergbahnen.ch

1 km 0,1 km 365 DE FR EN free

★★★★☆ ★★★☆☆ ★★★★☆ ★☆☆☆☆

Ebenes, naturbelassenes am See und in den Bergen. / Au bord du lac et en montagne, plat, naturel.

Preise/Nacht / Prix/nuit CHF 8–15, CHF 15, CHF 8, CHF 6, CHF 2, TAX, VISA

Rona «Restaurant dalla Punt»

1.40

ha 0,5 m ü.M. 1400 T 20 S 6 M 0 46°33'41"N, 9°37'25"E

Julierstrasse, CH-7454 Rona, T +41 (0)79 419 50 35, info@mobilchaletpark-rona.ch, www.wohnmobilstellplatz-rona.ch

5 km P DE FR IT free

Ebenes Sandgelände in den Bergen und am Waldrand. / Terrain de sable plat, en montagne et à l'orée de la forêt.

Preise/Nacht / Prix/nuit CHF 25

Zills «Camping Rania» pincamp.ch/GR2400 1.44

ha 2, m üM 885, T 35, S 50, M 1, 46°33'9.6"N, 9°19'16.5"E

Italienische Strasse 120A, CH-7432 Zills, T +41 (0)79 619 00 50, info@campingrania.ch

DE FR IT EN free

Leicht geneigtes Wiesengelände zwischen dem Hinterrhein und der Strasse. Blick auf bewaldete, steile Felswände. / Terrain en légère pente entre le Rhin Postérieur et la route. Vue sur des parois rocheuses boisées et escarpées.

Preise/Nacht / Prix/nuit CHF 7–9, CHF 15, CHF 7.50, CHF 0–4, CHF 0

Splügen «Camping Splügen» *** pincamp.ch/GR2500 1.46

1.1.–31.12. ha 1, m üM 1460, T 35, S 90, M 1, 46°51'13.1"N, 9°18'49.4"E

Campingstrasse 18, CH-7435 Splügen, T +41 (0)81 664 14 76, camping@spluegen.ch, www.campingspluegen.ch

365 DE IT EN free

Ebenes, leicht welliges Wiesengelände mit einigen Bäumen. Am linken Ufer des Hinterrheins. / Terrain plat, légèrement vallonné, avec quelques arbres. Sur la rive gauche du Rhin postérieur.

Preise/Nacht / Prix/nuit CHF 17–22, CHF 34–40, CHF 5, CHF 3, TAX, VISA

Andeer «Camping Andeer» *** pincamp.ch/GR_58857 1.47

1.1.–31.12. ha 1, m üM 980, T 30, S 125, M 0, 46°36'23.2"N, 9°25'35.1"E

Sut Baselgia 120c, CH-7440 Andeer, T +41 (0)81 650 90 40, camping.andeer@bluewin.ch, www.campingandeer.ch

365 DE IT EN free

Ebenes Rasengelände in den Bergen. / Terrain herbeux plat, en montagne.

Preise/Nacht / Prix/nuit CHF 15–20, CHF 30–35, CHF 10, CHF 5, CHF 3, TAX, %, CCI, VISA

St. Moritz «Camping St.Moritz» ** pincamp.ch/GR4300 1.50

ha 2 m üM 1800 T 199 S 20 M 4 46°28'40.2"N, 9°49'32.7"E

Via San Gian 55, CH-7500 St. Moritz, T +41 (0)81 833 40 90, info@camping-stmoritz.ch, www.camping-stmoritz.ch

0,5 km P DE FR IT EN free

★★☆☆☆ ★★☆☆☆ ★★☆☆☆ ★★☆☆☆

Grösstenteils ebenes Wiesengelände, durch öffentliche Wege mehrfach unterteilt. Bergpanorama. / Terrain de prairie herbeux principalement plat, traversé par plusieurs chemins publics. Panorama de montagne.

Preise/Nacht / Prix/nuit CHF 10-24, CHF 15-40, CHF 12-15, CHF 6-9, CHF 0, TAX, CCI/CKE, VISA reka

Samedan «Camping Gravatscha» pincamp.ch/GR4090 1.52

ha 18 m üM 1707 T 18 S 13 M 9 46°32'31.6"N, 9°53'32"E

Plazza Aviatica 27, CH-7503 Samedan, T +41 (0)76 253 77 36, info@camping-gravatscha.ch, www.camping-gravatscha.ch

1,5 km 0,2 km P DE IT EN free

Leicht geneigtes Wald- und Wiesengelände mit verschiedenartigen Nadelbäumen. Beim Zusammenfluss von Flaz und Inn. / Terrain boisé et herbeux légèrement incliné avec de conifères de différentes sortes. Au confluent des rivières Flaz et Inn.

Preise/Nacht / Prix/nuit CHF 9, CHF 18-20, CHF 13, CHF 5, CHF 4, VISA

Pontresina «Morteratsch» **** pincamp.ch/GR4200 1.53

1.1.-31.12. ha 4 m üM 1860 T 220 S 80 M 9 46°27'37.3"N, 9°56'6.6"E

Plauns 13, CH-7504 Pontresina, T +41 (0)81 842 62 85, mail@camping-morteratsch.ch, www.camping-morteratsch.ch

0,2 km 366 12 A DE FR IT EN free

★★☆☆☆ ★★★☆☆ ★★★★☆ ★★★★☆

Weitgehend naturbelassenes, von mehreren Bachläufen durchzogenes Gelände mit zwei Stufen und zwei bewaldeten Hügeln. / Terrain en grande partie naturel, traversé par plusieurs ruisseaux, sur deux niveaux et deux collines boisées.

Preise/Nacht / Prix/nuit CHF 5-21, CHF 16-25, CHF 13-17, CHF 5-9, CHF 4-5, VISA

TCS CAMPING 1.51

Samedan ★★★

1.1.–7.4., 24.5.–13.10., 6.12.–31.12.2024

46°30'37"N, 9°52'44.8"E | ha 2 | m ü.M. 1740 | T 60 | S 50 | M 1 | pincamp.ch/GR4100

0,5 km 3 km

★★☆☆☆ ★★★★☆ ★★★★☆ ★★☆☆☆

DE FR IT EN free

Beschreibung
Ebenes, naturbelassenes Wiesen- und Rasengelände in den Bergen

Highlights Camping
Gratis-WiFi • Inklusive Strom (nur im Sommer) • Kinder bis 5 Jahre gratis • Hunde erlaubt • Snackbar und kleiner Shop • Langlaufloipe direkt beim Platz • Viele Wanderwege direkt ab Platz • Sommeir- und Wintercamping

Description
Terrain de prairie plat et herbeux, naturel, en montagne

Highlights Camping
WiFi gratuit • Électricité incluse (seulement en été) • Enfants jusqu'à 5 ans gratuits • Chines autorisés • Snack-bar et petit magasin • Piste de ski de fond directement sur place • Départ de nombreux chemins de randonnée • Camping en été et en hiver

15–20 %*	TCS Camping Mitglieder / Membres
10 %	TCS Mitglieder / Membres CCI Camping Card International

Das ganze Jahr auf allen TCS Campingplätzen gültig. Gilt für Mietunterkünfte und Stellplätze. Nicht kumulierbar.
* 15 % in der Hochsaison, 20 % in der Nebensaison
Rabais valable toute l'année sur tous les campings TCS et pour tous les logements locatifs et emplacements. Non cumulable.
* 15 % de rabais durant la haute saison, 20 % de rabais durant la basse saison

Preise/Nacht / Prix/nuit

	CHF	9–22
	CHF	12–34
	CHF	9–12
	CHF	4.50–6
	CHF	6
	CHF	25

TAX, % CCI/CKE,

VISA reka

Änderungen vorbehalten • Im Preis der Parzelle sind Entsorgung, Strom (wenn immer möglich), ein Auto/Motorrad inbegriffen • Spezialtarif für kleines Zelt ohne Auto / Sous réserve de modifications • La voirie, l'électricité (dans la mesure du possible) et un véhicule sont inclus dans le prix de la parcelle • Tarif spécial pour petite tente sans voiture

Mietunterkünfte / Hébergements locatifs

Wohnwagen * / Caravane *	CHF	90–135

Infos ab Seite 6 / voir page 6 sqq.

Änderungen vorbehalten • Keine Reservationskosten • Matratzen immer mit Fixleintüchern. Bettwäsche auf Wunsch CHF 20/Person • Inklusiv: Endreinigung, Strom und ein Auto/Motorrad / Sous réserve de modifications • Pas de frais de réservation • Matelas toujours recouverts d'un drap housse. Literie sur demande CHF 20/personne • Inclus: nettoyage final, électricité et une voiture/moto

* Schlafsack mitbringen / apporter sac de couchage

TCS Camping Samedan
Via da Puntraschigna 56
7503 Samedan
T +41 (0)81 842 81 97
camping.samedan@tcs.ch
www.tcs-camping.ch/samedan

Jetzt online buchen/
Réserver en ligne

Silvaplana «Silvaplana» pincamp.ch/GR4400 1.54

ha 3 | m üM 1800 | T 180 | S 120 | M 0 | 46°27'21.6"N, 9°47'36.1"E

Via da Bos-cha 15, CH-7513 Silvaplana, T +41 (0)81 828 84 92, reception@campingsilvaplana.ch, www.campingsilvaplana.ch

0,2 km

DE FR IT EN free

Naturbelassenes Gelände am See und in den Bergen. Angrenzend Sportzentrum. Blick auf die Bernina-Gruppe. / Terrain naturel, au bord du lac et en montagne.Centre sportif adjacent.Vue sur le massif de la Bernina.

Preise/Nacht / Prix/nuit CHF 7–10, CHF 10–16, CHF 12.50, CHF 5, CHF 3, VISA

Maloja «Camping Maloja» pincamp.ch/GR4500 1.55

ha 2 | m üM 1816 | T 140 | S 8 | M 1 | 46°24'20.8"N, 9°42'37.9"E

Plan Curtinac 2, CH-7516 Maloja, T +41 (0)81 824 31 81, info@camping-maloja.ch, www.camping-maloja.ch

DE FR IT EN free

Geneigtes Wiesengelände, von mehreren kleinen Bächen durchflossen. Standplätze teils gekiest. / Terrain en pente, traversé par plusieurs petits ruisseaux. Une partie des emplacements couverts de graviers.

Preise/Nacht / Prix/nuit CHF 12–18, CHF 15–21, CHF 7.50, CHF 4, CHF 3, TAX, VISA

Li Curt «Boomerang» *** pincamp.ch/Pin_84049 1.61

ha 1 | m üM 980 | T 40 | S 50 | M 1 | 46°18'23.4"N, 10°3'53"E

Via da Vial 40, CH-7745 Li Curt, T +41 (0)81 844 07 13, info@camping-boomerang.ch, www.camping-boomerang.ch

0,5 km | 1 km

DE FR IT EN free

★★★★☆ | ★★★☆☆ | ★★★★☆ | ★★★☆☆

Ebenes, naturbelassenes Rasengelände in den Bergen, am Berghang und am Waldrand. / Terrain herbeux plat, naturel, en montagne, à flanc de montagne et à l'orée de la forêt.

Preise/Nacht / Prix/nuit CHF 4–6, CHF 10–12, CHF 11–12, CHF 4–5, CHF 3, TAX, VISA

Le Prese «Cavresc» *** pincamp.ch/GR5100 1.62

ha 1 | m üM 966 | T 70 | S 30 | M 1 | 46°17'41.6"N, 10°4'48.4"E

Via dal Cavresc 1, CH-7746 Le Prese, T +41 (0)81 844 02 59, camping.cavresc@bluewin.ch, www.campingcavresc.ch

DE FR IT

★★★★★ | ★★★★☆ | ★★☆☆☆ | ★★★☆☆

Ebenes, leicht geneigtes, naturbelassenes Wiesengelände. Blick auf Berge. / Terrain de prairie herbeux, plat, vallonée. Vue sur les montagnes.

Preise/Nacht / Prix/nuit CHF 2–6, CHF 12–15, CHF 10–13, CHF 0–6, CHF 2, TAX, VISA

Madulain «Camping Madulain» *** pincamp.ch/GR4070 — 1.65

1.1.–7.4., 1.6.–20.10., 21.12.–31.12. ha 1 m/üM 1697 T 30 S 10 M 5 46°35'15.5"N, 9°56'24"E

Via Vallatscha 115, CH-7523 Madulain, T +41 (0)81 854 01 61, mail@campingmadulain.ch, www.campingmadulain.ch

0,1 km

16 A

DE FR IT EN free

Leicht geneigtes, ebenes, naturbelassenes Wiesengelände, Terrassenlage in den Bergen. / Terrain gazonné, terrain en terrasses légèrement en pente, plat, naturel, en montagne.

Preise/Nacht / Prix/nuit CHF 10–14, CHF 12–17, CHF 10–12, CHF 4.50–10, CHF 4–5, VISA

Cinuos-chel «Chapella» ** pincamp.ch/GR_71408 — 1.67

1.5.–31.10. ha 2 m/üM 1650 T 100 S 20 M 1 46°37'56.3"N, 10°0'52.7"E

Chapella, CH-7526 Cinuos-chel, T +41 (0)81 854 12 06, info@campingchapella.ch, www.campingchapella.ch

0,9 km

DE FR IT EN free

Leicht geneigtes, ebenes, welliges, naturbelassenes Wiesen- und Rasengelände in den Bergen und am Waldrand. / Terrain de prairie herbeux et légèrement en pente, plat, vallonné, naturel, en montagne et à l'orée de la forêt.

Preise/Nacht / Prix/nuit CHF 5–13, CHF 11–13, CHF 8, CHF 3–4, CHF 2, TAX, VISA

Zernez «Cul» pincamp.ch/GR3700 — 1.68

ha 4 m/üM 1479 T 250 S M 1 46°41'51.6"N, 10°5'21.7"E

Via da Cul, CH-7530 Zernez, T +41 (0)81 856 14 62, campingzernez@gmail.com

0,5 km

DE FR IT EN free

Ebenes, naturbelassenes Wiesengelände, durch Baumreihen unterteilt. Blick auf Berge. / Terrain de prairie plat et herbeux, naturel, divisé par des rangées d'arbres. Vues sur les montagnes.

VISA

TCS CAMPING 1.82

Scuol ★★★★

6.5.–27.10.2024

46°47'28.6"N, 10°17'53.6"E | ha 2 | m ü.M. 1250 | T 190 | S 60 | M 5 | pincamp.ch/GR3600

0,2 km

DE FR IT EN free

★★★☆☆ ★★★★☆ ★★★★★ ★★★☆☆

Beschreibung

Naturbelassenes Wiesen- und Rasengelände in den Bergen

Highlights Camping

Gratis-WiFi • Inklusive Strom • Kinder bis 5 Jahre gratis • Hunde erlaubt • Stellplätze für Wohnmobile • Bike-Werkstatt • Restaurant und kleiner Shop auf Platz • Gratis Ski-Bus im Winter • Sommer- und Wintercamping • Kinderanimation

Description

Terrain de prairie herbeux, naturel, en montagne

Highlights Camping

WiFi gratuit • Électricité incluse • Enfants jusqu'à 5 ans gratuits • Chiens autorisés • Emplacements pour camping-cars • Atelier de bike • Restaurant et petit magasin sur place • Navette-ski gratuite en hiver • Camping d'été et d'hiver • Animation pour les enfants

15–20 %*	TCS Camping Mitglieder / Membres
10 %	TCS Mitglieder / Membres CCI Camping Card International

Das ganze Jahr auf allen TCS Campingplätzen gültig. Gilt für Mietunterkünfte und Stellplätze. Nicht kumulierbar.
* 15 % in der Hochsaison, 20 % in der Nebensaison
Rabais valable toute l'année sur tous les campings TCS et pour tous les logements locatifs et emplacements. Non cumulable.
* 15 % de rabais durant la haute saison, 20 % de rabais durant la basse saison

Preise/Nacht / Prix/nuit

	CHF	10–26
	CHF	12–30
	CHF	12–15
	CHF	6–7.50
	CHF	6
	CHF	25

TAX, %, CCI,

VISA reka

Änderungen vorbehalten • Im Preis der Parzelle sind Entsorgung, Strom (wenn immer möglich), ein Auto/Motorrad inbegriffen • Spezialtarif für kleines Zelt ohne Auto / Sous réserve de modifications • La voirie, l'électricité (dans la mesure du possible) et un véhicule sont inclus dans le prix de la parcelle • Tarif spécial pour petite tente sans voiture

Mietunterkünfte / Hébergements locatifs

Family Pod	CHF	115–150
Geopod*	CHF	85–120

Infos ab Seite 6 / voir page 6 sqq.

Änderungen vorbehalten • Keine Reservationskosten • Matratzen immer mit Fixleintüchern. Bettwäsche auf Wunsch CHF 20/Person • Inklusiv: Endreinigung, Strom und ein Auto/Motorrad / Sous réserve de modifications • Pas de frais de réservation • Matelas toujours recouverts d'un drap housse. Literie sur demande CHF 20/personne • Inclus: nettoyage final, électricité et une voiture/moto

* Schlafsack mitbringen / apporter sac de couchage

TCS Camping Scuol
Gurlaina
7550 Scuol
T +41 (0)81 864 15 01
camping.scuol@tcs.ch
www.tcs-camping.ch/scuol

Jetzt online buchen/
Réserver en ligne

Sta. Maria Val Müstair «Pè da Munt» ** pincamp.ch/GR3800

1.73

17.5.–6.10. ha 0,5 ü.M. 1440 T 50 S M 0 46°35'48.1"N, 10°25'32.5"E

Via Pè da Munt 5, CH-7536 Sta. Maria Val Müstair, T +41 (0)81 858 71 33, campingstamaria@bluewin.ch, www.campingstamaria.ch

10 A

DE FR IT EN free

★★★★☆ ★★☆☆☆ ★★☆☆☆ ★☆☆☆☆

Naturbelassenes Wiesengelände, Terrassenlage. Zwischen einem Bach und einem bewaldeten Hang. / Terrain gazonné, terrain en terrasses naturel. Entre un ruisseau et une pente boisée.

Preise/Nacht / Prix/nuit CHF 15, CHF 11, CHF 7–9, CHF 4, VISA

Müstair «Muglin Val Müstair» **** pincamp.ch/GR3950

1.75

1.1.–16.3., 27.4.–27.10. ha 3 ü.M. 1240 T 65 S 27 M 2 46°37'26.8"N, 10°26'58.3"E

Via Muglin 19, CH-7537 Müstair, T +41 (0)81 858 59 90, info@campingmuglin.ch, www.campingmuglin.ch

365

DE FR IT EN free

★★★★☆ ★★★★☆ ★★★★★ ★★☆☆☆

Ebenes, von einem Bach begrenztes, grosses Wiesengelände mit junger Bepflanzung. Blick auf Berge und eine Klosteranlage. / Grand terrain plat, bordé par un ruisseau, avec de jeunes plantes. Vue sur les montagnes et un monastère.

Preise/Nacht / Prix/nuit CHF 8.20, CHF 9.20, CHF 14.20, CHF 8, CHF 4.50, TAX, %, CCI, VISA

Sur En/Sent «Sur En» **** pincamp.ch/GR3500

1.83

1.1.–31.12. ha 2 m üM 1120 T 68 S 45 M 7 46°49'0.7"N, 10°21'46"E

Sur En 336, CH-7554 Sur En/Sent, T +41 (0)81 866 35 44, info@suren.ch, www.suren.ch

Jetzt online buchen / Réserver en ligne pincamp.ch

13 A

DE FR IT EN free

Naturbelassene, ebene Wiese mit vereinzelten Nadelbäumen. Von Wald umgeben. Am rechten Ufer des Inn. / Terrain plat naturel avec des conifères isolés. Entouré de bois. Sur la rive droite de l'Inn.

Preise/Nacht / Prix/nuit CHF 9.50–15.50, CHF 13–17.50, CHF 7–8.10, CHF 4.30–4.90, CHF 5, CHF 16.50, TAX,

VISA reka

Strada «Arina» *** pincamp.ch/Pin_231837

1.85

1.5.–30.6., 1.7.–31.8., 1.9.–31.10. ha 1 m üM 1075 T 30 S M 1 46°51'44.6"N, 10°26'1.4"E

CH-7558 Strada, T +41 (0)81 866 32 24, info@campingarina.ch, www.campingarina.ch

DE IT EN free

Welliges Wiesengelände in den Bergen. / Terrain gazonné vallonné, en montagne.

Preise/Nacht / Prix/nuit CHF 6.10–11.50, CHF 6.60–13.20, CHF 6–7.80, CHF 2.80–4, CHF 3.10–3.30, TAX

OSTSCHWEIZ, LIECHTENSTEIN
SUISSE ORIENTALE, LIECHTENSTEIN

2

Weitere / D'autres

Murg «Murg am Walensee» *** pincamp.ch/OS3200 2.11

1.4.–15.10. ha 2 430 T 20 S 20 M 1 47°6'54.6"N, 9°12'54.5"E

Strandbodenstrasse 16, CH-8877 Murg, T +41 (0)81 738 15 30, info@murg-camping.ch, www.murg-camping.ch

DE

★★★☆☆ ★★★★☆ ★★★★☆ ★★☆☆☆

Ebenes Wiesengelände mit Laubbäumen und Buschreihen. Touristenstandplätze direkt am See. / Terrain plat avec des arbres à feuilles caduques et des rangées d'arbustes. Emplacements touristiques au bord du lac.

Preise/Nacht / Prix/nuit CHF 8–15, CHF 25–30, CHF 9.50–14.50, CHF 3.50–4.50, CHF 4.50, VISA

Walenstadt «See-Camping Bürer» *** pincamp.ch/OS_47309 2.12

28.3.–6.10. ha 2 421 T 70 S 5 M 0 47°7'0"N, 9°18'4"E

Walenseestrasse 50, CH-8880 Walenstadt, T +41 (0)81 735 18 96, kontakt@see-camping.ch, www.see-camping.ch

1 km P DE EN free

★★★★☆ ★★★☆☆ ★★★☆☆ ★★☆☆☆

Ebenes, welliges Wiesen- und Rasengelände am See und am Strand. / Terrain de prairie et herbeux plat, vallonné, au bord du lac et à la plage.

Preise/Nacht / Prix/nuit CHF 8–20, CHF 10–30, CHF 10, CHF 5, TAX

Goldingen «Atzmännig» *** pincamp.ch/Pin_230996 2.21

1.1.–31.12. ha 2 m ü.M. 840 T 8 S M 0 47°17'9.7"N, 8°59'49.6"E

Atzmännigstrasse, CH-8638 Goldingen, T +41 (0)55 284 64 34, info@atzmaennig.ch, www.atzmaennig.ch

DE EN

★★★★☆ ★★★☆☆ ★★★☆☆ ★★★☆☆

Leicht geneigtes, ebenes Gelände in den Bergen. / Terrain légèrement en pente, en montagne.

Preise/Nacht / Prix/nuit CHF 7, CHF 9, CHF 6, CHF 4, TAX, VISA reka

Schönengrund «Schönengrund» pincamp.ch/Pin_104586 2.26

ha 0,5 m ü.M. 840 T 15 S 60 M 3 47°19'45.1"N, 9°13'26.8"E

Hauptstrasse 43, CH-9105 Schönengrund, T +41 (0)79 700 73 92, campschoenengrund@bluewin.ch, www.camping-schoenengrund.ch

DE FR EN free

Leicht geneigtes Wiesengelände, Terrassenlage am Berghang. / Terrain gazonné, terrain en terrasses légèrement en pente, à flanc de montagne.

Preise/Nacht / Prix/nuit CHF 6, CHF 12, CHF 7, CHF 3.50, CHF 2, TAX, VISA

Wildhaus «Schafbergblick» 2.39

ha 2 m ü.M. 1050 T 20 S 70 M 0 47°12'3.1"N, 9°20'19.4"E

Hauptrstrasse 160, CH-9658 Wildhaus, T +41 (0)71 999 19 34, ritawenk@bluewin.ch, www.schafbergblick.ch

1,5 km P

DE FR EN

Leicht geneigtes Rasengelände, Terrassenlage in den Bergen. / Terrain herbeux, terrain en terrasses légèrement en pente, en montagne.

Preise/Nacht / Prix/nuit CHF 4–5, CHF 8, CHF 5, CHF 2.50, CHF 0, TAX

Winden «Camping Manser» *** pincamp.ch/Pin_230983 **2.41**

1.4.–31.10. ha 1 m² 470 T 30 S M 0 47°30'39.1"N, 9°21'42.3"E

Täschliberg 5, CH-9315 Winden, T +41 (0)71 477 22 91, info@manserferien.ch, www.manserferien.ch

1 km 5 km P 16 A DE EN free

★★★★☆ ★★★★☆ ★★★★☆ ★★★☆☆

Ebenes, naturbelassenes Wiesengelände. / Terrain gazonné plat, naturel.

Preise/Nacht / Prix/nuit CHF 9.50–11, CHF 13.50–21, CHF 7.50, CHF 3.50, CHF 4, TAX, VISA reka

Bernhardzell «St Gallen-Wittenbach» *** pincamp.ch/OS2200 **2.42**

ha 2 m² 540 T 70 S 30 M 0 47°27'40.4"N, 9°21'55.6"E

Lee 1286, CH-9304 Bernhardzell, T +41 (0)71 298 49 69, campingplatz.stgallen@ccc-stgallen.ch, www.ccc-stgallen.ch

DE EN free

★★★★☆ ★★★☆☆ ★★★☆☆ ★★☆☆☆

Schmale Wiese zwischen der Sitter und einem bewaldeten Hang. / Terrain étroit entre la Sitter et une pente boisée.

Preise/Nacht / Prix/nuit CHF 9.50–16.50, CHF 16.50, CHF 6.20, CHF 3.10, CHF 3, % CCI, VISA

St. Margrethen SG «Strandbad & Camping Bruggerhorn» pincamp.ch/OS1150 **2.49**

ha 0,5 m² T 20 S M 3 47°27'2"N, 9°39'12.6"E

Strandbadstrasse 0, CH-9430 St. Margrethen SG, T +41 (0)71 744 22 01, strandbad.stmargrethen@bluewin.ch, www.stmargrethen.ch

0,1 km P DE FR EN

Ebenes Wiesengelände mit vereinzelten Bäumen und Büschen. / Terrain plat avec des arbres et des buissons éparpillés.

Preise/Nacht / Prix/nuit CHF 5–12, CHF 12, CHF 8.50, CHF 5, % CCI/CKE, VISA

Appenzell «Camping Eischen Appenzell» **** pincamp.ch/OS2500 — 2.54

1.1.–31.12. ha 1 üM 1040 T 60 S 80 M 15 47°19'21.5"N, 9°23'15"E

Kaustrasse 123, CH-9050 Appenzell, T +41 (0)71 787 50 30, info@eischen.ch, www.eischen.ch

365 16 A DE FR EN free

★★★★☆ ★★★☆☆ ★★★★☆ ★★★★☆

Teils geneigtes und welliges Wiesengelände. Blick auf das Alpsteingebirge sowie Voralpenlandschaft. / Terrain herbeux partiellement en pente et vallonné. Vue sur le massif de l'Alpstein et les contreforts des Alpes.

Preise/Nacht / Prix/nuit CHF 18–20, CHF 20–30, CHF 6, CHF 3.50, CHF 2.50, TAX, VISA

Bächli (Hemberg) «Camping Bächli» **** pincamp.ch/OS2700 — 2.55

1.1.–31.12. ha 1 üM 850 T 40 S 30 M 2 47°18'23.6"N, 9°11'41.5"E

Wisstrasse 9, CH-9633 Bächli (Hemberg), T +41 (0)71 377 11 47, info@camping-baechli.ch, www.camping-baechli.ch

0,1 km 365 DE FR EN free

★★★★☆ ★★★★☆ ★★★★★ ★★★☆☆

Leicht geneigtes Wiesengelände mit Bäumen sowie einige schmale Terrassen am Platzrand. Blick auf Voralpenlandschaft. / Terrain en pente légère avec d'arbres et quelques terrasses étroites au bord du camping. Vue sur les contreforts des Alpes.

Preise/Nacht / Prix/nuit CHF 6–11, CHF 11–15, CHF 7, CHF 3.50, CHF 2, TAX, CCI, VISA, reka

Jakobsbad «Anker Jakobsbad» *** pincamp.ch/OS_107431 — 2.56

1.1.–31.12. ha 3 üM 900 T 30 S M 1 47°19'2.2"N, 9°20'3.6"E

Laufteggstrasse 1, CH-9108 Jakobsbad, T +41 (0)71 794 11 31, info@camping-jakobsbad.ch, www.camping-jakobsbad.ch

DE FR EN free

★★★★☆ ★★★☆☆ ★★☆☆☆ ★★★☆☆

Ebenes Rasengelände in den Bergen. / Terrain herbeux plat, en montagne.

Preise/Nacht / Prix/nuit CHF 12–16, CHF 14, CHF 7, CHF 3, CHF 2.50, TAX

Buchs SG «Camping Werdenberg» ** pincamp.ch/Pin_231000 2.58

23.3.–3.11. ha 0,5 m ü.M. 450 T 20 S 17 M 2 47°9'56.8"N, 9°27'54.9"E

Camping Werdenberg, CH-9470 Buchs SG, T +41 (0)81 756 15 07, verkehrsvereinbuchs@bluewin.ch, www.verkehrsverein-buchs.ch

0,7 km 0,2 km P 220 A DE IT EN free

★★★★☆ ★★★☆☆ ★★☆☆☆ ★☆☆☆☆

Ebenes Rasengelände. / Terrain herbeux plat.

Preise/Nacht / Prix/nuit CHF 7–12, CHF 17–25, CHF 8, CHF 4, CHF 2, TAX, VISA

Triesen «Mittagsspitze» pincamp.ch/FL1500 2.61

ha 3 m ü.M. 498 T 50 S 70 M 4 47°5'10.8"N, 9°31'38.1"E

Sägastrasse 29, CH-9495 Triesen, T +423 392 26 88, info@campingtriesen.li, www.campingtriesen.li

P 365 6 A DE FR EN free

Ebenes, naturbelassenes Wiesen- und Rasengelände, Terrassenlage am Waldrand. / Terrain de prairie herbeux, terrain en terrasses plat, naturel, à l'orée de la forêt.

Preise/Nacht / Prix/nuit CHF 8–12, CHF 12–17, CHF 9, CHF 4, CHF 4, TAX, VISA

Wagenhausen «Camping Wagenhausen» **** pincamp.ch/Pin_79254

2.66

28.3.–27.10. ha 5 406 T 50 S 230 M 6 47°39'44.8"N, 8°50'26.3"E

Hauptstrasse 82, CH-8259 Wagenhausen, T +41 (0)52 741 42 71, info@campingwagenhausen.ch, www.campingwagenhausen.ch

1,5 km 5 km 13 A DE FR IT EN free

★★★★☆ ★★★★☆ ★★★★☆ ★★★★☆

Leicht geneigtes, naturbelassenes Rasengelände. Kein Schatten spendender Bewuchs. / Terrain herbeux naturel partiellement en pente. Pas de végétation donnant de l'ombre.

Preise/Nacht / Prix/nuit CHF 7.50–19, CHF 12–20, CHF 8.50–10.50, CHF 4–5.50, CHF 4, TAX, VISA reka

Eschenz «Hüttenberg» ***** pincamp.ch/OS1800

2.68

28.3.–13.10. ha 6 487 T 50 S 240 M 15 47°38'40.4"N, 8°51'35.5"E

Hüttenberg 3, CH-8264 Eschenz, T +41 (0)52 741 23 37, info@huettenberg.ch, www.camping-huettenberg.ch

1 km 3 km 16 A DE FR IT EN free

★★★★☆ ★★★★☆ ★★★★★ ★★★★☆

Terrassiertes naturbelassenes Wiesengelände am Bodensee-Radweg. / Terrain herbeux naturel, en terrasses, sur la piste cyclable du lac de Constance.

Preise/Nacht / Prix/nuit CHF 9–30, CHF 24–43, CHF 9–12, CHF 4.50–7, CHF 5, TAX, VISA

Mammern «Guldifuss» ** pincamp.ch/Pin_231409

2.69

1.4.–31.10. ha 1 410 T 27 S 93 M 0 47°38'46.2"N, 8°55'24.5"E

Guldifussstrasse 1, CH-8265 Mammern, T +41 (0)52 741 13 20, camping@guldifuss.ch, www.guldifuss.ch

DE free

★★★★☆ ★★☆☆☆ ★☆☆☆☆ ★★☆☆☆

Rasengelände am See. / Terrain herbeux, au bord du lac.

Preise/Nacht / Prix/nuit CHF 4–12, CHF 8, CHF 11, CHF 7, CHF 3,

Kreuzlingen «Fischerhaus» ***** pincamp.ch/OS1600

2.75

1.4.–26.10. ha 3 400 T 120 S 100 M 5 47°38'50"N, 9°11'56.5"E

Promenadenstrasse 52, CH-8280 Kreuzlingen, T +41 (0)71 688 49 03, info@camping-fischerhaus.ch, www.camping-fischerhaus.ch

0,2 km 0,1 km 16 A DE FR IT EN free

★★★★★ ★★★★★ ★★★★★ ★★★★☆

Ebenes, durch verschiedenartige Laubbäume aufgelockertes Wiesengelände an einem Bach, neben dem Freibad. / Une prairie plate, avec plusieurs arbres à feuilles caduques, près d'un ruisseau, à côté de la piscine extérieure.

Preise/Nacht / Prix/nuit CHF 12–24, CHF 26–34, CHF 13, CHF 6.50, TAX, CCI,

Frauenfeld «Aumühle» ** pincamp.ch/Pin_235790

2.77

1.4.–31.10. ha 1 417 T 14 S 21 M 0 47°32'24.9"N, 8°53'53.9"E

Aumühlestrasse 1, CH-8500 Frauenfeld, T +41 (0)52 721 08 68, aumuehle@cctg.ch, www.camping-aumuehle.ch

1 km 10 A DE free

★★★★☆ ★★★☆☆ ★★☆☆☆ ★★☆☆☆

Ebenes Rasengelände am Waldrand. Blick auf Berge. / Terrain herbeux plat, à l'orée de la forêt. Vue sur les montagnes.

Preise/Nacht / Prix/nuit CHF 10, CHF 19, CHF 9, CHF 4.50, CHF 2, CCI,

Bischofszell «Camping Leutswil» **** pincamp.ch/OS_59159 — 2.79

30.3.–31.10. ha 10 m ü.M. 400 T 15 S 40 M 2 47°30'7.4"N, 9°16'30.4"E

Leutswil 1, CH-9220 Bischofszell, T +41 (0)71 422 63 98, leutswil@cctg.ch, www.cctg.ch

4 km · 16 A · DE · free

★★★★☆ ★★★★★ ★★★★☆ ★★★☆☆

Ebenes Rasengelände am Waldrand. Blick auf Berge. / Terrain herbeux plat, à l'orée de la forêt.

Preise/Nacht / Prix/nuit CHF 10, CHF 19, CHF 9, CHF 4.50, CHF 3, CCI, VISA

Altnau «Ruderbaum» *** pincamp.ch/pin_231441 — 2.83

1.4.–31.10. ha 6 m ü.M. 403 T 50 S 280 M 4 47°37'25.6"N, 9°15'44.3"E

Ruderbaum 3, CH-8595 Altnau, T +41 (0) 71 695 29 65, camping@ruderbaum.ch, www.ruderbaum.ch

0,2 km · DE · FR · EN · free

★★★★☆ ★★★☆☆ ★★★★☆ ★★★☆☆

Preise/Nacht / Prix/nuit CHF 10–20, CHF 13–15, CHF 5.50–6.50, CHF 3–3.50, CHF 2.50, VISA

Uttwil «Camping+Strandbad Amriswil» pincamp.ch/Pin_230997 — 2.86

ha 0,5 m ü.M. 406 T 40 S 10 M 1 47°35'20.1"N, 9°19'59"E

Strandbadstrasse 202, CH-8592 Uttwil, T +41 (0) 71 463 47 73, campingamriswil@bluewin.ch, www.amriswil.ch

DE · free

Leicht geneigtes, ebenes Rasengelände am See. / Terrain herbeux légèrement en pente, plat, au bord du lac.

Preise/Nacht / Prix/nuit CHF 10–18, CHF 18, CHF 9, CHF 5, CHF 5, TWINT, VISA

Egnach «Seehorn» ★★★★★ pincamp.ch/OS1400

2.90

1.3.–31.10. ha 4 m ü.M. 400 T 70 S 120 M 8 47°32'6.4"N, 9°23'54.1"E

Wiedehorn 9, CH-9322 Egnach, T +41 (0)71 477 10 06, info@seehorn.ch, www.seehorn.ch

0,3 km 0,2 km

DE EN

★★★★☆ ★★★★★ ★★★★★ ★★★★☆

Teils ebenes, leicht geneigtes, durch einen Bach zweigeteiltes Wiesengelände mit vereinzelten Laubbäumen. / Terrain en partie plate, en pente, avec quelques arbres à feuilles caduques, divisée en deux par un ruisseau.

Preise/Nacht / Prix/nuit CHF 14–24, CHF 23–40, CHF 6–8, CHF 4–5, CHF 4, TAX, VISA

Arbon «Campingplatz Buchhorn Arbon» ★★★ pincamp.ch/OS1300

2.92

1.4.–5.10. ha 1 m ü.M. 400 T 42 S 38 M 8 47°31'27.6"N, 9°25'6.3"E

Philosophenweg 17, CH-9320 Arbon, T +41 (0)71 446 65 45, info@camping-arbon.ch, www.camping-arbon.ch

DE free

★★★★☆ ★★★★☆ ★★★☆☆ ★★★☆☆

Ebenes Wiesengelände mit verschiedenartigen, hohen Laubbäumen am See. / Terrain plat avec divers grands arbres à feuilles caduques au bord du lac.

Preise/Nacht / Prix/nuit CHF 10–15, CHF 20–22, CHF 10–12, CHF 5–6, TAX, VISA

Langwiesen «Freizeitanlage Rheinwiese» ★★★★ pincamp.ch/OS1900

2.98

28.3.–12.10. ha 2 | ÜM 400 | T 70 | S 38 | M 0 | 47°41'10.8"N, 8°39'24.8"E

Hauptstrasse 96C, CH-8246 Langwiesen, T +41 (0)52 659 33 00, info@camping-schaffhausen.ch, www.camping-schaffhausen.ch

1 km

16 A

DE FR EN free

★★★☆☆ | ★★★★☆ | ★★★★★ | ★★★★☆

Ebenes Wiesengelände mit Baumbestand. Zwischen Strasse und Rhein, am Bodensee-Radweg. / Terrain plat avec des arbres. Entre la route et le Rhin, sur la piste cyclable du lac de Constance.

Preise/Nacht / Prix/nuit CHF 11–22, CHF 20–30, CHF 9–10, CHF 4–5, VISA

PIN CAMP
DER GRÖSSTE ONLINE-CAMPINGFÜHRER DER SCHWEIZ: PINCAMP.CH
Europas schönste Ferienziele entdecken
Campingplätze vergleichen & buchen
Campingplatz-Bewertungen von Campern lesen
powered by
TCS
TCS CAMPING GWATT THUNERSEE

REGION ZÜRICH
RÉGION ZURICHOISE

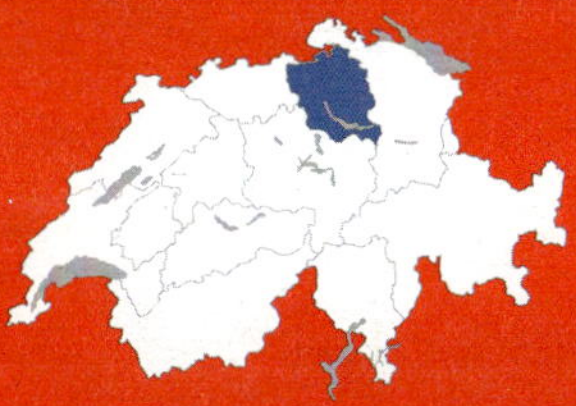

3

TCS Camping

Weitere / D'autres

Zürich «Fischers Fritz» pincamp.ch/ZR1600 — 3.01

ha 1 · m ü.M. 425 · T 40 · S · M 1 · 47°20'8.7"N, 8°32'28.5"E

Seestrasse 559, CH-8038 Zürich, T +41 (0)44 482 16 12, camping@fischers-fritz.ch, www.fischers-fritz.ch

0,1 km · 0,1 km · P · 365 · DE · EN · free

Parkähnliches Gelände zwischen Uferstrasse und See mit erhöht verlaufender Bahnlinie. / Terrain semblable à un parc entre la route côtière et le lac avec une voie ferrée surélevée.

Preise/Nacht / Prix/nuit CHF 20–50, CHF 18.50–22.50, CHF 14.50, CHF 8.50, CHF 3, VISA

Ottenbach «Ottenbach» pincamp.ch/ZR1700 — 3.06

23.3.–28.9. · ha 2 · m ü.M. 400 · T 35 · S 74 · M 0 · 47°16'47.4"N, 8°23'47.5"E

Muristrasse 34, CH-8913 Ottenbach, T +41 (0)44 761 20 22, info@camping-reussbruecke.ch, www.camping-zurich.ch

DE · EN · free

Ebenes Wiesengelände mit Bäumen, vom Fluss Reuss durch eine Hecke getrennt. / Terrain plat et arboré, séparé de la rivière Reuss par une haie.

Preise/Nacht / Prix/nuit CHF 8–15, CHF 11–20, CHF 7–9, CHF 3–5, CHF 3, VISA

Maur «Maurholz» pincamp.ch/ZR_75683 — 3.35

ha 1 · m ü.M. · T 35 · S 24 · M 0 · 47°21'20.8"N, 8°39'30.8"E

Murholz 1, CH-8124 Maur, T +41 (0)44 980 02 66, maurholzcamping@gmail.com, www.tcs-ccz.ch

0,7 km · P · DE · EN

Rasengelände, Terrassenlage am See / Terrain herbeux, terrain en terrasses, au bord du lac.

Preise/Nacht / Prix/nuit CHF 7–17, CHF 14–17, CHF 7–8.50, CHF 3–3.60, CHF 3.50

Maur «Camping Rausenbach» pincamp.ch/ZR1550 — 3.39

ha 3 · m ü.M. 437 · T 20 · S 78 · M 1 · 47°20'45.5"N, 8°40'1.8"E

Rausenbachweg 8, CH-8124 Maur, T +41 (0)44 980 09 59, camping.rausenbach@gmail.com, www.zeltklub.ch

P · DE · FR · EN · free

Überwiegend ebenes, teils leicht geneigtes Wiesengelände mit nur wenigen Bäumen. Am See. / Terrain essentiellement plat, en partie légèrement incliné, avec peu d'arbres. Au bord du lac.

Preise/Nacht / Prix/nuit CHF 8–14, CHF 14–20, CHF 7, CHF 0–4, CHF 2, VISA

Wildberg «Wildberg» *** pincamp.ch/Pin_231455 3.48

1.1.–31.12. ha 8 m üM 600 T 10 S 90 M 2 47°26'4.8"N, 8°49'42.8"E

Weid 2, CH-8489 Wildberg, T +41 (0)52 385 33 88, seiler.camping@bluewin.ch, www.campingwildberg.ch

1 km 5 km 365

13 A

DE EN free

★★★☆☆ ★★★☆☆ ★★★☆☆ ★★★☆☆

Ebenes Rasengelände am Waldrand. Blick auf Berge. / Terrain herbeux plat, à l'orée de la forêt. Vue sur les montagnes.

Preise/Nacht / Prix/nuit CHF 10, CHF 12, CHF 7, CHF 2–4, CHF 2, CHF 10,

Winterthur «Camping am Schützenweiher» *** pincamp.ch/ZR1200 3.50

1.1.–31.12. ha 1 m üM 461 T 40 S 30 M 0 47°31'10.6"N, 8°43'0.1"E

Eichliwaldstrasse 4, CH-8400 Winterthur, T +41 (0)52 212 52 60, info@camping-winterthur.info, www.camping-winterthur.info

0,2 km P 365

13 A

DE FR EN free

★★★☆☆ ★★★★☆ ★★★★☆ ★★★☆☆

Ebenes, an zwei Seiten von Hecken und dicht belaubten Bäumen umgebenes Wiesengelände. Überwiegend befestigte Stellflächen. / Terrain plat entouré sur deux côtés par des haies et des arbres épais. Principalement des emplacements pavés.

Preise/Nacht / Prix/nuit CHF 10–20, CHF 20–24, CHF 9, CHF 4.50, CHF 3, CCI/CKE,

Ossingen «Camping Gütighausen» ** 3.54

ha 1 m üM 3890 T 60 S M 0 47°35'17.8"N, 8°44'24.4"E

Gütighauserstrasse, CH-8475 Ossingen, T +41 (0)79 291 89 07, info@campingplatz-guetighausen.ch, www.campingplatz-guetighausen.ch

1 km P

DE EN

★★★★☆ ★★★☆☆ ★☆☆☆☆ ★★★☆☆

Ebenes Wiesen- und Rasengelände. / Terrain de prairie plat et herbeux.

Preise/Nacht / Prix/nuit CHF 6–8, CHF 8–15, CHF 8, CHF 3, CHF 2, CCI,

Kleinandelfingen «Rässenwies»

3.57

28.3.–5.10. ha 0,5 T 10 S 18 M 0 47°35'48.6"N, 8°41'8.3"E

Alte Steinerstrasse 24, CH-8451 Kleinandelfingen, T +41 (0)79 238 35 35, raessenwies@tcs-ccz.ch, www.tcs-ccz.ch

0,5 km

DE

Preise/Nacht / Prix/nuit CHF 8–17, CHF 14–20, CHF 6.50–8, CHF 3–3.60, CHF 3.50, CCI/CKE

TCS CAMPING 3.61

Flaach am Rhein ★★★★

28.3.–13.10.2024

47°34'45.2"N, 8°34'52.2"E | ha 4 | m üM 347 | T 140 | S 110 | M 9 | pincamp.ch/ZR1100

0,4 km

★★★☆☆ ★★★★★ ★★★★☆ ★★★★☆

Beschreibung
Ebenes Rasengelände

Highlights Camping
Gratis-WiFi • Inklusive Strom • Kinder bis 5 Jahre gratis • Hunde erlaubt • Schwimmbad – Gratis-Eintritt • Restaurant Rübis & Stübis • Velo- und E-Bike-Vermietung • Naturschutzgebiet Thurauen • Kinderanimation

Description
Terrain herbeux plat

Highlights Camping
WiFi gratuit • Électricité incluse • Enfants jusqu'à 5 ans gratuits • Chiens autorisés • Piscine – entrée gratuite • Restaurant Rübis & Stübis • Location vélos et E-bikes • Réserve naturelle Thurauen • Animation pour les enfants

15–20 %*	TCS Camping Mitglieder / Membres
10 %	TCS Mitglieder / Membres CCI Camping Card International

Das ganze Jahr auf allen TCS Campingplätzen gültig. Gilt für Mietunterkünfte und Stellplätze. Nicht kumulierbar.
*15 % in der Hochsaison, 20 % in der Nebensaison
Rabais valable toute l'année sur tous les campings TCS et pour tous les logements locatifs et emplacements. Non cumulable.
*15 % de rabais durant la haute saison, 20 % de rabais durant la basse saison

Preise/Nacht / Prix/nuit

	CHF	10–26
	CHF	16–52
	CHF	12 15
	CHF	6–7.50
	CHF	6
	CHF	25

TAX, %, CCI,

VISA reka

Änderungen vorbehalten • Im Preis der Parzelle sind Entsorgung, Strom (wenn immer möglich), ein Auto/ Motorrad inbegriffen • Spezialtarif für kleines Zelt ohne Auto / Sous réserve de modifications • La voirie, l'électricité (dans la mesure du possible) et un véhicule sont inclus dans le prix de la parcelle • Tarif spécial pour petite tente sans voiture

Mietunterkünfte / Hébergements locatifs

Barrierefreier Bungalow Bungalow sans barrières	CHF	160–260
Nostalgiewagen Roulotte	CHF	125–190
Family Pod	CHF	115–150
Pod*	CHF	65–95
Safarizelt Tente-safari	CHF	130 210
Safarizelt Deluxe Tente-safari deluxe	CHF	145–245
Tipi*	CHF	85–120

Infos ab Seite 6 / voir page 6 sqq.

Änderungen vorbehalten • Keine Reservationskosten • Matratzen immer mit Fixleintüchern. Bettwäsche auf Wunsch CHF 20/Person • Inklusiv: Endreinigung, Strom und ein Auto/ Motorrad / Sous réserve de modifications • Pas de frais de réservation • Matelas toujours recouverts d'un drap housse. Literie sur demande CHF 20/personne • Inclus: nettoyage final, électricité et une voiture/moto

* Schlafsack mitbringen / apporter sac de couchage

TCS Camping Flaach am Rhein
Stäubisallmend 4
8416 Flaach
T +41 (0)52 318 14 13
camping.flaach@tcs.ch
www.tcs-camping.ch/flaach

Jetzt online buchen/
Réserver en ligne

Beignets de poisson, frites
et sauce tartare
Caesar Salade
Jobs bei TCS Camping
Versüsse anderen die Ferien.
Bewirb dich jetzt!
Schliesse dich dem Abenteuer TCS Camping an.
Zum Beispiel als Rezeptionist, Köchin, Allrounder, Regionalleiterin oder Projektleiter.
www.tcs-camping.ch/jobs

LUZERN, VIERWALDSTÄTTERSEE
LUCERNE, LAC DES QUATRE-CANTONS

4

TCS Camping

Weitere / D'autres

Willerzell «Grüene Aff» ★★★ pincamp.ch/Pin_231413

4.08

1.1.–31.12. ha 3 m ü.M. 900 T 20 S 180 M 0 47°8'21.3"N, 8°47'31.6"E

Sulzelstrasse 10, CH-8864 Willerzell, T +41 (0)55 412 41 31, info@grueneaff.ch, www.grueneaff.ch

Ebenes Gelände am See. / Un terrain plat près du lac.

Preise/Nacht / Prix/nuit CHF 8–10, CHF 8, CHF 9, CHF 4, CHF 4, TAX, VISA

Euthal «Camping Euthal» ★★ pincamp.ch/Pin_231843

4.10

6.5.–12.10. ha 1 m ü.M. 900 T 5 S 60 M 0 47°5'49.8"N, 8°48'43.8"E

Euthalerstrasse 8, CH-8844 Euthal, T +41 (0)79 501 76 73, contact@camping-euthal.ch, www.camping-euthal.ch

Ebenes, naturbelassenes Wiesen- und Rasengelände am See und in den Bergen. / Terrain de prairie plat et herbeux, naturel, au bord du lac et en montagne.

Preise/Nacht / Prix/nuit CHF 12–20, CHF 20, CHF 10, CHF 6, TAX

Muotathal «Camping Husky-Lodge» **** pincamp.ch/Pin_231415

4.13

7.4.–31.10. ha 1 m üM 650 T 25 S M 14 46°58'16.5"N, 8°47'9.3"E

Balm 40, CH-6436 Muotathal, T +41 (0)41 831 81 50, info@erlebniswelt.ch, www.erlebniswelt.ch

1 km

DE EN free

★★★★☆ ★★★★☆ ★★★☆☆ ★★★★☆

Rasengelände. / Terrain herbeux.

Preise/Nacht / Prix/nuit CHF 14, CHF 16–25, CHF 14, CHF 7, CHF 5, TAX, VISA

Oberiberg «Oberiberg» ** pincamp.ch/Pin_231876

4.14

1.1.–31.12. ha 1 m üM 1070 T 8 S 89 M 1 47°1'50.4"N, 8°45'33.5"E

Lauchernstrasse 30, CH-8843 Oberiberg, T +41 (0)79 414 21 99, info@camping-oberiberg.ch, www.camping-oberiberg.ch

9 km 365

DE free

★★★☆☆ ★★★☆☆ ★★★☆☆ ★☆☆☆☆

Ebenes Gelände in den Bergen. / Terrain plat en montagne.

Preise/Nacht / Prix/nuit CHF 15, CHF 6, CHF 3, CHF 3, TAX, VISA

Steinen «Camping Buchenhof» *** pincamp.ch/ZS2150 4.20

1.4.–31.10. ha 2 m üM 450 T 30 S 170 M 0 47°2'50.4"N, 8°35'31"E

Buchenhof 4, CH-6422 Steinen, T +41 (0)41 832 14 29, info@camping-buchenhof.ch, www.camping-buchenhof.ch

1,5 km

DE FR EN

Leicht geneigtes Wiesengelände mit Bäumen und Hecken, zwischen Autobahn und Bahnlinie einerseits und dem See andererseits. / Terrain en pente avec des arbres et des haies, entre l'autoroute et la voie ferrée d'un côté et le lac de l'autre.

Preise/Nacht / Prix/nuit CHF 10–22, CHF 20–25, CHF 10–13, CHF 5.50–6.50, CHF 3, TAX,

Goldau «Camping Buosingen» pincamp.ch/Pin_230976 4.24

ha 1 m üM 530 T 20 S 20 M 3 47°2'15.8"N, 8°33'39.2"E

Gotthardstrasse 82, CH-6410 Goldau, T +41 (0)795856586, rock.goerae@gmail.com, www.camping-buosingen.ch

2 km P

DE EN

Ebenes, naturbelassenes Rasengelände am Berghang. / Terrain herbeux plat, naturel, à flanc de montagne.

Preise/Nacht / Prix/nuit CHF 10, CHF 9, CHF 4, CHF 3, TAX

Meierskappel «Erlebnisbauernhof & Camping Gerbe» ** pincamp.ch/Pin_230995 4.29

1.3.–31.10. ha 2 m üM 450 T 70 S 20 M 2 47°7'16.4"N, 8°26'43.9"E

Gerbe 1, CH-6344 Meierskappel, T +41 (0)41 790 45 34, info@swiss-bauernhof.ch, www.swiss-bauernhof.ch

0,6 km 1,5 km P

16 A

DE FR EN free

Leicht geneigtes, naturbelassenes Wiesen- und Rasengelände in den Bergen. / Terrain de prairie et herbeux légèrement en pente, naturel, en montagne.

Preise/Nacht / Prix/nuit CHF 12, CHF 15–20, CHF 8, CHF 5, CHF 3, TAX, VISA

Morschach «Ferienhof Rüti» pincamp.ch/Pin_231417 4.32

ha 0,5 m üM 800 T 20 S M 2 46°59'25.4"N, 8°38'2"E

Rüti 4, CH-6443 Morschach, T +41 (0)41 820 53 09, info@ferienhof-rueti.ch, www.ferienhof-rueti.ch

0,2 km 5 km

DE EN free

Welliges Wiesen- und Rasengelände, Terrassenlage in den Bergen. / Terrain de prairie et herbeux vallonné, en montagne.

Preise/Nacht / Prix/nuit CHF 12–15, CHF 15–17, CHF 7, CHF 3.50, TAX, VISA reka

Flüelen «Windsurfing / Campingplatz Urnersee» 4.38

ha 0,5 · m üM 435 · T 15 · S 26 · M 0 · 46°54'54.2"N, 8°37'23.1"E

Unter Winkel 11, CH-6454 Flüelen, T +41 (0)79 108 57 03, info@windsurfing-urnersee.ch, www.windsurfing-urnersee.ch

0,1 km · DE · EN · free

Preise/Nacht / Prix/nuit CHF 7, CHF 15, CHF 10, CHF 5, TAX,

Altdorf UR «Remo Camping Moosbad» pincamp.ch/ZS_58004 4.39

1.1.–31.12. · ha 1 · m üM 458 · T 18 · S 26 · M 0 · 46°53'34.3"N, 8°37'40.8"E

Flüelerstrasse 112, CH-6460 Altdorf UR, T +41 (0)41 870 85 41, info@camping-altdorf.ch, www.camping-altdorf.ch

0,2 km · 1,3 km · P · 365 · DE · free

Ebenes, naturbelassenes Rasengelände in den Bergen, am Berghang und am Waldrand. / Terrain herbeux plat, naturel, en montagne, à flanc de montagne et à l'orée de la forêt.

Preise/Nacht / Prix/nuit CHF 10–15, CHF 7, CHF 4, CHF 1, TAX, VISA

Unterägeri «Camping Unterägeri» pincamp.ch/ZS1700 4.46

ha 6 · m üM 740 · T 150 · S 120 · M 2 · 47°7'40"N, 8°35'31.5"E

Wilbrunnenstrasse 81, CH-6314 Unterägeri, T +41 (0)41 750 39 28, info@campingunteraegeri.ch, www.campingunteraegeri.ch

P · 365 · 16 A · DE · FR · IT · EN · free

Leicht geneigtes Wiesengelände mit Bäumen. An einem Bach. See- und Bergblick. / Terrain légèrement en pente, avec des arbres. Au bord d'un ruisseau. Vue sur le lac et les montagnes.

Preise/Nacht / Prix/nuit CHF 14–26, CHF 24–36, CHF 10–13, CHF 5–6.50, TAX, VISA

Luzern «International Lido» **** pincamp.ch/ZS2600 4.60

1.1.–31.12. · ha 2 · m üM 435 · T 250 · S 25 · M 4 · 47°3'0.6"N, 8°20'17.1"E

Lidostrasse 19, CH-6006 Luzern, T +41 (0)41 370 21 46, luzern@camping-international.ch, www.camping-international.ch

0,5 km · 0,2 km · 365 · DE · EN · free

★★★★☆ · ★★★★☆ · ★★★★★ · ★★★☆☆

Ebenes Wiesengelände mit altem Baumbestand, durch Hecken und Büsche gegliedert. Standplätze teils gekiest. / Terrain plat avec des arbres centenaires, divisé par des haies et des buissons. Partiellement en gravier.

Preise/Nacht / Prix/nuit CHF 10–20, CHF 20–30, CHF 12, CHF 6, CHF 5, TAX, %, CCI, VISA, reka

Merlischachen «Seecamping Vierwaldstättersee Luzern» 4.65

ha 1 · m üM 435 · T 40 · S 10 · M 0 · 47°3'42.5"N, 8°24'10.3"E

Luzernerstrasse 271, CH-6402 Merlischachen, T +41 (0)41 850 08 04, welcome@seecamping.ch, www.seecamping.ch

1 km · DE · EN

Preise/Nacht / Prix/nuit CHF 20–24, CHF 24–32, CHF 12, CHF 6

Vitznau «Camping Vitznau» **** pincamp.ch/ZS2100

4.67

1.4.–1.10. ha 2 m/ÜM 440 T 60 S 70 M 7 47°0'24.6"N, 8°29'11.3"E

Altdorfstrasse 34, CH-6354 Vitznau, T +41 (0)41 397 12 80, info@camping-vitznau.ch, www.camping-vitznau.ch

0,5 km 0,5 km

16 A

DE FR IT EN free

★★★★☆ ★★★★★ ★★★★☆ ★★★☆☆

Terrassiertes, durch eine Sackgasse zweigeteiltes Wiesengelände mit Laubbäumen und Hecken am See. / Terrain en terrasse, divisé par une voie sans issue, avec des arbres à feuilles caduques et des haies au bord du lac.

Preise/Nacht / Prix/nuit CHF 13–38, CHF 16–38, CHF 9–11.50, CHF 4.50–9.50, CHF 4–5, TAX, VISA

Sursee «Camping Sursee Waldheim» *** pincamp.ch/ZS1250

4.73

29.3.–26.10. ha 2 m/ÜM 520 T 30 S 75 M 7 47°10'29.8"N, 8°5'13.1"E

Waldheim 1, CH-6210 Sursee, T +41 (0)41 921 11 61, info@camping-sursee.ch, www.camping-sursee.ch

0,5 km 0,4 km P

13 A

DE FR IT EN free

★★★☆☆ ★★★★☆ ★★★☆☆ ★★☆☆☆

Teilweise leicht geneigte Wiese mit einigen Obst- und Laubbäumen. / Terrain partiellement en pente avec quelques arbres fruitiers et arbres à feuilles caduques.

Preise/Nacht / Prix/nuit CHF 13–22, CHF 18–27, CHF 8, CHF 4.50, CHF 3, TAX, VISA

TCS CAMPING 4.62

Luzern-Horw ★★★

28.3.–13.10.2024

47°0'39.2"N, 8°18'38.5"E | ha 2 | m üM 441 | T 100 | S 50 | M 2 | pincamp.ch/ZS2700

0,5 km

DE FR IT EN free

★★★★☆ ★★★★☆ ★★★☆☆ ★★★☆☆

Beschreibung
Ebenes Rasengelände am See

Highlights Camping
Gratis-WiFi • Inklusive Strom • Kinder bis 5 Jahre gratis • Hunde erlaubt • Strandbad nur 200 m entfernt • Nur 15 Minuten ins Stadtzentrum von Luzern

Description
Terrain herbeux plat, au bord du lac

Highlights Camping
WiFi gratuit • Électricité incluse • Enfants jusqu'à 5 ans gratuits • Chiens autorisés • Plage lacustre à 200 mètres • À 15 minutes seulement du centre de Lucerne

15–20 %*	TCS Camping Mitglieder / Membres
10 %	TCS Mitglieder / Membres CCI Camping Card International

Das ganze Jahr auf allen TCS Campingplätzen gültig. Gilt für Mietunterkünfte und Stellplätze. Nicht kumulierbar.
*15 % in der Hochsaison, 20 % in der Nebensaison
Rabais valable toute l'année sur tous les campings TCS et pour tous les logements locatifs et emplacements. Non cumulable.
*15 % de rabais durant la haute saison, 20 % de rabais durant la basse saison

Preise/Nacht / Prix/nuit

	CHF	9–22
	CHF	12–34
	CHF	13–16
	CHF	5.50–8
	CHF	6
	CHF	25

, CCI,

Änderungen vorbehalten • Im Preis der Parzelle sind Entsorgung, Strom (wenn immer möglich), ein Auto/ Motorrad inbegriffen • Spezialtarif für kleines Zelt ohne Auto / Sous réserve de modifications • La voirie, l'électricité (dans la mesure du possible) et un véhicule sont inclus dans le prix de la parcelle • Tarif spécial pour petite tente sans voiture

Mietunterkünfte / Hébergements locatifs

Family Pod	CHF	115–150
Leuchtturm	CHF	85–120

Infos ab Seite 6 / voir page 6 sqq.

Änderungen vorbehalten • Keine Reservationskosten • Matratzen immer mit Fixleintüchern. Bettwäsche auf Wunsch CHF 20/Person • Inklusiv: Endreinigung, Strom und ein Auto/ Motorrad / Sous réserve de modifications • Pas de frais de réservation • Matelas toujours recouverts d'un drap housse. Literie sur demande CHF 20/personne • Inclus: nettoyage final, électricité et une voiture/moto

TCS Camping Luzern-Horw
Seefeldstrasse
6048 Horw
T +41 (0)41 340 35 58
camping.horw@tcs.ch
www.tcs-camping.ch/horw

Jetzt online buchen/
Réserver en ligne

46°58'46.5"N, 8°25'6.1"E ha 3 m ÜM 435 T 156 S 100 M 16 pincamp.ch/ZS2800

0,2 km

16 A

DE FR IT EN free

****☆ ***** ****☆ ****☆

Beschreibung
Ebenes Rasengelände am See und in den Bergen

Highlights Camping
Gratis-WiFi • Inklusive Strom • Kinder bis 5 Jahre gratis • Hunde erlaubt • Direkt an der Nord-Süd Route • Stellplätze für Wohnmobile (Stop&Go) • Gratis Eintritt ins nahe Strandbad • Natur-Parzellen • Grosser Spielplatz • Kinderanimation

Description
Terrain herbeux plat, au bord du lac et en montagne

Highlights Camping
WiFi gratuit • Électricité incluse • Enfants jusqu'à 5 ans gratuits • Chiens autorisés • Directement sur l'axe nord-sud • Emplacements pour camping-cars (Stop&Go) • Parcelles naturelles • Accès gratuit à la plage lacustre à proximité • Grand terrain de jeu • Animation pour les enfants

15–20 %*	TCS Camping Mitglieder / Membres
10 %	TCS Mitglieder / Membres CCI Camping Card International

Das ganze Jahr auf allen TCS Campingplätzen gültig. Gilt für Mietunterkünfte und Stellplätze. Nicht kumulierbar.
*15 % in der Hochsaison, 20 % in der Nebensaison
Rabais valable toute l'année sur tous les campings TCS et pour tous les logements locatifs et emplacements. Non cumulable.
*15 % de rabais durant la haute saison, 20 % de rabais durant la basse saison

Preise/Nacht / Prix/nuit

	CHF	10–30
	CHF	15–50
	CHF	11–14
	CHF	5.50–7
	CHF	6
	CHF	25

CCI,

Änderungen vorbehalten • Im Preis der Parzelle sind Entsorgung, Strom (wenn immer möglich), ein Auto/Motorrad inbegriffen • Spezialtarif für kleines Zelt ohne Auto / Sous réserve de modifications • La voirie, l'électricité (dans la mesure du possible) et un véhicule sont inclus dans le prix de la parcelle • Tarif spécial pour petite tente sans voiture

TCS Camping Buochs
Vierwaldstättersee
Seefeld 4
6374 Buochs
T +41 (0)41 620 34 74
camping.buochs@tcs.ch
www.tcs-camping.ch/buochs

Mietunterkünfte / Hébergements locatifs

Barrierefreier Bungalow Bungalow sans barrières	CHF	170–270
Bungalow Mini Bungalow mini	CHF	115–150
Familiy Pod Deluxe	CHF	130–190
Nomadenzelt * Tente nomade *	CHF	75–115
Nostalgiewagen Mini Roulotte mini	CHF	95–150
Pod *	CHF	65–95
Tipi *	CHF	85–120
Woodloge	CHF	125–190

Infos ab Seite 6 / voir page 6 sqq.

Änderungen vorbehalten • Keine Reservationskosten • Matratzen immer mit Fixleintüchern. Bettwäsche auf Wunsch CHF 20/Person • Inklusiv: Endreinigung, Strom und ein Auto/Motorrad / Sous réserve de modifications • Pas de frais de réservation • Matelas toujours recouverts d'un drap housse. Literie sur demande CHF 20/personne • Inclus: nettoyage final, électricité et une voiture/moto

* Schlafsack mitbringen / apporter sac de couchage

Jetzt online buchen / Réserver en ligne

47°7'29"N, 8°11'22.4"E | ha 6 | m ü.M. 508 | T 240 | S 180 | M 21 | pincamp.ch/ZS1300

0,5 km

★★★★☆ ★★★★☆ ★★★★★ ★★★★★

Beschreibung
Ebenes Rasengelände am See

Highlights Camping
Gratis-WiFi • Inklusive Strom • Kinder bis 5 Jahre gratis • Hunde erlaubt • Diverse Vergünstigungen mit der Gästekarte Luzern-Land • Gratis-Eintritt ins Seebad • Restaurant und Shop auf Platz • Pedalovermietung • Privatbad kann gemietet werden • Kinderanimation in HS

Description
Terrain herbeux plat, au bord du lac

Highlights Camping
WiFi gratuit • Électricité incluse • Enfants jusqu'à 5 ans gratuits • Chiens autorisés • Entrée gratuite à la plage lacustre • Restaurant et magasin sur place• Location de pédalos • Possibilité de louer une salle de bain privée • Animation pour les enfants

15–20 %*	TCS Camping Mitglieder / Membres
10 %	TCS Mitglieder / Membres CCI Camping Card International

Das ganze Jahr auf allen TCS Campingplätzen gültig. Gilt für Mietunterkünfte und Stellplätze. Nicht kumulierbar.
*15 % in der Hochsaison, 20 % in der Nebensaison
Rabais valable toute l'année sur tous les campings TCS et pour tous les logements locatifs et emplacements. Non cumulable.
*15 % de rabais durant la haute saison, 20 % de rabais durant la basse saison

Preise/Nacht / Prix/nuit

Zelt	CHF	10–32
Wohnwagen	CHF	15–50
Erwachsene	CHF	12–16
Kinder	CHF	6–8
Hund	CHF	6
Kurzaufenthalt	CHF	25

TAX, %, CCI,

Änderungen vorbehalten • Im Preis der Parzelle sind Entsorgung, Strom (wenn immer möglich), ein Auto/Motorrad inbegriffen • Spezialtarif für kleines Zelt ohne Auto / Sous réserve de modifications • La voirie, l'électricité (dans la mesure du possible) et un véhicule sont inclus dans le prix de la parcelle • Tarif spécial pour petite tente sans voiture

Mietunterkünfte / Hébergements locatifs

Bungalow	CHF	160–260
Barrierefreier Bungalow Bungalow sans barrières	CHF	160–260
Family Pod	CHF	115–150
Pod	CHF	65–95
Tipi	CHF	85 120

Infos ab Seite 6 / voir page 6 sqq.

Änderungen vorbehalten • Keine Reservationskosten • Matratzen immer mit Fixleintüchern. Bettwäsche auf Wunsch CHF 20/Person • Inklusiv: Endreinigung, Strom und ein Auto/Motorrad / Sous réserve de modifications • Pas de frais de réservation • Matelas toujours recouverts d'un drap housse. Literie sur demande CHF 20/personne • Inclus: nettoyage final, électricité et une voiture/moto

TCS Camping Sempach
Seelandstrasse 6
6204 Sempach
T +41 (0)41 460 14 66
camping.sempach@tcs.ch
www.tcs-camping.ch/sempach

Jetzt online buchen/
Réserver en ligne

Mosen «Camping-Seeblick» *** pincamp.ch/ZS1100

4.74

1.3.–31.10. ha 0,5 m ü.M. 453 T 70 S 103 M 1 47°14'42.9"N, 8°13'27.7"E

Campingstrasse 5, CH-6295 Mosen, T +41 (0)41 917 16 66, infos@camping-seeblick.ch, www.camping-seeblick.ch

DE EN

★★★★☆ ★★★☆☆ ★★★☆☆ ★★★☆☆

Drei Geländestufen mit öffentlichem Weg, durch Bäume begrenzt. Am See, Schiffsstation am Platz. / Trois niveaux de terrain avec chemin public, bordés d'arbres. Au bord du lac, embarcadère dans le camping.

Preise/Nacht / Prix/nuit CHF 5–7, CHF 11–14, CHF 9, CHF 5, CHF 3, TAX, %, CCI, VISA, reka

Grossdietwil «Zegro Camp» *

4.77

1.4.–31.10. ha 1 m ü.M. 568 T 8 S 52 M 0 47°10'16.1"N, 7°53'7.5"E

Gondiswilersstr 1, CH-6146 Grossdietwil, T +41 (0)62 927 14 24, info@loewen-grossdietwil.ch, www.loewen-grossdietwil.ch

0,2 km P

DE

★★★★☆ ★★☆☆☆ ★☆☆☆☆ ★☆☆☆☆

Ebenes Rasengelände. / Terrain herbeux plat.

Preise/Nacht / Prix/nuit CHF 4, CHF 6–8, CHF 6, CHF 3, CHF 1.50, TAX, VISA

Flühli LU «Camping Thorbach» *** pincamp.ch/Pin_231419

4.80

1.1.–31.12. ha 2 m ü.M. 900 T 8 S 100 M 1 46°52'31.6"N, 8°0'39.5"E

Thorbachstrasse 12, CH-6173 Flühli LU, T +41 (0)41 489 60 58, reservation@touristik-ag.ch, www.touristik-ag.ch

0,5 km

DE

★★★☆☆ ★★★★☆ ★★★★★ ★★☆☆☆

Naturbelassenes Wiesengelände in den Bergen und am Waldrand. / Terrain gazonné naturel, en montagne et à l'orée de la forêt.

Preise/Nacht / Prix/nuit CHF 8–10, CHF 10–16, CHF 8, CHF 0–8, CHF 0, TAX, VISA

Sörenberg «Rischli» * pincamp.ch/Pin_231457

4.81

19.4.–31.12. ha 1 1130 T 10 S 80 M 0 46°49'45.1"N, 8°0'59.4"E

Rischli Camping 10, CH-6174 Sörenberg, T +41 (0)79 721 31 35, rischli-camping@bluewin.ch, www.

365

10 A

DE

★★☆☆☆ ★☆☆☆☆ ★★☆☆☆ ★☆☆☆☆

Naturbelassenes Wiesen- und Rasengelände, Terrassenlage in den Bergen, am Berghang und am Waldrand. / En montagne, à flanc de montagne et à l'orée de la forêt, terrain de prairie et herbeux, terrain en terrasses naturel.

Preise/Nacht / Prix/nuit CHF 8, CHF 8, CHF 8, CHF 4, TAX

Engelberg «Camping Eienwäldli» ***** pincamp.ch/ZS3600

4.85

1.1.–31.12. ha 4 1000 T 130 S 130 M 0 46°48'35.4"N, 8°25'22.5"E

Wasserfallstrasse 108, CH-6390 Engelberg, T +41 (0)41 637 19 49, info@eienwaeldli.ch, www.eienwaeldli.ch

365

DE FR EN free

★★★★☆ ★★★★★ ★★★★☆ ★★★★★

Ebenes Wiesengelände mit Bäumen und Büschen. Separate Zeltwiese. Rundblick auf die Berge. / Prairie plate avec des arbres et des arbustes. Emplacements pour tentes séparé. Vue panoramique sur les montagnes.

Preise/Nacht / Prix/nuit CHF 20–52, CHF 36–57, CHF 12, CHF 6, CHF 5, VISA reka

Sarnen «Camping Seefeld Park» ★★★★★ pincamp.ch/ZS3100

4.88

1.1.–31.12. ha 3 · 472 · T 94 · S 12 · M 15 · 46°52'58.8"N, 8°14'33.7"E

Seestrasse 20, CH-6060 Sarnen, T +41 (0)41 666 57 88, welcome@seefeldpark.ch, www.seefeldpark.ch

0,4 km

DE FR EN free

★★★★★ ★★★★★ ★★★★☆ ★★★★★

Ebenes Wiesengelände mit lockerem Baumbestand am See. Sport- und Freizeitzentrum sowie Schiffsanleger angrenzend. / Terrain herbeux plat avec une faible population d'arbres. Centre sportif et de loisirs et jetée adjacents.

Preise/Nacht / Prix/nuit CHF 5–18, CHF 20–46, CHF 8–14, CHF 5–8, CHF 4–5, CHF 10–20, TAX, %, CKE,

VISA reka

Sachseln «Ewil» *** pincamp.ch/ZS_70556

4.92

ha 2 · müM 470 · T 26 · S 10 · M 1 · 46°51'20.9"N, 8°12'54.6"E

Brünigstrasse 258, CH-6072 Sachseln, T +41 (0)41 666 32 70, info@camping-ewil.ch, www.camping-ewil.ch

13 A

DE FR EN free

★★★★☆ ★★★★☆ ★★★★☆ ★★★☆☆

Ebenes Wiesengelände, Terrassenlage am See. / Terrain gazonné, terrain en terrasses plat, au bord du lac.

Neu 2024 / Nouveau 2024 Tischtennistisch / Table de ping-pong

Preise/Nacht / Prix/nuit CHF 6–10, CHF 10–15, CHF 7.20–8.50, CHF 3.20–4, CHF 4, TAX, CCI

Giswil «Camping International Giswil Sarnersee» **** pincamp.ch/ZS3200

4.93

22.3.–13.10. ha 2 · müM 472 · T 100 · S 70 · M 4 · 46°51'15.6"N, 8°11'19.2"E

Campingstrasse 11, CH-6074 Giswil, T +41 (0)41 675 23 55, giswil@camping-international.ch, www.camping-international.ch/giswil/home

3 km P

DE FR EN free

★★★☆☆ ★★★★☆ ★★★★☆ ★★★★☆

Leicht geneigtes, terrasiertes Gelände, durch Bäume und Hecken zum Teil in Nischen unterteilt. Am See. / Terrain terrasses, légèrement en pente, en partie divisé en niches par des arbres et des haies. Au bord du lac.

Preise/Nacht / Prix/nuit CHF 12–22, CHF 22–26, CHF 11–12, CHF 5, CHF 5, CCI, VISA, reka

Lungern «Obsee» **** pincamp.ch/ZS3300

4.95

ha 4 · müM 700 · T 80 · S 157 · M 5 · 46°47'6.7"N, 8°9'5.9"E

Campingstrasse 1, CH-6078 Lungern, T +41 (0)41 678 14 63, camping@obsee.ch, www.obsee.ch

2 km 365

DE FR EN free

★★★★☆ ★★★☆☆ ★★★★☆ ★★★★☆

Leicht geneigtes, ebenes Wiesengelände. Am Ortsrand, stellenweise Blick auf Berge und den See. / Terrain en pente légère, plat. A la périphérie de la ville. Vue sur les montagnes et le lac à certains endroits.

TAX, VISA

PiN CAMP
LE PLUS GRAND GUIDE EN LIGNE POUR LE CAMPING EN SUISSE: PINCAMP.CH
Découvrir les plus belles destinations de voyage d'Europe
Comparer et réserver des campings
Lire les évaluations de camping laissées par les campeurs
powered by
TCS
TCS CAMPING GWATT THUNERSEE

REGION BASEL
RÉGION BÂLOISE

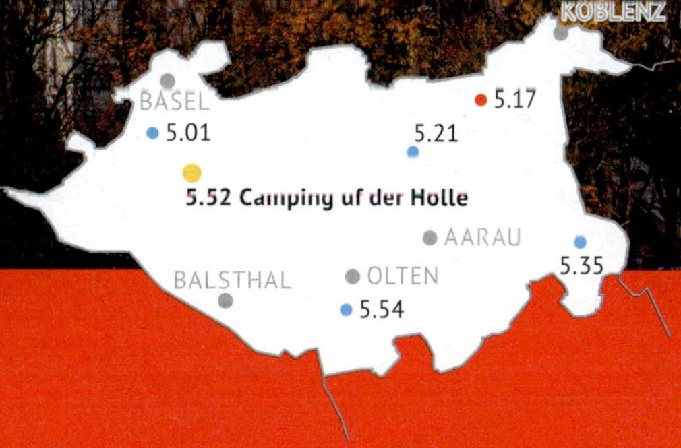

5

Reinach BL «Waldhort» *** pincamp.ch/NZ1100 — 5.01

ha 3 · m 290 · T 75 · S 135 · M 0 · 47°29'58.7"N, 7°36'10.3"E

Heideweg 16, CH-4153 Reinach BL, T +41 (0)61 711 64 29, info@camping-waldhort.ch, www.camping-waldhort.ch

0,5 km · DE · FR · IT · EN · free

Zweigeteilte, durch unterschiedlich hohe Laubbäume aufgelockerte Wiese mit einer Geländestufe. / Terrain sur plusieurs niveaux, divisé en deux parties, entrecoupé d'arbres à feuilles caduques de différentes hauteurs.

Preise/Nacht / Prix/nuit CHF 10–13, CHF 13–18, CHF 9, CHF 4, CHF 3, TAX, %, CCI, VISA, reka

Wil AG «Waldesruh» **** pincamp.ch/NZ_106310 — 5.17

15.3.–15.11. · ha 3 · m 450 · T 40 · S 50 · M 1 · 47°33'49.3"N, 8°8'16.5"E

Hintere Egg 115, CH-5276 Wil AG, T +41 (0)62 875 22 63, info@campingwaldesruh.ch, www.campingwaldesruh.ch

1 km · 13 A · DE · FR · EN · free

Ebenes Rasengelände mit Hecken und Bäumen am Waldrand. / Terrain plate avec haies et arbres à la lisière de la forêt.

Preise/Nacht / Prix/nuit CHF 9–11, CHF 13–15, CHF 9, CHF 0–5, CHF 3, %, CCI, VISA

Frick «Camping Frick» pincamp.ch/NZ1400 — 5.21

28.3.–31.10. · ha 13 · m 344 · T 25 · S 75 · M 1 · 47°30'1.3"N, 8°1'5.7"E

Juraweg 21, CH-5070 Frick, T +41 (0)62 871 37 00, info@campingfrick.ch, www.campingfrick.ch

0,5 km · DE · IT · EN · free

Gestufter Wiesenplatz mit verschiedenartigen Laubbäumen. Zwischen Frei- und Hallenbad sowie Tennisanlage. / Terrain en terrasses avec divers arbres. Entre des piscines extérieure et intérieure et un court de tennis.

Preise/Nacht / Prix/nuit CHF 8–11, CHF 14–19, CHF 8, CHF 5, CHF 2.50, %, CCI/CKE, VISA

Künten «Camping Sulz» pincamp.ch/NZ1900 — 5.35

ha 3 · m 245 · T 45 · S 166 · M 5 · 47°22'35.2"N, 8°18'40.4"E

Reusstrasse 5, CH-5444 Künten, T +41 (0)56 496 48 79, info@camping-sulz.ch, www.camping-sulz.ch

DE · FR · IT · EN · free

Ebenes Wiesengelände, teilweise mit Bäumen. Am Ufer der Reuss. Von Wald und Feldern umgeben. / Terrain plat, en partie avec des arbres. Sur les rives de la Reuss. Entouré de bois et de champs.

Preise/Nacht / Prix/nuit CHF 8–15, CHF 10–15, CHF 7, CHF 4, CHF 3, VISA

Hochwald «Camping uf der Holle» 5.52

ha 1 m ü.M. 700 T 10 S 145 M 0 47°27'30.9"N, 7°38'13.4"E

Auf der Hollen 4, CH-4146 Hochwald, T +41 (0)61 712 02 40, platzkommission@tcscampingbasel.ch, www.tcscampingbasel.ch

1 km 365 DE free

Leicht geneigtes, ebenes Rasengelände am Waldrand. / Terrain herbeux légèrement en pente, plat, à l'orée de la forêt.

Preise/Nacht / Prix/nuit CHF 12, CHF 17, CHF 7, CHF 2, CCI, VISA

Aarburg «Wiggerspitz» *** pincamp.ch/NZ1350 5.54

29.3.–30.9. ha 1 m ü.M. 410 T 50 S 35 M 2 47°18'57.7"N, 7°53'41.3"E

Hofmattstrasse 40, CH-4663 Aarburg, T +41 (0)62 791 58 10, info@camping-aarburg.ch, www.camping-aarburg.ch

1 km 16 A DE IT EN

Leicht geneigtes Wiesengelände mit einigen jüngeren Laubbäumen. Angrenzend Freibad. / Terrain en pente légère avec quelques jeunes arbres à feuilles caduques. Piscine extérieure attenante.

VISA reka

BERNER OBERLAND
OBERLAND BERNOIS

6

TCS Camping

Weitere / D'autres

Weitere / D'autres

Unterseen «Manor Farm 1» ★★★★★ pincamp.ch/BE3500

6.01

1.1.–31.12. ha 8 m üM 560 T 226 S 245 M 105 46°40'49.9"N, 7°48'56.5"E

Seestrasse 201, CH-3800 Unterseen, T +41 (0)33 822 22 64, info@manorfarm.ch, www.manorfarm.ch

365

DE FR EN free

★★★★☆ ★★★★★ ★★★★☆ ★★★★★

Ebenes Wiesengelände mit eingien Bäumen am See. Blick auf See sowie Eiger, Mönch und Jungfrau. / Terrain herbeux plat avec quelques arbres au bord du lac. Vue sur le lac, l'Eiger, le Mönch et la Jungfrau.

Preise/Nacht / Prix/nuit CHF 6–40, CHF 12.50–40, CHF 7.50–12.50, CHF 3.75–6.25, CHF 2–4, TAX,

VISA reka

Unterseen «Camping Alpenblick» ★★★★ pincamp.ch/BE3510

6.02

ha 3 m üM 560 T 100 S 100 M 0 46°40'47.9"N, 7°49'2"E

Seestrasse 130, CH-3800 Unterseen, T +41 (0)33 822 77 57, info@camping-alpenblick.ch, www.camping-alpenblick.ch

0,1 km 365 16 A

DE FR IT EN free

★★★★☆ ★★★★☆ ★★★☆☆ ★★★☆☆

Ebenes Rasengelände am Waldrand. Blick auf Berge. / Terrain herbeux plat, à l'orée de la forêt. Vue sur les montagnes.

Preise/Nacht / Prix/nuit CHF 0, CHF 0, CHF 9.90, CHF 4.70, CHF 5, TAX, %, CCI, VISA reka

Unterseen «Hobby 3» **** pincamp.ch/BE3550

6.03

1.4.–30.9. ha 2 m üM 565 T 74 S 5 M 0 46°41'3.7"N, 7°49'47.3"E

Lehnweg 16, CH-3800 Unterseen, T +41 (0)33 822 96 52, info@campinghobby.ch, www.campinghobby.ch

0,5 km 1 km

DE FR EN free

★★★★☆ ★★★★☆ ★★★★☆ ★★★☆☆

Leicht geneigtes, mit Bäumen bestandenes Wiesengelände. Weiter Rundblick auf Eiger, Mönch und Jungfrau. / Terrain en pente légère avec des arbres. Large panorama sur l'Eiger, le Mönch et la Jungfrau.

Preise/Nacht / Prix/nuit CHF 18–34, CHF 18–34, CHF 8–9, CHF 4–5, CHF 0, TAX, VISA

Unterseen «Lazy-Rancho 4» **** pincamp.ch/BE3600

6.04

25.4.–30.9. ha 2 m üM 570 T 90 S 10 M 13 46°41'9.8"N, 7°49'51.1"E

Lehnweg 6, CH-3800 Unterseen, T +41 78 244 47 47, info@lazyrancho.ch, www.lazyrancho.ch

0,3 km 0,5 km

13 A

DE FR EN free

★★★★☆ ★★★★☆ ★★★★☆ ★★★☆☆

Leicht geneigte Wiese mit Sträuchern und Bäumen. Blick auf Eiger, Mönch und Jungfrau. / Terrain en pente légère avec des arbustes et des arbres. Vue sur l'Eiger, le Mönch et la Jungfrau.

Preise/Nacht / Prix/nuit CHF 25–38, CHF 25–38, CHF 8–10, CHF 4–6, CHF 0–4, TAX, VISA

Nomady
Abenteuer Natur: Authentisches Campen fernab der Massen.
Aventure Nature : Camping authentique loin de la foule.
Einfach online buchen
Réservez simplement en ligne
www.nomady.camp

TCS CAMPING 6.06

Interlaken ★★★

28.3.–13.10.2024

46°41'33.2"N, 7°52'9.3"E | ha 1 | müM 566 | T 90 | S 20 | M 22 | pincamp.ch/BE4050

0,7 km · 0,5 km · DE · FR · IT · EN · free

★★★★☆ · ★★★☆☆ · ★★☆☆☆ · ★★★☆☆

Beschreibung
Leicht geneigtes, ebenes Rasengelände, Terrassenlage in den Bergen und am Waldrand

Highlights Camping
Gratis-WiFi • Inklusive Strom • Kinder bis 5 Jahre gratis • Hunde erlaubt • Gratis ÖV und diverse Vergünstigungen mit der Gästekarte Interlaken • Velo- und E-Bike Vermietung • Kajak- und Kanu Vermietung

Description
Terrain herbeux, terrain en terrasses légèrement en pente, plat, en montagne et à l'orée de la forêt

Highlights Camping
WiFi gratuit • Électricité incluse • Enfants jusqu'à 5 ans gratuits • Chiens autorisés • Transports publics gratuits et diverses réductions avec la carte d'hôte Interlaken • Location de vélo et vélos électriques • Location de canoës et de kayaks

15–20 %*	TCS Camping Mitglieder / Membres
10 %	TCS Mitglieder / Membres CCI Camping Card International

Das ganze Jahr auf allen TCS Campingplätzen gültig. Gilt für Mietunterkünfte und Stellplätze. Nicht kumulierbar.
*15 % in der Hochsaison, 20 % in der Nebensaison
Rabais valable toute l'année sur tous les campings TCS et pour tous les logements locatifs et emplacements. Non cumulable.
*15 % de rabais durant la haute saison, 20 % de rabais durant la basse saison

Preise/Nacht / Prix/nuit

Zelt	CHF	9–22
Wohnwagen	CHF	12–34
Erwachsener	CHF	11–14
Kind	CHF	5.50–7
Hund	CHF	6
Stoppuhr	CHF	25

TAX, %, CCI,

Änderungen vorbehalten • Im Preis der Parzelle sind Entsorgung, Strom (wenn immer möglich), ein Auto/Motorrad inbegriffen • Spezialtarif für kleines Zelt ohne Auto / Sous réserve de modifications • La voirie, l'électricité (dans la mesure du possible) et un véhicule sont inclus dans le prix de la parcelle • Tarif spécial pour petite tente sans voiture

Mietunterkünfte / Hébergements locatifs

RiverLodge*	CHF	33–79
Molo	CHF	80–100

Infos ab Seite 6 / voir page 6 sqq.

Änderungen vorbehalten • Keine Reservationskosten • Matratzen immer mit Fixleintüchern. Bettwäsche auf Wunsch CHF 20/Person • Inklusiv: Endreinigung, Strom und ein Auto/Motorrad / Sous réserve de modifications • Pas de frais de réservation • Matelas toujours recouverts d'un drap housse. Literie sur demande CHF 20/personne • Inclus: nettoyage final, électricité et une voiture/moto

* Schlafsack mitbringen / apporter sac de couchage

TCS Camping Interlaken
Brienzstrasse 24
3800 Interlaken-Ost
T +41 (0)33 822 44 34
camping.interlaken@tcs.ch
www.tcs-camping.ch/interlaken

Jetzt online buchen/
Réserver en ligne

Unterseen «JungfrauCamp» pincamp.ch/BE3650

6.05

ha 2 · m ü.M. 590 · T 105 · S 10 · M 0 · 46°41'13.2"N, 7°50'5.6"E

Steindlerstrasse 54, CH-3800 Unterseen, T +41 (0)76 295 05 11, info@jungfraucamp.ch, www.jungfraucamp.ch

0,1 km · 2 km

16 A

DE · FR · EN · free

Leicht geneigtes Wiesengelände mit Baumreihen. Blick auf Eiger, Mönch und Jungfrau. / Terrain de prairie légèrement en pente avec des rangées d'arbres. Vue sur l'Eiger, le Mönch et la Jungfrau.

Preise/Nacht / Prix/nuit CHF 17–33, CHF 28–33, CHF 7–8, CHF 4–5, CHF 0–2, TAX, VISA

Wilderswil «Oberei» *** pincamp.ch/BE3800

6.08

ha 1 · m ü.M. 603 · T 55 · S · M 1 · 46°39'40"N, 7°51'52.6"E

Obereigasse 9, CH-3812 Wilderswil, T +41 (0)33 822 13 35, info@campingwilderswil.ch, www.

4 km

DE · EN · free

★★★★☆ · ★★★☆☆ · ★☆☆☆☆ · ★★★☆☆

Leicht geneigtes Wiesengelände mit Obstbäumen. Blick auf Eiger, Mönch und Jungfrau. / Terrain en pente légère avec des arbres fruitiers. Vue sur l'Eiger, le Mönch et la Jungfrau.

Preise/Nacht / Prix/nuit CHF 6–6.90, CHF 3.50–4, CHF 2

Iseltwald «Camping du Lac» ** pincamp.ch/Pin_231139

6.15

1.4.–31.10. ha 0,5 m üM 568 T 2 S 33 M 0 46°42'39.8"N, 7°58'8.9"E

Schoren 7c Schoren 7c, CH-3807 Iseltwald, T +41 (0)79 635 29 85, info@campingdulac.ch, www.campingdulac.ch

1 km 0,1 km 18 A DE free

★★★★★ ★★★★☆ ★★☆☆☆ ★☆☆☆☆

Leicht geneigtes Wiesengelände, Terrassenlage am See. / Terrain gazonné, terrain en terrasses légèrement en pente, au bord du lac.

Preise/Nacht / Prix/nuit CHF 15–30, CHF 30, CHF 10, CHF 7, CHF 4, TAX, VISA

Ringgenberg BE «Camping Au Lac» *** pincamp.ch/BE4120

6.17

ha 1 m üM 565 T 25 S 40 M 0 46°42'27.3"N, 7°54'48"E

Seestrasse 69, CH-3852 Ringgenberg BE, T +41 (0)33 822 26 16, camping@au-lac.ch, www.au-lac.ch

DE EN free

★★★★☆ ★★★☆☆ ★★☆☆☆ ★★★☆☆

Lang gezogenes, schmales Wiesengelände mit wenigen Bäumen, zwischen dem See und einer Felswand. / Prairie longue et étroite avec peu d'arbres, entre le lac et une paroi rocheuse.

Preise/Nacht / Prix/nuit CHF 15–22, CHF 18–28, CHF 10, CHF 5, CHF 2, VISA

TCS CAMPING 6.10

Bönigen Brienzersee ★★★★

28.3.–20.10.2024

46°41'28.4"N, 7°53'37.2"E | ha 2 | m üM 568 | T 88 | S 23 | M 8 | pincamp.ch/BE4000

0,5 km

★★★★☆ ★★★★☆ ★★★☆☆ ★★★★☆

Beschreibung

Ebenes, naturbelassenes Rasengelände am See

Highlights Camping

Gratis-WiFi • Inklusive Strom • Kinder bis 5 Jahre gratis • Hunde erlaubt • Gratis ÖV und diverse Vergünstigungen mit der Gästekarte Interlaken • Gratis Eintritt ins Seebad • SUP Verleih direkt beim Platz • Kinderanimation

Description

Terrain herbeux plat, naturel, au bord du lac

Highlights Camping

WiFi gratuit • Électricité incluse • Enfants jusqu'à 5 ans gratuits • Chiens autorisés • Transports publics gratuits et diverses réductions avec la carte d'hôte Interlaken • Entrée gratuite à la plage lacustre • Location SUP directement sur le site • Animation pour les enfants

15–20 %*	TCS Camping Mitglieder / Membres
10 %	TCS Mitglieder / Membres CCI Camping Card International

Das ganze Jahr auf allen TCS Campingplätzen gültig. Gilt für Mietunterkünfte und Stellplätze. Nicht kumulierbar.
* 15 % in der Hochsaison, 20 % in der Nebensaison
Rabais valable toute l'année sur tous les campings TCS et pour tous les logements locatifs et emplacements. Non cumulable.
* 15 % de rabais durant la haute saison, 20 % de rabais durant la basse saison

Preise/Nacht / Prix/nuit

	CHF	10–26
	CHF	15–40
	CHF	12–14
	CHF	6–7
	CHF	6
	CHF	25

TAX, CCI,

VISA reka

Änderungen vorbehalten • Im Preis der Parzelle sind Entsorgung, Strom (wenn immer möglich), ein Auto/ Motorrad inbegriffen • Spezialtarif für kleines Zelt ohne Auto / Sous réserve de modifications • La voirie, l'électricité (dans la mesure du possible) et un véhicule sont inclus dans le prix de la parcelle • Tarif spécial pour petite tente sans voiture

Mietunterkünfte / Hébergements locatifs

Biwak* / Bivouac*	CHF	65–95
Barrierefreier Bungalow / Bungalow sans barrières	CHF	160–260
Family Pod	CHF	115–150
Pod	CHF	65–95

Infos ab Seite 6 / voir page 6 sqq.

Änderungen vorbehalten • Keine Reservationskosten • Matratzen immer mit Fixleintüchern. Bettwäsche auf Wunsch CHF 20/Person • Inklusiv: Endreinigung, Strom und ein Auto/ Motorrad / Sous réserve de modifications • Pas de frais de réservation • Matelas toujours recouverts d'un drap housse. Literie sur demande CHF 20/personne • Inclus: nettoyage final, électricité et une voiture/moto

* Schlafsack mitbringen / apporter sac de couchage

TCS Camping Bönigen Brienzersee
Campingstrasse 14
3806 Bönigen b. Interlaken
T +41 (0)33 822 11 43
camping.boenigen@tcs.ch
www.tcs-camping.ch/boenigen

Jetzt online buchen/ Réserver en ligne

Ringgenberg BE «Camping Talacker» *** pincamp.ch/BE4100

6.18

19.3.–31.10. ha 1 m ü.M. 620 T 45 S 13 M 0 46°42'27.7"N, 7°54'27.4"E

Rosswaldstrasse, CH-3852 Ringgenberg BE, T +41 (0)33 822 11 28, camping@talacker.ch, www.talacker.ch

0,6 km 0,8 km

DE FR EN free

★★★★☆ ★★★★☆ ★★★☆☆ ★★★☆☆

Lang gezogener, von Wald gesäumter Wiesenstreifen, oberhalb der Seeuferstrasse an einem Berghang. / Une longue bande de terrain bordée de bois, au-dessus de la route du bord du lac sur un versant de montagne.

Preise/Nacht / Prix/nuit CHF 12–32, CHF 19–32, CHF 8, CHF 3.50–5, CHF 1, TAX, VISA

Beatenberg «Camping Wang» pincamp.ch/Pin_230990

6.19

ha 2 m ü.M. 1120 T 24 S 1 M 3 46°41'27"N, 7°47'3.4"E

Mattestrasse 5, CH-3803 Beatenberg, T +41 (0)33 841 21 05, camping-wang@gmx.ch, www.camping-wang.ch

9 km P 16 A

DE FR EN free

Leicht geneigtes, welliges Wiesengelände in den Bergen. / Terrain gazonné légèrement en pente, vallonné, en montagne.

Preise/Nacht / Prix/nuit CHF 9–15, CHF 9–18, CHF 5.60, CHF 2–2.80, CHF 1.60, TAX, VISA

Lauterbrunnen «Camping Jungfrau» ***** pincamp.ch/BE4800

6.21

ha 6 m ü.M. 800 T 181 S 63 M 57 46°35'19.6"N, 7°54'31.4"E

In der Weid 406c, CH-3822 Lauterbrunnen, T +41 (0)33 856 20 10, info@campingjungfrau.swiss, www.campingjungfrau.swiss

9,9 km 365

DE FR EN free

★★★★☆ ★★★★☆ ★★★★★ ★★★★☆

Ebenes Rasengelände mit mittelhohen Bäumen, durch einen Wassergraben zweigeteilt. / Terrain herbeux plat avec des arbres de hauteur moyenne, divisé en deux par un fossé.

Neu 2024 / Nouveau 2024 Hunde in ausgewählten Mietunterkünften erlaubt / Chiens admis dans certaines locations

Preise/Nacht / Prix/nuit CHF 0, CHF 41.70, CHF 9.90, CHF 4.90, CHF 5, TAX, VISA reka

Stechelberg «Breithorn» ** pincamp.ch/BE4900

6.23

1.1.–31.10., 14.12.–31.12. ha 1 m ü.M. 840 T 35 S 40 M 1 46°34'5.3"N, 7°54'33.1"E

Sandbach 255, CH-3824 Stechelberg, T +41 (0)33 855 12 25, info@campingbreithorn.ch, www.campingbreithorn.ch

0,1 km

365

DE FR EN

★★★☆☆ ★★★☆☆ ★★☆☆☆ ★★★☆☆

Ebenes Wieseengelände, zwischen Bauernhaus und Bach, an der Strasse. Ringsum steile Felswände mit Wasserfall. / Terrain plat, entre ferme et ruisseau, sur la route. Tout autour, des parois rocheuses abruptes avec une cascade.

Preise/Nacht / Prix/nuit CHF 12–15, CHF 15–20, CHF 5, CHF 3, CHF 1, TAX

Stechelberg «Rütti» *** pincamp.ch/Pin_230985

6.24

1.5.–30.9. ha 1 m ü.M. 900 T 70 S 10 M 5 46°34'6.1"N, 7°54'31"E

CH-3824 Stechelberg, T +41 (0)33 855 28 85, campingruetti@stechelberg.ch, www.campingruetti.ch

DE EN

★★★★☆ ★★★★☆ ★★☆☆☆ ★★★☆☆

Welliges Rasengelände in den Bergen. / Terrain herbeux vallonné, en montagne.

Preise/Nacht / Prix/nuit CHF 8–18, CHF 14–18, CHF 6.50, CHF 3.20, CHF 2, TAX

Lütschental «Dany's Camping» *** pincamp.ch/BE4600

6.26

1.5.–30.9. ha 0,5 m ü.M. 700 T 36 S 35 M 1 46°38'14.8"N, 7°55'53.1"E

Baumgarten 7, CH-3816 Lütschental, T +41 (0)33 853 18 24, , www.camping-luetschental.ch

8,5 km P

DE FR EN free

★★★★☆ ★★★★☆ ★★☆☆☆ ★★★☆☆

Naturbelassenes Rasengelände mit mehreren Obstbäumen, Lärchen und Fichten. In einem Tal mit Blick auf das Wetterhorn. / Terrain herbeux naturel avec plusieurs arbres fruitiers, mélèzes et sapins. Dans une vallée avec vue sur le Wetterhorn.

Preise/Nacht / Prix/nuit CHF 16–18, CHF 18–22, CHF 6–7.50, CHF 2.50–4, CHF 1.50, TAX, VISA

Grindelwald «Eigernordwand» pincamp.ch/BE4700

6.27

ha 2 m ü.M. 970 T 60 S 20 M 0 46°37'20.5"N, 8°0'57.8"E

Bodenstrasse 4, CH-3818 Grindelwald, T +41 (0)33 853 12 42, camp@eigernordwand.ch, www.eigernordwand.ch

1 km 16 A

DE EN free

Leicht geneigtes, welliges Wiesengelände, teilweise unter alten Baumgruppen. Eindrucksvolles Bergpanorama. / Terrain vallonné, en pente douce, en partie sous des ensembles d'arbres séculaires. Impressionnant panorama de montagnes.

Preise/Nacht / Prix/nuit CHF 12–19, CHF 16–24, CHF 9, CHF 6, CHF 2, TAX, VISA

Brienz BE «Aaregg» ***** pincamp.ch/BE4200

6.36

28.3.–27.10. ha 4 m ü.M. 560 T 180 S 25 M 33 46°44'54.6"N, 8°2'54.9"E

Seestrasse 28A, CH-3855 Brienz BE, T +41 (0)33 951 18 43, mail@aaregg.ch, www.aaregg.ch

0,3 km P

DE FR EN free

★★★★☆ ★★★★★ ★★★★★ ★★★★☆

Ebenes, gärtnerisch gestaltetes Wiesengelände am See, durch unterschiedlich hohe Bäume und Buschreihen aufgelockert. / Terrain plat semblable à un jardin au bord du lac, parsemé d'arbres de différentes hauteurs et de rangées de buissons.

Preise/Nacht / Prix/nuit CHF 8.50–25, CHF 20–47, CHF 11–13, CHF 8–9, CHF 5, CHF 10–12.50, TAX, VISA reka

★★★★★
AAREGG
FAMILIENCAMPINGPLATZ
Brienzersee –
alles Andere
kann warten

Hasliberg Goldern «Hofstatt-Derfli» ★★★★ pincamp.ch/BE4450 — 6.38

1.1.–15.1., 1.6.–30.9., 15.12.–31.12. ha 1 m ü.M. 1050 T 25 S 15 M 2 46°44'14"N, 8°11'44.2"E

Gässli Goldern, Hofstatt 302E, CH-6085 Hasliberg Goldern, T +41 (0)33 971 37 07, welcome@derfli.ch, www.derfli.ch

0,4 km 1,5 km 10 A DE FR EN

★★★☆☆ ★★★★★ ★★★★★ ★★★★☆

Leicht geneigtes Wiesengelände längs eines Waldes. Am Ortsrand. Blick auf Berge. / Terrain légèrement en pente, le long d'un bois. À la périphérie de la ville. Vue sur les montagnes.

Preise/Nacht / Prix/nuit CHF 16–26, CHF 20–26, CHF 9.50–10.50, CHF 5–5.50, CHF 2, TAX, reka

Meiringen «Balmweid» ★★★ pincamp.ch/BE4420 — 6.40

1.4.–31.10. ha 3 m ü.M. 597 T 100 S 60 M 3 46°43'31.7"N, 8°10'18.7"E

Balmweidstrasse 22, CH-3860 Meiringen, T +41 (0)33 971 51 15, info@camping-meiringen.ch, www.camping-meiringen.ch

0,3 km 3 km 10 A DE EN free

★★★☆☆ ★★★☆☆ ★★★★☆ ★★☆☆☆

Grösstenteils ebenes Wiesengelände, mit einigen Bäumen. Blick auf Berge und einen Wasserfall. / Terrain principalement plat, en partie avec quelques arbres. Vue sur les montagnes et une cascade.

Preise/Nacht / Prix/nuit CHF 20–45, CHF 24–60, CHF 7.50, CHF 0–3.50, CHF 2–2.50, TAX, %, CCI/CKE, VISA, reka

Meiringen «Alpencamping» ★★★★ pincamp.ch/BE4400 — 6.41

ha 1 m ü.M. 600 T 37 S 16 M 1 46°44'3.5"N, 8°10'16.6"E

Brünigstrasse 47, CH-3860 Meiringen, T +41 (0)33 971 36 76, info@alpencamping.ch, www.alpencamping.ch

0,2 km 2 km DE FR IT EN free

★★★☆☆ ★★★★☆ ★★★★☆ ★★★★☆

Ebenes Wiesengelände mit noch jüngeren Anpflanzungen. Blick auf Berge und einen Wasserfall. / Prairies plates avec une végétation encore jeune. Vue sur les montagnes et une cascade.

Preise/Nacht / Prix/nuit CHF 15–20, CHF 8–9, CHF 4.50–5, CHF 2.50–3, TAX, VISA

Innertkirchen «Aareschlucht» *** pincamp.ch/BE_58565

6.42

1.5.–13.10. ha 0,5 m üM 630 T 45 S 15 M 0 46°42'33.9"N, 8°12'53.5"E

Hauptstrasse 34, CH-3862 Innertkirchen, T +41 (0)33 971 27 14, campaareschlucht@bluewin.ch, www.camping-aareschlucht.ch

0,5 km 10 km

13 A

DE FR EN free

Leicht geneigtes, ebenes Rasengelände, Terrassenlage in den Bergen. / Terrain herbeux, terrain en terrasses légèrement en pente, plat, en montagne.

Preise/Nacht / Prix/nuit CHF 9–17, CHF 15–17, CHF 5, CHF 2, CHF 2, TAX, VISA, reka

Innertkirchen «Grimselblick» ** pincamp.ch/Pin_231425

6.43

ha 1 m üM 650 T 40 S 20 M 0 46°42'25.5"N, 8°13'31.2"E

Stapfenweg 20, CH-3862 Innertkirchen, T +41 (0)33 971 82 87, info@camping-grimselblick.ch, www.camping-grimselblick.ch

DE FR free

Rasengelände in den Bergen. / Terrain herbeux, en montagne.

Preise/Nacht / Prix/nuit CHF 8–16, CHF 12–16, CHF 7, CHF 3.50, CHF 2

Innertkirchen «Grund» ** pincamp.ch/BE4500 6.44

ha 1 m üM 625 T 65 S 47 M 1 46°42'9"N, 8°13'37.1"E

Grundstrasse 44, CH-3862 Innertkirchen, T +41 (0)33 971 44 09, info@camping-grund.ch, www.camping-grund.ch

0,4 km

DE EN free

★★★★☆ ★★☆☆☆ ★★★☆☆ ★★☆☆☆

Ebene Wiese bei einem Bauernhof. Unterhalb einer steilen Felswand. Von Höhenzügen umgeben. / Terrain plat près d'une ferme. Sous une paroi rocheuse escarpée. Entouré de chaînes de montagnes.

Preise/Nacht / Prix/nuit CHF 15–20, CHF 20–28, CHF 6, CHF 4, CHF 2, TAX, CCI

Innertkirchen «Bauernhof- Camping Wyler» pincamp.ch/Pin_231009 6.45

12.7.–2.9. ha 0,5 m üM 700 T 20 S 4 M 0 46°42'24"N, 8°14'28.9"E

Bielistrasse 2, CH-3862 Innertkirchen, T +41 (0)33 971 84 51, camping-wyler@bluewin.ch, www.camping-wyler.ch

0,1 km P

DE free

Ebenes, naturbelassenes Gelände in den Bergen und am Waldrand. / Terrain plat, naturel en montagne et à l'orée de la forêt.

Preise/Nacht / Prix/nuit CHF 12–17, CHF 15–17, CHF 4, CHF 2–3, CHF 2, TAX

Gadmen «Camping Gadmen» pincamp.ch/Pin_231459 6.46

ha 1 m üM 1200 T 35 S M 1 46°44'17.4"N, 8°21'43.1"E

Sustenstrasse, CH-3863 Gadmen, T +41 (0)33 975 12 30, f.meier@freesurf.ch, www.camping-gadmen.ch

DE FR IT EN free

Ebenes, naturbelassenes Wiesen- und Rasengelände, Terrassenlage in den Bergen und am Berghang. / Terrain de prairie herbeux, terrain en terrasses plat, naturel, en montagne et à flanc de montagne.

Preise/Nacht / Prix/nuit CHF 8–12, CHF 10–12, CHF 6, CHF 2, CHF 2, TAX, VISA

Krattigen «Stuhlegg» *** pincamp.ch/BE3400

6.52

1.1.–31.10., 1.12.–31.12. ha 0,5 m ü.M. 720 T 60 S 20 M 1 46°39'28.8"N, 7°43'5.1"E

Stueleggstrasse 7, CH-3704 Krattigen, T +41 (0)33 654 27 23, info@camping-stuhlegg.ch

0,5 km 5 km

DE EN free

★★★☆☆ ★★★★☆ ★★☆☆☆ ★★★★☆

Leicht geneigtes, terrassiertes Wiesengelände mit einigen Bäumen. Mit Blick auf See und Berge. / Terrain en terrasses, légèrement en pente, avec quelques arbres. Avec vue sur le lac et les montagnes.

Preise/Nacht / Prix/nuit CHF 14–20, CHF 18–26, CHF 6–7, CHF 4.60–5, CHF 3, TAX, VISA, reka

Aeschi b. Spiez «Panorama» *** pincamp.ch/BE3300

6.53

ha 1 m ü.M. 900 T 50 S 16 M 0 46°39'14.1"N, 7°42'1.2"E

CH-3703 Aeschi b. Spiez, T +41 (0)33 654 43 77, postmaster@camping-aeschi.ch, www.camping-aeschi.ch

DE

★★★★☆ ★★★☆☆ ★★☆☆☆ ★★★☆☆

Terrassiertes, durch Bäume aufgelockertes Wiesengelände an einem Hang. Blick auf Wiesen, Felder und Berge. / Terrain en terrasses sur une pente, entrecoupé d'arbres. Vue sur les prairies, les champs et les montagnes.

Blumenstein «Campingplatz Blumenstein»

6.56

1.5.–30.9. ha 1 m ü.M. 665 T 8 S 35 M 0 46°44'42.9"N, 7°31'13.1"E

Badstrasse 26, CH-3638 Blumenstein, T +41 (0)33 356 21 54, camping@bad-blumenstein.ch, www.bad-blumenstein.ch

9 km

P

DE FR EN free

Leicht geneigtes, ebenes Wiesen- und Rasengelände in den Bergen. / En montagne, terrain de prairie et herbeux légèrement en pente, plat.

Neu 2024 / Nouveau 2024 Wichtig: Mindestaufenthalt 1 Monat / Important: séjour minimum 1 mois

Preise/Nacht / Prix/nuit CHF 5, CHF 12, CHF 6, CHF 3, CHF 0, TAX, VISA

TCS CAMPING 6.58

Gwatt Thunersee ★★★★

28.3.–20.10.2024

46°43'38.8"N, 7°37'39.6"E ha 2 558 T 88 S M 13 pincamp.ch/BE3100

DE FR IT EN free

★★★★☆ ★★★★★ ★★★★☆ ★★★★☆

Beschreibung

Leicht geneigtes Rasengelände, Terrassenlage in den Bergen, am Berghang und am Waldrand

Highlights Camping

Gratis-WiFi • Inklusive Strom • Kinder bis 5 Jahre gratis • Hunde erlaubt • Gratis-ÖV und diverse Vergünstigungen mit der PanoramaCard Thunersee • ÖV-Anschluss direkt vor dem Platz • Restaurant mit Terrasse und Shop • Kinderanimation

Description

Terrain herbeux, terrain en terrasses légèrement en pente, en montagne, à flanc de montagne et à l'orée de la forêt

Highlights Camping

WiFi gratuit • Électricité incluse • Enfants jusqu'à 5 ans gratuits • Chiens autorisés • Transports publics gratuits et diverses réductions avec la PanoramaCard Lac de Thoune • Arrêt de bus à proximité • Restaurant avec terrasse et petit magasin • Animation pour les enfants

15–20 %*	TCS Camping Mitglieder / Membres
	TCS Mitglieder / Membres
10 %	CCI Camping Card International

Das ganze Jahr auf allen TCS Campingplätzen gültig. Gilt für Mietunterkünfte und Stellplätze. Nicht kumulierbar.
*15 % in der Hochsaison, 20 % in der Nebensaison
Rabais valable toute l'année sur tous les campings TCS et pour tous les logements locatifs et emplacements. Non cumulable.
*15 % de rabais durant la haute saison, 20 % de rabais durant la basse saison

Preise/Nacht / Prix/nuit

	CHF	10–18
	CHF	22–52
	CHF	12–18
	CHF	6–9
	CHF	6
	CHF	25

TAX, %, CCI,

VISA reka

Änderungen vorbehalten • Im Preis der Parzelle sind Entsorgung, Strom (wenn immer möglich), ein Auto/Motorrad inbegriffen • Spezialtarif für kleines Zelt ohne Auto / Sous réserve de modifications • La voirie, l'électricité (dans la mesure du possible) et un véhicule sont inclus dans le prix de la parcelle • Tarif spécial pour petite tente sans voiture

Mietunterkünfte / Hébergements locatifs

Chalet Deluxe	CHF	140–215
SwissTubes	CHF	125–240

Infos ab Seite 6 / voir page 6 sqq.

Änderungen vorbehalten • Keine Reservationskosten • Matratzen immer mit Fixleintüchern. Bettwäsche auf Wunsch CHF 20/Person • Inklusiv: Endreinigung, Strom und ein Auto/Motorrad / Sous réserve de modifications • Pas de frais de réservation • Matelas toujours recouverts d'un drap housse. Literie sur demande CHF 20/personne • Inclus: nettoyage final, électricité et une voiture/moto

TCS Camping Gwatt Thunersee
Gwattstrasse 103a
3645 Gwatt (Thun)
T +41 33 336 40 67
camping.gwatt@tcs.ch
www.tcs-camping.ch/gwatt

Jetzt online buchen/
Réserver en ligne

Burgistein «Camping Burgistein» 6.57

ha 1 · 800 · T 10 · S 35 · M 1 · 46°47'40.8"N, 7°28'51.7"E

Ober-Elbschen 32 A, CH-3664 Burgistein, T +41 (0)33 356 36 51, wyss@campingburgistein.ch, www.campingburgistein.ch

2 km · DE · FR · EN · free

Naturbelassenes Rasengelände am Waldrand. / Terrain herbeux naturel, à l'orée de la forêt.

Preise/Nacht / Prix/nuit CHF 6, CHF 12, CHF 7, CHF 4, CHF 2.50

Kiental «Blüemlisalp» 6.60

ha 0,5 · 950 · T 10 · S 1 · M 2 · 46°35'12"N, 7°43'28.2"E

Griesalpstrasse 99, CH-3723 Kiental, T +41 (0)33 676 12 35, info@camping-bluemlisalp.ch, www.camping-bluemlisalp.ch

0,1 km · P · 365 · DE · free

Ebenes Wiesen- und Rasengelände in den Bergen. / Terrain de prairie plat et herbeux, en montagne.

Preise/Nacht / Prix/nuit CHF 11–22, CHF 14–22, CHF 7, CHF 4, CHF 4, TAX, VISA

Frutigen «Camping Grassi» *** pincamp.ch/BE5100 6.62

1.1.–31.12. · ha 2 · 800 · T 65 · S · M 2 · 46°34'54.3"N, 7°38'31.4"E

Grassiweg 60, CH-3714 Frutigen, T +41 (0)33 671 11 49, info@camping-grassi.ch, www.camping-grassi.ch

1 km · 365 · DE · EN · free

★★★★★ · ★★★★☆ · ★★☆☆☆ · ★★☆☆☆

In zwei Terrassen angelegtes Wiesengelände mit einigen Obstbäumen. Von bewaldeten Berghängen umgeben. / Terrain sur deux terrasses, avec quelques arbres fruitiers. Entouré de montagnes boisées.

Preise/Nacht / Prix/nuit CHF 12–18, CHF 12–18, CHF 6.60, CHF 1.50–3.20, CHF 2.50, TAX, VISA

Frutigen «Frutigresort» ★★★★ pincamp.ch/BE_229169

6.63

1.1.–31.12. ha 0,5 m ü M 800 T 99 S M 5 46°35'36.6"N, 7°39'16.9"E

Sportweg 5, CH-3714 Frutigen, T +41 (0)33 672 60 60, hello@frutigresort.ch, www.frutigresort.ch

0,3 km 365

DE FR EN free

★★★★☆ ★★★★☆ ★★★☆☆ ★★★☆☆

Ebenes Rasengelände mit Bergblick. Direkt angrenzend zum Sportzentrum. / Terrain herbeux plat avec vue sur les montagnes. Centre sportif directement adjacent.

Neu 2024 / Nouveau 2024 Neue Bar & Lounge im Garten / Nouveau bar & salon dans le jardin

Preise/Nacht / Prix/nuit CHF 22–30, CHF 22–30, CHF 8–12, CHF 5–8, CHF 5, TAX, VISA

Kandersteg «Camping Rendez-vous» ★★★ pincamp.ch/BE5300

6.64

1.1.–1.11., 1.12.–31.12. ha 1 m ü M 1200 T 40 S 20 M 0 46°29'48.4"N, 7°41'1"E

Hubleweg, CH-3718 Kandersteg, T +41 (0)33 675 15 34, camping@camping-kandersteg.ch, www.camping-kandersteg.ch

2 km P 365 10 A

DE FR EN free

★★★☆☆ ★★★★☆ ★★☆☆☆ ★★★☆☆

In Terrassen angelegt, von Ferienhäusern umgeben, neben der Oeschinen-Seilbahn. / Situé sur des terrasses, entouré de maisons de vacances, à proximité de la télécabine du lac d'Oeschinen.

Preise/Nacht / Prix/nuit CHF 10–21, CHF 12–21, CHF 6.30–7, CHF 3–3.50, CHF 3–5, TAX, VISA

Adelboden «Bergblick» ** pincamp.ch/Pin_231429

6.67

1.1.–31.12. ha 0,5 m ü.M. 1350 T 12 S 5 M 2 46°29'43.6"N, 7°34'13.2"E

Landstrasse 94 A, CH-3715 Adelboden, T +41 (0)336731454, info@camping-bergblick.ch, www.camping-bergblick.ch

DE FR EN free

Ebenes Rasengelände in den Bergen. / Terrain herbeux plat, en montagne.

Neu 2024 / Nouveau 2024 Stromanschluss direkt am Stellplatz / Raccordement électrique directement sur place

Preise/Nacht / Prix/nuit CHF 10–19, CHF 19–32, CHF 8, CHF 6, CHF 0, TAX,

Schwenden im Diemtigtal «Eggmatte» *** pincamp.ch/Pin_230979

6.72

1.1.–31.12. ha 1 m ü.M. 1200 T 15 S 35 M 1 46°34'20"N, 7°29'3.1"E

Eggmatte 8, CH-3757 Schwenden im Diemtigtal, T +41 (0)33 684 12 32, info@wuethrich-diemtigtal.ch, www.feriendiemtigtal.ch

DE FR EN

Leicht geneigtes Rasengelände, Terrassenlage in den Bergen und am Waldrand. / Terrain herbeux, terrain en terrasses légèrement en pente, en montagne et à l'orée de la forêt.

Neu 2024 / Nouveau 2024 Mountain Drive – geländegängiger Rollstuhl mit Elektroantrieb / Mountain Drive – fauteuil roulant tout terrain

Preise/Nacht / Prix/nuit CHF 12–18, CHF 16–22, CHF 8, CHF 4–5, CHF 2, TAX, VISA

Oberwil im Simmental «Arnist» ★★★ pincamp.ch/BE6100

6.74

1.1.–31.12. ha 0,5 m ü.M. 830 T 20 S 5 M 3 46°39'17.6"N, 7°25'54.9"E

Mühlebühl 35e, CH-3765 Oberwil im Simmental, T +41 (0)33 783 16 83, info@campingarnist.ch, www.campingarnist.ch

365 16 A DE FR EN free

★★★★☆ ★★★☆☆ ★★★☆☆ ★★★☆☆

Ebenes naturbelassenes Wiesengelände. Teils geschotterte Standplätze, teils Rasenflächen. Blick auf Berge. / Terrain prairie plat naturel. En partie des emplacements de gravier, en partie des pelouses. Vues sur les montagnes.

Preise/Nacht / Prix/nuit CHF 8–12, CHF 13–17, CHF 7, CHF 4, CHF 3, TAX, VISA, reka

Boltigen «Camping Jaunpass» pincamp.ch/BE_57980

6.75

ha 2 m ü.M. 1510 T 30 S 140 M 1 46°35'32.9"N, 7°20'15.4"E

Jaunpass 33, CH-3766 Boltigen, T +41 (0)33 773 69 53, camping@jaunpass.ch, www.campingjaunpass.ch

0,1 km P DE FR EN free

Ebenes Wiesengelände in den Bergen. / Terrain gazonné plat, en montagne.

Preise/Nacht / Prix/nuit CHF 6.50, CHF 14, CHF 7.50, CHF 3.50, CHF 3, TAX, VISA

Zweisimmen «Fankhauser» ★★★ pincamp.ch/Pin_231431

6.76

1.1.–31.12. ha 1 m ü.M. 970 T 25 S 100 M 1 46°33'46.8"N, 7°22'35.6"E

Ey-Gässli 1, CH-3770 Zweisimmen, T +41 (0)33 722 13 56, info@camping-fankhauser.ch, www.camping-fankhauser.ch

DE FR EN free

★★★★☆ ★★★★☆ ★★☆☆☆ ★★★☆☆

Ebenes Wiesen- und Rasengelände in den Bergen. / Terrain de prairie plat et herbeux, en montagne.

Preise/Nacht / Prix/nuit CHF 7–12, CHF 10–15, CHF 6–6.50, CHF 3.50–4, CHF 2, CHF 25, TAX, CCI, VISA

Zweisimmen «Camping Vermeille» ★★★★ pincamp.ch/BE6300

6.77

1.1.–31.12. ha 1 müM 950 T 25 S 70 M 1 46°33'45.6"N, 7°22'41.3"E

Ey-Gässli 2, CH-3770 Zweisimmen, T +41 (0)33 722 19 40, info@camping-vermeille.ch, www.camping-vermeille.ch

0,2 km 365 10 A DE FR EN free

★★★☆☆ ★★★★☆ ★★★☆☆ ★★★☆☆

Durch Hecken und Laubbäume gegliedertes, ebenes Rasengelände an der Simme. / Terrain herbeux plat au bord de la Simme, divisé par des haies et des arbres à feuilles caduques.

Neu 2024 / Nouveau 2024 Brötchenservice / Service de pain

Preise/Nacht / Prix/nuit CHF 12–16, CHF 14.50–19, CHF 7.10–7.90, CHF 3–4, CHF 3, CHF 25, TAX, VISA

Lenk im Simmenthal «Seegarten» ★★★ pincamp.ch/Pin_230987

6.79

1.1.–7.4., 8.5.–31.10., 30.11.–31.12. ha 1 müM 1065 T 25 S 65 M 4 46°27'7.8"N, 7°26'36.9"E

Seegarten 2, CH-3775 Lenk im Simmenthal, T +41 (0)33 733 16 16, lenk@campingseegarten.ch, www.campingseegarten.ch

0,1 km 0,2 km 365 16 A DE FR EN free

★★★★☆ ★★★★☆ ★★★☆☆ ★★☆☆☆

Ebenes Wiesen- und Rasengelände in den Bergen. / Terrain de prairie plat et herbeux, en montagne.

Preise/Nacht / Prix/nuit CHF 8–10, CHF 12–18, CHF 7.80, CHF 3.90, CHF 3, TAX, CCI/CKE, VISA, reka

Lenk im Simmental «Hasenweide» ★★ pincamp.ch/Pin_230981

6.80

1.1.–10.11., 6.12.–31.12. ha 2 müM 1100 T 45 S 5 M 7 46°25'42.4"N, 7°28'39"E

Hasenweide 1, CH-3775 Lenk im Simmental, T +41 (0)33 733 26 47, info@camping-hasenweide.ch, www.camping-hasenweide.ch

0,2 km

365

DE EN free

★★★★☆ ★★★☆☆ ★☆☆☆☆ ★★☆☆☆

Ebenes Wiesen- und Rasengelände in den Bergen. / Terrain de prairie plat et herbeux, en montagne.

Preise/Nacht / Prix/nuit CHF 5-10, CHF 8-12, CHF 6.40, CHF 3.50, CHF 2, TAX, VISA reka

Saanen «Camping Saanen» ★★★★ pincamp.ch/BE_57332

6.85

1.1.–31.10., 7.12.–31.12. ha 1 müM 1020 T 29 S 35 M 3 46°29'12.8"N, 7°15'54.5"E

Campingstrasse 15, CH-3792 Saanen, T +41 (0)33 744 61 91, info@camping-saanen.ch, www.camping-saanen.ch

0,2 km 9,5 km

365

DE FR EN free

★★★☆☆ ★★★★☆ ★★★☆☆ ★★★☆☆

Rasengelände in den Bergen. / Terrain herbeux, en montagne.

Preise/Nacht / Prix/nuit CHF 7.50-13.50, CHF 14-17, CHF 5.80-6.80, CHF 3.20-3.80, CHF 2-3, TAX, %, CCI,
reka

Gstaad «Bellerive» *** pincamp.ch/BE6600

6.86

1.1.–31.12. ha 1 üM 1050 T 30 S 5 M 3 46°28'51.7"N, 7°16'23.3"E

Bellerivestrasse 38, CH-3780 Gstaad, T +41 (0)33 744 63 30, info@bellerivecamping.ch, www.bellerivecamping.ch

365

DE FR EN free

★★★☆☆ ★★★★☆ ★★☆☆☆ ★★☆☆☆

Ebenes Gelände mit verschiedenartigen Laub- und Nadelbäumen, zwischen Saane und Bahnlinie. / Terrain plat avec divers feuillus et conifères, entre la Sarine et la voie ferrée.

Preise/Nacht / Prix/nuit CHF 6–15, CHF 15–16, CHF 7.50, CHF 3.50, CHF 3, TAX

JURA, DREI-SEEN-LAND, REGION FREIBURG

JURA ET TROIS-LACS, RÉGION FRIBOURGEOISE

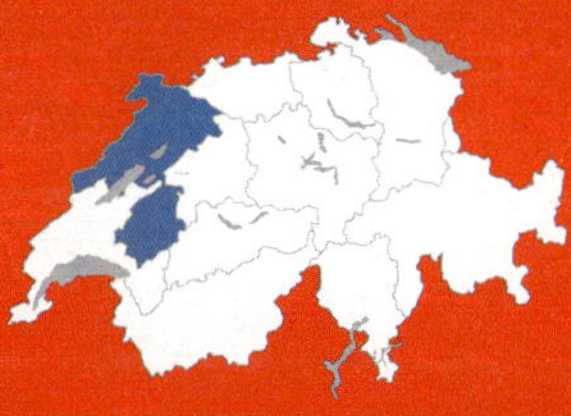

7

TCS Camping

Weitere / D'autres

Grenchen «Strausak» * pincamp.ch/Pin_231423

5.50

ha 1 m üM 432 T 20 S 30 M 0 47°9'50.4"N, 7°24'27.1"E

Staadstrasse 214, CH-2540 Grenchen, T +41 (0)32 652 11 33, strausak@swisscamps.ch

DE

Ebenes Rasengelände am Fluss. / Terrain gazonné plate au bord de la rivière.

Estavayer-le-Lac «La Nouvelle Plage» pincamp.ch/VD3400

7.06

ha 2 m üM 450 T 90 S 100 M 14 46°51'21.8"N, 6°50'54.2"E

Chemin de la Grande Gouille 2, CH-1470 Estavayer-le-Lac, T +41 (0)26 663 16 93, info@nouvelle-plage.ch, www.nouvelle-plage.ch

0,5 km P 10 A DE FR EN free

Ebener Sand- und Wiesenplatz mit lichtem Baumbestand. In der Nähe des Strandbades. Weiter Blick über den See. / Terrain plate de sable et d'herbe, avec peu d'arbres denses. Près de l'établissement de baignade. Vue panoramique sur le lac.

Neu 2024 / Nouveau 2024 Neue Mietunterkünfte aus Schweizer Holz / Nouveaux hébergements en bois suisse

Preise/Nacht / Prix/nuit CHF 0, CHF 0, CHF 9.90, CHF 4.70, CHF 6, TAX, VISA

TCS CAMPING 5.09

Solothurn ★★★★

1.1.–31.12.2024

47°11'56.3"N, 7°31'25.3"E | ha 3 | m ü.M. 400 | T 107 | S 32 | M 17 | pincamp.ch/NZ1200

0,5 km

13 A

★★★★☆ ★★★★★ ★★★★★ ★★★★☆

Beschreibung
Ebenes Rasengelände am Strand

Highlights Camping
Gratis-WiFi • Inklusive Strom • Kinder bis 5 Jahre gratis • Hunde erlaubt • Restaurant-Bar Pier11 mit grosser Terrasse • Kleiner Shop auf Platz • Kleiner Hafen mit Mietbooten • Sommer- und Wintercamping • Kinderanimation

Description
Terrain herbeux plat, à la plage

Highlights Camping
WiFi gratuit • Électricité incluse • Enfants jusqu'à 5 ans gratuits • Chiens autorisés • Restaurant-bar Pier11 avec grande terrasse • Petit magasin sur place • Petit port avec bateaux à louer • Camping d'été et d'hiver • Animation pour les enfants

15–20 %*	TCS Camping Mitglieder / Membres
10 %	TCS Mitglieder / Membres CCI Camping Card International

Das ganze Jahr auf allen TCS Campingplätzen gültig. Gilt für Mietunterkünfte und Stellplätze. Nicht kumulierbar.
*15 % in der Hochsaison, 20 % in der Nebensaison
Rabais valable toute l'année sur tous les campings TCS et pour tous les logements locatifs et emplacements. Non cumulable.
*15 % de rabais durant la haute saison, 20 % de rabais durant la basse saison

Preise/Nacht / Prix/nuit

	CHF	10–26
	CHF	15–40
	CHF	15–18
	CHF	7.50–9
	CHF	6
	CHF	25

TAX, CCI,

VISA reka

Änderungen vorbehalten • Im Preis der Parzelle sind Entsorgung, Strom (wenn immer möglich), ein Auto/Motorrad inbegriffen • Spezialtarif für kleines Zelt ohne Auto / Sous réserve de modifications • La voirie, l'électricité (dans la mesure du possible) et un véhicule sont inclus dans le prix de la parcelle • Tarif spécial pour petite tente sans voiture

Mietunterkünfte / Hébergements locatifs

Cabane	CHF	145–245
Nostalgiewagen Roulotte	CHF	125–190
Pod	CHF	65–95
Family Pod	CHF	115–150
Safarizelt Tente-safari	CHF	130–210
Safarizelt Deluxe Tente-safari deluxe	CHF	145–245

Infos ab Seite 6 / voir page 6 sqq.

Änderungen vorbehalten • Keine Reservationskosten • Matratzen immer mit Fixleintüchern. Bettwäsche auf Wunsch CHF 20/Person • Inklusiv: Endreinigung, Strom und ein Auto/Motorrad / Sous réserve de modifications • Pas de frais de réservation • Matelas toujours recouverts d'un drap housse. Literie sur demande CHF 20/personne • Inclus: nettoyage final, électricité et une voiture/moto

TCS Camping Solothurn
Glutzenhofstrasse 5
4500 Solothurn
T +41 (0)32 621 89 35
camping.solothurn@tcs.ch
www.tcs-camping.ch/solothurn

Jetzt online buchen/
Réserver en ligne

Sorens «Camping de la Forêt SA» ★★★★ pincamp.ch/Pin_231433

7.13

20.4.–17.10. ha 5 m ü.M. 1020 T 30 S 160 M 2 46°40'25.1"N, 7°1'30.6"E

Route Principale 271, CH-1642 Sorens, T +41 (0)26 915 18 82, campingforet@gmail.com, www.campingforet.ch

4 km

DE FR EN free

★★★★☆ ★★★★★ ★★★★☆ ★★★★☆

Ebenes Rasengelände. / Terrain gazonné plate.

Preise/Nacht / Prix/nuit CHF 13, CHF 13, CHF 8, CHF 4, CHF 4, TAX, VISA

Schwarzsee «Schwarzsee» ★★★ pincamp.ch/Pin_231435

7.17

1.1.–31.12. ha 35 m ü.M. 1050 T 30 S 10 M 2 46°39'41.1"N, 7°16'28.8"E

Seeweid 105, CH-1716 Schwarzsee, T +41 (0)26 412 11 58, info@camping-schwarzsee.ch, www.camping-schwarzsee.ch

P 365

16 A

DE FR EN

★★★☆☆ ★★★☆☆ ★★★☆☆ ★★★☆☆

Ebenes, naturbelassenes Rasengelände am See, in den Bergen und am Waldrand. / Terrain herbeux plat, naturel, au bord du lac, en montagne et à l'orée de la forêt.

Preise/Nacht / Prix/nuit CHF 7.50–9, CHF 14–20, CHF 8, CHF 0–5, CHF 3, TAX, VISA reka

Plaffeien «Camping Füllmattli»

7.20

ha 1 m ü.M. 780 T 20 S M 1 46°45'7.6"N, 7°17'59.5"E

Füllmattli 110, CH-1716 Plaffeien, T +41 (0)26 419 04 09, info@camping-fuellmattli.ch, www.camping-fuellmattli.ch

DE EN free

Wiesengelände. / Terrain gazonné.

Preise/Nacht / Prix/nuit CHF 5.20–5.50, CHF 5.20–8.90, CHF 5.90, CHF 3.30, CHF 2.50, TAX, VISA reka

Düdingen «Schiffenensee» ** pincamp.ch/VD5400

7.23

1.4.–31.10. ha 10 m/üM 550 T 25 S 15 M 2 46°52'41.3"N, 7°11'28.8"E

Schiffenen 15, CH-3186 Düdingen, T +41 (0)26 493 19 17, info@camping-schiffenen.ch, www.camping-schiffenen.ch

13 A

DE FR EN free

Ebene Wiese mit mehreren Laub- und Nadelbaumreihen am See. / Terrain plat avec plusieurs rangées d'arbres à larges feuilles et de conifères au bord du lac.

Preise/Nacht / Prix/nuit CHF 10–11, CHF 13–17, CHF 10–12, CHF 5, CHF 3–4, TAX,

Sugiez «Camping Les 3 lacs»

7.26

1.5.–30.9. ha 10 m/üM 430 T 46 S M 9 46°58'28.5"N, 7°5'44.5"E

Route du Canal 2, CH-1786 Sugiez, T +41 (0)26 673 19 93, info@camping-les3lacs.ch, www.camping-les3lacs.ch

2,5 km 2 km 16 A

DE FR EN free

Ebenes Rasengelände am Waldrand. Blick auf Berge. / Terrain herbeux plat, à l'orée de la forêt.

Preise/Nacht / Prix/nuit CHF 6–15, CHF 12–15, CHF 8, CHF 0–7, CHF 3, CHF 25, TAX, VISA

Les Brenets «Lac des Brenets» **** pincamp.ch/VD2180

7.41

1.1.–31.5., 1.6.–31.8., 1.9.–31.12. ha 4 m/üM 780 T 30 S 119 M 5 47°3'47.8"N, 6°41'41.1"E

Champ de la Fontaine, CH-2416 Les Brenets, T +41 (0)32 932 16 18, info@camping-brenets.ch, www.camping-brenets.ch

PiN CAMP

Jetzt online buchen / Réserver en ligne pincamp.ch

0,2 km 0,5 km 365 13 A

DE FR EN free

Lang gezogenes Wiesengelände, durch Hecken und Laubbäume gegliedert. Am Ortsrand. / Terrain allongé, divisé par des haies et des arbres à feuilles caduques. À la périphérie de la ville.

Preise/Nacht / Prix/nuit CHF 6–9, CHF 12–14, CHF 7–8, CHF 0–5, CHF 2, TAX, % CCI/CKE, VISA, reka

Fleurier «Camping du Val de Travers» pincamp.ch/VD3300 **7.42**

1.4.–30.9. ha 1 750 T 20 S 10 M 0 46°54'22.9"N, 6°34'29.4"E

Belle-Roche,, CH-2114 Fleurier, T +41 (0)32 861 42 62, romane.camping2114@outlook.com, www.j3l.ch

DE FR EN free

Ebene Wiese mit lichtem Baumbestand. An einem Bach, dahinter die Strasse. In einem Hochtal mit Blick auf Berge. / Terrain plat avec des arbres. Au bord d'un ruisseau, derrière la route. Dans une haute vallée avec vue sur les montagnes.

Preise/Nacht / Prix/nuit CHF 7–11, CHF 11–17, CHF 6, CHF 3, CHF 2, TAX

Le Locle «La Belle Verte» ** pincamp.ch/VD2200 **7.43**

ha 1 980 T 20 S 40 M 3 47°3'6.4"N, 6°45'37.6"E

Mont-Pugin 6, CH-2400 Le Locle, T +41 (0)78 812 26 97, camping@labelleverte.ch, www.labelleverte.ch

DE FR EN

★★★★☆ ★★★☆☆ ★★☆☆☆ ★★☆☆☆

Ebenes, leicht geneigtes Wiesengelände mit einigen mittelhohen Bäumen. Blick auf umgebende Berghänge. / Terrain plat, légère pente, avec quelques arbres de hauteur moyenne. Vue sur les pentes des montagnes environnantes.

Preise/Nacht / Prix/nuit CHF 7.40–8.80, CHF 10.40–15, CHF 5.40–6.60, CHF 2.70–3.30, CHF 3, TAX

La Chaux-de-Fonds «Bois du Couvent» *** pincamp.ch/VD2100 7.44

ha 1 | m üM 1078 | T 60 | S 78 | M 0 | 47°5'39.8"N, 6°50'14.8"E

Bois du Couvent 108, CH-2300 La Chaux-de-Fonds, T +41 (0)32 913 25 55, info@boisducouventcamping.ch, www.boisducouventcamping.ch

0,5 km

DE FR EN free

★★★☆☆ ★★★★☆ ★★☆☆☆ ★★☆☆☆

Naturbelassenes Sandgelände, durch einige Büsche und Bäume aufgelockert. Blick auf hügelige Umgebung. / Terrain de sable naturel, parsemé de quelques buissons et d'arbres. Vue sur les collines environnantes.

Preise/Nacht / Prix/nuit CHF 8, CHF 14, CHF 4.50, CHF 2, CHF 3, TAX, VISA

Cortaillod «Camping de Cortaillod» * pincamp.ch/Pin_231461 7.45

1.4.–31.10. | ha 2 | m üM 432 | T 20 | S 24 | M 3 | 46°56'23.5"N, 6°51'3.7"E

Petit-Cortaillod 27, CH-2016 Cortaillod, T +41 (0)32 841 40 31, reception@camping-cortaillod.ch, www.camping-cortaillod.ch

3 km

FR free

★★★☆☆ ★☆☆☆☆ ☆☆☆☆☆ ★☆☆☆☆

Ebenes, naturbelassenes Rasengelände am See und am Strand. / Terrain herbeux plat, naturel, au bord du lac et à la plage.

Preise/Nacht / Prix/nuit CHF 8–20, CHF 8–20, CHF 7–8, CHF 4, TAX, VISA

Colombier NE «Paradis-Plage» **** pincamp.ch/VD3200 7.46

ha 4 | m üM 430 | T 120 | S 160 | M 1 | 46°57'56.7"N, 6°52'19.1"E

Allée du Port 8, CH-2013 Colombier NE, T +41 (0)32 841 24 46, info@paradisplage.ch, www.paradisplage.ch

0,1 km

DE FR EN free

★★★☆☆ ★★★★☆ ★★★★★ ★★★★☆

Parkähnlich gestaltetes, ebenes Wiesengelände mit vielen Bäumen und Freiflächen. Umgeben von Wald, am Platzrand ein Teich. / Terrain plat, semblable à un parc, avec d'arbres et des espaces ouverts. Entouré de bois, un petit lac en bordure du camping.

Preise/Nacht / Prix/nuit CHF 8–18, CHF 11–23, CHF 11–12, CHF 5–6, CHF 2, TAX, VISA

TCS CAMPING 7.48

La Tène Neuenburgersee ★★★

1.4.–22.10.2024

47°0'18.8"N, 7°1'12.4"E | ha 4 | üM 430 | T 56 | S 196 | M 0 | pincamp.ch/Pin_231437

1 km

DE FR EN free

★★★★☆ ★★★★★ ★★★★☆ ★★★★☆

Beschreibung
Ebenes Rasen- und Sandgelände am See

Highlights Camping
Inklusive Strom • Kinder bis 5 Jahre gratis • Hunde erlaubt

Description
Terrain herbeux et sablonneux plat, au bord du lac

Highlights Camping
Électricité incluse • Enfants jusqu'à 5 ans gratuits • Chiens autorisés

15–20 %*	TCS Camping Mitglieder / Membres
10 %	TCS Mitglieder / Membres CCI Camping Card International

Das ganze Jahr auf allen TCS Campingplätzen gültig. Gilt für Mietunterkünfte und Stellplätze. Nicht kumulierbar.
*15 % in der Hochsaison, 20 % in der Nebensaison
Rabais valable toute l'année sur tous les campings TCS et pour tous les logements locatifs et emplacements. Non cumulable.
*15 % de rabais durant la haute saison, 20 % de rabais durant la basse saison

Preise/Nacht / Prix/nuit

Zelt	CHF	9–30
Wohnwagen	CHF	13–42
Erwachsene	CHF	12–16
Kinder	CHF	6–8
Hund	CHF	6
Kaution	CHF	25

TAX, % CCI/CKE,

Mastercard, Maestro, VISA, Postcard, reka

Änderungen vorbehalten • Im Preis der Parzelle sind Entsorgung, Strom (wenn immer möglich), ein Auto/ Motorrad inbegriffen • Spezialtarif für kleines Zelt ohne Auto / Sous réserve de modifications • La voirie, l'électricité (dans la mesure du possible) et un véhicule sont inclus dans le prix de la parcelle • Tarif spécial pour petite tente sans voiture

TCS Camping La Tène Neuenburgersee
Chemin de la Tène 106
2074 Marin-Epagnier
T +41 (0)32 753 73 40
camping.latene@tcs.ch
www.tcs-camping.ch/latene

Jetzt online buchen/
Réserver en ligne

Le Landeron «Camping des Pêches» **** pincamp.ch/VD2900

7.49

29.3.–15.10. ha 6 432 T 150 S 280 M 10 47°3'9.5"N, 7°4'12.6"E

Rue du Port 6, CH-2525 Le Landeron, T +41 (0)32 751 29 00, info@camping-lelanderon.ch, www.camping-lelanderon.ch

0,5 km 0,3 km P

16 A

DE FR EN free

★★★★☆ ★★★★★ ★★★★☆ ★★★★☆

Ebenes Wiesengelände am See mit Laubbäumen, begrenzt durch eine Hecke. / Terrain plat au bord du lac avec des arbres à feuilles caduques, bordé d'une haie.

Preise/Nacht / Prix/nuit CHF 10–14, CHF 18, CHF 11, CHF 4.50, CHF 3, TAX, VISA

Le Landeron «Bellerive» * pincamp.ch/Pin_231463

7.50

ha 1 | m üM 430 | T | S 60 | M 0 | 47°3'34.9"N, 7°4'55.9"E

Bellerive 78, CH-2525 Le Landeron, T +41 (0)32 751 27 62, info@campingbellerive.ch, www.campingbellerive.ch

★★★☆☆ | ★☆☆☆☆ | ☆☆☆☆☆ | ★☆☆☆☆

Travers «Camping à la ferme La Coué» pincamp.ch/Pin_231439

7.54

ha 0,5 | m üM 767 | T 15 | S | M 33 | 46°55'44.3"N, 6°40'7.7"E

La Coué 1, CH-2105 Travers, T +41 (0)79 693 57 23, reservations@lacoue.ch, www.lacoue.ch

FR, free

Ebenes Rasengelände in den Bergen, am Berghang und am Waldrand. / Terrain herbeux plat, en montagne, à flanc de montagne et à l'orée de la forêt.

Preise/Nacht / Prix/nuit CHF 8, CHF 10, CHF 6, CHF 4, CHF 3, TAX

Tavannes «Camping de Belfond» *** pincamp.ch/pin_231441

7.70

15.5.–30.9. | ha 0,5 | m üM 830 | T 25 | S | M 1 | 47°13'40.5"N, 7°11'1.6"E

Belfond 2, CH-2710 Tavannes, T +41 (0)32 481 17 63 , info@campingdebelfond.ch, www.campingdebelfond.ch

DE, FR, IT, EN, free

★★★★☆ | ★★★★☆ | ★★★☆☆ | ★★★☆☆

Preise/Nacht / Prix/nuit CHF 6–10, CHF 8–12, CHF 8, CHF 4, CHF 2, TAX,

La Neuveville «La Plage» * pincamp.ch/Pin_231870 — 7.71

ha 0,5 · m üM 435 · T 6 · S 48 · M 0 · 47°3'36.6"N, 7°5'18.3"E

Chemin de la Plage 10, CH-2520 La Neuveville, T +41 (0)32 751 67 62, laplage@net2000.ch, www.restaurant-laplage.ch

0,5 km · 0,1 km

DE FR IT free

★★★★☆ · ★☆☆☆☆ · ★☆☆☆☆ · ★☆☆☆☆

Ebenes Wiesen- und Rasengelände am Strand. / Terrain de prairie plat et herbeux, à la plage.

Preise/Nacht / Prix/nuit CHF 6-10, CHF 15, CHF 9-11, CHF 3.50-6, CHF 3, VISA

Prêles «Camping Prêles» *** pincamp.ch/VD1800 — 7.72

ha 7 · m üM 820 · T 70 · S 180 · M 1 · 47°5'7.8"N, 7°7'5.3"E

Route de la Neuveville 61, CH-2515 Prêles, T +41 (0)32 315 17 16, info@camping-jura.ch, www.camping-jura.ch

DE FR IT EN

★★★☆☆ · ★★★★☆ · ★★★☆☆ · ★★★☆☆

Hügeliges, leicht geneigtes Wiesengelände mit Bäumen. Standplätze für Touristen an einer Platzseite zum Waldrand hin. / Terrain vallonné, légèrement en pente, avec des arbres. Emplacements pour touristes sur un côté du camping, à l'orée du bois.

VISA

Le Noirmont «Jura Bivouac» * pincamp.ch/Pin_231872

7.74

3.5.–12.10. ha 3 m ü.M. 1020 T 36 S 4 M 12 47°12'17"N, 6°56'34.5"E

Le Creux-des-Biches 6, CH-2340 Le Noirmont, T +41 (0)76 498 56 09, jurabivouac@gmail.com, www.jurabivouac.com

0,8 km P

DE FR IT EN

★★★★☆ ★★☆☆☆ ☆☆☆☆☆ ★☆☆☆☆

Ebenes, naturbelassenes Gelände in den Bergen und am Waldrand. / Terrain plat, naturel en montagne et à l'orée de la forêt.

Preise/Nacht / Prix/nuit CHF 9-13, CHF 13-20, CHF 6, CHF 0-4, CHF 3, TAX

La Cibourg «Camping La Cibourg» **** pincamp.ch/Pin_230993

7.78

1.1.–31.12. ha 3 m ü.M. 1050 T 60 S 100 M 22 47°7'14"N, 6°53'34.3"E

Clermont 157a, CH-2616 La Cibourg, T +41 (0)32 968 39 37, lacibourg@bluewin.ch, www.centrelacibourg.ch

365

DE FR free

★★★★☆ ★★★★★ ★★★★★ ★★★★☆

Ebenes Rasengelände. / Terrain herbeux plat.

Preise/Nacht / Prix/nuit CHF 10-13, CHF 17-20, CHF 7, CHF 5, CHF 2, TAX, VISA reka

Les Breuleux «Ferien Village les Cerneux GmbH» pincamp.ch/VD1600

7.79

1.1.–3.11., 20.12.–31.12. ha 3 m ü.M. 1006 T 45 S 45 M 20 47°12'37.9"N, 7°1'47.6"E

Camping Les Cerneux, CH-2345 Les Breuleux, T +41 (0)32 486 96 66, info@lescerneux.ch, www.lescerneux.ch

P

DE FR EN

Gestuftes, durch jüngere Bäume und Büsche aufgelockertes Wiesengelände. Bei einem Bauernhof, umgeben von Wald und Feldern. / Terrain en terrasses entrecoupé de jeunes arbres et de buissons. Dans une ferme, entouré de bois et de champs.

Preise/Nacht / Prix/nuit CHF 5-10, CHF 15-18, CHF 9-11, CHF 0-6, CHF 3, TAX, VISA reka

Saignelégier «Camping Saignelégier» *** pincamp.ch/Pin_231912

7.80

ha 2 · m ü M 1000 · T 140 · S 50 · M 10 · 47°15'11.3"N, 7°1'8.1"E

Sous la neuvevie 5a, CH-2350 Saignelégier, T +41 (0)79 565 18 03, info@campingsaignelegier.ch, www.campingsaignelegier.ch

DE FR EN free

★★★★☆ ★★★☆☆ ★☆☆☆☆ ★★★★☆

Leicht geneigtes, ebenes Rasengelände am Waldrand. / Terrain herbeux légèrement en pente, plat, à l'orée de la forêt.

Preise/Nacht / Prix/nuit CHF 9–18, CHF 12–18, CHF 8, CHF 6, CHF 3

Goumois «Camping Vieux-Pont» * pincamp.ch/Pin_231845

7.82

1.4.–31.10. · ha 1 · m ü M 493 · T 35 · S 18 · M 0 · 47°14'49.3"N, 6°47'57.4"E

CH-2354 Goumois, T +41 (0)79 314 19 38, municipal@swisscamps.ch, www.

FR

★★★★☆ ★☆☆☆☆ ★☆☆☆☆ ★☆☆☆☆

Ebenes Rasengelände am Ufer der Doubs. / Terrain gazonné plate au bord du Doubs.

Rebeuvelier «Camping du Raimeux» * pincamp.ch/Pin_231443

7.84

ha 1 · müM 670 · T 16 · S 31 · M 5 · 47°19'27.6"N, 7°25'3"E

Route de Vermes 8, CH-2832 Rebeuvelier, T +41 (0)32 435 57 17, campingjura@bluewin.ch, www.campingjura.ch

0,5 km

DE FR free

★★★★☆ ★☆☆☆☆ ★☆☆☆☆ ★☆☆☆☆

Leicht geneigtes Rasengelände in den Bergen. / Terrain herbeux légèrement en pente, en montagne.

Preise/Nacht / Prix/nuit CHF 5–8, CHF 10–12, CHF 6.50, CHF 0–4, CHF 2, TAX

Delémont «La Grande Ecluse» ** pincamp.ch/Pin_231868

7.85

1.4.–30.9. · ha 1 · müM 435 · T 35 · S 30 · M 0 · 47°21'22.3"N, 7°20'10.7"E

CH-2800 Delémont, T +41 (0)32 422 75 98, camping.delemont@bluewin.ch

FR

★★★★☆ ★★★☆☆ ★☆☆☆☆ ★★☆☆☆

Sehr kleiner Camping am Ufer der Sorne, ruhig und gemütlich. / Très petit camping situé au bord de la Sorne, calme et tranquille.

Preise/Nacht / Prix/nuit CHF 10–17, CHF 17, CHF 7, CHF 3.50, CHF 5

Saint-Ursanne «Tariche» *** pincamp.ch/Pin_231445

7.87

22.3.–31.10. ha 1 m ü.M. 448 T 15 S 12 M 12 47°20'2.6"N, 7°8'26.9"E

Tariche 1, CH-2882 Saint-Ursanne, T +41 (0)32 433 46 19, info@tariche.ch, www.tariche.ch

6 km P

16 A

DE FR EN free

★★★★☆ ★★★★★ ★★☆☆☆ ★★★☆☆

Ebenes, naturbelassenes Wiesen- und Rasengelände, Terrassenlage in den Bergen, am Berghang und am Waldrand. / Terrain de prairie herbeux, terrain en terrasses plat, naturel, en montagne, à flanc de montagne et à l'orée de la forêt.

Preise/Nacht / Prix/nuit CHF 8–20, CHF 10–20, CHF 10, CHF 5, CHF 3, CHF 25, TAX, VISA

St-Ursanne «Camping St-Ursanne» ** pincamp.ch/Pin_231858

7.88

1.2.–31.12. ha 1 m ü.M. 420 T 15 S 12 M 0 47°21'56.8"N, 7°10'2.6"E

Lorette 1, CH-2882 St-Ursanne, T +41 (0)79 251 24 32, ulrich.roth@chandelier.ch, www.chandelier.ch/fr

13 A

DE FR EN free

★★☆☆☆ ★★★☆☆ ★★★☆☆ ★★☆☆☆

Camping am Doubs und 800 m vom Zentrum St-Ursanne entfernt. / Situé au bord du Doubs et à 800 m du centre de St-Urasnne.

Preise/Nacht / Prix/nuit CHF 19, CHF 40, CHF 72, CHF 20, CHF 6, TAX

Réclère «Camping les Grottes» ** pincamp.ch/VD1200

7.95

1.4.–24.11. ha 1 m ü.M. 654 T 20 S 8 M 18 47°21'30.4"N, 6°54'54.6"E

Route des Grottes 75, CH-2912 Réclère, T +41 (0)32 476 72 32, contact@camping-restaurant-les-grottes.ch, www.camping-restaurant-les-grottes.ch

DE FR EN

★★★☆☆ ★★☆☆☆ ★★☆☆☆ ★★☆☆☆

Unterschiedlich stark geneigtes, stellenweise terrassiertes Wiesengelände, von hohen Bäumen eingerahmt. / Terrain à pente variable, en partie en terrasses, encadré par de grands arbres.

Preise/Nacht / Prix/nuit CHF 5–15, CHF 12–15, CHF 6, CHF 4, CHF 4, TAX, % CCI, VISA

TCS CAMPING 8.34

Salavaux Plage ★★★

28.3.–13.10.2024

46°54'46.2"N, 7°2'2.4"E | ha 6 | m üM 430 | T 100 | S 450 | M 10 | pincamp.ch/VD5100

0,2 km 0,1 km

DE FR IT EN free

★★★★☆ ★★★☆☆ ★★☆☆☆ ★★★★☆

Beschreibung
Ebenes, naturbelassenes Rasen- und Sandgelände am See

Highlights Camping
Gratis-WiFi • Inklusive Strom • Kinder bis 5 Jahre gratis • Hunde erlaubt • Sandstrand nur 100 m vom Platz • Velo- und E-Bike Vermietung • Restaurant mit grosser Terasse • Einzigartige Wasserspiel-Anlage • Kinderanimation

Description
Terrain herbeux et sablonneux plat, naturel, au bord du lac

Highlights Camping
WiFi gratuit • Électricité incluse • Enfants jusqu'à 5 ans gratuits • Chiens autorisé • Plage de sable à 100 m du camping • Location de vélos et d'e-bike • Restaurant avec grande terrasse • Superbe installation de jeux aquatiques • Animation pour les enfants

15–20 %*	TCS Camping Mitglieder / Membres
10 %	TCS Mitglieder / Membres CCI Camping Card International

Das ganze Jahr auf allen TCS Campingplätzen gültig. Gilt für Mietunterkünfte und Stellplätze. Nicht kumulierbar.
*15 % in der Hochsaison, 20 % in der Nebensaison
Rabais valable toute l'année sur tous les campings TCS et pour tous les logements locatifs et emplacements. Non cumulable.
*15 % de rabais durant la haute saison, 20 % de rabais durant la basse saison

Preise/Nacht / Prix/nuit

	CHF	10–13
	CHF	15–30
	CHF	12–16
	CHF	6–8
	CHF	6
	CHF	25

, CCI,

Änderungen vorbehalten • Im Preis der Parzelle sind Entsorgung, Strom (wenn immer möglich), ein Auto/ Motorrad inbegriffen • Spezialtarif für kleines Zelt ohne Auto / Sous réserve de modifications • La voirie, l'électricité (dans la mesure du possible) et un véhicule sont inclus dans le prix de la parcelle • Tarif spécial pour petite tente sans voiture

Mietunterkünfte / Hébergements locatifs

Biwak* Bivouac*	CHF	65–95
Family Pod	CHF	115–150
Pod	CHF	65–95

Infos ab Seite 6 / voir page 6 sqq.

Änderungen vorbehalten • Keine Reservationskosten • Matratzen immer mit Fixleintüchern. Bettwäsche auf Wunsch CHF 20/Person • Inklusiv: Endreinigung, Strom und ein Auto/ Motorrad / Sous réserve de modifications • Pas de frais de réservation • Matelas toujours recouverts d'un drap housse. Literie sur demande CHF 20/personne • Inclus: nettoyage final, électricité et une voiture/moto

* Schlafsack mitbringen / apporter sac de couchage

TCS Camping Salavaux Plage
Chemin de la Plage 10
1585 Salavaux
T +41 (0)26 677 14 76
camping.salavaux@tcs.ch
www.tcs-camping.ch/salavaux

Jetzt online buchen/
Réserver en ligne

Avenches «Camping Port Plage Avenches» pincamp.ch/VD5200 **8.33**

25.3.–30.9. ha 1 · 450 · T 250 · S 450 · M 0 · 46°54'13.2"N, 7°2'56.7"E

Camping de la Plage 1, CH-1580 Avenches, T +41 (0)26 675 17 50, camping@avenches.ch, www.camping-avenches.ch

0,5 km · DE · FR · EN · free

Ebenes Gelände mit Laubbäumen und einigen Kiefern. Weiter Blick über den See. / Terrain plat avec des arbres feuillus et quelques pins. Vue panoramique sur le lac.

Preise/Nacht / Prix/nuit CHF 8–24, CHF 16–24, CHF 8.30, CHF 5.20, CHF 3, TAX, VISA, reka

Cudrefin «Camping Communal de Cudrefin» pincamp.ch/VD3100

8.35

ha 420 150 428 3 46°57'37.7"N, 7°1'41.9"E

Route de Neuchâtel 87, CH-1588 Cudrefin, T +41 (0)26 677 32 77, camping@cudrefin.ch, www.camping-cudrefin.ch

0,1 km DE FR EN free

Ebenes, von Bäumen gesäumtes Wiesengelände am See. Touristen-Standplätze in Seenähe. Blick über den See und auf Neuchâtel. / Terrain plat entouré d'arbres au bord d'un lac. Emplacements pour les touristes près du lac. Vue sur le lac et Neuchâtel.

Preise/Nacht / Prix/nuit CHF 6–10, CHF 10, CHF 9, CHF 7, CHF 2, TAX, VISA

Erlach «Camping Erlach» **** pincamp.ch/BE1300

11.37

1.4.–31.10. ha 3 437 110 83 10 47°2'47.8"N, 7°5'52.5"E

Stadtgraben 23, CH-3235 Erlach, T +41 (0)32 513 01 00, info@camping-erlach.ch, www.camping-erlach.ch

0,1 km 16 A DE FR EN free

★★★★ ★★★★ ★★★★ ★★★★

Lang gestrecktes, ebenes Wiesengelände unter hohen Laubbäumen am See. / Terrain plat, aménagé en longueur, sous de grands arbres à feuilles caduques au bord du lac.

Preise/Nacht / Prix/nuit CHF 25.51, CHF 25.50, CHF 9.90, CHF 4.70, CHF 6, TAX, VISA

TCS CAMPING 11.31

Gampelen Neuenburgersee ★★★★

28.3.–6.10.2024

47°0'6.2"N, 7°2'25.6"E | ha 11 | üM 430 | T 400 | S 400 | M 5 | pincamp.ch/BE1400

2 km

DE FR EN free

Beschreibung

Ebenes Rasengelände am See

Highlights Camping

Gratis-WiFi • Inklusive Strom • Kinder bis 5 Jahre gratis • Hunde erlaubt • Bootshafen direkt beim Platz • Fahrradvermietung • Inmitten des Naturschutzgebiets Fanel • Selbstbedienungsrestaurant mit grosser Terrasse • Kinderanimation

Description

Terrain herbeux plat, au bord du lac

Highlights Camping

WiFi gratuit • Électricité incluse • Enfants jusqu'à 5 ans gratuits • Chiens autorisés • Port de plaisance directement sur le site • Location de bicyclettes • Au beau milieu de la réserve naturelle du Fanel • Restaurant libre-service avec grande terrasse • Animation pour les enfants

15–20 %*	TCS Camping Mitglieder / Membres
10 %	TCS Mitglieder / Membres CCI Camping Card International

Das ganze Jahr auf allen TCS Campingplätzen gültig. Gilt für Mietunterkünfte und Stellplätze. Nicht kumulierbar.
*15 % in der Hochsaison, 20 % in der Nebensaison
Rabais valable toute l'année sur tous les campings TCS et pour tous les logements locatifs et emplacements. Non cumulable.
*15 % de rabais durant la haute saison, 20 % de rabais durant la basse saison

Preise/Nacht / Prix/nuit

Zelt	CHF	10–26
Wohnwagen	CHF	15–40
Erwachsene	CHF	11–16
Kind	CHF	5.50–8
Hund	CHF	6
Stopover	CHF	25

IAA, CCI,

VISA, reka

Änderungen vorbehalten • Im Preis der Parzelle sind Entsorgung, Strom (wenn immer möglich), ein Auto/Motorrad inbegriffen • Spezialtarif für kleines Zelt ohne Auto / Sous réserve de modifications • La voirie, l'électricité (dans la mesure du possible) et un véhicule sont inclus dans le prix de la parcelle • Tarif spécial pour petite tente sans voiture

TCS Camping Gampelen Neuenburgersee
Seestrasse 50
3236 Gampelen
T +41 (0)32 313 23 33
camping.gampelen@tcs.ch
www.tcs-camping.ch/gampelen

Mietunterkünfte / Hébergements locatifs

Biwak* Bivouac*	CHF	65–95
Family Pod	CHF	115–150
Pod	CHF	65–95

Infos ab Seite 6 / voir page 6 sqq.

Änderungen vorbehalten • Keine Reservationskosten • Matratzen immer mit Fixleintüchern. Bettwäsche auf Wunsch CHF 20/Person • Inklusiv: Endreinigung, Strom und ein Auto/Motorrad / Sous réserve de modifications • Pas de frais de réservation • Matelas toujours recouverts d'un drap housse. Literie sur demande CHF 20/personne • Inclus: nettoyage final, électricité et une voiture/moto

* Schlafsack mitbringen / apporter sac de couchage

Jetzt online buchen/
Réserver en ligne

Sutz «Hotel Camping Sutz am Bielersee» pincamp.ch/BE1100 11.55

1.1.–31.3., 1.4.–31.10., 1.11.–31.12. ha 10 450 T 40 S 14 M 25 47°6'24.9"N, 7°13'5.2"E

Kirchrain 40, CH-2572 Sutz, T +41 (0)32 397 13 45, mail@camping-sutz.ch, www.hotel-camping-sutz.ch

365 DE FR EN free

Für Touristen ebene, durch Laubbäume aufgelockerte Wiese hinter einem Erdwall entlang der Zufahrtsstrasse. / Emplacements pour touristes situés dans une prairie plate peuplée d'arbres à feuilles caduques, derrière une butte de terre, le long de la route d'accès.

Preise/Nacht / Prix/nuit CHF 7–17, CHF 18–22, CHF 10, CHF 0–8, CHF 3, TAX, VISA

Meinisberg «Seeland Camp» ** pincamp.ch/Pin_231451 11.65

1.4.–30.9. ha 1 520 T 20 S 70 M 3 47°9'43.9"N, 7°20'46.2"E

Berg 5, CH-2554 Meinisberg, T +41 (0)32 377 26 86, info@seeland-camp.ch, www.seeland-camp.ch

1 km 8 km 13 A DE FR EN free

Ebenes Wiesen- und Rasengelände, Terrassenlage am Berghang. / À flanc de montagne, terrain de prairie et herbeux, terrain en terrasses plat.

Preise/Nacht / Prix/nuit CHF 7–10, CHF 15–16, CHF 10–12, CHF 6–8, CHF 3–5, TAX, reka

GENFERSEEGEBIET, REGION GENF
RÉGION LÉMANIQUE, RÉGION GENEVOISE

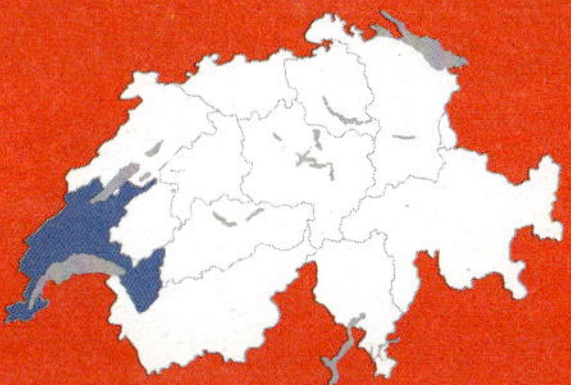

8

TCS Camping

Weitere / D'autres

Lausanne «Vidy» pincamp.ch/GE1500

8.01

ha 0,5 m üM 375 T 315 S M 9 46°31'1.8"N, 6°35'51.9"E

Chemin du Camping 3, CH-1007 Lausanne, T +41 (0)21 622 50 00, info@clv.ch, www.clv.ch

0,1 km 0,1 km 365

DE FR IT EN free

Durch Blumenschmuck gärtnerisch gestaltetes, ebenes Wiesengelände mit unterschiedlichen Bäumen, am See. / Une zone de pelouse plate avec d'arbres différents, organisée comme un jardin avec des arrangements floraux, au bord du lac.

Preise/Nacht / Prix/nuit CHF 15–20, CHF 18–20, CHF 9, CHF 6–7, CHF 2, CHF 24.60, TAX, VISA reka

Cully «Moratel»

8.03

ha 1 m üM 373 T 31 S 4 M 0 46°29'22.9"N, 6°44'15.7"E

Route de Moratel 2, CH-1096 Cully, T +41 (0)21 799 19 14, camping.moratel@bluewin.ch, www.region-du-leman.ch

0,1 km

FR free

Ebenes Rasengelände am See. / Terrain herbeux plat, au bord du lac.

Preise/Nacht / Prix/nuit CHF 10, CHF 10, CHF 7, CHF 3.50,

Satigny «Geneva City Camping Bois de Bay» * pincamp.ch/GE1850

8.11

ha 3 m üM 390 T 160 S M 0 46°12'2.4"N, 6°3'59.2"E

Route du Bois de Bay 19, CH-1242 Satigny, T +41 (0)22 341 05 05, contact@geneva-camping.ch

FR free

Ebenes, durch Büsche und Bäume gegliedertes Wiesengelände. An zwei Seiten von Auwald umgeben. In einem Industriegebiet. / Terrain plat divisé par des buissons et d' arbres. Entouré de deux côtés par la forêt alluviale. Dans une zone industrielle.

TCS CAMPING 8.05

Morges ★★★

28.3.–13.10.2024

46°30'15.8"N, 6°29'20.5"E | ha 3 | m üM 375 | T 185 | S 13 | M 3 | pincamp.ch/GE1600

0,2 km

DE FR IT EN free

★★★★☆ | ★★★★★ | ★★★☆☆ | ★★★★☆

Beschreibung
Ebenes Wiesengelände am See

Highlights Camping
Gratis-WiFi • Inklusive Strom • Kinder bis 5 Jahre gratis • Hunde erlaubt • Gratis Eintritt ins angrenzende Schwimmbad • Restaurant auf Platz • Pedalo-Kayak-SUP-Vermietung am Hafen

Description
Terrain gazonné plat, au bord du lac

Highlights Camping
WiFi gratuit • Électricité incluse • Enfants jusqu'à 5 ans gratuits • Chiens autorisés • Accès gratuit à la piscine voisine • Restaurant sur place • Location de pédalos-kayay-paddle au port

15–20 %*	TCS Camping Mitglieder / Membres
10 %	TCS Mitglieder / Membres CCI Camping Card International

Das ganze Jahr auf allen TCS Campingplätzen gültig. Gilt für Mietunterkünfte und Stellplätze. Nicht kumulierbar.
*15 % in der Hochsaison, 20 % in der Nebensaison
Rabais valable toute l'année sur tous les campings TCS et pour tous les logements locatifs et emplacements. Non cumulable.
*15 % de rabais durant la haute saison, 20 % de rabais durant la basse saison

Preise/Nacht / Prix/nuit

	CHF	10–30
	CHF	15–40
	CHF	12–14
	CHF	6–7
	CHF	6
	CHF	25

TAX, %, CCI,

VISA, reka

Änderungen vorbehalten • Im Preis der Parzelle sind Entsorgung, Strom (wenn immer möglich), ein Auto/Motorrad inbegriffen • Spezialtarif für kleines Zelt ohne Auto / Sous réserve de modifications • La voirie, l'électricité (dans la mesure du possible) et un véhicule sont inclus dans le prix de la parcelle • Tarif spécial pour petite tente sans voiture

Mietunterkünfte / Hébergements locatifs

Streamline Vintage	CHF	130–190
Vintage Wohnwagen	CHF	95–150

Infos ab Seite 6 / voir page 6 sqq.

Änderungen vorbehalten • Keine Reservationskosten • Matratzen immer mit Fixleintüchern. Bettwäsche auf Wunsch CHF 20/Person • Inklusiv: Endreinigung, Strom und ein Auto/Motorrad / Sous réserve de modifications • Pas de frais de réservation • Matelas toujours recouverts d'un drap housse. Literie sur demande CHF 20/personne • Inclus: nettoyage final, électricité et une voiture/moto

TCS Camping Morges
Promenade du Petit-Bois 15
1110 Morges
T +41 (0)21 801 12 70
camping.morges@tcs.ch
www.tcs-camping.ch/morges

Jetzt online buchen/
Réserver en ligne

TCS CAMPING 8.10

Genève-Vésenaz ★★★★

28.3.–13.10.2024

46°14'42.4"N, 6°11'39.2"E ha 3 375 T 105 S 4 M 9 pincamp.ch/GE1950

0,7 km

DE FR IT EN free

★★★★☆ ★★★★☆ ★★★☆☆ ★★★★☆

Beschreibung
Ebenes, naturbelassenes Rasengelände am See

Highlights Camping
Gratis-WiFi • Inklusive Strom • Kinder bis 5 Jahre gratis • Hunde erlaubt • Gratis ÖV mit der Geneva Transport Card • Camping-Restaurant «Pointe à la Bise» • Liegewiese direkt am See • Nur 6 km vom Stadtzentrum Genf

Description
Terrain herbeux plat, naturel, au bord du lac

Highlights Camping
WiFi gratuit • Électricité incluse • Enfants jusqu'à 5 ans gratuits • Chiens autorisés • Transport publics gratuits avec la Geneva Transport Card • Restautant du camping «Pointe à la Bise» • Grande pelouse sur la rive du lac • A 6 km seulement du centre-ville de Genève

15–20 %*	TCS Camping Mitglieder / Membres
10 %	TCS Mitglieder / Membres CCI Camping Card International

Das ganze Jahr auf allen TCS Campingplätzen gültig. Gilt für Mietunterkünfte und Stellplätze. Nicht kumulierbar.
*15 % in der Hochsaison, 20 % in der Nebensaison
Rabais valable toute l'année sur tous les campings TCS et pour tous les logements locatifs et emplacements. Non cumulable.
*15 % de rabais durant la haute saison, 20 % de rabais durant la basse saison

Preise/Nacht / Prix/nuit

	CHF	10–13
	CHF	15–50
	CHF	12–17
	CHF	6–8.50
	CHF	6
	CHF	25

TAX, %, CCI,

VISA reka

Änderungen vorbehalten • Im Preis der Parzelle sind Entsorgung, Strom (wenn immer möglich), ein Auto/Motorrad inbegriffen • Spezialtarif für kleines Zelt ohne Auto / Sous réserve de modifications • La voirie, l'électricité (dans la mesure du possible) et un véhicule sont inclus dans le prix de la parcelle • Tarif spécial pour petite tente sans voiture

Mietunterkünfte / Hébergements locatifs

Biwak* Bivouac*	CHF	65–95
Family Pod	CHF	115–150
Pod	CHF	65–95

Infos ab Seite 6 / voir page 6 sqq.

Änderungen vorbehalten • Keine Reservationskosten • Matratzen immer mit Fixleintüchern. Bettwäsche auf Wunsch CHF 20/Person • Inklusiv: Endreinigung, Strom und ein Auto/Motorrad / Sous réserve de modifications • Pas de frais de réservation • Matelas toujours recouverts d'un drap housse. Literie sur demande CHF 20/personne • Inclus: nettoyage final, électricité et une voiture/moto

* Schlafsack mitbringen / apporter sac de couchage

TCS Camping Genève-Vésenaz
Chemin de la Bise 19
1222 Vésenaz
T +41 (0)22 752 12 96
camping.geneve@tcs.ch
www.tcs-camping.ch/geneve

Jetzt online buchen/
Réserver en ligne

St-Cergue «Les Cheseaux» ** pincamp.ch/Pin_85498

8.13

1.1.–31.1. ha 1 m üM 1048 T 25 S 28 M 0 46°26'47.7"N, 6°8'37.4"E

CH-1264 St-Cergue, T +41 (0)22 360 18 98, cheseaux@camping-club-vaudois.ch

★★☆☆☆ ★★★☆☆ ★★☆☆☆ ★★☆☆☆

Wiesengelände. / Terrain gazonné.

Le Sentier «Camping du Lac de Joux» ** pincamp.ch/VD4300

8.16

1.1.–31.12. ha 1 m üM 1022 T 20 S 25 M 0 46°37'35.8"N, 6°15'11.3"E

Rue du Rocheray 37, CH-1347 Le Sentier, T +41 (0)21 845 51 74, campinglacdejoux@bluewin.ch, www.camping-club-vaudois.ch

★★☆☆☆ ★★★☆☆ ★★★☆☆ ★★☆☆☆

Lang gezogenes, teils gestuftes Wiesengelände am Hang, oberhalb des Lac de Joux. / Terrain aménagé en longueur, en partie en terrasses, sur une pente au-dessus du lac de Joux.

Preise/Nacht / Prix/nuit CHF 7.50–11, CHF 14–16, CHF 7–8.50, CHF 3.50–4.50, CHF 2.50, TAX, reka

Vallorbe «Camping de Vallorbe» *** pincamp.ch/VD4200

8.20

ha 1 | m üM 750 | T 45 | S 15 | M 1 | 46°42'38.1"N, 6°22'28.8"E

Chemin du Prés sous Ville 3, CH-1337 Vallorbe, T +41 (0)21 843 23 09, camping@sports-loisirs-vallorbe.ch, sports-loisirs-vallorbe.ch/camping

FR

Ebenes, von einigen Baumreihen durchzogenes Wiesengelände mit einer Stufe. Angrenzend Freibad. / Terrain plat sur deux niveaux seulement, traversé par plusieurs rangées d'arbres. Piscine extérieure attenante.

Romainmôtier «Camping le Nozon»

8.21

ha 2 | m üM 740 | T 30 | S 70 | M 30 | 46°41'25.2"N, 6°27'56.3"E

Chemin du Signal 2, CH-1323 Romainmôtier, T +41 (0)79 372 00 50, domsreit@bluewin.ch, www.camping-romainmotier.ch

1 km

DE FR free

Leicht geneigtes Rasengelände, Terrassenlage am Waldrand. / Terrain herbeux, terrain en terrasses légèrement en pente, à l'orée de la forêt.

Preise/Nacht / Prix/nuit CHF 14, CHF 14, CHF 8, CHF 5, CHF 2, TAX, VISA

Yverdon-les-Bains «Yverdon Plage» **** pincamp.ch/VD3480

8.22

27.3.–6.10. | ha 4 | m üM 430 | T 130 | S 110 | M 15 | 46°47'5.5"N, 6°38'55"E

Avenue des Iris 57, CH-1400 Yverdon-les-Bains, T +41 (0)24 425 10 89, info@camping-yverdon.ch, www.camping-yverdon.ch

1 km P

DE FR IT EN

Ebenes Wiesengelände mit Bäumen am See. Standplätze für Touristen überwiegend mit Blick auf See und Berge. / Terrain plat avec d'arbres au bord du lac. Emplacements pour touristes avec vue sur le lac et les montagnes.

Preise/Nacht / Prix/nuit CHF 10–23, CHF 16–23, CHF 10–14, CHF 5–7, CHF 5, TAX, %, CCI, VISA, reka

TCS CAMPING 8.29

Orbe ★★★

28.3.–13.10.2024

46°44'10.1"N, 6°31'54.3"E ha 2 m ü.M. 480 T 80 S 80 M 5 pincamp.ch/VD4100

0,4 km

DE FR EN free

Beschreibung
Naturbelassenes Gelände

Highlights Camping
Gratis-WiFi • Inklusive Strom • Kinder bis 5 Jahre gratis • Hunde erlaubt • Gratis Eintritt ins angrenzende Schwimmbad • kleiner Shop auf Platz • Idyllischer, ruhiger Platz • Waldiges, naturbelassenes Gelände

Description
Terrain naturel

Highlights Camping
WiFi gratuit • Électricité incluse • Enfants jusqu'à 5 ans gratuits • Chiens autorisés • Accès gratuit à la piscine attenante • Petit shop • Emplacement idyllique et calme • Terrain boisé, à l'état naturel

15–20 %*	TCS Camping Mitglieder / Membres
10 %	TCS Mitglieder / Membres CCI Camping Card International

Das ganze Jahr auf allen TCS Campingplätzen gültig. Gilt für Mietunterkünfte und Stellplätze. Nicht kumulierbar.
*15 % in der Hochsaison, 20 % in der Nebensaison
Rabais valable toute l'année sur tous les campings TCS et pour tous les logements locatifs et emplacements. Non cumulable.
*15 % de rabais durant la haute saison, 20 % de rabais durant la basse saison

Preise/Nacht / Prix/nuit

Zelt	CHF	9–24
Wohnwagen	CHF	12–36
Erwachsene	CHF	10–13
Kinder	CHF	5–6.50
Hund	CHF	6
	CHF	25

TAX, %, CCI,

VISA, reka

Änderungen vorbehalten • Im Preis der Parzelle sind Entsorgung, Strom (wenn immer möglich), ein Auto/Motorrad inbegriffen • Spezialtarif für kleines Zelt ohne Auto / Sous réserve de modifications • La voirie, l'électricité (dans la mesure du possible) et un véhicule sont inclus dans le prix de la parcelle • Tarif spécial pour petite tente sans voiture

Mietunterkünfte / Hébergements locatifs

Family Pod	CHF	115–150
Loggia	CHF	130–210
Pod	CHF	65–95

Infos ab Seite 6 / voir page 6 sqq.

Änderungen vorbehalten • Keine Reservationskosten • Matratzen immer mit Fixleintüchern. Bettwäsche auf Wunsch CHF 20/Person • Inklusiv: Endreinigung, Strom und ein Auto/Motorrad / Sous réserve de modifications • Pas de frais de réservation • Matelas toujours recouverts d'un drap housse. Literie sur demande CHF 20/personne • Inclus: nettoyage final, électricité et une voiture/moto

TCS Camping Orbe
Route du Signal 9
1350 Orbe
T +41 (0)24 441 38 57
camping.orbe@tcs.ch
www.tcs-camping.ch/orbe

Jetzt online buchen/
Réserver en ligne

Yvonand «La Menthue» pincamp.ch/Pin_236190 8.25

ha 3 üM 440 T 200 S 135 M 1 46°48'17.1"N, 6°44'19.1"E

Chemin de la Plage 20, CH-1462 Yvonand, T +41 (0)24 430 18 18, contact@camping-yvonand.ch, www.camping-yvonand.ch

0,9 km P DE FR EN free

Ebenes Sandgelände am See, am Strand und am Waldrand. / Terrain de sable plat, au bord du lac, à la plage et à l'orée de la forêt.

Preise/Nacht / Prix/nuit CHF 5-16, CHF 13-18, CHF 7, CHF 3.50, CHF 2.50, TAX, VISA reka

Grandson 1 «Camping les Pins» 8.27

ha 1 üM 447 T 10 S 160 M 11 46°49'11.6"N, 6°40'11.3"E

Aux Viaules, CH-1422 Grandson 1, T +41 (0)24 445 47 40, bauen@camping-lespins.ch, www.camping-lespins.ch

1 km DE FR IT EN free

Ebenes, naturbelassenes Rasengelände am See. / Terrain herbeux plat, naturel, au bord du lac.

Preise/Nacht / Prix/nuit CHF 8-10, CHF 10, CHF 7.50, CHF 5, CHF 5, TAX

Payerne «Piscine Camping Payerne» 8.30

ha 3 üM 430 T 15 S 135 M 0 46°48'40.5"N, 6°56'41.1"E

Case postale 391, CH-1530 Payerne, T +41 (0)26 660 43 22, info@piscine-payerne.ch, www.piscine-payerne.ch

1 km P DE FR IT EN

Ebenes Wiesen- und Rasengelände. / Terrain de prairie plat et herbeux.

Preise/Nacht / Prix/nuit CHF 2-8, CHF 10-13, CHF 4-5, CHF 2.50-4, TAX, % CCI, VISA

Chevroux «Camping de Chevroux» * pincamp.ch/Pin_231447 8.31

1.4.-15.10. ha 1 üM 425 T 60 S 25 M 1 46°53'26.3"N, 6°54'5.8"E

Chemin de la Bessime 2, CH-1545 Chevroux, T +41 (0)26 667 14 45, campingdechevroux@bluewin.ch, www.campingdechevroux.com

0,5 km P DE FR IT EN free

Ebenes Rasengelände am See. / Terrain gazonné plate au bord du lac.

Preise/Nacht / Prix/nuit CHF 13-17, CHF 17, CHF 8.50, CHF 5, TAX

Château-d'Oex «Le Berceau» *** pincamp.ch/VD7100

8.41

1.1.–31.12. ha 1 m ü.M. 1000 T 60 S 50 M 0 46°27'58.9"N, 7°7'29.6"E

Route des Mosses 16, CH-1660 Château-d'Oex, T +41 (0)26 924 62 34, campingduberceau@hotmail.com, www.piscine-camping-restaurant.ch

1,5 km P

DE FR EN free

★★★★★ ★★★☆☆ ★★★☆☆ ★★☆☆☆

Leicht geneigter, durch einen Bach zweigeteilter Wiesenplatz am Fluss Sarine. Angrenzend Freibad. / Terrain légèrement en pente au bord de la Sarine, divisé en deux par un ruisseau. Piscine extérieure attenante.

Preise/Nacht / Prix/nuit CHF 6–12, CHF 15–17, CHF 7–9, CHF 4–5, CHF 3, TAX, VISA

Villeneuve VD «Les Horizons Bleus» ** pincamp.ch/GE_48569

8.43

1.1.–31.12. ha 1 m ü.M. 375 T 56 S M 1 46°23'43.1"N, 6°55'15.4"E

Rue du Quai 11, CH-1844 Villeneuve VD, T +41 (0)21 960 15 47, horizon-bleu@camping-club-vaudois.ch, www.camping-club-vaudois.ch

0,7 km 0,1 km P

DE FR EN free

★★★☆☆ ★★★☆☆ ★★☆☆☆ ★★☆☆☆

Ebenes Wiesengelände am See. / Terrain gazonné plat, au bord du lac.

Preise/Nacht / Prix/nuit CHF 8–16.50, CHF 14–25, CHF 7–8.50, CHF 3.50–4.50, CHF 2.50, TAX, VISA

Noville «Les Grangettes» pincamp.ch/GE1150

8.44

ha 6 m ü.M. 370 T 72 S 220 M 14 46°23'37"N, 6°53'41.9"E

Route des Grangettes 31, CH-1845 Noville, T +41 (0)21 960 15 03, info@les-grangettes.ch, www.les-grangettes.ch

2 km

DE FR EN

Ebenes, durch mittelhohe Bäume und Büsche gegliedertes Wiesengelände am See, von Laubwald umgeben. / Aire plate au bord du lac, divisée par des arbres et des buissons de hauteur moyenne et entourée d'une forêt de feuillus.

Preise/Nacht / Prix/nuit CHF 9–15, CHF 9–15, CHF 9, CHF 0–6, CHF 0–3, TAX, VISA

Chessel «Les Grands Bois» pincamp.ch/GE1120 8.45

ha 5 m ü.M. 382 T 20 S 170 M 13 46°21'23"N, 6°53'57.9"E

Au Grand-Bois 4, CH-1846 Chessel, T +41 (0)24 481 42 25, info@au-grand-bois.ch, www.au-grand-bois.ch

3 km DE FR EN free

Ebenes, stellenweise durch hohe Laubbäume aufgelockertes Wiesengelände. In ländlicher Umgebung, Blick auf Berge. / Terrain plat, partiellement entrecoupé de grands arbres à feuilles caduques. Dans la campagne, vue sur les montagnes.

Preise/Nacht / Prix/nuit CHF 10–15, CHF 15, CHF 10, CHF 0–5, CHF 0, VISA

Aigle «Camping de la Piscine» pincamp.ch/VD_58211 8.50

ha 1 m ü.M. 415 T 55 S 32 M 1 46°19'25.4"N, 6°57'42.3"E

Avenue des Glariers 1, CH-1860 Aigle, T +41 (0)24 466 26 60, campingdelapiscine@bluewin.ch, www.campingdelapiscine.ch

DE FR EN free

Ebenes, naturbelassenes Wiesen- und Rasengelände in den Bergen und am Berghang. / Terrain de prairie plat et herbeux, naturel, en montagne et à flanc.

VISA

Vers-l'Eglise «Vers-l'Eglise La Murée» pincamp.ch/VD_61660 8.53

1.1.–30.4., 1.5.–31.10., 14.12.–31.12. ha 1 m ü.M. 1116 T 50 S 30 M 0 46°21'18.5"N, 7°7'37.9"E

Chemin des Planches 3, CH-1864 Vers-l'Eglise, T +41 (0)24 492 15 58, camping.caravaning.vd@gmail.com, www.camping-caravaningvd.com

DE FR EN free

Leicht geneigtes, ebenes, naturbelassenes Rasengelände in den Bergen. / Terrain herbeux légèrement en pente, plat, naturel, en montagne.

Neu 2024 / Nouveau 2024 Maximale Anzahl Haustiere 2 / Nombre d'animaux maximum 2

Preise/Nacht / Prix/nuit CHF 11–15, CHF 15–17, CHF 8–9, CHF 4.50–5, TAX, CCI/CKE, VISA

Villars-sur-Ollon «Camping des Frassettes» ** pincamp.ch/VD7600

8.54

1.1.–31.12. ha 1 m üM 1080 T 60 S 55 M 0 46°16'58.6"N, 7°4'38.7"E

CH-1884 Villars-sur-Ollon, T +41 (0)24 498 10 88, frassettes@camping-club-vaudois.ch, www.camping-club-vaudois.ch

FR

★★★★☆ ★★★☆☆ ☆☆☆☆☆ ★★☆☆☆

Terrassiertes Gelände mit Bäumen, Büschen und Blumenschmuck. Seilbahnstation angrenzend. / Zone en terrasse avec des arbres, des buissons et des fleurs. Station de téléphérique adjacente.

VISA

WALLIS
VALAIS

9

TCS Camping

Weitere / D'autres

Bouveret «Rive-Bleue» *** pincamp.ch/GE1100 — 9.01

1.4.–30.9. ha 3 üM 370 T 170 S 30 M 11 46°23'11.6"N, 6°51'39.6"E

Chemin des vieilles chenevières 53, CH-1897 Bouveret, T +41 (0)24 481 21 61, info@camping-rive-bleue.ch, www.camping-rive-bleue.ch

0,5 km 0,1 km

DE FR EN free

★★★☆☆ ★★★★★ ★★☆☆☆ ★★☆☆☆

Ebenes Wiesengelände mit verschiedenartigen Bäumen, am See. / Terrain plat avec plusieurs arbres au bord du lac.

Preise/Nacht / Prix/nuit CHF 7.30–11.90, CHF 9.80–15.50, CHF 8.80–11, CHF 6.10–7.30, CHF 3.20, TAX, %, CCI, VISA, reka

Morgins «La Mare au diable» — 9.08

1.1.–31.12. ha 2 üM 1375 T 10 S 80 M 0 46°14'16"N, 6°50'40.3"E

Route de Fécon 4, CH-1875 Morgins, T +41 (0)24 477 19 92, centre.sportif@bluewin.ch, www.camping-morgins.ch

0,8 km P 365

FR EN free

Leicht geneigtes, naturbelassenes Rasengelände, Terrassenlage in den Bergen und am Waldrand. / Terrain herbeux, terrain en terrasses légèrement en pente, naturel, en montagne et à l'orée de la forêt.

Preise/Nacht / Prix/nuit CHF 10,, CHF 10, CHF 4.60, CHF 2.30, TAX, VISA

Champex-Lac «Les Rocailles» — 9.16

ha 0,5 üM 1500 T 30 M 0 46°1'56"N, 7°6'33.1"E

Rue du Lac 134, CH-1938 Champex-Lac, T +41 (0)27 783 19 79, pnttex@netplus.ch, www.champex-camping.ch

0,8 km

DE FR free

Ebenes Wiesengelände in den Bergen. / Terrain gazonné plat, en montagne.

VISA

Bourg-St-Pierre «Grand-Saint-Bernard» pincamp.ch/VS5250 — 9.19

ha 1 üM 1600 T 20 M 0 45°57'10.1"N, 7°12'27.2"E

Camping, CH-1946 Bourg-St-Pierre, T +41 (0)79 370 98 22, vincent.formaz@netplus.ch, www.campinggrand-st-bernard.ch

P

DE FR IT EN free

Ebenes Wiesengelände. Angrenzend Hallenbad und Kinderspielplatz. Blick auf den Grossen St. Bernhard. / Terrain plat. Piscine couverte attenante et aire de jeux pour enfants. Vue sur le Grand Saint-Bernard.

Preise/Nacht / Prix/nuit CHF 9, CHF 13, CHF 9, CHF 5, VISA

TCS CAMPING 9.25

Martigny ★★★

28.3.–13.10.2024

46°5'50.8"N, 7°4'43.7"E ha 3 üM 476 T 72 S 52 M 4 pincamp.ch/VS_57356

1 km

DE FR EN free

★★★☆☆ ★★★★☆ ★★☆☆☆ ★★★☆☆

Beschreibung
Wiesengelände

Highlights Camping
Gratis-WiFi • Inklusive Strom • Kinder bis 5 Jahre gratis • Hunde erlaubt • Diverse Vergünstigungen mit dem Passport «My Privilège» • Flaches Wiesengelände • Planschbecken für Kinder • Knotenpunkt für Pässe

Description
Terrain gazonné

Highlights Camping
WiFi gratuit • Électricité incluse • Enfants jusqu'à 5 ans gratuits • Chiens autorisés • Diverses réductions avec le passeport «My Privilège» • Terrain de prairie plat • Pataugeoire pour les enfants • Carrefour de cols

15–20 %*	TCS Camping Mitglieder / Membres
10 %	TCS Mitglieder / Membres CCI Camping Card International

Das ganze Jahr auf allen TCS Campingplätzen gültig. Gilt für Mietunterkünfte und Stellplätze. Nicht kumulierbar.
*15 % in der Hochsaison, 20 % in der Nebensaison
Rabais valable toute l'année sur tous les campings TCS et pour tous les logements locatifs et emplacements. Non cumulable.
*15 % de rabais durant la haute saison, 20 % de rabais durant la basse saison

Preise/Nacht / Prix/nuit

	CHF	9–22
	CHF	12–24
	CHF	10–11
	CHF	5–5.50
	CHF	6
	CHF	25

CCI,

Änderungen vorbehalten • Im Preis der Parzelle sind Entsorgung, Strom (wenn immer möglich), ein Auto/Motorrad inbegriffen • Spezialtarif für kleines Zelt ohne Auto / Sous réserve de modifications • La voirie, l'électricité (dans la mesure du possible) et un véhicule sont inclus dans le prix de la parcelle • Tarif spécial pour petite tente sans voiture

Mietunterkünfte / Hébergements locatifs

Biwak * Bivouac *	CHF	65–95
Pod	CHF	65–95
Schlafraum */** Dortoir */**	CHF	20–23

Infos ab Seite 6 / voir page 6 sqq.

Änderungen vorbehalten • Keine Reservationskosten • Matratzen immer mit Fixleintüchern. Bettwäsche auf Wunsch CHF 20/Person • Inklusiv: Endreinigung, Strom und ein Auto/Motorrad / Sous réserve de modifications • Pas de frais de réservation • Matelas toujours recouverts d'un drap housse. Literie sur demande CHF 20/personne • Inclus: nettoyage final, électricité et une voiture/moto

* Schlafsack mitbringen / apporter sac de couchage
** Preise pro Person in CHF / Prix par personne en CHF

TCS Camping Martigny
Rue du Levant 68
1920 Martigny
T +41 (0)27 722 45 44
camping.martigny@tcs.ch
www.tcs-camping.ch/martigny

Jetzt online buchen/
Réserver en ligne

La Fouly VS «Camping des Glaciers» pincamp.ch/VS5300 — 9.22

8.5.–6.10. ha 7 m üM 1600 T 298 S 20 M 6 45°56'1.1"N, 7°5'42.9"E

Route de Tsamodet 36, CH-1944 La Fouly VS, T +41 (0)27 783 18 26, info@camping-glaciers.ch, www.camping-glaciers.ch

10 A

DE FR EN free

Naturbelassenes, leicht geneigtes Wiesengelände am Waldrand. Beeindruckendes Bergpanorama. / Terrain herbeux naturel, légèrement en pente, à l'orée de la forêt. Impressionnant panorama de montagnes.

Neu 2024 / Nouveau 2024 Extra grosses Trampolin / Trampoline extra grande

Preise/Nacht / Prix/nuit CHF 12.40–16, CHF 12.40–16, CHF 7.20–9, CHF 0–4, CHF 2.80–3.50, TAX, VISA reka

Nax «Grand Paradis» — 9.39

ha 3 m üM 1150 T 15 S 40 M 0 46°13'25.8"N, 7°25'27.8"E

Le Zitiouc 5, CH-1973 Nax, T +41 (0)27 203 17 95, info@grand-paradis.ch, www.grand-paradis.ch

DE FR free

Leicht geneigtes, welliges Wiesengelände in den Bergen. / Terrain gazonné légèrement en pente, vallonné, en montagne.

Preise/Nacht / Prix/nuit CHF 8–10, CHF 10, CHF 5, CHF 2.50, CHF 1, TAX, VISA

Evolène «Evolène» pincamp.ch/VS_56798 — 9.42

ha 1 m üM 1350 T 60 M 0 46°6'57.5"N, 7°28'49.6"E

Route de lannaz 0, CH-1983 Evolène, T +41 (0)27 283 11 44, info@camping-evolene.ch, www.

DE FR EN free

Ebenes, naturbelassenes Wiesengelände in den Bergen und am Berghang. / Terrain gazonné plat, naturel, en montagne et à flanc de montagne.

Preise/Nacht / Prix/nuit CHF 13, CHF 13–16, CHF 8.40, CHF 4.45, CHF 4, TAX, VISA reka

Les Haudères «Molignon» pincamp.ch/VS4600 — 9.44

1.1.–31.12. ha 3 m üM 1380 T 90 S 30 M 7 46°5'26.5"N, 7°30'28.7"E

Route de Molignon 163, CH-1984 Les Haudères, T +41 (0)27 283 12 40, info@molignon.ch, www.molignon.ch

DE FR EN free

Naturbelassenes, teils gestuftes Wiesengelände mit einigen Bäumen am See. Blick auf Berge. / Terrain naturel, en partie plat, avec quelques d'arbres au bord du lac. Vues sur les montagnes.

Preise/Nacht / Prix/nuit CHF 10–16.20, CHF 12.90–16.20, CHF 6.90–8.90, CHF 3.45–4.95, CHF 3.50, TAX, VISA reka

Arolla «Camping Arolla» pincamp.ch/VS4620 — 9.45

ha 1 m üM 1950 T 200 M 0 46°49'5.5"N, 8°13'39"E

Route de Talion, CH-1986 Arolla, T +41 (0)27 283 22 95, info@camping-arolla.com, www.camping-arolla.com

DE FR EN free

Überwiegend naturbelassenes Wiesengelände, Terrassenlage. Vereinzelt Lärchen und Kiefern. Zu einem Bach hingeneigt. / Principalement terrain gazonné naturels, en terrases. Quelques mélèzes et pins. En pente vers un ruisseau.

Preise/Nacht / Prix/nuit CHF 7–12, CHF 10–15, CHF 8.30, CHF 6.20, CHF 1

Montana «La Moubra» pincamp.ch/VS4300 9.48

ha 0,5 · m ü.M. 1427 · T 80 · S 10 · M 0 · 46°18'14.8"N, 7°28'50.2"E

Impasse de la Plage 2, CH-3963 Montana, T +41 (0)27 481 28 51, info@campingmoubra.ch, www.campingmoubra.ch

FR IT EN free

Überwiegend ebenes Wiesengelände mit geringer Bepflanzung, teils auch naturbelassener Fichtenwald. / Terrain principalement plat avec peu de végétation, en partie aussi dans une forêt naturelle d'épicéas.

Preise/Nacht / Prix/nuit CHF 8-18, CHF 18, CHF 7, CHF 3.50, CHF 3, TAX, VISA

Salgesch «Swiss Plage» *** pincamp.ch/VS3700 9.50

1.4.-31.10. · ha 8 · m ü.M. 580 · T 100 · S 230 · M 8 · 46°18'5.9"N, 7°33'52.1"E

Campingweg 2, CH-3970 Salgesch, T +41 (0)27 455 66 08, info@swissplage.ch, www.swissplage.ch

0,5 km · P · DE FR IT EN free

★★★★☆ ★★★★☆ ★★☆☆☆ ★★★☆☆

Überwiegend ebenes Wiesengelände mit kleinem Badesee. Am Damm zum rechten Rhône-Ufer. / Zone de prairie majoritairement plate avec un petit lac de baignade. Aux portes du barrage sur la rive droite du Rhône.

Preise/Nacht / Prix/nuit CHF 10-21, CHF 21, CHF 8, CHF 4.50, CHF 4, TAX, VISA

Vissoie «Anniviers» 9.54

1.4.-31.10. · ha 1 · m ü.M. 1200 · T 36 · S 32 · M 0 · 46°13'4.3"N, 7°34'57.9"E

Route des Landoux 17, CH-3961 Vissoie, T +41 (0)27 475 14 09, georgestheytaz@bluewin.ch, www.camping-anniviers.ch

P · DE FR free

Leicht geneigtes, naturbelassenes Wiesen- und Rasengelände in den Bergen. / Terrain de prairie et herbeux légèrement en pente, naturel, en montagne.

Preise/Nacht / Prix/nuit CHF 10-15, CHF 15, CHF 12.50, CHF 6.50, CHF 4

TCS CAMPING 9.37

Sion ★★★★

1.1.–13.10., 17.12.–31.12.2024

46°12'41.6"N, 7°18'49.4"E ha 8 m ü.M. 480 T 500 S 150 M 34 pincamp.ch/VS4700

0,2 km

DE FR EN free

★★★☆☆ ★★★★☆ ★★☆☆☆ ★★★★☆

Beschreibung
Ebenes, naturbelassenes Rasen- und Sandgelände am See

Highlights Camping
Gratis-WiFi • Inklusive Strom • Kinder bis 5 Jahre gratis • Hunde erlaubt • Gratis Ortsbus – Haltestelle direkt vor dem Campingplatz • Campingeigener Badesee • Restaurant und Shop auf Platz • Nur 5 Gehminuten von Alaïa Bay entfernt • Sommer- und Wintercamping • Kinderanimation

Description
Terrain herbeux et sablonneux plat, naturel, au bord du lac

Highlights Camping
WiFi gratuit • Électricité incluse • Enfants jusqu'à 5 ans gratuits • Chiens autorisés • Bus local gratuit – arrêt devant le camping • Petit lac privé • Restaurant et magasin sur place • À 5 minutes à pied d'Alaia Bay • Camping d'été et d'hiver • Animation pour les enfants

15–20 %*	TCS Camping Mitglieder / Membres
10 %	TCS Mitglieder / Membres CCI Camping Card International

Das ganze Jahr auf allen TCS Campingplätzen gültig. Gilt für Mietunterkünfte und Stellplätze. Nicht kumulierbar.
*15 % in der Hochsaison, 20 % in der Nebensaison
Rabais valable toute l'année sur tous les campings TCS et pour tous les logements locatifs et emplacements. Non cumulable.
*15 % de rabais durant la haute saison, 20 % de rabais durant la basse saison

Preise/Nacht / Prix/nuit

⛺	CHF	10–26
🚐	CHF	15–40
Erwachsene	CHF	12–16
Kind	CHF	6–8
Hund	CHF	6
⏱	CHF	25

TAX, %, CCI,

Änderungen vorbehalten • Im Preis der Parzelle sind Entsorgung, Strom (wenn immer möglich), ein Auto/Motorrad inbegriffen • Spezialtarif für kleines Zelt ohne Auto / Sous réserve de modifications • La voirie, l'électricité (dans la mesure du possible) et un véhicule sont inclus dans le prix de la parcelle • Tarif spécial pour petite tente sans voiture

Mietunterkünfte / Hébergements locatifs

AirLodge	CHF	135–205
Barrierefreier Bungalow Bungalow sans barrières	CHF	145–245
Chalet Deluxe	CHF	125–190
Cabane	CHF	145–245
Pod	CHF	65–95
Safarizelt Comet * Tente-safari Comet *	CHF	130–190
Safarizelt Sparkle * Tente-safari Sparkle *	CHF	65–95
Tipi	CHF	85–120

Infos ab Seite 6 / voir page 6 sqq.

Änderungen vorbehalten • Keine Reservationskosten • Matratzen immer mit Fixleintüchern. Bettwäsche auf Wunsch CHF 20/Person • Inklusiv: Endreinigung, Strom und ein Auto/Motorrad / Sous réserve de modifications • Pas de frais de réservation • Matelas toujours recouverts d'un drap housse. Literie sur demande CHF 20/personne • Inclus: nettoyage final, électricité et une voiture/moto

* Schlafsack mitbringen / apporter sac de couchage

TCS Camping Sion
Chemin du Camping 6
1950 Sion
T +41 (0)27 346 43 47
camping.sion@tcs.ch
www.tcs-camping.ch/sion

Jetzt online buchen/
Réserver en ligne

Susten «Camping Gemmi» pincamp.ch/VS3400 9.59

27.3.–30.6., 1.7.–15.8., 16.8.–6.10. ha 1 m²/UM 630 T 61 S 7 M 1 46°17'54.8"N, 7°39'27.7"E

Briannenstrasse 8, CH-3952 Susten, T +41 (0)27 473 11 54, info@campgemmi.ch, www.campgemmi.ch

0,3 km 6 km

DE FR EN

Teils ebene, teils leicht geneigte, durch Bäume aufgelockerte Wiese am Ortsrand. Bergpanorama. / Terrain en partie plat, en partie en pente douce, entrecoupé d'arbres, à la lisière de la ville. Panorama de montagnes.

Preise/Nacht / Prix/nuit CHF 12–19, CHF 8–9, CHF 6–6.50, CHF 3, TAX, VISA

Susten «Monument» pincamp.ch/VS_58589 9.60

ha 6 m²/UM 590 T 170 S 10 M 0 46°17'26.6"N, 7°37'45.7"E

Pfynstrasse 68, CH-3952 Susten, T +41 (0)27 473 18 27, camping.monument@hotmail.com, www.campingmonument.ch

2,7 km 7 km

DE FR EN

Leicht geneigtes, ebenes, naturbelassenes Wiesengelände am Waldrand. / Terrain gazonné légèrement en pente, plat, naturel, à l'orée de la forêt.

Preise/Nacht / Prix/nuit CHF 16, CHF 16, CHF 6–8.50, CHF 4–6, CHF 3.50, TAX, reka

Susten «Bella-Tola» pincamp.ch/VS3500 9.61

ha 4 m²/UM 750 T 250 S 250 M 19 46°17'55.8"N, 7°38'10.2"E

Waldstrasse 133, CH-3952 Susten, T +41 (0)27 473 14 91, info@bella-tola.ch, www.bella-tola.ch

3 km 10 km P

DE FR EN free

Teils in Terrassen angelegtes, stellenweise auch geneigtes Wiesengelände. Bergpanorama. / Terrain en partie en terrasses et en partie en pente. Panorama de montagnes.

Preise/Nacht / Prix/nuit CHF 19, CHF 19, CHF 8, CHF 5, CHF 2.70, TAX, VISA

Susten «Torrent» pincamp.ch/Pin_230988 9.65

ha 3 m²/UM 648 T 120 S 85 M 4 46°18'6.2"N, 7°39'29"E

Kreuzmatten 24a, CH-3952 Susten, T +41 (0)79 327 63 12, info@campingtorrent.ch, www.campingtorrent.ch

0,3 km

DE FR IT EN free

Leicht geneigtes, welliges, naturbelassenes Wiesengelände in den Bergen. / Terrain gazonné légèrement en pente, vallonné, naturel, en montagne.

Preise/Nacht / Prix/nuit CHF 8–15, CHF 18, CHF 8, CHF 3–4, TAX

Leukerbad «Sportarena» pincamp.ch/VS3600 **9.66**

ha 0,5 · m üM 1411 · T 70 · S 10 · M 0 · 46°22'53.6"N, 7°37'29.5"E

Lichtenstrasse 39, CH-3954 Leukerbad, T +41 (0)27 470 10 37, sportarena@leukerbad.ch, www.sportarenaleukerbad.ch/camping-preis

0,2 km · P · DE · FR · IT · EN

Naturbelassener, geneigter, überwiegend terrassierter Wiese. Blick auf Berge mit zahlreichen Wasserfällen. / Sur une pelouse naturelle, en pente, le plus souvent en terrasses. Vue sur les montagnes avec de nombreuses cascades.

Preise/Nacht / Prix/nuit CHF 7, CHF 12, CHF 8, CHF 6, CHF 3, TAX, VISA reka

Kippel «Camping Lötschental» ** pincamp.ch/Pin_236843 **9.74**

27.4.–27.10. · ha 1 · m üM 1376 · T 40 · M 0 · 46°23'53.7"N, 7°46'29"E

An der Lonza 1, CH-3917 Kippel, T +41 (0)77 492 38 90, camping@loetschental.ch, www.loetschental.ch/campingkippel

0,5 km · 0,2 km · P · 16 A · DE · EN · free

★★★★☆ · ★★★☆☆ · ★★★★☆ · ★☆☆☆☆

Neu 2024 / Nouveau 2024 Neuer Sportplatz für Tennis, Fussball, Volleyball etc. / Nouveau terrain pour tennis, football, volley-ball, etc.

Preise/Nacht / Prix/nuit CHF 6–10, CHF 19, CHF 8.50–10.50, CHF 4.50–5.50, TAX, % CCI/CKE, VISA

Raron «Camping Simplonblick» pincamp.ch/VS_47742 **9.77**

1.1.–31.12. · ha 4 · m üM 638 · T 80 · S 90 · M 22 · 46°18'14.3"N, 7°47'41.3"E

Kantonsstrasse 12, CH-3942 Raron, T +41 (0)27 934 32 05, info@simplonblick.ch, www.simplonblick.ch

0,5 km · 5 km · P · 365 · 16 A · DE · FR · EN · free

Ebenes Wiesengelände in den Bergen. / Terrain gazonné plat, en montagne.

Preise/Nacht / Prix/nuit CHF 10–12, CHF 10–12, CHF 5–7, CHF 0–4.50, CHF 3, TAX, VISA reka

Raron «Santa Monica» **** pincamp.ch/VS3100 — 9.78

28.3.–15.10. ha 6 ü.M. 640 T 120 S 200 M 28 46°18'9"N, 7°48'9.4"E

Kantonsstrasse 56, CH-3942 Raron, T +41 (0)27 934 24 24, info@santa-monica.ch, www.santa-monica.ch

0,4 km

10 A

DE FR EN free

★★★★☆ ★★★★★ ★★★☆☆ ★★★★☆

Lang gestrecktes, ebenes Wiesengelände zwischen einem Berghang und einer Strasse. / Terrain plat aménagé en longueur entre un versant de montagne et une route.

Neu 2024 / Nouveau 2024 Neue Sanitäranlagen / Nouveaux sanitaires

Preise/Nacht / Prix/nuit CHF 8–17, CHF 11–21, CHF 6–8, CHF 4–5, CHF 3.80, CHF 20, TAX, CKE, VISA

Visp «Camping & Schwimmbad Mühleye» **** pincamp.ch/VS3000 — 9.82

24.3.–31.10. ha 24 ü.M. 658 T 190 M 5 46°17'52"N, 7°52'21.9"E

Mühleye 7, CH-3930 Visp, T +41 (0)27 946 20 84, info@camping-visp.ch, www.camping-visp.ch

0,1 km

16 A

DE FR IT EN free

★★★★★ ★★★☆☆ ★★★★☆ ★★★☆☆

Ebenes Wiesengelände mit vereinzelten mittelhohen Bäumen. Blick auf Berge. / Pré plat avec des feuillus isolés, de hauteur moyenne à élevée. Vue sur les montagnes.

Preise/Nacht / Prix/nuit CHF 6–21, CHF 13–23, CHF 6.10–6.90, CHF 3.20–3.90, CHF 2–2.50, CHF 20, TAX, CCI/CKE, VISA

Randa «Camping Attermenzen Randa» *** pincamp.ch/VS2700 — 9.85

1.6.–6.10. ha 3 ü.M. 1402 T 500 S 10 M 6 46°5'7.8"N, 7°46'53.1"E

Attermenzenstrasse 55, CH-3928 Randa, T +41 (0)27 967 25 55, sommercamping@oberwallis.ch, www.campingranda.ch

1 km

10 A

DE FR IT EN free

★★★★☆ ★★★☆☆ ★★★☆☆ ★★☆☆☆

Naturbelassene Bergwiese unterhalb eines bewaldeten Hangs. Blick auf Gletscher und steile Felswände. / Prairie de montagne naturelle sous une pente boisée. Vue sur les glaciers et les parois rocheuses abruptes.

Neu 2024 / Nouveau 2024 Sanitär komplett neu, ebene Stellplätze für grosse Fahrzeuge / Sanitaires entièrement neufs, emplacements plats pour grands

Preise/Nacht / Prix/nuit CHF 6–12, CHF 11–14, CHF 8, CHF 0–4, CHF 2, TAX

Täsch «Alphubel» pincamp.ch/VS2800 — 9.86

ha 1 ü.M. 1400 T 130 S 130 M 1 46°3'50.9"N, 7°51'52.4"E

Alphubel 4, CH-3929 Täsch, T +41 (0)27 967 36 35, welcome@campingtaesch.ch, www.campingtaesch.ch

1 km 1 km

DE FR IT EN

Ebene Wiese mit mittelhohen Bäumen. Blick auf Berge. / Prairie plate avec des arbres de hauteur moyenne. Vue sur les montagnes.

Preise/Nacht / Prix/nuit CHF 7, CHF 12, CHF 9, CHF 4.50, CHF 2, CHF 15, TAX

Saas-Grund «Am Kapellenweg» pincamp.ch/VS2300 9.90

ha 0,5 m üM 1960 T 120 M 0 46°6'58"N, 7°56'17"E

Kapellenweg 20, CH-3910 Saas-Grund, T +41 (0)27 957 49 97, camping@kapellenweg.ch, www.kapellenweg.ch

DE FR EN free

Ebenes Wiesengelände mit einigen Bäumen. Zwischen der Vispe, einem bewaldeten Berghang und Wiesen. Bergpanorama. / Terrain plat avec des arbres. Entre la Viège, un versant de montagne boisé et des prairies. Panorama de montagne.

Preise/Nacht / Prix/nuit CHF 4.50, CHF 4.50, CHF 9.50, CHF 7.50, CHF 2.50, TAX, VISA reka

Saas-Grund «Schönblick» pincamp.ch/Pin_231158 9.92

ha 1 m üM 1600 T 40 S 10 M 4 46°7'42.6"N, 7°56'13.4"E

Innere Saastalstrasse 216, CH-3910 Saas-Grund, T +41 (0)27 957 22 67, schoenblick@campingschweiz.ch, www.campingschweiz.ch

365 6 A DE FR EN free

Welliges, naturbelassenes Wiesengelände in den Bergen. / Terrain de prairie herbeux, vallonné, naturel, en montagne.

Preise/Nacht / Prix/nuit CHF 6–9, CHF 6–9, CHF 9.50, CHF 7.50, TAX, VISA reka

Brigerbad «Thermal Camping Brigerbad» pincamp.ch/VS1600 9.100

ha 4 m üM 681 T 200 S 200 M 16 46°18'6.2"N, 7°55'52.1"E

Thermalbadstrasse 1, CH-3900 Brigerbad, T +41 (0)27 948 48 37, camping@brigerbad.ch, thermalbad-wallis.ch/de/camping

0,1 km 10 A DE FR IT EN

Ebenes Wiesengelände mit Bäumen und Blumenschmuck. Bergpanorama. / Terrain plat avec des arbres et des fleurs. Panorama de montagne.

Preise/Nacht / Prix/nuit CHF 15–17, CHF 15–17, CHF 10–11, CHF 6–6.50, TAX, VISA

Brig «Geschina» pincamp.ch/VS1500 9.101

ha 2 m üM 678 T 60 S 30 M 0 46°18'33.5"N, 7°59'37.7"E

Geschinaweg 41, CH-3900 Brig, T +41 (0)27 923 06 88, geschina@bluewin.ch, www.geschina.ch

0,2 km DE FR EN free

Leicht geneigtes Wiesengelände mit Laubbäumen, auf mehreren Geländestufen am Ufer des Saltina-Flusses. Blick auf Berge. / Terrain en pente légère avec des arbres, sur différents niveaux, sur les rives du fleuve Saltina. Vue sur les montagnes.

Preise/Nacht / Prix/nuit CHF 5–6, CHF 6, CHF 6, CHF 3, CHF 2, TAX, VISA

Reckingen VS «Camping-Restaurant Augenstern» pincamp.ch/VS1250 — 9.105

ha 0,5 · üM 1330 · T 100 · S 60 · M 0 · 46°27'54.1"N, 8°14'42.1"E

Ellbogen 21, CH-3998 Reckingen VS, T +41 (0)27 973 13 95, info@campingaugenstern.ch, www.campingaugenstern.ch

1 km · 2 km · DE · FR · EN · free

Lang gestreckte, leicht wellige Wiese zwischen einem Berghang und dem linken Ufer der Rhône. / Langes terrain légèrement vallonné entre un versant de montagne et la rive gauche du Rhône.

Preise/Nacht / Prix/nuit CHF 11–15, CHF 11–15, CHF 9, CHF 5, CHF 2.50, TAX, VISA

Ritzingen «Brigga» pincamp.ch/Pin_230975 — 9.108

ha 2 · üM 1320 · T 150 · S 50 · M 1 · 46°27'18.9"N, 8°13'36.5"E

Campingstrasse 35, CH-3989 Ritzingen, T +41 (0)27 973 16 31, info@campig-brigga.ch, www.camping-brigga.ch

7 km · DE · FR · EN · free

Leicht geneigtes, ebenes, naturbelassenes Wiesen- und Rasengelände in den Bergen und am Waldrand. / Terrain de prairie herbeux et légèrement en pente, plat, naturel, en montagne et à l'orée de la forêt.

Ulrichen «Camping Nufenen» — 9.111

ha 1 · üM 1345 · T 49 · S 8 · M 0 · 46°30'15.1"N, 8°18'38.7"E

Wichel 2, CH-3988 Ulrichen, T +41 (0)27 973 14 37, info@camping-nufenen.ch, www.camping-nufenen.ch

1 km · 3 km · DE · FR · free

Ebenes, naturbelassenes Rasengelände in den Bergen und am Waldrand / Terrain herbeux plat, naturel, en montagne et à l'orée de la forêt.

Preise/Nacht / Prix/nuit CHF 5, CHF 10, CHF 8, CHF 4, CHF 2, TAX

Fiesch «Eggishorn» *** pincamp.ch/VS1380 — 9.112

ha 3 · üM 1020 · T 90 · S 100 · M 1 · 46°24'36.3"N, 8°8'22.6"E

Fieschertalstrasse 50, CH-3984 Fiesch, T +41 (0)27 971 03 16, info@camping-eggishorn.ch, www.camping-eggishorn.ch

365 · DE · FR · EN · free

★★★★☆ ★★★★☆ ★★☆☆☆ ★★★★☆

Ebenes Wiesengelände, an einem Bach. Blick auf hohe Berge. / Terrain plat, près d'un ruisseau. Vue sur les hautes montagnes.

Preise/Nacht / Prix/nuit CHF 9–12, CHF 12, CHF 10, CHF 5, CHF 4, TAX, VISA

TESSIN
TESSIN

10

TCS Camping

Weitere / D’autres

Calpiogna «Piantett» * pincamp.ch/Pin_231907

10.01

ha 0,5 T 80 M 0 46°28'58.7"N, 8°48'0.8"E

CH-6760 Calpiogna, T +41 (0)91 866 10 43, piantett@hispeed.ch

IT

★★★☆☆ ★☆☆☆☆ ★☆☆☆☆ ★☆☆☆☆

Preise/Nacht / Prix/nuit CHF 9.50

Olivone «Centro Pro Natura Lucomagno»

10.05

ha 0,5 1750 T 20 M 20 46°34'23.4"N, 8°49'56.3"E

Strada del Lucomagno, CH-6718 Olivone, T +41 (0)91 872 26 10, lucomagno@pronatura.ch, www.pronatura-lucomagno.ch

P DE FR IT EN free

Leicht geneigtes, naturbelassenes Rasengelände in den Bergen. / Terrain herbeux légèrement en pente, naturel, en montagne.

Preise/Nacht / Prix/nuit CHF 0, CHF 0, CHF 0, CHF 0, CHF 0, TAX, VISA

Bellinzona «Camping Bellinzona» *** pincamp.ch/TI1650

10.11

22.3.–27.10. ha 0,5 238 T 60 M 1 46°12'44.6"N, 9°2'19.2"E

Via San Gottardo 131, CH-6500 Bellinzona, T +41 (0)91 829 11 18, info@campingbellinzona.ch, www.campingbellinzona.ch

0,1 km P 16 A DE FR IT EN free

★★★★☆ ★★★☆☆ ★★☆☆☆ ★★★☆☆

Ebener, lang gezogener Wiesenstreifen mit einigen hohen Laubbäumen sowie Baumreihen. / Longue bande de pelouse plate avec quelques grands arbres à feuilles caduques et des rangées d'arbres.

Preise/Nacht / Prix/nuit CHF 10–22, CHF 20–26, CHF 11–13, CHF 5.50–7.70, CHF 4, CHF 25–30, TAX, CCI/CKE,

VISA reka

Cadenazzo «Joghi e Bubu» *** pincamp.ch/Pin_231006

10.13

1.2.–31.5., 1.6.–1.9., 2.9.–26.10. ha 1 UM 220 T 20 S 20 M 2 46°9'10.4"N, 8°57'24.9"E

Ai Lischee 2, CH-6593 Cadenazzo, T +41 (0)79 209 50 41, kohlerchristine.75@gmail.com, www.campooljoghiebubu.ch

0,3 km 6 km

10,22 A

DE FR IT free

★★★☆☆ ★★★☆☆ ★★☆☆☆ ★★★☆☆

Ebenes, naturbelassenes Rasengelände. / Terrain herbeux plat, naturel.

Preise/Nacht / Prix/nuit CHF 30–35, CHF 45–50, CHF 12–18, CHF 7–16, CHF 3,

Vira (Gambarogno) «Bellavista»

10.15

ha 0,5 UM 200 T 28 S 2 M 0 46°8'34.2"N, 8°50'19.5"E

Via Cantonale 88, CH-6574 Vira (Gambarogno), T +41 (0)91 795 14 77, info@campingbellavista.ch, www.campingbellavista.ch

0,1 km P

DE FR IT EN free

Ebenes, naturbelassenes Wiesengelände am See und am Strand. / Terrain gazonné plat, naturel, au bord du lac et à la plage.

Preise/Nacht / Prix/nuit CHF 13–34, CHF 19–38, CHF 9.80–12.80, CHF 4.90–6.40, CHF 6, CHF 25.60, TAX,

Gudo «Isola» *** pincamp.ch/TI1700

10.21

1.1.–31.12. ha 3 UM 260 T 125 S 40 M 0 46°10'14"N, 8°55'55"E

CH-6515 Gudo, T +41 (0)91 859 32 44, isola2014@ticino.com, www.

IT

★★★★☆ ★★★☆☆ ★★☆☆☆ ★★★☆☆

Ebenes Wiesengelände mit verschiedenartigen, unterschiedlich hohen Bäumen. In ländlicher Umgebung. Blick auf hohe Berge. / Terrain plat avec différents types d'arbres et de différentes hauteurs. Dans la campagne. Vue sur les montagnes.

Preise/Nacht / Prix/nuit CHF 18, CHF 19, CHF 10.50, CHF 6.50, CHF 4,

Cugnasco «Camping Riarena» ★★★★ pincamp.ch/TI1800

10.22

15.3.–20.10. ha 3 205 T 106 S 104 M 6 46°10'10.8"N, 8°54'51.1"E

Via Campeggio 1, CH-6516 Cugnasco, T +41 (0)91 859 16 88, info@campingriarena.ch, www.campingriarena.ch

0,5 km 5 km

DE IT EN free

★★★☆☆ ★★★★☆ ★★★☆☆ ★★★★☆

Überwiegend ebenes Gelände in naturbelassenem, stellenweise lichtem Laubwald. In einem Naturschutzgebiet. / Terrain principalement plat dans une forêt de feuillus naturelle en partie clairsemée. Dans une réserve naturelle.

Preise/Nacht / Prix/nuit CHF 39–59, CHF 39–59, CHF 8–10, CHF 4–7, VISA

Tenero «Lido Mappo» ★★★★★ pincamp.ch/TI2800

10.25

22.3.–26.10. ha 7 195 T 344 S 94 M 3 46°10'37.5"N, 8°50'39.8"E

Via Mappo 20, CH-6598 Tenero, T +41 (0)91 745 14 37, camping@lidomappo.ch, www.lidomappo.ch

0,5 km P

DE FR IT EN free

★★★★☆ ★★★★☆ ★★★★★ ★★★★★

Ebenes Wiesengelände, durch unterschiedlich hohe Laubbäume, stellenweise auch durch Hecken, aufgelockert und unterteilt. / Terrain plat, avec des arbres à feuilles caduques de différentes hauteurs, parfois aussi divisé par des haies.

Preise/Nacht / Prix/nuit CHF 28–90, CHF 28–90, CHF 7–10, CHF 7–10, TAX, VISA

Tenero «Camping Tamaro Resort» ***** pincamp.ch/TI2750 **10.26**

9.3.–10.11. ha 6 190 T 287 S 118 M 36 46°10'31.3"N, 8°50'41"E

Via Mappo 32, CH-6598 Tenero, T +41 (0)91 745 21 61, info@campingtamaro.ch, www.campingtamaro.ch

PiN CAMP

Jetzt online buchen / Réserver en ligne
pincamp.ch

1 km 16 A DE FR IT EN free

Ebenes, durch Baumreihen gegliedertes Wiesengelände. Am See mit Blick über den See und auf Berge. / Prairie plate divisée par des rangées d'arbres. Au bord du lac avec vue sur le lac et les montagnes environnantes.

Preise/Nacht / Prix/nuit CHF 18–55, CHF 30–70, CHF 7–10, CHF 7–10, TAX, % CKE, VISA

Tenero «Miralago Camping & Palmbeach-Resort» ★★★★★ pincamp.ch/TI2700

10.27

1.1.–31.12. ha 4 · 190 · T 104 · S 47 · M 21 · 46°10'23.2"N, 8°50'51.9"E

Via Roncaccio 20, CH-6598 Tenero, T +41 (0)91 745 12 55, bureau@camping-miralago.ch, www.camping-miralago.ch

1 km

DE FR IT EN free

★★★★☆ ★★★★★ ★★★★★ ★★★★★

Ebenes Wiesengelände, durch einige Reihen unterschiedlich hoher Bäume aufgelockert. Blick über den See und auf Berge. / Prairie plate, dégagée par plusieurs rangées d'arbres de différentes hauteurs. Vue sur le lac et les montagnes.

Preise/Nacht / Prix/nuit CHF 29–55, CHF 29–101, CHF 12–15, CHF 7–10, CHF 5, TAX, VISA

Tenero «Rivabella» ★★★ pincamp.ch/TI2650

10.28

1.1.–31.12. ha 1 · 190 · T 55 · S 14 · M 0 · 46°10'19.8"N, 8°50'50"E

CH-6598 Tenero, T +41 (0)91 745 22 13, info@camping-rivabella.ch

IT

★★★★☆ ★★★☆☆ ★★☆☆☆ ★★★☆☆

Ebene Wiese, unterteilt durch Reihen verschiedenartiger Bäume. Blick über den See und auf umliegende Berge. / Terrain plat, divisé par des rangées de divers feuillus et conifères. Adjacent à un autre camping. Vue sur le lac et les montagnes environnantes.

Preise/Nacht / Prix/nuit CHF 18–30, CHF 80–150, CHF 7–10, CHF 5, CHF 3, VISA

Tenero «Lago Maggiore» ★★★★★ pincamp.ch/TI2550

10.30

15.2.–30.11. ha 3 · 195 · T 300 · S 120 · M 0 · 46°10'10.3"N, 8°51'15.1"E

Via Lido 2, CH-6598 Tenero, T +41 (0)91 745 18 48, info@clm.ch, www.clm.ch

DE

★★★★☆ ★★★★★ ★★★★★ ★★★★☆

Ebenes, lang gestrecktes Wiesengelände, reichliche Bepflanzung. Nahe des Flusses Verzasca. Blick über den See und auf Berge. / Terrain prairie plat aménagé en longueur, plantation abondante. Près de la rivière Verzasca. Vue sur le lac et les montagnes.

Preise/Nacht / Prix/nuit CHF 34–51, CHF 34–51, VISA

Tenero «Campofelice Camping Village» ★★★★★ pincamp.ch/TI2500

10.31

29.2.–10.11. ha 15 · 195 · T 583 · S 124 · M 95 · 46°10'6.9"N, 8°51'20.4"E

Via Brere 7, CH-6598 Tenero, T +41 (0)91 745 14 17, info@campofelice.ch, www.campofelice.ch

PiN CAMP

Jetzt online buchen / Réserver en ligne pincamp.ch

0,1 km · 13 A · DE FR IT EN · free

★★★★★ ★★★★★ ★★★★★ ★★★★★

Ebenes Wiesengelände, reichliche Bepflanzung. Neben dem Fluss Verzasca. Blick über den See und auf umliegende Berge. / Terrain de Prairie plat, plantation abondante. Près de la rivière Verzasca. Vue sur le lac et les montagnes environnantes.

Neu 2024 / Nouveau 2024 Neuer Einkaufsladen / Nouveau supermarché

Preise/Nacht / Prix/nuit CHF 28.50–52, CHF 13–16, TAX, % CCI/CKE, VISA, reka

campofelice
CAMPING VILLAGE
29.2.-10.11.
2024
...für unvergessliche Familienferien!
Tel. +41 91 745 14 17
Tenero · Ticino · Switzerland
Campofelice Camping Village
%
Sichere Dir deine
Ermässigung!
www.campofelice.ch/tcs

DIE FAMILIENFREUNDLICHEN
CAMPINGS ONLINE FINDEN BEI
PINCAMP.CH/MIT-KINDERN
PiN CAMP
powered by
TCS

Locarno «Camping Delta» ★★★★★ pincamp.ch/TI2900

10.40

1.3.–31.10. ha 5 | 193 | T 255 | S 45 | M 15 | 46°9'20"N, 8°48'0.9"E

Via Respini 27, CH-6600 Locarno, T +41 (0)91 751 60 81, info@campingdelta.com, www.campingdelta.com

0,6 km

DE FR IT EN free

★★★★★ ★★★★☆ ★★★★★ ★★★★★

Ebenes Wiesengelände am See und am Strand mit reichlicher Bepflanzung. / Terrain gazonné plat, au bord du lac et à la plage avec une plantation abondante.

Neu 2024 / Nouveau 2024 Neue T-Shirts gratis für alle Camping Delta Kids / Nouveaux t-shirts gratuits pour tous les Camping Delta Kids

Preise/Nacht / Prix/nuit CHF 21–47, CHF 56–106, CHF 13–20, CHF 0, TAX, VISA

Losone «Camping Melezza» ★★★★ pincamp.ch/TI3100

10.46

22.3.–31.10. ha 2 | 200 | T 146 | S 63 | M 12 | 46°10'26.9"N, 8°44'55.7"E

Via Arbigo 88, CH-6616 Losone, T +41 (0)91 791 65 63, infomelezza@bluewin.ch, www.camping-melezza.com

5 km P

DE FR IT EN free

★★★★☆ ★★★★☆ ★★★☆☆ ★★★★☆

Lang gestrecktes, ebenes Wiesengelände zwischen Strasse und Fluss. Mit Bäumen aufgelockert. Ländliche Umgebung. / Terrain plat aménagé en longueur, entre la route et la rivière. Espacé par des arbres. Environnement rural.

Preise/Nacht / Prix/nuit CHF 16.50–25, CHF 16.50–25, CHF 11–14, CHF 7.30–9.50, CHF 4.20, TAX, VISA

CAMPING
Locarno
DELTA
campingdelta.com

TCS CAMPING 10.52

Gordevio Valle Maggia ★★★

28.3.–20.10.2024

46°13'16"N, 8°44'31"E | ha 3 | 290 | T 208 | S 30 | M 10 | pincamp.ch/TI3300

0,3 km

10 km

DE FR IT EN free

Beschreibung

Ebenes, welliges, naturbelassenes Wiesen- und Rasengelände am Strand, in den Bergen und am Waldrand

Highlights Camping

Gratis-WiFi • Inklusive Strom • Kinder bis 5 Jahre gratis • Hunde erlaubt • Gratis ÖV und diverse Vergünstigungen mit dem Ticino Ticket • Schwimmbad • Restaurant und kleiner Shop direkt auf dem Platz • Nur 15 min. von Locarno • Kinderanimation

Description

Terrain de prairie plat et herbeux, vallonné, naturel, à la plage, en montagne et à l'orée de la forêt

Highlights Camping

WiFi gratuit • Électricité incluse • Enfants jusqu'à 5 ans gratuits • Chiens autorisés • Transports publics gratuits et diverses réductions avec le Ticino Ticket • Piscine • Restaurant et petit magasin directement sur le site • À 15 min. seulement de Locarno • Animation pour les enfants

15–20 %*	TCS Camping Mitglieder / Membres
10 %	TCS Mitglieder / Membres CCI Camping Card International

Das ganze Jahr auf allen TCS Campingplätzen gültig. Gilt für Mietunterkünfte und Stellplätze. Nicht kumulierbar.
* 15 % in der Hochsaison, 20 % in der Nebensaison
Rabais valable toute l'année sur tous les campings TCS et pour tous les logements locatifs et emplacements. Non cumulable.
* 15 % de rabais durant la haute saison, 20 % de rabais durant la basse saison

Preise/Nacht / Prix/nuit

	CHF	13–32
	CHF	15–42
	CHF	11–17
	CHF	5.50–8.50
	CHF	6
	CHF	25

, CCI,

Änderungen vorbehalten • Im Preis der Parzelle sind Entsorgung, Strom (wenn immer möglich), ein Auto/Motorrad inbegriffen • Spezialtarif für kleines Zelt ohne Auto / Sous réserve de modifications • La voirie, l'électricité (dans la mesure du possible) et un véhicule sont inclus dans le prix de la parcelle • Tarif spécial pour petite tente sans voiture

Mietunterkünfte / Hébergements locatifs

Biwak * Bivouac *	CHF	65–95
Family Pod	CHF	115–150
Nomadenzelt * Tente nomade *	CHF	75–115
Pod	CHF	65–95

Infos ab Seite 6 / voir page 6 sqq.

Änderungen vorbehalten • Keine Reservationskosten • Matratzen immer mit Fixleintüchern. Bettwäsche auf Wunsch CHF 20/Person • Inklusiv: Endreinigung, Strom und ein Auto/Motorrad / Sous réserve de modifications • Pas de frais de réservation • Matelas toujours recouverts d'un drap housse. Literie sur demande CHF 20/personne • Inclus: nettoyage final, électricité et une voiture/moto

* Schlafsack mitbringen / apporter sac de couchage

TCS Camping Gordevio Valle Maggia
Via Cantonale
6672 Gordevio
T +41 (0)91 753 14 44
camping.gordevio@tcs.ch
www.tcs-camping.ch/gordevio

Jetzt online buchen/
Réserver en ligne

Avegno «Camping Piccolo Paradiso» ***** pincamp.ch/TI3200

10.50

22.3.–31.10. ha 5 m ü.M. 280 T 185 S 80 M 27 46°12'1.9"N, 8°44'37.4"E

Via Cantonale, CH-6670 Avegno, T +41 (0)91 796 15 81, info@camping-piccoloparadiso.ch, www.camping-piccoloparadiso.com

PIN CAMP
Jetzt online buchen / Réserver en ligne
pincamp.ch

16 A

DE FR IT EN free

Ebenes Wiesengelände mit hohen Bäumen. In einem Gebirgstal, zwischen der Strasse und dem Fluss Maggia. / Terrain plat avec de grands arbres. Dans une vallée de montagne, entre la route et la rivière Maggia.

Preise/Nacht / Prix/nuit CHF 21–30, CHF 21–30, CHF 12–17, CHF 8–12, CHF 5, TAX, VISA

Mezzovico «Palazzina»

10.62

ha 1 m ü.M. 450 T 90 S 35 M 0 714°39'36"N, 104°52'48"E

Palazzina 3, CH-6805 Mezzovico, T +41 (0)91 946 14 67, campalazzina@bluewin.ch

0,1 km 10 km

DE IT EN free

Rasengelände am Berghang. / Terrain herbeux, à flanc de montagne.

Preise/Nacht / Prix/nuit CHF 8–15, CHF 15, CHF 9, CHF 4.50, CHF 2, TAX, VISA

Agno «Camping Molinazzo» pincamp.ch/Pin_230984

10.77

ha 1 T 50 M 0 45°59'38.2"N, 8°54'5.9"E

Via Acquacalda 15, CH-6982 Agno, T +41 (0)91 605 17 57, campingmolinazzo@gmail.com

P

DE FR IT EN free

Rasengelände am See. / Terrain herbeux, au bord du lac.

Preise/Nacht / Prix/nuit CHF 12, CHF 17, CHF 12, CHF 6, TAX, VISA

Agno «Camping Lugano Lake» *** pincamp.ch/Pin_230982

10.79

22.3.–3.11. ha 4 m ü.M. 280 T 180 S 90 M 2 45°59'44.2"N, 8°54'21.5"E

Via Molinazzo 9, CH-6982 Agno, T +41 (0)91 600 10 54, info@campingluganolake.ch, www.campingluganolake.ch

1 km

10 A

DE FR IT EN free

★★★★☆ ★★☆☆☆ ★★☆☆☆ ★★★★☆

Naturbelassenes Rasengelände am See. / Terrain herbeux naturel, au bord du lac.

Preise/Nacht / Prix/nuit CHF 20–36, CHF 20–36, CHF 10–13, CHF 5–7, CHF 4, TAX, VISA

Caslano «Ai Bosconi»

10.81

ha 0,5 m ü.M. 272 T 25 S 6 M 2 45°58'21.1"N, 8°53'12"E

Via ai Bosconi 2, CH-6987 Caslano, T +41 (0)91 600 90 98, info@campeggioaibosconi.ch, www.campeggioaibosconi.ch

1,5 km

DE FR IT EN

Ebenes, naturbelassenes Wiesen- und Rasengelände am See. / Terrain de prairie plat et herbeux, naturel, au bord du lac.

Preise/Nacht / Prix/nuit CHF 13–18, CHF 20, CHF 12, CHF 6, CHF 5, VISA

TCS CAMPING 10.65

Lugano-Muzzano ★★★★

1.1.–31.12.2024

45°59'42.2"N, 8°54'31.3"E | ha 5 | 365 | T 210 | S 40 | M 16 | pincamp.ch/TI5200

1,8 km · 365 · DE · FR · IT · EN · free

★★★★☆ · ★★★★☆ · ★★★★☆ · ★★★★★

Beschreibung
Ebenes Rasengelände am See und am Strand

Highlights Camping
Gratis-WiFi • Inklusive Strom • Kinder bis 5 Jahre gratis • Hunde erlaubt • Gratis ÖV und diverse Vergünstigungen mit dem Ticino Ticket • Strandwiese mit Laubbäumen • Hauptsaison: Mini-Club für die Kinder und Tschu-Tschu-Kinderzügli • Nur 12 Minuten nach Lugano • Sommer- und Wintercamping • Kinderanimation und Touri-Camp

Description
Terrain herbeux plat, au bord du lac et à la plage

Highlights Camping
WiFi gratuit • Électricité incluse • Enfants jusqu'à 5 ans gratuits • Chiens autorisés • Transports publics gratuits et diverses réductions avec le Ticino Ticket • Plage d'herbe avec feuillus • Haute saison: mini-club pour les enfants et petit train «Tschu-Tschu» • À 12 minutes seulement de Lugano • Camping d'été et d'hiver • Animation pour les enfants et Touri-Camp

15–20 %*	TCS Camping Mitglieder / Membres
10 %	TCS Mitglieder / Membres CCI Camping Card International

Das ganze Jahr auf allen TCS Campingplätzen gültig. Gilt für Mietunterkünfte und Stellplätze. Nicht kumulierbar.
*15 % in der Hochsaison, 20 % in der Nebensaison
Rabais valable toute l'année sur tous les campings TCS et pour tous les logements locatifs et emplacements. Non cumulable.
*15 % de rabais durant la haute saison, 20 % de rabais durant la basse saison

Preise/Nacht / Prix/nuit

	CHF	20–72
	CHF	15–18
	CHF	7.50–9
	CHF	6
	CHF	25

CCI,

Änderungen vorbehalten • Im Preis der Parzelle sind Entsorgung, Strom (wenn immer möglich), ein Auto/ Motorrad inbegriffen • Spezialtarif für kleines Zelt ohne Auto / Sous réserve de modifications • La voirie, l'électricité (dans la mesure du possible) et un véhicule sont inclus dans le prix de la parcelle • Tarif spécial pour petite tente sans voiture

Mietunterkünfte / Hébergements locatifs

Mobilhome	CHF	185–295
Family Pod Deluxe	CHF	130–190
Nomadenzelt * Tente nomade *	CHF	75–115
Nostalgiewagen Roulotte	CHF	125–190
Pod	CHF	65–95
Safarizelt Deluxe Tente-safari deluxe	CHF	145–245

Infos ab Seite 6 / voir page 6 sqq.

Änderungen vorbehalten • Keine Reservationskosten • Matratzen immer mit Fixleintüchern. Bettwäsche auf Wunsch CHF 20/Person • Inklusiv: Endreinigung, Strom und ein Auto/ Motorrad / Sous réserve de modifications • Pas de frais de réservation • Matelas toujours recouverts d'un drap housse. Literie sur demande CHF 20/personne • Inclus: nettoyage final, électricité et une voiture/moto

* Schlafsack mitbringen / apporter sac de couchage

TCS Camping Lugano-Muzzano
Via alla Foce 14
6933 Muzzano
T +41 (0)91 994 77 88
camping.muzzano@tcs.ch
www.tcs-camping.ch/muzzano

Jetzt online buchen/
Réserver en ligne

Monteggio «Tresiana» **** pincamp.ch/TI4500

10.83

23.3.–20.10. ha 2 · m üM 255 · T 90 · S 35 · M 12 · 45°59'27.1"N, 8°48'57.1"E

Via Cantonale 21, CH-6998 Monteggio, T +41 (0)91 608 33 42, booking@camping-tresiana.ch, www.camping-tresiana.ch

0,2 km · 4 km · 10 A · DE FR IT EN

★★★★☆ ★★★☆☆ ★★★★☆ ★★★★☆

Ebenes Wiesengelände mit Laubbäumen und Hecken. Blick auf bewaldete Höhen. / Terrain plat avec des arbres à feuilles caduques et des haies. Vue sur les hauteurs boisées.

Preise/Nacht / Prix/nuit CHF 12–32, CHF 6.50–8, CHF 0–5.50, CHF 4, TAX, VISA, reka

Astano «Al Parco d'oro» pincamp.ch/TI_74393

10.87

ha 3 · m üM 630 · T 50 · S 12 · M 0 · 46°0'31.1"N, 8°49'23.5"E

Via Cantonale 1, CH-6999 Astano, T +41 (0)91 608 12 82, wyrsch.astano@bluewin.ch, www.alparcodoro.ch

1 km · DE FR IT EN free

Rasengelände, Terrassenlage am Waldrand. / Terrain herbeux, terrain en terrasses, à l'orée de la forêt.

Preise/Nacht / Prix/nuit CHF 11, CHF 11, CHF 8.50, CHF 4.30, CHF 0, TAX

Melano «Monte Generoso» *** pincamp.ch/TI5700

10.91

23.3.–20.10. ha 2 · m üM 270 · T 88 · S 67 · M 7 · 45°55'40.9"N, 8°58'36.4"E

Via Tannini 12, CH-6818 Melano, T +41 (0)91 649 83 33, camping@montegeneroso.ch, www.montegeneroso.ch

0,5 km · 10 A · DE FR IT EN free

★★★★☆ ★★★☆☆ ★★☆☆☆ ★★★☆☆

Leicht geneigtes Gelände mit vielen Bäumen zwischen Autobahn, Bahnlinie und See. / Terrain légèrement incliné avec beaucoup d'arbres entre l'autoroute, le chemin de fer et le lac.

Preise/Nacht / Prix/nuit CHF 18–25, CHF 23–38, CHF 9–11, CHF 0–6, CHF 5–6, TAX, % CCI/CKE, VISA

Melano «Camping Paradiso-Lago» pincamp.ch/TI5750 10.92

22.3.–3.11. ha 4 üM 272 T 200 S 60 M 0 45°55'28.2"N, 8°58'43.4"E

via Pedreta 26, CH-6818 Melano, T +41 (0)91 648 28 63, info@camping-paradiso.ch, www.camping-paradiso.ch

0,3 km P 6 A DE FR IT EN free

Stellenweise leicht geneigtes Wiesengelände mit diversen Bäumen. Zwischen Autobahn, Bahnlinie und See. / Terrain légèrement incliné, avec des arbres divers. Entre l'autoroute, la voie ferrée et le lac.

Preise/Nacht / Prix/nuit CHF 22-36, CHF 22-36, CHF 10.90-13.80, CHF 5.40-6.90, CHF 8, TAX, VISA

Meride «Ca.Stella Camping del Monte San Giorgio» *** pincamp.ch/TI5900 10.99

22.03.–19.10. ha 1 üM 585 T 80 S 1 M 12 45°53'21.4"N, 8°56'53.8"E

Via ala Caraa 2, CH-6866 Meride, T +41 (0)91 646 43 30, info@castellacamping.ch, www.castellacamping.ch

9 km P 16 A DE FR IT EN free

★★★★☆ ★★★☆☆ ★★☆☆☆ ★★★☆☆

Leicht geneigtes Wiesengelände mit zahlreichen Bäumen. Zwischen Wald und einem Bach. Angrenzend ein kleiner Waldsee. / Terrain légèrement en pente avec de nombreux arbres. Entre la forêt et un ruisseau. Adjacent à un petit lac dans les bois.

Preise/Nacht / Prix/nuit CHF 11-25, CHF 28-31, CHF 10-13, CHF 5-6.50, CHF 5, TAX, % CCI, VISA

REGION BERN
RÉGION BERNOISE

11

TCS Camping

Weitere / D'autres

Wabern «Eichholz» pincamp.ch/BE2700 — 11.03

ha 2 | m ü.M. 500 | T 300 | S | M 10 | 46°55'57.9"N, 7°27'19.3"E

Strandweg 49, CH-3084 Wabern, T +41 (0)31 961 26 02, info@campingeichholz.ch, www.campingeichholz.ch

0,6 km

DE FR IT EN free

Zur Aare leicht geneigtes, parkähnliches Wiesengelände unter hohen Bäumen. Mit Rasengittersteinen befestigte Standplätze. / Pelouse semblable à un parc, légèrement inclinée vers l'Aar, avec de grands arbres. Des emplacements plats pavés.

Preise/Nacht / Prix/nuit CHF 10–12.50, CHF 13, CHF 14, CHF 9, CHF 0, VISA

Brenzikofen «Wydeli» ** pincamp.ch/Pin_231449 — 11.21

1.5.–30.9. | ha 2 | m ü.M. 580 | T 10 | S 70 | M 0 | 46°48'48.9"N, 7°36'30.2"E

Wydeli 60, CH-3671 Brenzikofen, T +41 (0)31 771 11 41, info@camping-brenzikofen.ch, www.camping-brenzikofen.ch

7 km

DE FR EN

★★☆☆☆ ★★☆☆☆ ★★☆☆☆ ★★☆☆☆

Ebenes, naturbelassenes Rasengelände am Waldrand. / Terrain herbeux plat, naturel, à l'orée de la forêt.

Preise/Nacht / Prix/nuit CHF 7–25, CHF 14–25, CHF 6.60–8, CHF 3.30–4.50, CHF 2, TAX, CCI

Schangnau «Bumbach» ** pincamp.ch/Pin_231840 — 11.23

1.1.–31.12. | ha 1 | m ü.M. 940 | T 15 | S 35 | M 0 | 46°48'49.4"N, 7°53'25.4"E

CH-6197 Schangnau, T +41 (0)79 257 63 52, rebersandro@hotmail.com, www.campingplatz-bumbach.ch

DE

★★★★☆ ★★★☆☆ ★☆☆☆☆ ★★☆☆☆

Ebenes Rasengelände in den Bergen. / Terrain herbeux plat, en montagne.

Preise/Nacht / Prix/nuit CHF 4–7, CHF 12, CHF 7, CHF 4, CHF 2

TCS CAMPING 11.01

Bern Eymatt ★★★★

28.3.–3.11.2024

46°57'50.1"N, 7°23'2"E | ha 4 | m üM 540 | T 104 | S 50 | M 14 | pincamp.ch/BE2600

0,2 km

10 A

DE FR EN free

Beschreibung
Ebenes Rasengelände am See und am Waldrand

Highlights Camping
Gratis-WiFi • Inklusive Strom • Kinder bis 5 Jahre gratis • Gratis ÖV mit Bern Ticket • Bushaltestelle direkt vor dem Platz • Restaurant mit Gartenterrasse • SUP Verleih direkt beim Platz

Description
Terrain herbeux plat, au bord du lac et à l'orée de la forêt

Highlights Camping
WiFi gratuit • Électricité incluse • Enfants jusqu'à 5 ans gratuits • Transports publics gratuits avec Bern Ticket • Arrêt de bus directement devant le camping • Restaurant avec terrasse • Location SUP directement sur le site

15–20 %*	TCS Camping Mitglieder / Membres
10 %	TCS Mitglieder / Membres CCI Camping Card International

Das ganze Jahr auf allen TCS Campingplätzen gültig. Gilt für Mietunterkünfte und Stellplätze. Nicht kumulierbar.
* 15 % in der Hochsaison, 20 % in der Nebensaison
Rabais valable toute l'année sur tous les campings TCS et pour tous les logements locatifs et emplacements. Non cumulable.
* 15 % de rabais durant la haute saison, 20 % de rabais durant la basse saison

Preise/Nacht / Prix/nuit

	CHF	10–24
	CHF	14–28
	CHF	12–14
	CHF	6–7
	CHF	6
	CHF	25

CCI,

Änderungen vorbehalten • Im Preis der Parzelle sind Entsorgung, Strom (wenn immer möglich), ein Auto/ Motorrad inbegriffen • Spezialtarif für kleines Zelt ohne Auto / Sous réserve de modifications • La voirie, l'électricité (dans la mesure du possible) et un véhicule sont inclus dans le prix de la parcelle • Tarif spécial pour petite tente sans voiture

Mietunterkünfte / Hébergements locatifs

Bungalow	CHF	160–260
Barrierefreier Bungalow Bungalow sans barrières	CHF	160–260
Family Pod	CHF	115–150
Pod	CHF	65–95

Infos ab Seite 6 / voir page 6 sqq.

Änderungen vorbehalten • Keine Reservationskosten • Matratzen immer mit Fixleintüchern. Bettwäsche auf Wunsch CHF 20/Person • Inklusiv: Endreinigung, Strom und ein Auto/ Motorrad / Sous réserve de modifications • Pas de frais de réservation • Matelas toujours recouverts d'un drap housse. Literie sur demande CHF 20/personne • Inclus: nettoyage final, électricité et une voiture/moto

TCS Camping Bern Eymatt
Wohlenstrasse 62c
3032 Bern / Hinterkappelen
T +41 (0)31 901 10 07
camping.bern@tcs.ch
www.tcs-camping.ch/bern

Jetzt online buchen/
Réserver en ligne

Burgdorf «Camping Waldegg» pincamp.ch/BE2300

11.27

13.4.–22.6., 23.6.–17.8., 18.8.–18.10. ha 1 m üM 570 T 30 S 17 M 0 47°3'10.9"N, 7°37'54.2"E

Waldeggweg 4D, CH-3400 Burgdorf, T +41 (0)34 422 24 60, camp.waldegg@outlook.com, www.camping-waldegg.ch

0,5 km

DE FR EN free

Ebene Wiese mit einigen Laubbäumen und Hecken. Blick auf das Schloss. / Terrain plat avec des arbres à feuilles caduques et des haies. Vue sur un château.

Preise/Nacht / Prix/nuit CHF 9–21, CHF 14–26, CHF 11, CHF 5, CHF 4,

Heubach-Rüschegg «Camping Heubach-Rüschegg» *** pincamp.ch/Pin_231453

11.68

1.1.–31.12. ha 0,5 m üM 800 T 15 S 15 M 4 46°47'9.6"N, 7°24'14.8"E

Tiefengraben 603, CH-3154 Heubach-Rüschegg, T +41 (0)62 751 15 23, heubach@sccv.ch, www.camping-heubach.ch

0,5 km

2 km

DE

★★★★★ ★★★☆☆ ★★☆☆☆ ★★★☆☆

Ebenes Wiesen- und Rasengelände in den Bergen und am Waldrand. / Terrain de prairie plat et herbeux, en montagne et à l'orée de la forêt.

Preise/Nacht / Prix/nuit CHF 8–22, CHF 10–22, CHF 7, CHF 3, TAX, CCI/CKE

PiN CAMP
DER GRÖSSTE ONLINE-CAMPINGFÜHRER DER SCHWEIZ: PINCAMP.CH
Europas schönste Ferienziele entdecken
Campingplätze vergleichen & buchen
Campingplatz-Bewertungen von Campern lesen
powered by
TCS
TCS CAMPING GWATT THUNERSEE

INHALTSVERZEICHNIS EUROPA
TABLE DES MATIÈRES EUROPE

SÜDDEUTSCHLAND / ALLEMAGNE DU SUD

D

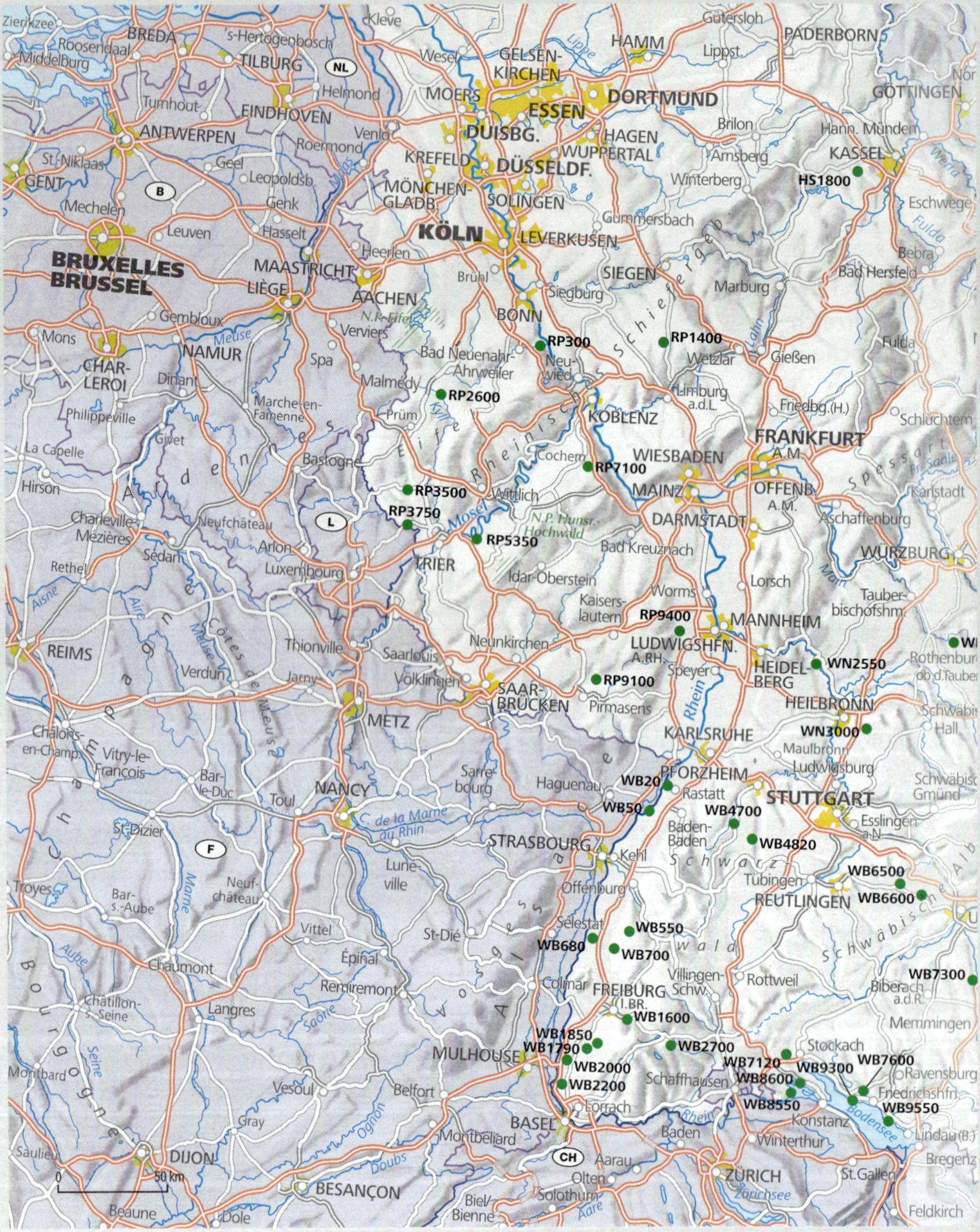

www.tcs.ch/deutschland
www.tcs.ch/allemagne

Goslar
Quedlinburg
Dessau-Roßlau
Lutherstadt Wittenberg
Luckau
Cottbus
Nowa Sól
Northeim
Braunlage
Aschersleben
Bernburg
Bitterfeld-Wolfen
Finsterwalde
Żagań
Nordhausen
Lutherstadt Eisleben
Torgau
Falkenberg (E.)
Bad Muskau
HALLE (S.)
LEIPZIG
Hoyerswerda
Sondershausen
Merseburg
Riesa
Kamenz
Bautzen
Bolesławiec
Mühlhausen
Grimma
Meißen
Eschwege
HS2950
N.P. Hainich
Naumburg
DRESDEN
Görlitz
Zgorzelec
Jelenia Góra
Eisenach
ERFURT
Weimar
Zeitz
Altenburg
Freiberg
Pirna
Gotha
JENA
GERA
CHEMNITZ
Děčín
Nový Bor
Zittau
Arnstadt
Neustadt (O.)
Zwickau
Olbernhau
Ústí n.L.
LIBEREC
Meiningen
Greiz
Saalfeld
Aue
Most
Teplice
Litoměřice
Suhl
Thüringer Wald
Krušné hory
Erzgebirge
Jičín
Plauen
Mělník
Mladá Boleslav
HRADEC KRÁLOVÉ
Sonneberg
Naila
Adorf
Jáchymov
Žatec
Coburg
Hof
Karlovy Vary
Kladno
PRAHA
Nymburk
Bad Kissingen
Kulmbach
Fichtelgebirge
Pardubice
Schweinfurt
Cheb
Rakovník
Beroun
Kolín
Kutná Hora
Karlstadt
Marktredwitz
Mariánské Lázně
Bayreuth
PLZEŇ
NB2400
Bamberg
NB8700
Benešov
Havlíčkův Brod
Kitzingen
Weiden i.d.OPf.
Příbram
ERLANGEN
Neustadt a.d.A.
Sulzbach-Rosenberg
Humpolec
Tábor
WN3400
FÜRTH
NÜRNBERG
Amberg
Oberpfälzer Wald
Rothenburg ob d.Tauber
Domažlice
Klatovy
Pelhřimov
Jihlava
Schwabach
Strakonice
Písek
Telč
Schwandorf
Cham
Schwäbisch Hall
Ansbach
Neumarkt i.d.OPf.
ČESKÉ BUDĚJOVICE
Jindřichův Hradec
Slavonice
NB9350
NB9375
Gunzenhausen
Bayerischer Wald
Holašovice
Waidhofen a.d. Thaya
Schwäbisch Gmünd
Nördlingen
REGENSBURG
Regen
Český Krumlov
Straubing
Deggendorf
Eichstätt
NB9550
Gmünd
Heidenheim a.d.Br.
Donauwörth
INGOLSTADT
Zwettl
Schrobenhausen
Passau
Landshut
Krems a.d. Donau
SB1700
Pfarrkirchen
ULM
Freising
Eggenfelden
SB1740
SB1780
SB1840
LINZ
AUGSBURG
St.Pölten
Dachau
Ismaning
Mühldorf a.I.
Braunau am Inn
Wels
WB7300
MÜNCHEN
Steyr
Amstetten
Memmingen
Starnberg
Wasserburg a.I.
SB8150
SB8250
Kaufbeuren
Rosenheim
SALZBURG
Gmunden
Ravensburg
Bad Tölz
SB7700
Bad Reichenhall
Bad Ischl
Mariazell
Kempten (A.)
SB4900
SB5180
Tegernsee
Hallein
SB4550
SB4650
Garmisch-Partenkirchen
Kufstein
SB9800
Berchtesgaden
Bischofshofen
Admont
Liezen
Eisenerz
Lindau (B.)
Füssen
Hallstatt
Bruck a.d.Mur
SB3800
SB4400
SB5500
Bregenz
Zugspitze 2962
Kitzbühel
Leoben
Oberstdorf
INNSBRUCK
Radstadt
Niedere Tauern
Feldkirch
Hall i.T.
Judenburg
0
50 km
PL
CZ
A

REISEINFORMATIONEN
INFORMATIONS DE VOYAGE

Süddeutschland
Beeindruckende Städte, traditionelle Feste und reichhaltige Möglichkeiten für Entspannung und aktiven Genuss bietet Süddeutschland. Die unberührte Natur und deren Eigenarten spiegeln sich in einer einzigartigen Schönheit wider.

Verkehrsregeln
Rechtsverkehr. An einigen Verkehrsampeln kann bei Rot nach rechts abgebogen werden, wenn dort ein entsprechendes Schild (grüner Pfeil auf schwarzem Grund) angebracht ist. Fahrverbot in manchen Innenstädten.

Strassengebühren
Die Autobahnen können landesweit kostenfrei befahren werden.

Geschwindigkeitsbegrenzung

Innerorts	50 km/h
Ausserorts ( )	80 km/h
Autobahn ( )	80 km/h*
Ausserorts (< 3,5 t)	100 km/h
Autobahn (< 3,5 t)	130 km/h**
Ausserorts (> 3,5 t)	80 km/h
Autobahn (> 3,5 t)	100 km/h

Hier finden Sie weitere wichtige Reiseinformationen bezüglich Deutschland.
www.tcs.ch/deutschland

Wild campen
Wild campen ist grundsätzlich verboten. Eine einheitliche Regelung gibt es jedoch nicht, jedes Bundesland regelt die Bestimmungen für sich. Mit Erlaubnis des Grundbesitzers darf man auf privatem Gelände campieren. Das einmalige Übernachten im Wohnmobil ist zur Wiederherstellung der Fahrtüchtigkeit erlaubt.

Detailliertere Informationen auf camping-insider.ch

Notrufnummern

Polizei	112
Ambulanz	112
Feuerwehr	112

Quelle: tcs.ch

* 100 km/h für Wohnwagen und Anhänger auf deutschen Autobahnen; die vorgeschriebene Kontrolle der technische Ausrüstung von Schweizer Gespannen kann bei verschiedenen Technischen Zentren des TCS, im Auftrag der deutschen Behörden, durchgeführt werden.

** empfohlen

Allemagne du Sud
L'Allemagne du Sud se distingue par ses villes impressionnantes, ses fêtes traditionnelles ainsi que d'innombrables possibilités de détente et de loisirs actifs. Une nature intacte donne lieu à des décours d'une beauté singulière.

Règles de circulation
Conduite à droite. À certains feux de signalisation il est possible de bifurquer à droite lors d'un feu rouge si un panneau en indique la possibilité (flèche verte sur fond noir). Interdiction de conduire dans certains centres-villes.

Péage
Les autoroutes sont gratuites dans tout le pays.

Limitation de la vitesse

Dans les localités	50 km/h
En dehors des localités ( )	80 km/h
Autoroute ( )	80 km/h**
En dehors des localités (< 3,5 t)	100 km/h
Autoroute (< 3,5 t)	130 km/h**
En dehors des localités (> 3,5 t)	80 km/h
Autoroute (> 3,5 t)	100 km/h

Vous trouverez ici d'autres informations pour votre voyage en Allemagne.
www.tcs.ch/allemagne

Camping sauvage
Le camping sauvage est généralement prohibé. Toutefois, en l'absence d'un règlement unifié, chaque land allemand détermine ses règles individuelles. Il est possible de camper sur un terrain privé avec la permission du propriétaire. Une nuitée unique en camping-car pour rétablir la capacité de conduite est autorisée.

Informations détaillées sous camping-insider.ch

Numeros d'appel d'urgence

Police	112
Ambulance	112
Pompiers	112

Source: tcs.ch

* 100 km/h pour caravanes et remorques sur les autoroutes allemandes; le contrôle de l'équipement technique requis pour les attelages suisses peut être effectué dans plusieurs centres techniques du TCS, par ordre des autorités allemandes.

** recommandé

Süddeutschland / Allemagne du Sud

Baden-Württemberg / Bade-Wurtemberg

Bayern / Bavière

Bad Wildbad «Family-Resort Kleinenzhof» ★★★★★ www.pincamp.ch/WB4700 WB4700

1.1.–31.12. ha 6 m/üM 480 T 126 S 180 M 29 48°44'15.9"N, 8°34'34.6"E

Kleinenzhof 1, DE-75323 Bad Wildbad, T +49 7081 3435, info@kleinenzhof.de, www.kleinenzhof.de

0,5 km 365 16A DE

Durch den Zufahrtsweg geteiltes, lang gestrecktes Wiesengelände mit Laub- und Nadelbäumen. / Longue pelouse divisée par la route d'accès avec des feuillus et des conifères.

Preise/Nacht / Prix/nuit EUR 48–53, EUR 39–43, EUR 5, TAX, , VISA

Bamlach «Camping Lug ins Land» ★★★★ www.pincamp.ch/WB2200 WB2200

1.1.–31.12. ha 11 m/üM 300 T 220 S 140 M 20 47°42'43.8"N, 7°32'49.5"E

Römerstr. 3, DE-79415 Bamlach, T +49 7635 8277 708, info@camping-luginsland.de, www.camping-luginsland.de

0,4 km 365 16A DE free

Überwiegend in Terrassen angelegtes Wiesengelände mit verschiedenen Laubbäumen, u. a. auch Obstbäume. / Terrain en prairie principalement aménagé en terrasses avec divers arbres à feuilles caduques, dont des arbres fruitiers.

Preise/Nacht / Prix/nuit EUR 40.50–51, EUR 34–43, EUR 6, TAX, ,

Binau «Fortuna Camping am Neckar» ★★★★ www.pincamp.ch/WN2550 WN2550

27.3.–6.10. ha 2,5 m/üM 130 T 124 S 9 M 2 49°21'54.0"N, 9°03'28.4"E

Neckarstr. 6, DE-74862 Binau, T +49 6263 669, info@fortuna-camping.de, www.fortuna-camping.de

0,2 km 16A DE FR free

Ebene, lang gestreckte Wiese teils mit Obstbäumen und anderen mittelhohen Laubbäumen. / Longue prairie plate, en partie avec des arbres fruitiers et d'autres feuillus de hauteur moyenne.

Preise/Nacht / Prix/nuit EUR 33–33, EUR 29–29, EUR 4.50,

Ettenheim «Campingpark Oase» ★★★★ www.pincamp.ch/WB700 **WB700**

23.3.–6.10. ha 4,5 m² 250 T 175 S 65 48°14'50.7"N, 7°49'40.9"E

Mühlenweg 34, DE-77955 Ettenheim, T +49 7822 4459 18, info@campingpark-oase.de, www.campingpark-oase.de

1 km

10A

DE FR IT free

Ebenes, von einem Bach durchflossenes Gelände mit Büschen und teilweise alten Bäumen. Ein Platzteil mit Geländestufen. / Terrain plat traversé par un ruisseau, avec des buissons et des arbres parfois vieux. Une partie du terrain est en paliers.

Preise/Nacht / Prix/nuit EUR 34.50–39.50, EUR 30–34, EUR 3, , VISA

Gohren «Camping Park Gohren am See» ★★★★ www.pincamp.ch/WB9550 **WB9550**

22.3.–15.10. ha 32 m² 395 T 545 S 1200 M 38 47°35'18.3"N, 9°33'44.2"E

Zum Seglerhafen, DE-88079 Gohren, T +49 7543 60590, info@campingplatz-gohren.de, www.campingpark-gohren.de

0,1 km P

16A

DE

Weitläufiges Gelände mit zahlreichen, höheren Laubbäumen, durch viele Hecken gegliedert. / Vaste terrain avec beaucoup de feuillus de grande taille, divisé par de nombreuses haies.

Preise/Nacht / Prix/nuit EUR 43.80–53, EUR 38.20–46, EUR 4, TAX, ,

Horn «Campingplatz Horn» ★★★★ www.pincamp.ch/WB8550 WB8550

15.4.–3.10. ha 6 m üM 400 T 175 S 80 M 5 47°41'18.9"N, 8°59'39.4"E

Strandweg 18, DE-78343 Horn, T +49 7735 685, info@campingplatz-horn.de, www.campingplatz-horn.de

0,4 km P

16A

DE free

Ebenes, teils auch leicht geneigtes Wiesengelände. Standplätze in grossen, von Hecken und Bäumen umgebenen Kreisen. / Prairies plate, en partie aussi légèrement inclinée. Emplacements disposés en grands cercles entourés de haies et d'arbres.

Preise/Nacht / Prix/nuit EUR 38.50–38.50, EUR 34–34, EUR 5, TAX, VISA

Immenstaad «Campingplatz Schloss Kirchberg» ★★★★ www.pincamp.ch/WB9300 WB9300

19.3.–29.10. ha 7,8 m üM 400 T 140 S 230 47°40'12.4"N, 9°19'52.1"E

Schloss Kirchberg 1, DE-88090 Immenstaad, T +49 7545 6413, info@camping-kirchberg.de, www.camping-kirchberg.de

0,5 km

16A

DE free

Durch Büsche und Bäume in mehrere Felder abgeteiltes terrassiertes Wiesengelände. Weiter Blick über den See. / Terrain en prairie en terrasses, divisé en plusieurs champs par des buissons et des arbres. Vue étendue sur le lac.

Preise/Nacht / Prix/nuit EUR 34.50, EUR 28.50, EUR 5, TAX, VISA

Kirchzarten «Camping Kirchzarten» ★★★★★ www.pincamp.ch/WB1600 WB1600

1.1.–31.12. ha 6,3 m üM 400 T 352 S 137 M 24 47°57'37.3"N, 7°57'02.7"E

Dietenbacher Str. 17, DE-79199 Kirchzarten, T +49 7661 9040 910, info@camping-kirchzarten.de, www.camping-kirchzarten.de

0,3 km P 365

16A

DE free

Ebenes, von einem Bach durchflossenes Wiesengelände mit altem Baumbestand, stellenweise mit hohen Hecken. / Pré plat traversé par un ruisseau avec des vieux arbres, ainsi que de hautes haies à certains endroits.

Preise/Nacht / Prix/nuit EUR 28–42, EUR 26–38, EUR 5, TAX, VISA

Lenzkirch «Camping Kreuzhof» ★★★★ www.pincamp.ch/WB2700 WB2700

1.1.–31.12. ha 2 800 T 65 S 60 M 2 47°51'40.6"N, 8°13'26.8"E

Bonndorfer Str. 63, DE-79853 Lenzkirch, T +49 7653 1450, info@camping-kreuzhof.de, www.camping-kreuzhof.de

0,2 km 365 16 A DE free

Ebenes Wiesengelände mit Laubbaumreihen auf zwei Geländestufen, bei einem Bauernhof und der platzeigenen Brauerei. / Pré plat avec des rangées de feuillus sur deux terrasses, à côté d'une ferme et de la brasserie du camping.

Preise/Nacht / Prix/nuit EUR 42.60–44.60, EUR 35.40–37.40, EUR 3,

Liebelsberg «Camping-Erbenwald» ★★★★ www.pincamp.ch/WB4820 WB4820

1.1.–31.12. ha 10,2 620 T 65 S 300 M 3 48°40'39.3"N, 8°41'21.6"E

DE-75387 Liebelsberg, T +49 7053 738, info@camping-erbenwald.de, www.camping-erbenwald.de

PiN CAMP

Jetzt online buchen / Réserver en ligne pincamp.ch

0,8 km 365 16 A DE free

Durch die Zufahrtsstrasse zweigeteiltes, leicht geneigtes Wiesengelände mit Hecken und hohen Laubbäumen. / Pré en pente légère, divisé en deux par la route d'accès, avec des haies et de hauts feuillus.

Preise/Nacht / Prix/nuit EUR 41.50–48, EUR 35–40, EUR 4, TAX,

Löwenstein «Campingpark Breitenauer See» ★★★★ www.pincamp.ch/WN3000 WN3000

1.1.–31.12. ha 17 225 T 300 S 300 M 18 49°07'01.3"N, 9°22'59.3"E

Breitenauer See 2, DE-74245 Löwenstein, T +49 7130 8558, info@breitenauer-see.de, www.campingpark-breitenauer-see.de

1,5 km 365 16 A DE free

Teilweise gestuftes, geneigtes Wiesengelände mit Laubbäumen, Hecken und Sträuchern. Standplätze teils kreisförmig angeordnet. / Pré incliné, parfois en terrasses, avec des feuillus, haies et arbustes. Certains emplacements sont disposés en cercle.

Preise/Nacht / Prix/nuit EUR 40–46, EUR 36–40, EUR 8, VISA

Machtolsheim «Camping Heidehof» **** www.pincamp.ch/WB6600 **WB6600**

1.1.–31.12. ha 25 738 T 200 S 900 M 14 48°28'41.0"N, 9°44'46.5"E

Heidehofstr. 50, DE-89150 Machtolsheim, T +49 7333 6408, info@camping-heidehof.de, www.camping-heidehof.de

PiN CAMP

Jetzt online buchen / Réserver en ligne **pincamp.ch**

2 km 365 16 A DE free

Durch Bepflanzung aufgelockertes Wiesengelände auf einem Hügel. Touristenplätze durch Büsche, Hecken und Bäume unterteilt. / Pré sur une colline avec diverses plantations. Emplacements touristiques divisés par des arbustes, haies et arbres.

Preise/Nacht / Prix/nuit EUR 47, EUR 40, EUR 5, VISA

Markdorf «Wirthshof Camping & Hotel» ★★★★★ www.pincamp.ch/WB7600 WB7600

1.1.-20.12. ha 10 m/üM 450 T 158 S 100 M 57 47°42'54.1"N, 9°24'33.3"E

Steibensteg 10, DE-88677 Markdorf, T +49 7544 96270, post@wirthshof.de, www.wirthshof.de

PiN CAMP

Jetzt online buchen / Réserver en ligne
pincamp.ch

2 km 16A

Zwei gegeneinander versetzte, überwiegend ebene Wiesenflächen mit Baumreihen und Hecken oder vielen Obstbäume. / Deux prairies principalement plates, aménagées face à face. Des rangées d'arbres et de haies ou de nombreux arbres fruitiers.

Preise/Nacht / Prix/nuit EUR 39-49, EUR 34-43, EUR 3, VISA

Markelfingen «Campingplatz Markelfingen» ★★★★ www.pincamp.ch/WB8600 WB8600

1.4.-15.10. ha 2,6 m/üM 380 T 93 S 30 M 27 47°44'20.3"N, 9°00'10.7"E

Unterdorfstr. 25, DE-78315 Markelfingen, T +49 7732 9420 731, info@camping-markelfingen.de, www.camping-markelfingen.de

0,1 km 16A DE IT

Ebenes Wiesengelände mit unterschiedlich hohen Bäumen und Sträuchern. Standplätze teils gekiest. / Terrain de prairie plat avec des arbres et des arbustes de différentes hauteurs. Emplacements en partie gravillonnés.

Preise/Nacht / Prix/nuit EUR 48.60-48.60, EUR 44.60-44.60, EUR 5, TAX, VISA

Münstertal «Camping Münstertal» ★★★★★ www.pincamp.ch/WB1850 WB1850

1.1.-31.12. ha 11 m/üM 360 T 320 M 15 47°51'36.6"N, 7°45'49.8"E

Dietzelbachstr. 6, DE-79244 Münstertal, T +49 7636 7080, info@camping-muenstertal.de, www.camping-muenstertal.de

0,1 km 365 16A DE free

Durch eine Strasse zweigeteiltes Gelände. Der eine Teil parkähnlich, der andere unterteilt durch Hecken und Bäume. / Terrain divisé en deux par une route. Une partie est conçue comme un parc, l'autre est divisée par des haies et des arbres.

Preise/Nacht / Prix/nuit EUR 47.20-53, EUR 38.90-43.20, EUR 5, TAX, VISA

Neuenburg am Rhein «Dreiländer-Camping & Freizeitpark Gugel» ★★★★★ www.pincamp.ch/WB2000 WB2000

1.1.–31.12. ha 12,8 216 T 220 S 180 M 4 47°47'48.8"N, 7°33'00.6"E

Oberer Wald, DE-79395 Neuenburg am Rhein, T +49 7631 7719, info@camping-gugel.de, www.camping-gugel.de

2 km 365

16A

DE FR IT free

Weitläufiges Auengelände mit verschiedenartigen Bäumen, Büschen und Hecken. Zahlreiche nischenartige Standplätze. / Vaste zone alluviale avec des arbres, des buissons et des haies de toutes sortes. Nombreuses niches.

Preise/Nacht / Prix/nuit EUR 39, EUR 33.50, EUR 5,

Orsingen «Camping & Ferienpark Orsingen» ★★★★★ www.pincamp.ch/WB7120 WB7120

15.3.–22.12. ha 8,5 480 T 204 S 30 M 74 47°50'31.2"N, 8°56'10.1"E

Am Alten Sportplatz 8, DE-78359 Orsingen, T +49 7774 9999 100, info@camping-orsingen.de, www.camping-orsingen.de

0,4 km P

16A

DE free

Ebenes Wiesengelände mit noch jüngeren Anpflanzungen, an zwei Seiten von Laubwald umgeben. / Terrain plat en prairie avec des plantations encore plus récentes, entouré sur deux côtés par une forêt de feuillus.

Preise/Nacht / Prix/nuit EUR 35.90–41.40, EUR 30.90–34.90, EUR 4, VISA

Plittersdorf «Rastatter Freizeitparadies» ★★★★ www.pincamp.ch/WB20 WB20

15.3.–15.10. ha 50 115 T 50 S 350 M 5 48°52'25.1"N, 8°09'01.0"E

Im Teilergrund 1, DE-76437 Plittersdorf, T +49 7222 10150, info@rastatter-freizeitparadies.de, www.rastatter-freizeitparadies.de

0,1 km P

16A

DE

Ebenes Wiesengelände mit einigen Bäumen, durch Hecken und Büsche gegliedert. Um einen Baggersee herum angelegt. / Terrain plat en prairie avec quelques arbres, divisé par des haies et des buissons. Aménagé autour d'un lac de dragage.

Preise/Nacht / Prix/nuit EUR 31–43.50, EUR 25–35, EUR 5, VISA

Rust «Europa-Park Camping» ★★★★ www.pincamp.ch/WB680 WB680

1.1.-7.1. ha 5 m/UM 146 T 220 M 68 48°16'17.7"N, 7°43'02.7"E

Rheinweg 5, DE-77977 Rust, T +49 7822 8605 566, camp-resort@europapark.de, www.europapark.de/camping

0,3 km

10A

Ebenes Gelände mit jüngeren Laubbäumen. Standplätze für Caravans und Wohnmobile auf Rasengittersteinen. / Terrain plat avec des arbres à feuilles caduques jeunes. Emplacements pour caravanes et camping-cars sur dalles de gazon.

Preise/Nacht / Prix/nuit EUR 49, EUR 42, EUR 5,

Seelbach «Ferienparadies Schwarzwälder Hof» ★★★★★ www.pincamp.ch/WB550 WB550

1.1.-31.12. ha 4,8 m/UM 200 T 200 S 12 M 45 48°17'59.8"N, 7°56'37.8"E

Tretenhofstr. 76, DE-77960 Seelbach, T +49 7823 9609 50, info@spacamping.de, www.spacamping.de

0,2 km 365

10A

DE free

Terrassiertes Wiesengelände mit mittelhohen Bäumen und Sträuchern. Weiter Blick über bewaldete Höhenzüge. / Pré en terrasses avec des arbres de hauteur moyenne et des arbustes. Vue panoramique sur les hauteurs boisées.

Preise/Nacht / Prix/nuit EUR 59.10 59.10, EUR 18.10 18.10, EUR 6,

Sinningen «Camping Christophorus» ★★★★ www.pincamp.ch/WB7300 WB7300

1.1.-31.12. ha 9,7 m/UM 530 T 200 S 400 M 20 48°08'20.7"N, 10°06'12.5"E

Werte 6, DE-88486 Sinningen, T +49 7354 663, info@camping-christophorus.de, www.camping-christophorus.de

1,5 km 365

16A

DE free

Ebenes Wiesengelände mit Bäumen sowie Hecken und einigen Büschen. Am Iller-Radweg. / Terrain plat avec des arbres, des haies et quelques buissons. Sur la piste cyclable de l'Iller.

Preise/Nacht / Prix/nuit EUR 49.70-49.70, EUR 43.50-43.50, EUR ,

Stollhofen «Freizeitcenter Oberrhein» ★★★★★ www.pincamp.ch/WB50 **WB50**

1.1.–31.12. ha 36 DM 100 T 377 S 485 M 34 48°46'23.8"N, 8°02'24.8"E

Am Campingpark 1, DE-77836 Stollhofen, T +49 7227 2500, info@fco.de, www.fco.de

1 km

365

16 A

DE FR

Wiesengelände mit zwei Badeseen und einem Angelteich, durch Bäume und Buschgruppen aufgelockert. / Terrain comprenant deux lacs de baignade et un étang de pêche, parsemé d'arbres et de groupes de buissons.

Preise/Nacht / Prix/nuit EUR 34.50–47.50, EUR 27.50–38.50, EUR 6.50, VISA

Sulzburg «Camping Sulzbachtal» ★★★★ www.pincamp.ch/WB1790 **WB1790**

1.1.–31.12. ha 2,8 m² 313 T 85 S 10 M 2 47°50'52.4"N, 7°41'54.6"E

Sonnmatt 4, DE-79295 Sulzburg, T +49 7634 5925 68, a-z@camping-sulzbachtal.de, www.camping-sulzbachtal.de

0,2 km 365

16 A

DE free

Terrassiertes Gelände mit gekiesten Standplätzen sowie kleiner, ebener Bereich. Durch Bäume, Büsche und Hecken unterteilt. / Terrain incliné en paliers avec des emplacements en gravier et un petit terrain plat. Arbres, buissons et haies pour diviser.

Preise/Nacht / Prix/nuit EUR 42.40–43.20, EUR 35.40–36.10, EUR 3.20, TAX, VISA

Weikersheim-Laudenbach «Camping Schwabenmühle» ★★★★ www.pincamp.ch/WN3400 **WN3400**

27.3.–6.10. ha 2,5 m² 260 T 80 M 4 49°27'27.4"N, 9°55'34.6"E

Weikersheimer Str. 21, DE-97990 Weikersheim-Laudenbach, T +49 7934 9922 23, info@camping-schwabenmuehle.de, www.camping-schwabenmuehle.de

0,3 km P

16 A

DE free

Ebenes, durch einen Bach zweigeteiltes Wiesengelände, im Westen von einem zweiten Bach begrenzt. / Terrain de prairie plat, divisé en deux par un ruisseau, délimité à l'ouest par un deuxième ruisseau.

Preise/Nacht / Prix/nuit EUR 39.60–39.60, EUR 32.70–32.70, EUR 2.50, VISA

Westerheim «Alb-Camping Westerheim» **** www.pincamp.ch/WB6500 WB6500

1.1.–31.12. ha 20 820 T 55 S 788 M 20 48°30'38.0"N, 9°36'33.6"E

Beim Campingplatz 1, DE-72589 Westerheim, T +49 7333 6140, info@alb-camping.de, www.alb-camping.de

2 km P 365 16 A DE

Von Wald umgebenes Gelände auf einem Hügel. Von Dauercampern geprägt. / Terrain entouré de forêts sur une colline. Caractérisé par des campeurs permanents.

Preise/Nacht / Prix/nuit EUR 33-37, EUR 27.50-31, EUR 5, , VISA

Bad Birnbach-Lengham «Kur-Gutshof-Camping Arterhof» ***** www.pincamp.ch/SB1700 SB1700

1.1.–31.12. ha 6 400 T 242 M 29 48°26'06.5"N, 13°06'34.1"E

Hauptstr. 3, DE-84364 Bad Birnbach-Lengham, T +49 8563 96130, info@arterhof.de, www.arterhof.de

0,1 km 365 16 A DE free

Teils leicht geneigtes und überwiegend gekiestes Gelände mit Bäumen und Buschreihen. Separater Platzteil für Gäste mit Hund. / Terrain en légère pente, gravier majoritaire, avec des arbres et rangées de buissons. Zone séparée pour les hôtes avec chien.

Preise/Nacht / Prix/nuit EUR 43.40-43.40, EUR 36.90-36.90, EUR , TAX, , VISA

Bad Füssing «Camping Holmernhof» ***** www.pincamp.ch/SB1780 SB1780

1.1.–31.12. ha 3,4 340 T 175 M 2 48°21'29.4"N, 13°18'24.7"E

Am Tennispark 10, DE-94072 Bad Füssing, T +49 8531 24740, info@holmernhof-camping.de, www.holmernhof-camping.de

0,1 km P 365 16 A DE free

Durch Hecken und jüngere Laubbäume regelmässig gegliedertes Gelände. Am Ortsrand, von Feldern umgeben. / Terrain régulièrement divisé par des haies et des arbres feuillus plus jeunes. En bordure de la localité, entouré de champs.

Preise/Nacht / Prix/nuit EUR 36-45, EUR 30.80-38.50, EUR 4, TAX, , VISA

Bayerbach «Vital CAMP Bayerbach» ★★★★★ www.pincamp.ch/SB1740 SB1740

1.1.–31.12. ha 12 346 T 230 S 100 M 43 48°24'55.3"N, 13°07'47.9"E

Huckenham 11, DE-94137 Bayerbach, T +49 8532 9278 070, info@vitalcamping-bayerbach.de, www.vitalcamping-bayerbach.de

0,1 km 365 16A DE free

Mehrfach terrassiertes, im oberen Teil steiles Hanggelände, durch jüngere Bäume regelmässig gegliedert. / Terrain en pente plusieurs fois terrassé, raide dans la partie supérieure, régulièrement divisé par des arbres plus jeunes.

Preise/Nacht / Prix/nuit EUR 28.90–32.90, EUR 28.90–32.90, EUR 3, TAX, , VISA

Berchtesgaden «Camping-Resort Allweglehen» ★★★★★ www.pincamp.ch/SB9800 SB9800

1.1.–31.12. ha 6 570 T 196 S 8 M 14 47°38'50.4"N, 13°02'22.6"E

Allweggasse 4, DE-83471 Berchtesgaden, T +49 8652 2396, urlaub@allweglehen.de, www.allweglehen.de

0,6 km P 365 16A DE free

Durch Laub- und Nadelbäume aufgelockertes Gelände unterhalb eines bewaldeten Berghanges. / Terrain aéré par des feuillus et des conifères en contrebas d'un versant de montagne boisé.

Preise/Nacht / Prix/nuit EUR 55–59.40, EUR 15.50–18.90, EUR 7, TAX, , VISA

Bodenmais «Camping Resort Bodenmais» www.pincamp.ch/NB9375 NB9375

1.1.–10.1., 26.1.–6.11., 30.11.–31.12. ha 5 T 145 M 12 49°03'36.1"N, 13°06'15.7"E

Regener Strasse 45, DE-94249 Bodenmais, T +49 9924 9432 080, info@campingresort-bodenmais.de, www.campingresort-bodenmais.de

Jetzt online buchen / Réserver en ligne **pincamp.ch**

0,5 km

16 A

DE free

Mehrfach terrassiertes Gelände mit noch jungem Bewuchs. Blick auf bewaldete Höhenzüge. / Terrain en terrasses multiples avec une végétation encore jeune. Vue sur les hauteurs boisées.

Preise/Nacht / Prix/nuit EUR 64.50–75.50, EUR 53–62, EUR 6.50, TAX, , VISA

Brunnen «Camping Brunnen» www.pincamp.ch/SB4650 SB4650

1.1.–31.12. ha 6 m üM 800 T 340 S 63 47°35'47.6"N, 10°44'19.4"E

Seestr. 81, DE-87645 Brunnen, T +49 8362 8273, info@camping-brunnen.de, www.camping-brunnen.de

0,2 km P 365

16 A

DE free

Wiesengelände am See. Terrasiert mit gekieste Stellflächen mit zahlreichen Bäumen. / Terrain en prairie au bord du lac. Terrasé avec des emplacements gravillonnés et de nombreux arbres.

Preise/Nacht / Prix/nuit EUR 50.25, EUR 41.20, EUR 4, TAX, , VISA

Bühl «Alpsee Camping» www.pincamp.ch/SB3800 SB3800

31.3.–31.12. ha 3,5 m üM 745 T 200 47°34'21.0"N, 10°11'36.9"E

Seestr. 25, DE-87509 Bühl, T +49 8323 7726, mail@alpsee-camping.de, www.alpsee-camping.de

0,3 km

16 A

DE free

Ebenes Wiesengelände, von Bäumen umgeben. Standplätze teils gekiest, teils mit asphaltiertem Vorplatz. / Terrain plat en prairie, entouré d'arbres. Emplacements en partie gravillonnés, en partie avec une esplanade asphaltée.

Preise/Nacht / Prix/nuit EUR 64, EUR 54, EUR 7, TAX,

Egglfing «Kur- und Feriencamping Max 1» ***** www.pincamp.ch/SB1840 SB1840

1.1.–31.12. ha 3,5 m² 320 T 150 S 20 M 13 48°19'58.3"N, 13°18'51.4"E

Falkenstr. 12, DE-94072 Egglfing, T +49 8537 96170, doris.fuchs@campingmax.de, www.campingmax.de

Jetzt online buchen / Réserver en ligne pincamp.ch

0,1 km 365

16 A

DE free

Ebenes Wiesengelände, durch Reihen von Bäumen sowie Hecken gegliedert. Ein Teil der Stellflächen gekiest. / Terrain plat en prairie, divisé par des rangées d'arbres et des haies. Une partie des emplacements est gravillonnée.

Preise/Nacht / Prix/nuit EUR 41.10–54.80, EUR 30.60–40.90, EUR 4, TAX, ,

Gut Horn «Ferienparadies Gut Horn» **** www.pincamp.ch/SB8250 SB8250

23.3.–3.11. ha 5 m² 462 T 260 S 120 M 17 47°56'48.2"N, 12°45'18.7"E

Gut Horn 2-4, DE-83329 Gut Horn, T +49 8681 227, info@gut-horn.de, www.gut-horn.de

1 km

16 A

DE free

Ebenes Wiesengelände mit Baumgruppen, am See. Angrenzend Surf- und Segelschule. / Terrain plat en prairie avec des groupes d'arbres, au bord du lac. Ecole de surf et de voile à proximité.

Preise/Nacht / Prix/nuit EUR 38.60–40.60, EUR 31.40–32.90, EUR 4, ,

Hopfen am See «Camping Hopfensee» ***** www.pincamp.ch/SB4550 SB4550

1.1.–5.11. ha 9 m² 800 T 377 S 4 M 5 47°36'07.1"N, 10°40'59.3"E

Fischerbichl 17, DE-87629 Hopfen am See, T +49 8362 9177 10, info@camping-hopfensee.de, www.camping-hopfensee.de/

0,3 km

16 A

DE free

Ebenes, stellenweise gestuftes Wiesengelände mit Bäumen. Jede Parzelle mit asphaltiertem Vorplatz. / Terrain plat, par endroits étagé, en prairie avec des arbres. Chaque parcelle avec une esplanade asphaltée.

Preise/Nacht / Prix/nuit EUR 49–55.20, EUR 41.90–46.80, EUR 5.50, TAX, , , , VISA

Krün «Alpen-Caravanpark Tennsee» ★★★★½ www.pincamp.ch/SB5500 **SB5500**

1.1.–3.11., 16.12.–31.12. ha 5,2 950 T 268 M 6 47°29'25.3"N, 11°15'18.1"E

Am Tennsee 1, DE-82494 Krün, T +49 8825 170, info@camping-tennsee.de, www.camping-tennsee.de

0,4 km 0,8 km

16 A

DE free

An einem Natursee und mit einem Bach. Standplätze auf Terrassen, in Nischen sowie systematisch angeordnete, ebene Parzellen. / Au bord d'un lac naturel avec un ruisseau. Emplacements sur les terrasses, en niches ou sur des parcelles plates ordonnées.

Preise/Nacht / Prix/nuit EUR 47.90–53.20, EUR 40.10–44.10, EUR 5.30, , VISA

Lechbruck am See «Via Claudia Camping» ★★★★½ www.pincamp.ch/SB4900 **SB4900**

1.1.–31.12. ha 18 750 T 469 S 300 M 20 47°42'41.9"N, 10°49'07.5"E

Via Claudia 6, DE-86983 Lechbruck am See, T +49 8862 8426, anfrage@via-claudia-camping.de, www.via-claudia-camping.de

0,5 km 365

16 A

DE FR IT

Überwiegend ebenes, teils auch terrassiertes Wiesengelände am See. Ein Platzteil mit kleineren Bäumen und Büschen. / Pré principalement plat, parfois en terrasses, au bord du lac. Une partie est parsemée d'arbres et buissons plus petits.

Neureichenau «KNAUS Campingpark Lackenhäuser» ★★★★ www.pincamp.ch/NB9550 NB9550

1.1.-3.11., 20.12.-31.12. ha 16 m² 850 T 135 S 120 M 64 48°44'56.6"N, 13°49'02.0"E

Lackenhäuser 127, DE-94089 Neureichenau, T +49 8583 311, lackenhaeuser@knauscamp.de, www.knauscamp.de/lackenhaeuser

PiN CAMP
Jetzt online buchen / Réserver en ligne
pincamp.ch

0,5 km
16 A
DE free

Weitläufiges, teils geneigtes, teils gestuftes Wiesengelände mit Baumreihen. Blick über die bewaldeten Hügel. / Vaste terrain en prairie, en partie incliné, en partie étagé, avec des rangées d'arbres. Vue sur les collines boisées.

Preise/Nacht / Prix/nuit EUR 38.40-41, EUR 33.90-36.50, EUR 3.80, TAX, , , , VISA

Spatzenhausen OT Hofheim «Camping Brugger am Riegsee» ★★★★ www.pincamp.ch/SB5180 SB5180

31.3.-15.10. ha 6 m² 640 T 150 S 320 47°42'24.2"N, 11°13'05.1"E

Seestr. 2, DE-82447 Spatzenhausen OT Hofheim, T +49 8847 728, office@camping-brugger.de, www.camping-brugger.de

0,8 km P
16 A
DE free

Terrassiertes Wiesengelände mit Bäumen und Sträuchern. Alpenblick. / Terrain en prairie en terrasses avec des arbres et des arbustes. Vue sur les Alpes.

Preise/Nacht / Prix/nuit EUR 38, EUR 32, EUR 5, , , , VISA

Übersee «Chiemsee-Camping Rödlgries» **** www.pincamp.ch/SB7700 SB7700

29.3.-31.10. ha 11,5 520 T 308 S 167 47°50'28.4"N, 12°28'18.0"E

Rödlgries 1, DE-83236 Übersee, T info@chiemsee-camping.de, www.chiemsee-camping.de

3,5 km

16A

DE

Ebenes, durch unterschiedlich hohe und dichte Baum- und Buschreihen gegliedertes Wiesengelände. / Terrain de prairie plat, divisé par des rangées d'arbres et de buissons de différentes hauteurs et densités.

Preise/Nacht / Prix/nuit EUR 46-49, EUR 39-41, EUR , TAX ,

Viechtach «KNAUS Campingpark Viechtach» **** www.pincamp.ch/NB9350 NB9350

1.1.-3.11., 20.12.-31.12. ha 5 500 T 140 S 95 M 38 49°04'57.2"N, 12°51'11.6"E

Waldfrieden 22, DE-94234 Viechtach, T +49 9942 1095, viechtach@knauscamp.de, www.knauscamp.de/viechtach

Jetzt online buchen / Réserver en ligne pincamp.ch

0,1 km

16A

DE free

Geneigtes und teils terrassiertes Wiesengelände, durch Baum- und Buschreihen unterteilt. / Terrain de prairie incliné et en partie en terrasse, divisé par des rangées d'arbres et de buissons.

Preise/Nacht / Prix/nuit EUR 38.20-40.90, EUR 33.70-36.40, EUR 3.80, TAX , , VISA

Volkach «Campingplatz Ankergrund» **** www.pincamp.ch/NB2400 NB2400

28.3.-27.10. ha 2,8 150 T 110 S 60 49°52'09.5"N, 10°12'54.0"E

Fahrer Str. 7, DE-97332 Volkach, T +49 9381 6713, info@campingplatz-ankergrund.de, www.campingplatz-ankergrund.de

0,3 km

16A

DE

Ebenes Wiesengelände am Main, durch Bäume aufgelockert. Blick auf den Fluss und umliegende Weinberge. / Terrain plat en prairie au bord du Main, aéré par des arbres. Vue sur le fleuve et les vignobles environnants.

Preise/Nacht / Prix/nuit EUR 41-41, EUR 36.50-36.50, EUR 3.50, , VISA

Waging a. See «Strandcamping Waging» ***** www.pincamp.ch/SB8150 SB8150

1.1.-31.12. ha 34 m/ÜM 465 T 666 S 460 M 25 47°56'36.0"N, 12°44'50.7"E

Am See 1, DE-83329 Waging a. See, T +49 8681 552, info@strandcamp.de, www.strandcamp.de

0,5 km 365 16A DE free

Ebenes parkartiges Wiesengelände, druch hohe Bäume und Büsche und Hecken gegliedert. Blick auf See und Berge. / Terrain plat en forme de parc, divisé par de grands arbres, des buissons et des haies. Vue sur le lac et les montagnes.

Preise/Nacht / Prix/nuit EUR 39.20-56.90, EUR 32.30-46.10, EUR 6.90, TAX, VISA

Wertach «Camping Grüntensee» **** www.pincamp.ch/SB4400 SB4400

1.1.-31.12. ha 5 m/ÜM 915 T 180 S 150 M 12 47°36'37.1"N, 10°26'46.2"E

Grüntenseestr. 41, DE-87497 Wertach, T +49 8365 375, info@camping-gruentensee.de, www.camping-gruentensee.de

3 km 365 16A DE FR free

Gestuftes Gelände mit Sträuchern und hohen Bäumen. Standplätze überwiegend gekiest, einige mit geringer Bepflanzung. / Terrain en paliers avec arbustes et grands arbres. Gravier majoritaire pour les emplacements, certains ont quelques plantes.

Preise/Nacht / Prix/nuit EUR 46, EUR 37, EUR 3.90, TAX, VISA

Windischeschenbach «Ferienhof & Campingplatz Schweinmühle» **** www.pincamp.ch/NB8700 NB8700

1.1.-31.12. ha 1,6 m/ÜM 475 T 70 S 40 M 6 49°49'11.6"N, 12°08'45.5"E

Schweinmühle 1, DE-92670 Windischeschenbach, T +49 9681 1359, info@schweinmuehle.de, www.schweinmuehle.de

0,2 km 365 16A DE free

Ebenes, mit Sträuchern und Bäumen eingefasstes Wiesengelände. Bei einem Badeteich. Von Wald und Wiesen umgeben. / Terrain plat en prairie, bordé d'arbustes et d'arbres. Près d'un étang de baignade. Entouré de forêts et de prairies.

Preise/Nacht / Prix/nuit EUR 18.75-37.50, EUR 16.50-33, EUR 2.50, VISA

Balhorn «Ferienanlage Erzeberg» ★★★★ www.pincamp.ch/HS1800 HS1800

1.1.–31.12. ha 3 m 350 T 40 S 65 M 8 51°16'08.1"N, 9°15'10.8"E

Birkenstr. 21, DE-34308 Balhorn, T +49 5625 5274, info@erzeberg.de, www.erzeberg.de

1 km 365 16A DE free

Wiesengelände mit Bäumen, in leichter Hanglage oberhalb des Ortes. Von Dauercampern geprägt. / Terrain en prairie avec des arbres, sur une légère pente au-dessus du village. Marqué par des campeurs permanents.

Preise/Nacht / Prix/nuit EUR 32-32, EUR 24-24, EUR 2, , VISA

Eschwege «KNAUS Campingpark Eschwege» ★★★★ www.pincamp.ch/HS2950 HS2950

1.3.–3.11. ha 7 m 160 T 100 S 80 M 20 51°11'30.0"N, 10°04'07.2"E

Am Werratalsee 2, DE-37269 Eschwege, T +49 5651 3388 83, eschwege@knauscamp.de, www.knauscamp.de/eschwege

PIN CAMP

Jetzt online buchen / Réserver en ligne **pincamp.ch**

0,5 km 16A DE free

Ebenes Geländer durch Laubbäume, Büsche und Hecken gegliedert. Standplätze gekiest. / Terrain plat entouré d'arbres et de tionnés par des arbres, des buissons et des haies. Emplacements gravillonnés.

Preise/Nacht / Prix/nuit EUR 39.10-42.60, EUR 34.30-37.80, EUR 3.80, , VISA

Bad Dürkheim «KNAUS Campingpark Bad Dürkheim» ★★★★ www.pincamp.ch/RP9400 RP9400

1.1.–31.12. ha 16 m 110 T 225 S 265 M 27 49°28'25.9"N, 8°11'31.3"E

In den Almen 1, DE-67098 Bad Dürkheim, T +49 6322 61356, badduerkheim@knauscamp.de, www.knauscamp.de/bad-duerkheim

PIN CAMP

Jetzt online buchen / Réserver en ligne **pincamp.ch**

1 km 365 16A DE free

Ebenes Wiesengelände, aufgelockert durch überwiegend hohe, verschiedene Bäume, Hecken und Sträucher. Separate Zeltwiese. / Terrain plat, aéré par des arbres, des haies et des arbustes hauts et variés. Pré séparé pour les tentes.

Preise/Nacht / Prix/nuit EUR 41.20-44.50, EUR 35.90-39.20, EUR 3.80, TAX, , VISA

Echternacherbrück «Campingpark Freibad Echternacherbrück» ★★★★ www.pincamp.ch/RP3750 RP3750

22.3.–31.10. ha 8 160 T 340 S 90 M 31 49°48'44.3"N, 6°25'53.1"E

Mindener Str. 18, DE-54668 Echternacherbrück, T +49 6525 340, info@echternacherbrueck.de, www.echternacherbrueck.de

PIN CAMP

Jetzt online buchen / Réserver en ligne pincamp.ch

0,1 km

16 A

DE free

Ebenes Wiesengelände mit hohen Laubbäumen. Zwischen dem Ort und einer weiten Flussschleife. / Terrain plat en prairie avec de grands arbres. Entre le village et une large boucle de rivière.

Preise/Nacht / Prix/nuit EUR 26.50–35.90, EUR 22.20–30.20, EUR 6.20, VISA

Leiwen «Camping Landal Sonnenberg» ★★★★★ www.pincamp.ch/RP5350 RP5350

8.3.–15.11. ha 26,7 380 T 128 M 251 49°48'11.0"N, 6°53'28.0"E

DE-54340 Leiwen, T +49 6507 4913 900, sonnenberg@landal.de, www.landalcamping.de/sonnenberg

4 km

10 A

DE free

Geneigtes, terrasiertes Gelände, aufgelockert und unterteilt durch verschiedenartige Bepflanzung. / Terrain en pente, terrassé, aéré et divisé par des plantations variées.

Preise/Nacht / Prix/nuit EUR 44.25–74.25, EUR 39–69, EUR 5.25, TAX, VISA

Lingerhahn «Camping Am Mühlenteich» ★★★★ www.pincamp.ch/RP7100 RP7100

1.1.–31.12. ha 15 480 T 120 S 170 M 4 50°05'57.8"N, 7°34'23.9"E

Am Mühlenteich 1, DE-56291 Lingerhahn, T +49 6746 533, info@muehlenteich.de, www.muehlenteich.de

PIN CAMP

Jetzt online buchen / Réserver en ligne pincamp.ch

1 km 365

16 A

DE

Leicht geneigtes, durch Bäume aufgelockertes Wiesengelände sowie ein ebener Bereich ohne Bepflanzung. / Terrain en prairie légèrement incliné et aéré par des arbres, ainsi qu'une zone plane sans végétation.

Preise/Nacht / Prix/nuit EUR 29.50–43.20, EUR 27–37.70, EUR 3.50, VISA

Oberweis «Prümtal-Camping Oberweis» ★★★★ www.pincamp.ch/RP3500 RP3500

25.3.–1.11. ha 6 215 T 240 S 4 M 13 49°57'32.0"N, 6°25'28.8"E

In der Klaus 17, DE-54636 Oberweis, T +49 6527 92920, info@pruemtal.de, www.pruemtal.de

Jetzt online buchen / Réserver en ligne pincamp.ch

0,5 km 16A

Ebenes Wiesengelände mit Laubbäumen und Hecken aufgelockert am Ufer der Prüm. / Terrain plat en prairie, aéré par des arbres à feuilles caduques et des haies, au bord de la Prüm.

Preise/Nacht / Prix/nuit EUR 32.50–43.60, EUR 27–37.20, EUR 3.90, TAX, VISA

Remagen «Campingplatz Goldene Meile» ★★★★ www.pincamp.ch/RP300 RP300

1.1.–31.12. ha 10 50 T 202 S 350 50°34'33.2"N, 7°15'05.1"E

Simrockweg 9-13, DE-53424 Remagen, T +49 2642 22222, info@camping-goldene-meile.de, www.camping-goldene-meile.de

0,2 km 365 16A

Durch Bäume, Hecken und Büsche sowie einen Teich teils parkähnlich gestaltetes Wiesengelände. / Terrain en prairie en partie aménagé en parc par des arbres, des haies et des buissons ainsi qu'un étang.

Preise/Nacht / Prix/nuit EUR 37.50, EUR 30.50, EUR 3, VISA

Seck «Camping Park Weiherhof» ★★★★★ www.pincamp.ch/RP1400 RP1400

1.4.–30.10. ha 10 m ÜM 450 T 128 S 264 M 8 50°35'12.7"N, 8°02'05.5"E

Campingplatz Weiherhof, DE-56479 Seck, T +49 2664 8555, info@camping-park-weiherhof.de, www.camping-park-weiherhof.de

1,5 km

16 A

DE

Teils ebenes, teils leicht geneigtes Wiesengelände mit Bäumen und Sträuchern. / Terrain de prairie en partie plat et en partie légèrement incliné avec des arbres et des arbustes.

Preise/Nacht / Prix/nuit EUR 34–34, EUR 30–30, EUR 3, VISA

Stadtkyll «Camping Landal Wirfttal» ★★★★ www.pincamp.ch/RP2600 RP2600

29.3.–15.11. ha 6,3 m ÜM 460 T 150 S 65 M 220 50°20'19.9"N, 6°32'21.8"E

Wirftstr. 81, DE-54589 Stadtkyll, T +49 6597 5913 500, wirfttal@landal.de, www.landalcamping.de/wirfttal

1 km

8 A

DE free

Weitläufiges Wiesengelände mit verschiedenartigen Bäumen, Hecken und Sträuchern. Mit einer Bungalowsiedlung verbunden. / Vaste terrain de prairie avec des arbres, des haies et des arbustes variés. Relié à un lotissement de bungalows.

Preise/Nacht / Prix/nuit EUR 41.25–61.25, EUR 36–56, EUR 5.25, TAX, VISA

Waldfischbach-Burgalben «Camping Clausensee» ★★★★ www.pincamp.ch/RP9100 RP9100

ha 13 m ÜM 271 T 231 S 121 M 9 49°16'31 7"N, 7°43'13.2"E

DE-67714 Waldfischbach-Burgalben, T +49 6333 5744, info@campingclausensee.de, www.campingclausensee.de

7 km

16 A

DE

Ebenes, leicht geneigtes Wiesengelände mit jüngeren und älteren Bäumen. Von einem Bach durchzogen. / Pré plat, légèrement en pente, avec des arbres jeunes et anciens. Traversé par un ruisseau.

ÖSTERREICH / AUTRICHE

A

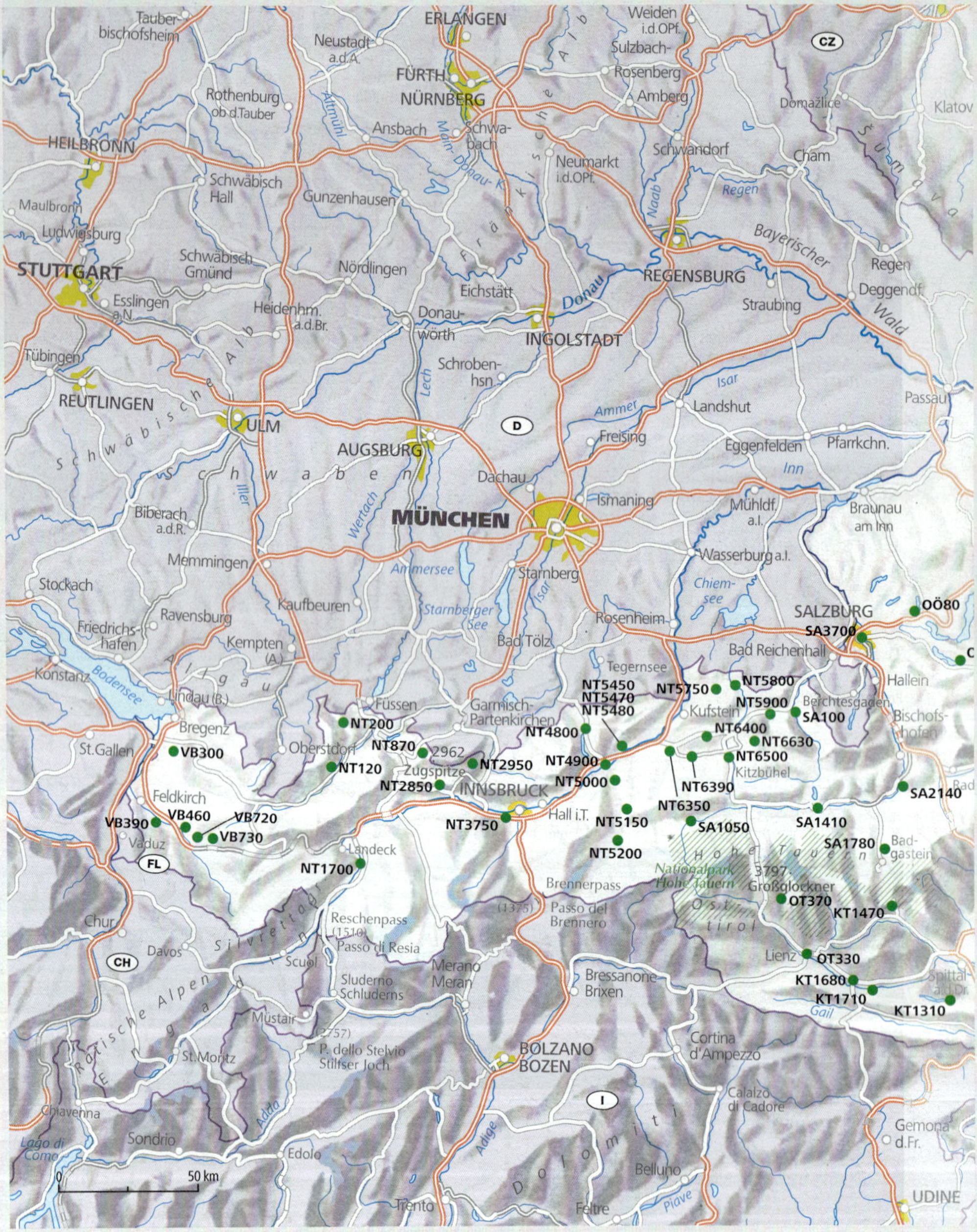

www.tcs.ch/oesterreich
www.tcs.ch/autriche

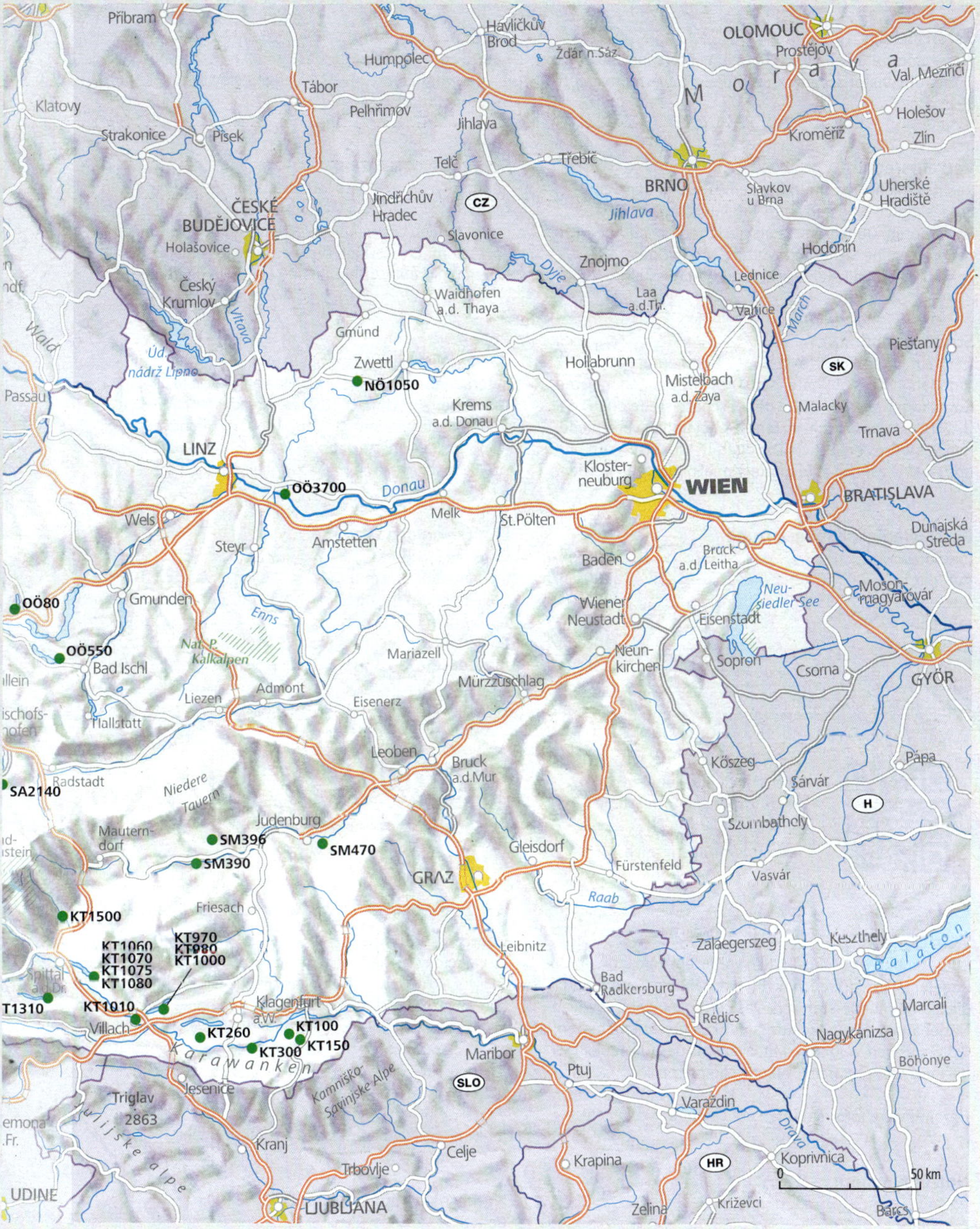
Příbram
Havlíčkův Brod
Žďár n.Sáz.
OLOMOUC
Prostějov
Humpolec
Morava
Val. Meziříčí
Klatovy
Tábor
Pelhřimov
Holešov
Strakonice
Písek
Jihlava
Kroměříž
Zlín
Třebíč
Telč
BRNO
Slavkov u Brna
Uherské Hradiště
ČESKÉ BUDĚJOVICE
Jindřichův Hradec
CZ
Jihlava
Holašovice
Slavonice
Dyje
Znojmo
Hodonín
Lednice
Český Krumlov
Waidhofen a.d. Thaya
Laa a.d.Th.
Valtice
Vltava
Gmünd
March
Piešťany
Úd. nádrž Lipno
Zwettl
Hollabrunn
Mistelbach a.d. Zaya
SK
Passau
NÖ1050
Krems a.d. Donau
Malacky
Trnava
LINZ
Kloster-neuburg
WIEN
OÖ3700
Donau
BRATISLAVA
Wels
Melk
St.Pölten
Steyr
Amstetten
Dunajská Streda
Baden
Bruck a.d. Leitha
Neu-siedler See
Mosonmagyaróvár
OÖ80
Gmunden
Wiener Neustadt
Eisenstadt
Enns
OÖ550
Nat. P. Kalkalpen
Mariazell
Neun-kirchen
Sopron
Csorna
Bad Ischl
GYŐR
Admont
Mürzzuschlag
Liezen
Eisenerz
Hallstatt
Leoben
Bruck a.d.Mur
Kőszeg
Pápa
Radstadt
Niedere Tauern
Sárvár
SA2140
Judenburg
H
Szombathely
Mautern-dorf
SM396
SM470
Gleisdorf
SM390
GRAZ
Fürstenfeld
Vasvár
Raab
Friesach
KT1500
Zalaegerszeg
Keszthely
Balaton
KT970
KT980
KT1000
KT1060
KT1070
KT1075
KT1080
Leibnitz
Spittal a.d.Dr.
Bad Radkersburg
T1310
KT1010
Klagenfurt a.W.
Marcali
Villach
KT100
Rédics
KT260
KT150
KT300
Nagykanizsa
Maribor
Karawanken
Böhönye
Kamniško-Savinjske Alpe
SLO
Ptuj
Jesenice
Triglav 2863
Varaždin
Drava
Julijske alpe
Kranj
Celje
Koprivnica
Trbovlje
Krapina
HR
0
50 km
UDINE
LJUBLJANA
Zelina
Križevci
Barcs

REISEINFORMATIONEN
INFORMATIONS DE VOYAGE

Österreich
Wassersport auf Seen und Flüssen, Wintersport, pittoreske Dörfer und historische Städte sind die Touristenmagnete des Landes.

Verkehrsregeln
Rechtsverkehr. Das Überholen eines stehenden Schulbusses (durch eine gelb-rote Tafel gekennzeichnet) ist verboten. Ungebremste als auch gebremste Anhänger benötigen eine Sicherheitsverbindung mit dem Zugfahrzeug (Seil/Kabel/Kette oder Abreissleine).

Strassengebühren
Der Kauf einer Vignette ist für die Benützung des Autobahnnetzes obligatorisch. Diese ist bei den meisten Kontaktstellen des TCS, in der Geschäftsstelle des ÖAMTC, an der Grenze, in Tankstellen und in verschiedenen Postbüros erhältlich. Die digitale Vignette kann unter www.asfinag.at/digitale-vignette bestellt werden.

Geschwindigkeitsbegrenzung

Innerorts	50 km/h
Ausserorts (< 750 kg)	100 km/h
Ausserorts (> 750 kg)	80 km/h
Autobahn ( )	100 km/h
Ausserorts (< 3,5 t)	100 km/h
Autobahn (< 3,5 t)	130 km/h
Ausserorts (> 3,5 t)	70 km/h
Autobahn (> 3,5 t)	80 km/h

Hier finden Sie weitere wichtige Reiseinformationen bezüglich Österreich.

www.tcs.ch/oesterreich

Wild campen
Wild campen ist grundsätzlich verboten. Eine einheitliche Regelung gibt es jedoch nicht, jedes Bundesland regelt die Bestimmungen für sich. Das Zelten im Wald, sowie in Nationalparks, Naturschutz- und Sonderschutzgebieten, ist landesweit verboten. Mit Erlaubnis des Grundbesitzers darf man auf privatem Gelände campieren.

Detailliertere Informationen auf camping-insider.ch

Notrufnummern

Polizei	112
Ambulanz	112
Feuerwehr	112
Strassenhilfsdienst	120

Quelle: tcs.ch

Autriche
Sports aquatiques sur les lacs et les rivières, sports d'hiver, villages pittoresques et villes historiques sont les atouts touristiques du pays.

Règles de circulation
Conduite à droite. Il est interdit de devancer un bus scolaire à l'arrêt (signalisé à l'aide d'un panneau jaune-rouge). Les remorques freinées et non-freinées nécessitent un attelage sécurisé avec le véhicule de traction (cordage/câble/chaîne ou corde de guidage).

Péage
L'achat d'une vignette est obligatoire pour accéder au réseau autoroutier. Celle-ci est disponible auprès de la plupart des bureaux de contact TCS, les bureaux de l'ÖAMTC, à la frontière, aux stations-service et dans différents bureaux de poste. La vignette numérique peut être commandée sur le site de l'asfinag: www.asfinag.at/digitale-vignette

Limitation de la vitesse

Dans les localités	50 km/h
En dehors des localités (< 750 kg)	100 km/h
En dehors des localités (> 750 kg)	80 km/h
Autoroute ( )	100 km/h
En dehors des localités (< 3,5 t)	100 km/h
Autoroute (< 3,5 t)	130 km/h
En dehors des localités (> 3,5 t)	70 km/h
Autoroute (> 3,5 t)	80 km/h

Vous trouverez ici d'autres informations pour votre voyage en Autriche.

www.tcs.ch/autriche

Camping sauvage
Le camping sauvage est généralement prohibé. Toutefois, en l'absence d'un règlement unifié, chaque land allemand détermine ses règles individuelles. Le camping en forêt, dans les parcs nationaux, les réserves naturelles ainsi que les zones de protection spéciales est interdit dans tout le pays. Il est possible de camper sur un terrain privé avec la permission du propriétaire.

Informations détaillées sous camping-insider.ch

Numeros d'appel d'urgence

Police	112
Ambulance	112
Pompiers	112
Assistance routière	120

Source: tcs.ch

TCS Camping Partner / Partenaire

Weitere / D'autres

Kärnten / Carinthie

Niederösterreich / Basse-Autriche

Nordtirol / Tyrol du Nord

Dellach im Drautal «Camping am Waldbad» ★★★★ www.pincamp.ch/KT1710 KT1710

15.4.–1.10. ha 3 m²/GM 610 T 195 S 5 M 38 46°43'50.2"N, 13°04'44.8"E

Rassnig 8, AT-9772 Dellach im Drautal, T +43 4714 288, info@camping-waldbad.at, www.camping-waldbad.at

0,3 km · 16 A · DE · IT · free

Ebenes Wiesengelände mit Bäumen, Büschen und Hecken, um die Badeanstalt herum angelegt. / Terrain plat en prairie avec des arbres, des buissons et des haies, aménagé autour de l'établissement de bains.

Preise/Nacht / Prix/nuit EUR 36.50–53, EUR 29–42, EUR 5, TAX, VISA

Döbriach «Schwimmbadcamping Mössler» ★★★★★ www.pincamp.ch/KT1060 KT1060

22.3.–3.11. ha 5,5 m²/GM 580 T 162 S 6 M 31 46°46'28.1"N, 13°39'19.7"E

Glanzerstrasse 24, AT-9873 Döbriach, T +43 4246 7735, camping@moessler.at, www.moessler.at

Jetzt online buchen / Réserver en ligne pincamp.ch

0,8 km · 0,5 km · 16 A · DE · IT · free

Lang gestrecktes, ebenes Wiesengelände. Durch Bäume, Büsche und Hecken gegliedert und in Standplatznischen unterteilt. / Terrain de prairie plat et allongé. Divisé par des arbres, des buissons et des haies et divisé en niches de stationnement.

Preise/Nacht / Prix/nuit EUR 37.05–63.05, EUR 30.65–53.15, EUR 5.55, TAX, VISA

Döbriach «Seecamping Mössler» ★★★★★ www.pincamp.ch/KT1070 KT1070

22.3.–3.11. ha 1 m²/GM 580 T 61 S 3 M 8 46°46'07.0"N, 13°38'58.4"E

Seefeldstrasse 1, AT-9873 Döbriach, T +43 4246 7310, camping@moessler.at, www.moessler.at

Jetzt online buchen / Réserver en ligne pincamp.ch

0,5 km · 0,2 km · 16 A · DE · FR · free

Ebenes Wiesengelände mit Bäumen und Büschen, teils durch einen Bach begrenzt. Standflächen durch Hecken abgeteilt. / Terrain plat avec des arbres et des buissons, en partie délimité par un ruisseau. Les emplacements sont séparés par des haies.

Preise/Nacht / Prix/nuit EUR 54.70, EUR 44.50, EUR 5.60, TAX, VISA

www.burgstaller.co.at
Unser aktuelles Video jetzt auf
YouTube
Find us on: facebook
Komfort-Campingpark Burgstaller
am Millstätter See
9873 Döbriach - Seefeldstr.16 - Kärnten - Österreich
0043 4246 7774
0043 4246 77744
info@burgstaller.co.at
www.burgstaller.co.at
GRATIS DOWNLOAD:
Der Burgstaller-Song und der Burgstaller-Kids-Song als MP3 auf unserer Homepage!!!
Volles Programm von Ostern bis in den Herbst:
Pensionisten-Sonderpreis
€ 24.-
bis 1. Juli und ab 1. Sept. inkl. 2 Pensionisten und Normalplatz, exkl. Ortstaxe und Strom nach Verbrauch
EUROPAS FANTASTISCHSTE SANITÄRGEBÄUDE mit Kinderbereich im U-Boot Piratenschiff und Dschungel.. Bällebad, Indoor-Spielplatz, Jugendraum, Kino u.v.m. - alle Infos auf unserer Homepage!
Komfort-Campingpark Burgstaller
U-64
KÄRNTEN
Millstätter See
TOP CAMPING AUSTRIA
TOPI Club
DER KINDERCLUB VON TOP CAMPING AUSTRIA

Döbriach «Camping Brunner am See» ★★★★ www.pincamp.ch/KT1075 **KT1075**

1.1.–31.12. ha 3,5 m²/ØM 580 T 200 M 12 46°46'03.9"N, 13°38'54.3"E

Glanzerstrasse 108, AT-9873 Döbriach, T +43 4246 7189, info@camping-brunner.at, www.campingbrunner.at

0,5 km 365

DE free

16 A

Ebenes Wiesengelände zwischen Strasse und dem Millstätter See. Durch unterschiedlich hohe Bäume und Hecken gegliedert. / Terrain plat en prairie entre la route et le lac Millstätter See. Divisé par des arbres de différentes hauteurs et des haies.

Preise/Nacht / Prix/nuit EUR 49.70, EUR 40, TAX, VISA

Döbriach «Komfort-Campingpark Burgstaller» ★★★★★ www.pincamp.ch/KT1080 **KT1080**

22.3.–1.11. ha 12 m²/ØM 580 T 500 S 80 M 44 46°46'12.1"N, 13°38'52.5"E

Seefeldstr. 16, AT-9873 Döbriach, T +43 4246 7774, info@camping-brunner.at, www.campingbrunner.at

0,2 km P

DE free

16 A

Ebenes, parkähnlich gestaltetes Wiesengelände. Durch hohe Hecken, Büsche und Bäume gegliedert und in Nischen unterteilt. / Terrain plat en prairie, amenagé comme un parc. Divisé par de hautes haies, des buissons et des arbres et divisé en niches.

Preise/Nacht / Prix/nuit EUR 53.20, EUR 53.20, EUR 6.50, TAX, VISA

Eberndorf «Sonnencamp am Gösselsdorfersee» ★★★★ www.pincamp.ch/KT150 **KT150**

13.4.–28.9. ha 7 m²/ØM 430 T 200 S 100 M 2 46°34'29.9"N, 14°37'28.1"E

Seestrasse 23, AT-9141 Eberndorf, T +43 4236 2168, office@sonnencamp.com, www.sonnencamp.com

0,4 km

DE free PIN CAMP

13 A

Ebenes Wiesengelände mit Sträuchern, Hecken und Bäumen. In ländlicher Umgebung. Blick auf die Berge. / Terrain plat en prairie avec des arbustes, des haies et des arbres. Dans un environnement rural. Vue sur les montagnes.

Preise/Nacht / Prix/nuit EUR 33.30–40.70, EUR 33.30–40.70, EUR 5.50, TAX,

Keutschach «FKK Camping Müllerhof» **** www.pincamp.ch/KT260 KT260

1.5.–22.9. ha 6 495 T 280 S 55 M 11 46°34'41.3"N, 14°09'02.4"E

Dobein 10, AT-9074 Keutschach, T +43 4273 2517, muellerhof@fkk-camping.at, www.fkk-camping.at

PiN CAMP

Jetzt online buchen / Réserver en ligne pincamp.ch

Leicht geneigtes Wiesengelände am Ufer des Sees, mit Bäumen und Hecken. Blick auf Berge. / Terrain en prairie légèrement incliné au bord du lac, avec des arbres et des haies. Vue sur les montagnes.

Preise/Nacht / Prix/nuit EUR 52.20–60.50, EUR 44.80–52.10, TAX, VISA

Mallnitz «HOCHoben – Camp & Explore» **** www.pincamp.ch/KT1470 KT1470

1.1.–31.12. ha 6,5 1200 T 104 M 15 46°59'12.5"N, 13°10'08.9"E

Mallnitz 226, AT-9822 Mallnitz, T +43 4784 21330, reservierung@hochoben.at, www.hochoben.at

Ebenes Gelände mit Bäumen und Hecken am Fuss eines Berghangs. Am Ortsrand mit Blick auf Berge. / Terrain plat avec des arbres et des haies au pied d'un versant de montagne. En bord de la localité avec vue sur les montagnes.

Preise/Nacht / Prix/nuit EUR 35–45, EUR 35–45, EUR 5, TAX, VISA

Malta «Terrassencamping Maltatal» ***** www.pincamp.ch/KT1500 KT1500

27.4.–13.10. ha 3,9 800 T 183 S 13 M 15 46°56'59.2"N, 13°30'34.7"E

Malta 6, AT-9854 Malta, T +43 4733 234, info@maltacamp.at, www.camping-maltatal.at

Überwiegend terrassiertes Wiesengelände beiderseits eines Bachlaufs. Blick auf bewaldete Berge. / Terrain en prairie principalement en terrasses de part et d'autre d'un cours d'eau. Vue sur les montagnes boisées.

Preise/Nacht / Prix/nuit EUR 39.30–51.20, EUR 33.80–42.80, EUR 6.50, TAX,

Oberdrauburg «Natur- & Familiencamping Erlebnisbad» **** www.pincamp.ch/KT1680 KT1680

1.5.-30.9. ha 2 m ü.M. 620 T 70 46°44'25.8"N, 12°58'22.8"E

, AT-9781 Oberdrauburg, T +43 4710 2249 22, oberdrauburg.tourist@ktn.gde.at, www.oberdrauburg.at

0,2 km

13A

DE IT free

Leicht geneigtes, gestuftes Wiesengelände, überwiegend mit mittelhohen Bäumen. Blick auf Berge. / Terrain de prairie légèrement incliné et étagé, principalement avec des arbres de hauteur moyenne. Vue sur les montagnes.

Preise/Nacht / Prix/nuit EUR 44.70, EUR 37, EUR 3, VISA

Ossiach «Wellness-Seecamping & Landhaus Parth» **** www.pincamp.ch/KT970 KT970

27.4.-13.10. ha 1,8 m ü.M. 500 T 144 S 32 M 16 46°39'55.7"N, 13°58'35.5"E

Ostriach 10, AT-9570 Ossiach, T +43 4243 27440, office@parth.at, www.parth.at

0,2 km

16A

DE FR free

Von Hecken umgebenes, hügeliges Gelände mit einigen Terrassen, aufgelockert durch Bäume. Zwischen Süduferstrasse und See. / Terrain vallonné entouré de haies, avec quelques terrasses, aéré par des arbres. Entre la route de la rive sud et le lac.

Preise/Nacht / Prix/nuit EUR 37.30-60, EUR 31.30-49, EUR 7, TAX, , VISA

Ossiach «Terrassen Camping Ossiacher See» **** www.pincamp.ch/KT980 KT980

15.4.-15.10. ha 7,5 m ü.M. 501 T 160 S 100 M 66 46°39'49.6"N, 13°58'29.2"E

Ostriach 67, AT-9570 Ossiach, T +43 6765 4477 881, martinz@camping.at, www.terrassen.camping.at

0,1 km

16A

DE IT free

Geneigtes, terrassiertes Wiesengelände mit zahlreicher Bepflanzung am See. Separater Platzteil für Gäste mit Hund. / Terrain en pente, en terrasses, avec de nombreuses plantations au bord du lac. Une Partie séparée pour les hôtes avec chien.

Preise/Nacht / Prix/nuit EUR 36-63.50, EUR 36-53, EUR 7, TAX, , VISA

St. Kanzian am Klopeiner See «Camping Breznik Turnersee» ★★★★★ www.pincamp.ch/KT100 KT100

2.4.–1.10. ha 8,5 · 481 · T 164 · S 210 · M 38 · 46°35'09.0"N, 14°33'56.1"E

Unternarrach 21, AT-9122 St. Kanzian am Klopeiner See, T +43 4239 2350, info@breznik.at, www.breznik.at

3 km

12 A

Teils ebenes, teils geneigtes Wiesengelände, durch eine Terrasse sowie Bäume, Hecken vielfach gegliedert ist. / Terrain en partie plat, en partie en pente, divisé par une terrasse, des arbres et des haies.

St. Margareten im Rosental «Camping Rosental Rož» ★★★★ www.pincamp.ch/KT300 KT300

10.5.–25.9. ha 11 · 430 · T 380 · S 2 · M 26 · 46°32'38.0"N, 14°23'25.8"E

Gotschuchen 34, AT-9173 St. Margareten im Rosental, T +43 4226 8100, camping.rosental@roz.at, camping.rozweb.eu

0,5 km

16 A

free

Ebenes Wiesengelände mit unterschiedlich dichtem Baumbestand. In der Mitte des Platzes ein künstlich angelegter Badesee. / Terrain plat en prairie avec des arbres de différentes densités. Au milieu du terrain, un lac de baignade artificiel.

Preise/Nacht / Prix/nuit EUR 59.70, EUR 47.90, EUR 5.50, TAX, VISA

Stockenboi «Camping Ronacher» **** www.pincamp.ch/KT1310 **KT1310**

30.4.-1.10. ha 1,8 m ÜM 930 T 135 M 2 46°42'11.3"N, 13°24'53.3"E

Mösel 6, AT-9714 Stockenboi, T +43 4761 256, info@campingronacher.at, www.campingronacher.at

8 km

16 A

DE

Zwischen bewaldeten Hängen liegende, gestufte Wiese mit einigen Fichten und Birken. Blick über den See auf Berge. / Pré étagé situé entre des pentes boisées, avec quelques épicéas et bouleaux. Vue sur le lac et les montagnes.

Villach «Seecamping Mentl» **** www.pincamp.ch/KT1000 **KT1000**

10.5.-1.10. ha 2,5 m ÜM 505 T 178 S 1 M 9 46°39'14.4"N, 13°56'13.4"E

Süduferstrasse 265-267, AT-9523 Villach, T +43 4242 41886, info@camping-mentl.at, www.camping-mentl.at

0,1 km

16 A

DE free

Geneigtes Wiesengelände, zum Strand hin mehrere ebene Terrassen. Durch diverse Bäume sowie Hecken aufgelockert. / Terrain de prairie incliné, vers la plage plusieurs terrasses plates. Aéré par divers arbres et haies.

Preise/Nacht / Prix/nuit EUR 36.70-62, EUR 32-50.50, EUR 5.50, TAX, ,

Villach «Seecamping Berghof» ***** www.pincamp.ch/KT1010 **KT1010**

26.4.-2.11. ha 16 m ÜM 520 T 400 S 7 M 14 46°39'11.9"N, 13°56'03.7"E

Süduferstrasse 241, AT-9523 Villach, T +43 4242 41133, office@seecamping-berghof.at, www.seecamping-berghof.at

0,1 km P

16 A

DE free

Zwischen Süduferstrasse und See, terrassiertes Wiesengelände. Durch Bäume und vielfältige Bepflanzung aufgelockert. / Entre la route de la rive sud et le lac, terrain de prairie en terrasses. Aéré par des arbres et des plantations variées.

Preise/Nacht / Prix/nuit EUR 37.40-62.90, EUR 30.90-50, EUR 5.50, TAX, , VISA

Gross Gerungs «Waldviertel Camping» ★★★★ www.pincamp.ch/NÖ1050 NÖ1050

1.5.–1.11. ha 0,8 m² 822 T 30 M 15 48°32'32.0"N, 14°56'07.9"E

Kinzenschlag 11, AT-3920 Gross Gerungs, T +43 2812 8320, camping@einfalt.net, www.camping-im-waldviertel.at

4 km 16 A DE free

Ebenes Wiesengelände auf einer Anhöhe. Weiter Blick auf Hügel und Wälder. / Terrain plat en prairie sur une colline. Vue étendue sur les collines et les forêts.

Preise/Nacht / Prix/nuit EUR 36–36, EUR 31–31, EUR 3, TAX,

Achenkirch «Alpen-Caravanpark Achensee» ★★★★★ www.pincamp.ch/NT4800 NT4800

1.1.–10.11., 15.12.–31.12. ha 3,5 m² 930 T 140 S 40 M 2 47°29'58.4"N, 11°42'23.1"E

Achenkirch 17, AT-6215 Achenkirch, T +43 5246 6239, info@camping-achensee.com, www.camping-achensee.com

0,1 km 12 A DE FR IT free

Leicht geneigtes Wiesengelände, durch Baumreihen und Hecken gegliedert. Blick über den See. / Terrain en prairie légèrement incliné, divisé par des rangées d'arbres et des haies. Vue sur le lac.

Preise/Nacht / Prix/nuit EUR 52–73, EUR 45.50–63, EUR 9, VISA

Aschau «Aufenfeld Erlebnis Resort Zillertal» ★★★★★ www.pincamp.ch/NT5150 NT5150

1.1.–14.4., 6.5.–3.11., 20.12.–31.12. ha 14 · 567 · T 370 · S 50 · M 63 · 47°15'47.8"N, 11°53'58.2"E

Aufenfeldweg 10, AT-6274 Aschau, T +43 5282 2916, info@camping-zillertal.at, www.camping-zillertal.at

PiN CAMP
Jetzt online buchen / Réserver en ligne
pincamp.ch

0,1 km · 13A · DE · free

Ebenes Wiesengelände mit Bäumen, Hecken und Sträuchern, unterhalb eines steilen, bewaldeten Berghanges. / Terrain plat en prairie avec des arbres, des haies et des buissons, en dessous d'un versant de montagne abrupt et boisé.

Preise/Nacht / Prix/nuit EUR 51.20–95, EUR 41.90–77, EUR 7, TAX, VISA

Brixen im Thale «Camping Brixen im Thale» ★★★ www.pincamp.ch/NT6400 NT6400

1.1.–31.12. ha 5 · 800 · T 80 · S 250 · M 22 · 47°26'45.6"N, 12°15'26.0"E

Badhausweg 9, AT-6364 Brixen im Thale, T +43 5334 8113, info@camping-brixen.at, www.camping-brixen.at

0,8 km · 0,5 km · 365 · 16A · DE · IT · free

Leicht ansteigendes Wiesengelände sowie einige mit hohen Bäumen bepflanzte Terrassen. / Terrain en prairie légèrement en pente et quelques terrasses plantées de grands arbres.

Preise/Nacht / Prix/nuit EUR 43–54, EUR 37–46, EUR 6, VISA

Ehrwald «Zugspitz Resort» ★★★★★ www.pincamp.ch/NT870 **NT870**

1.1.–31.12. ha 5 ☐ 1200 T 120 S 59 M 83 47°25'37.0"N, 10°56'27.5"E

Obermoos 1, AT-6632 Ehrwald, T +43 5673 2309, welcome@zugspitz-resort.at, www.zugspitz-resort.at

0,1 km 365

16A

DE free

Terrasiertes Wiesen- und Schottergelände mit einigen Bäumen, einem Hotel-Resort angeschlossen. Beeindruckender Bergblick. / Terrain en herbe et en gravier avec quelques arbres, rattaché à un hôtel-resort. Vue impressionnante sur les montagnes.

Preise/Nacht / Prix/nuit EUR 88–144, EUR 70–115, EUR 9, TAX, VISA

Fieberbrunn «Tirol-Camp» ★★★★★ www.pincamp.ch/NT6630 NT6630

1.1.–7.4., 8.5.–3.11., 5.12.–31.12. ha 7 820 T 203 S 110 M 11 47°28'08.3"N, 12°33'14.7"E

Lindau 20, AT-6391 Fieberbrunn, T +43 5354 56666, office@tirol-camp.at, www.tirol-camp.at

0,2 km

10A

DE free

Terrassenanlage mit unterschiedlich Bäumen, an einem Berghang. Naturbadeteich und Biotop. / Installation en terrasses avec différents arbres, sur un versant de montagne. Etang de baignade naturel et biotope.

Preise/Nacht / Prix/nuit EUR 57–58, EUR 48–49, EUR 9, TAX, , VISA

Fügen «Natürlich Hell» ★★★★★ www.pincamp.ch/NT5000 NT5000

1.1.–14.4., 28.4.–3.11., 15.12.–31.12. ha 5 540 T 195 S 15 M 18 47°21'33.5"N, 11°51'05.7"E

Gageringerstrasse 1, AT-6263 Fügen, T +43 5288 62203, servus@hell-tirol.at, www.hell-tirol.at

0,5 km 3 km

16A

DE free

Ebenes, durch überwiegend hohe, dichte Heckenreihen gegliedertes Wiesengelände, zusätzlich aufgelockert durch Bäume. / Terrain de prairie plat, divisé par des rangées de haies denses et hautes, aéré par des arbres

Preise/Nacht / Prix/nuit EUR 64–86, EUR 50–72, EUR 6, TAX, VISA

Grän «Comfort Camp Grän» ***** www.pincamp.ch/NT200 NT200

1.1.–2.4., 15.5.–1.11., 15.12.–31.12. ha 3 müM 1150 T 150 S 40 M 3 47°30'36.1"N, 10°33'20.9"E

Engetalstr. 13, AT-6673 Grän, T +43 5675 6570, info@comfortcamp.at, www.comfortcamp.eu

0,5 km 2,5 km 16 A DE free

Teils terrassiertes, leicht geneigtes Wiesengelände mit einzelnen Bäumen. An der Strasse, Blick auf Berge. / Terrain en partie en terrasses, légèrement en pente avec quelques arbres. En bordure de route, vue sur les montagnes.

Preise/Nacht / Prix/nuit EUR 63.50–63.50, EUR 53–53, EUR 5.50, TAX, ,

Itter «Camping Schlossberg Itter» ★★★★★ www.pincamp.ch/NT6350 NT6350

1.1.–5.11., 13.12.–31.12. ha 4 m² 600 T 120 S 92 M 1 47°27'58.6"N, 12°08'22.2"E

Brixentalerstrasse 11, AT-6305 Itter, T +43 5335 2181, info@camping-itter.at, www.camping-wilder-kaiser.at

0,1 km 4 km 10A DE free

Terrasiertes Wiesengelände mit Bäumen. Unterhalb von Schloss Itter, an der Brixentaler Ache. Blick auf bewaldete Hänge. / Terrain en prairie avec des arbres. En dessous du château d'Itter, au bord de la Brixentaler Ache.

Preise/Nacht / Prix/nuit EUR 45–61, EUR 39–52, EUR 6.50, VISA

Kitzbühel «Campingplatz & Hotel Bruggerhof» ★★★★ www.pincamp.ch/NT6500 NT6500

1.1.–31.12. ha 6 m² 750 T 180 S 140 M 34 47°27'33.2"N, 12°21'41.4"E

Reitherstrasse 24, AT-6370 Kitzbühel, T +43 5356 62806, office@bruggerhof-hotel.at, www.bruggerhof-camping.at

0,1 km 0,2 km 365 16A DE IT free

Teils gestuftes, welliges Wiesengelände am Waldrand mit einigen Bäumen. Blick auf das Kitzbüheler Horn. / Terrain de prairie en partie étagé et ondulé à la lisière de la forêt avec quelques arbres. Vue sur le Kitzbüheler Horn.

Preise/Nacht / Prix/nuit EUR 68.20–70.60, EUR 55.20–59, EUR 9.50, TAX, VISA

Kössen «Euro-Camp Wilder Kaiser» ★★★★ www.pincamp.ch/NT5800 NT5800

ha 5,2 · m/üM 600 · T 180 · S 105 · M 13 · 47°39'13.8"N, 12°24'55.5"E

Kranebittau 18, AT-6345 Kössen, T +43 5375 6444, eurocamp@eurocamp-koessen.com, www.eurocamp-koessen.com

1 km · 5 km · 16 A · DE

Ebenes Wiesengelände, aufgelockert durch einige Bäume sowie vereinzelte Büsche und Buschreihen. / Terrain de prairie plat, aéré par quelques arbres ainsi que par des buissons et des rangées de buissons isolés.

Kramsach «SeenCamping Stadlerhof» ★★★★ www.pincamp.ch/NT5450 NT5450

1.1.–22.4., 13.5.–31.12. · ha 3 · m/üM 570 · T 110 · S 40 · M 14 · 47°27'23.8"N, 11°52'53.9"E

Seebühel 14, AT-6233 Kramsach, T +43 5337 63371, office@camping-stadlerhof.at, www.camping-stadlerhof.at

0,1 km · 0,9 km · 16 A · DE · free

Ebenes, terrasiertes Gelände mit verschiedenartigen Büschen und Bäumen. Bergpanorama. / Terrain plat et terrassé avec des arbustes et des arbres variés. Vue sur les montagnes.

Preise/Nacht / Prix/nuit EUR 31.50–51.30, EUR 25–42.40, EUR 7.50, TAX,

Kramsach «Camping & Appartements Seehof» ★★★★★ www.pincamp.ch/NT5470 NT5470

1.1.–31.12. ha 5 570 T 150 S 40 M 10 47°27'43.5"N, 11°54'25.7"E

Moosen 42, AT-6233 Kramsach, T +43 5337 63541, info@camping-seehof.com, www.camping-seehof.com

0,2 km 365 16A DE

Leicht geneigtes, teils gestuftes Gelände mit einigen Hecken und Bäumen. In einem Tal zwischen bewaldeten Höhenzügen. / Terrain légèrement incliné, en partie étagé, avec quelques haies et arbres. Dans une vallée entre des crêtes boisées.

Preise/Nacht / Prix/nuit EUR 44.50, EUR 36, EUR 7, TAX, VISA

Alpines Campingvergnügen am See im ALPBACHTAL

Genießen Sie beim Seeblick Toni ein Campingerlebnis im Alpbachtal mit bezaubernder Nähe zur Natur. Die beeindruckende Seenlandschaft, unsere traditionelle Gastfreundschaft, die Wellnesswelt Tonis Relaxzone und unsere kulinarischen Highlights machen Tirol zum Erlebnis.

CAMPING SEEBLICK TONI KRAMSACH

- Appartements
- Panorama Chalets mit Ausblick auf die Tiroler Bergwelt
- Studios für zwei Personen
- Komfortstellplätze Plus mit Komfortsäule
- Wellness & Massagen
- Mietbäder für noch mehr Komfort
- Toni's Spielpark & • Fun-Court
- Kinderwaschland „Aquarium"
- Restaurant „Der Brantlhof"
- Ski-Juwel Alpbachtal Wildschönau

ANFAHRT: Folgen Sie auf den **letzten 100 m** der **blauen Bodenmarkierung** und dem Banner **„Einfahrt"**

ADAC Superplatz 2023 ★★★★★ ADAC

TOP CAMPING AUSTRIA

AWARD 2023 camping.info

A-6233 Kramsach, Moosen 46 - Am Reintaler See
Telefon +43/(0)5337/63544 • Fax +43/(0)5337/63544-305
info@camping-seeblick.at • www.camping-seeblick.at

Ihre zwei Top-Campingplätze in Tirol

CAMPING SCHLOSSBERG ★★★★ ITTER

Komfortcamping in der FERIENREGION „HOHE SALVE"

Genießen Sie Ihren Urlaub das ganze Jahr über im modernen und gut ausgestatteten Campingplatz zwischen Kitzbüheler Alpen und Tiroler Kaisergebirge.

- **Komfortstellplatze** für Wohnwagen mit allen Anschlüssen
- **5-Sterne-behindertengerechte Sanitäranlage** inklusive Babywanne und Hundebäder...
- **Beheizter Außenpool** mit großer Liegewiese
- **Abenteuerspielplatz**, Spielzimmer und Kinderbetreuungssystem
- **Familiensaunahütte** mit Dampfbad, Ruheraum & finnischer Sauna
- Super gute Lage für **Outdoor-Aktivitäten** das ganze Jahr
- Gute Möglichkeiten zum Wandern, Nordic Walking und Reiten
- Mitten im **Mountainbike-Eldorado** im Brixental gelegen
- **Golfplätze** in Ellmau, Kitzbühel und Westendorf
- Paragliding und Tandemfliegen ab Hohe Salve
- **beleuchtete Rodelbahn** direkt ab dem Platz erreichbar
- **Langlaufparadies** in der Skiwelt Wilder Kaiser
- **Skigebiet Wilder Kaiser Brixental** mit über 270 Pistenkilometer

Wir freuen uns auf Sie!

Camping Schlossberg Itter
A-6305 Itter • Brixentalerstr. 11 • Tel. +43/(0)5335/2181
www.camping-itter.at • E-Mail: info@camping-itter.at

DCC-Europapreis 2022

Kramsach «Camping Seeblick Toni» ***** www.pincamp.ch/NT5480 NT5480

1.1.–31.12. ha 4,5 570 T 170 S 10 M 23 47°27'40.4"N, 11°54'23.8"E

Moosen 46, AT-6233 Kramsach, T +43 5337 63544, info@camping-seeblick.at, www.camping-seeblick.at

Jetzt online buchen / Réserver en ligne
pincamp.ch

0,1 km 365 16A free

Teils ebenes, teils leicht geneigtes Wiesengelände mit einigen Geländestufen und Bäumen. / Terrain de prairie en partie plat, en partie légèrement incliné avec quelques dénivellations et des arbres.

Preise/Nacht / Prix/nuit EUR 46.50–73.70, EUR 40–63, EUR 10.20,

Leutasch «EuroParcs Leutasch Seefeld» **** www.pincamp.ch/NT2950 NT2950

ha 3 1100 T 70 M 15 47°23'54.3"N, 11°10'46.4"E

Reindlau 230-B, AT-6105 Leutasch, T +31 8807 08090, kcc@europarcs.nl, www.europarcs.at/ferienparks/oesterreich/tirol/leutasch-seefeld

0,1 km 12A

Ebenes Gelände mit Sträuchern und Bäumen. An der Leutascher Ache. Blick auf umliegende Berge. / Terrain plat avec des arbustes et des arbres. Au bord de la rivière Leutascher Ache. Vue sur les montagnes environnantes.

Mayrhofen «Camping Mayrhofen» **** www.pincamp.ch/NT5200 NT5200

1.1.–12.10., 13.12.–31.12. ha 2,7 630 T 150 S 70 47°10'33.0"N, 11°52'08.6"E

Laubichl 125, AT-6290 Mayrhofen, T +43 6648 8518 866, info@campingplatz-tirol.at, www.campingplatz-tirol.at

0,8 km 16A

Leicht geneigtes Wiesengelände mit Bäumen, am Hang zwei geschotterte Terrassen ohne Bepflanzung. / Terrain en prairie légèrement incliné avec des arbres, sur la pente deux terrasses empierrées sans plantation.

Preise/Nacht / Prix/nuit EUR 43.20–46.70, EUR 36.40–39.70, EUR 4.50, TAX, ,

DAS
CAMPING
PARADIES
camping mayrhofen
Der Erlebniscampingplatz

Natters «Ferienparadies Natterer See» ★★★★★ www.pincamp.ch/NT3750 NT3750

1.1.–31.12. ha 11 m ü.M. 830 T 200 M 51 47°14'17.6"N, 11°20'20.5"E

Natterer See 1, AT-6161 Natters, T +43 5125 46732, info@natterersee.com, www.natterersee.com

Jetzt online buchen / Réserver en ligne pincamp.ch

0,1 km 365

16A

DE IT

Teils ebenes, teils terrassiertes Gelände mit Bäumen. An einem moorhaltigen See. / Terrain en partie plat, en partie en terrasse avec des arbres. Au bord d'un lac marécageux.

Preise/Nacht / Prix/nuit EUR 44.50–65.50, EUR 37.50–55, EUR 9.50, TAX, VISA

Vorderhornbach «Lechtal Camping Vorderhornbach» ★★★★ www.pincamp.ch/NT120 NT120

22.3.–13.10. ha 3 m ü.M. 960 T 70 M 4 47°22'03.3"N, 10°32'43.6"E

Vorderhornbach 113a, AT-6645 Vorderhornbach, T +43 6764 3084 80, lechtalcamping@gmail.com, www.camping-lechtal-tirol.de

0,5 km P 16A DE free

Ebenes Wiesengelände ohne weitere Bepflanzung, von teils hohen Bäumen umgeben. Am Hornbach, einem Lech-Zufluss. / Terrain plat en prairie sans autre plantation, entouré en partie de grands arbres. Au bord du Hornbach, un affluent du Lech.

Preise/Nacht / Prix/nuit EUR 32–44, EUR 25–35, VISA

Waidring «Camping Steinplatte Waidring» ★★★★ www.pincamp.ch/NT5900 NT5900

ha 4 m ü.M. 780 T 165 S 125 M 4 47°35'00.2"N, 12°34'58.7"E

Unterwasser 43, AT-6384 Waidring, T +43 5353 5345, info@camping-steinplatte.at, www.camping-steinplatte.at

0,1 km 10A DE IT

Von mehreren, überwiegend gekiesten Wegen durchzogenes, ebenes Gelände mit verschieden hohen Baumreihen. / Terrain plat traversé par plusieurs chemins, principalement gravillonnés, avec des rangées d'arbres de différentes hauteurs.

Aktiv Camping Prutz zählt zweifellos zu den beliebtesten und renommiertesten Campingplätzen in Tirol. Dieser Platz besticht durch seine einmalige Lage direkt am Inn, im Herzen des Tiroler Oberlandes, am Tor zum Kaunertaler Gletscher und nahe der Familienregion Serfaus-Fiss-Ladis. Das topmoderne Gebäude und seine sanitären Einrichtungen sind vielfach ausgezeichnet.

Top **Inklusivleistungen**
mit unserer **Summer Card**:

Gratis Eintritt im Erlebnisschwimmbad Prutz, Badesee Ried, Tennis, Gratis Postbus (Landeck - Nauders - Serfaus), Teilnahme am Bibi-Kinderprogramm, etc.

Ermäßigungen im Hallenbad „Quellalpin", Rafting, Canyoning, Sport- u. Wellnessprogramm

Aktiv-Camping Prutz / Tirol
Pontlatzstraße 22 - A-6522 Prutz - Tel.: +43/5472/2648
info@aktiv-camping.at | www.aktiv-camping.at

TCS CAMPING PARTNER / PARTENAIRE NT1700

Prutz «Aktiv-Camping Prutz» ****

1.1.–31.12.2024

PiN CAMP

Jetzt online buchen / Réserver en ligne
pincamp.ch

47°04'48.8"N, 10°39'33.6"E   ha 2,5   m ü.M. 866   T 139   S 30   pincamp.ch/NT1700

Pontlatzstrasse 22, AT-6522 Prutz, T +43 5472 2648, info@aktiv-camping.at, www.aktiv-camping.at

0,3 km   365   10 A   DE

Lang gestrecktes, ebenes Wiesengelände am Fluss und am Fusse eines bewaldeten Hanges. Blick auf Kaunertaler Gletscher. / Longue prairie plate au bord d'une rivière et au pied d'un versant boisé. Vue sur le glacier du Kaunertal.

Preise/Nacht / Prix/nuit EUR 40.50–54.50, EUR 35–46, EUR 5, VISA

Rabatte / Rabais 2024

	TCS Camping Mitglieder / Membres
1.1.–31.12.	10 %

Gültig auf Stellplatzpreise / Valables pour les tarifes «emplacement»

Walchsee «Ferienpark Terrassencamping Süd-See» **** www.pincamp.ch/NT5750 NT5750

1.1.-31.12. ha 11 680 T 150 S 150 M 8 47°38'25.7"N, 12°19'26.3"E

Seestr. 76, AT-6344 Walchsee, T +43 5374 5339, info@terrassencamping.at, www.terrassencamping.at

1,5 km 365 16A DE free

Terrasiertes Gelände am See mit einigen Bäumen. Standplätze für Touristen überwiegend seenah. / Terrain en terrasses au bord du lac avec quelques arbres. Emplacements pour touristes principalement près du lac.

Preise/Nacht / Prix/nuit EUR 54.20-85.20, EUR 44.20-71.20, EUR 7, TAX

Westendorf «Panoramacamping Westendorf» **** www.pincamp.ch/NT6390 NT6390

1.1.-12.10., 16.12.-31.12. ha 2,2 800 T 70 S 75 47°25'58.4"N, 12°12'06.7"E

Mühltal 70, AT-6363 Westendorf, T +43 5334 6166, info@panoramacamping.at, www.panoramacamping.at

0,3 km 16A DE

Ebenes, teils leicht geneigtes Rasengelände auf drei Stufen mit vereinzelten Bäumen und Sträuchern. Blick auf Berge. / Terrain plat, en partie légèrement incliné sur trois niveaux avec des arbres et des arbustes isolés. Vue sur les montagnes.

Preise/Nacht / Prix/nuit EUR 32.50-42.50, EUR 26-36, EUR 4.50, TAX, ,

Wiesing «Camping Inntal» **** www.pincamp.ch/NT4900 NT4900

1.1.-25.10., 1.12.-31.12. ha 2,1 560 T 80 S 80 M 6 47°24'21.1"N, 11°48'18.9"E

Dorf 100, AT-6210 Wiesing, T +43 5244 62693, info@camping-inntal.at, www.camping-inntal.at

0,5 km 5 km 16A DE free

In vier Terrassen gestuftes Wiesengelände mit Bäumen. Blick in das Zillertal. / Terrain en prairie étagé en quatre terrasses avec des arbres. Vue sur la vallée du Zillertal.

Preise/Nacht / Prix/nuit EUR 36-46.50, EUR 30-39.50, EUR 4, TAX, VISA

Wildermieming «Sonnenplateau Camping Gerhardhof» ***** www.pincamp.ch/NT2850 NT2850

1.1.-31.12. ha 3,7 T 109 S 5 M 15 47°18'51.0"N, 11°02'11.8"E

Gerhardhof 1, AT-6413 Wildermieming, T +43 5264 5240, kontakt@gerhardhof.at, www.gerhardhof.com

0,8 km 365

16A

DE free

Auf einem künstlich angelegten Plateau im direkt angrenzenden Wald gelegen. / Situé sur un plateau artificiel dans la forêt directement adjacente.

Preise/Nacht / Prix/nuit EUR 40-56, EUR 33-45, EUR 5, TAX, VISA

Au an der Donau «Camping Au an der Donau» **** www.pincamp.ch/OÖ3700 OÖ3700

15.4.-30.9. ha 2,1 m/üM 250 T 65 M 17 48°13'41.2"N, 14°34'48.2"E

Hafenstrasse 1, AT-4332 Au an der Donau, T +43 7262 53090, info@camping-audonau.at, www.camping-audonau.at

0,2 km

16A

DE free PiN CAMP

Durch diverse Bäume und Buschreihen strukturiertes Wiesengelände, Standplätze durch Hecken abgegrenzt. / Terrain de prairie structuré par divers arbres et rangées de buissons, emplacements délimités par des haies.

Preise/Nacht / Prix/nuit EUR 42.30-51.80, EUR 37.30-44.80, EUR 4, VISA

St. Wolfgang im Salzkammergut «Seecamping Berau am Wolfgangsee» **** www.pincamp.ch/OÖ550 OÖ550

1.1.-31.12. ha 3 m/üM 550 T 160 S 40 M 23 47°43'49.7"N, 13°28'41.4"E

Schwarzenbach 16, AT-5360 St. Wolfgang im Salzkammergut, T +43 6138 2543, Office@berau.at, www.berau.at

0,7 km 365

13A

DE free

Ebenes, von mittelhohen Baumreihen durchzogenes Gelände. Blick auf See und Berge. / Terrain plat, entrecoupé de rangées d'arbres de moyenne hauteur. Vue sur le lac et les montagnes.

Preise/Nacht / Prix/nuit EUR 22.95-45.90, EUR 20.20-40.40, EUR 6.40, TAX, VISA

Tiefgraben «Camp MondSeeLand» **** www.pincamp.ch/OÖ80 — OÖ80

27.3.–6.10. ha 5 m ü.M. 500 T 120 S 90 M 3 47°51'59.3"N, 13°18'22.8"E

Punzau 21, AT-5310 Tiefgraben, T +43 6232 2600, austria@campmondsee.at, www.campmondsee.at

1,5 km 3,5 km P 16A

Wiesengelände mit Strauchreihen und verschiedenartigem Baumbestand sowie einem kleinen Teich. / Terrain en prairie avec des rangées d'arbustes et des arbres de différentes sortes ainsi qu'un petit étang.

Preise/Nacht / Prix/nuit EUR 35–50.40, EUR 29.90–42.50, EUR 6, TAX, , VISA

Kals «Nationalpark-Camping» *** www.pincamp.ch/OT370 — OT370

1.1.–11.4., 15.5.–15.10. ha 2 m ü.M. 1500 T 103 S 5 47°01'08.3"N, 12°38'04.8"E

Burg 22, AT-9981 Kals, T +43 4852 67418, info@nationalpark-camping-kals.at, www.nationalpark-camping-kals.at

0,5 km 13A DE free

Mehrfach gestuftes Wiesengelände, von Wald und Bergen umgeben. Blick auf Hohe Tauern. / Terrain de prairie à plusieurs niveaux, entouré de forêts et de montagnes. Vue sur le Hohe Tauern.

Preise/Nacht / Prix/nuit EUR 36, EUR 30.50, EUR 4.50,

Lienz «Camping Seewiese» **** www.pincamp.ch/OT330 — OT330

15.6.–15.9. ha 2,3 m ü.M. 838 T 99 46°48'24.6"N, 12°48'10.2"E

Am Tristachersee 2, AT-9900 Lienz, T +43 4852 69767, seewiese@outlook.com, www.campingtirol.com

0,1 km 6A DE free

Naturbelassenes, geneigtes Wiesengelände mit einigen wenigen Bäumen am See. Blick auf die Lienzer Dolomiten. / Terrain naturel et incliné en prairie avec quelques arbres au bord du lac. Vue sur les Dolomites de Lienz.

Preise/Nacht / Prix/nuit EUR 43.80–50.80, EUR 37.80–44.80, EUR 4,

Bad Hofgastein «Kurcamping Bertahof» **** www.pincamp.ch/SA1780 — SA1780

1.1.–31.12. ha 5 m ü.M. 870 T 100 S 60 M 1 47°08'37.2"N, 13°07'12.8"E

Vorderschneeberg 15, AT-5630 Bad Hofgastein, T +43 6432 6701, camping@bertahof.at, www.camping-bertahof.at

0,1 km 365 16A DE free

Ebenes Wiesengelände mit einigen Laubbäumen. In der Nähe ein Badesee. Blick auf Berge. / Terrain plat en prairie avec quelques arbres à feuilles caduques. Lac de baignade à proximité. Vue sur les montagnes.

Preise/Nacht / Prix/nuit EUR 43, EUR 36, EUR 3.90, TAX, , VISA

Bruck a.d. Grossglocknerstr. «Sportcamp Woferlgut» ★★★★★ www.pincamp.ch/SA1410 SA1410

1.1.–31.12. ha 18 757 T 200 S 70 M 96 47°17'01.4"N, 12°49'01.0"E

Krössenbachstrasse 40, AT-5671 Bruck a.d. Grossglocknerstr., T +43 6545 7303, info@sportcamp.at, www.sportcamp.at

0,3 km 365 16A DE free

Parkähnliches Gelände, von Bäumen und hohen Hecken umgeben. / Terrain ressemblant à un parc, entouré d'arbres et de hautes haies

Preise/Nacht / Prix/nuit EUR 39.70–56.10, EUR 33.20–46.40, EUR 6.60, TAX, VISA

Salzburg «Camping Nord Sam» ★★★ www.pincamp.ch/SA3700 SA3700

22.3.–2.4., 19.4.–13.10., 27.12.–31.12. ha 1,4 440 T 100 47°49'38.3"N, 13°03'44.7"E

Samstrasse 22-A, AT-5023 Salzburg, T +43 6626 60494, office@camping-nord-sam.com, www.camping-nord-sam.com

0,1 km 10A DE

Durch verschiedenartige Bepflanzung in zahlreiche Nischen unterteiltes, leicht geneigtes Gelände. Von dichtem Gehölz umgeben. / Terrain légèrement en pente, divisé en de nombreuses niches par des plantations variées. Entouré d'une végétation dense.

Preise/Nacht / Prix/nuit EUR 33.50–47, EUR 28–39, EUR 4, TAX

BELEBEND, ENTSPANNEND, ACTIONREICH.

Das Leading Camping & Holiday Resort bietet zahlreiche Freizeitaktivitäten in einer traumhaften Umgebung. Großzügige Zimmer & Suiten, gemütliche Ferienwohnungen, Badewelt mit 5 Pools, Wellness und Badesee.

Woferlgut
Sportcamp Restaurant **** Hotel

A-5671 Bruck/Großglockner, Krössenbach 40,
Tel: +43(0)6545 7303-0
Mail: info@sportcamp.at, **www.sportcamp.at**

ADAC Superplatz 2023 · Nationalpark Hohe Tauern · TOP CAMPING AUSTRIA · BRUCK FUSCH GROSSGLOCKNER · DCC Europa-Preisträger · AWARD 2023 camping.info · LeadingCampings

St. Johann im Pongau «Camping Wieshof» ★★★★ www.pincamp.ch/SA2140 SA2140

1.1.-31.12. ha 1,6 616 T 60 S 80 M 10 47°20'44.6"N, 13°11'31.8"E

Wieshofgasse 8, AT-5600 St. Johann im Pongau, T +43 6412 8519, info@camping-wieshof.at, www.wieshof-stjohann.com

0,5 km 365 16A free

Überwiegend ebenes, terrassiertes Wiesengelände an der Strasse, hinter der Pension und dem Bauernhof. / Terrain en prairie principalement plat et en terrasses le long de la route, derrière la pension et la ferme.

Preise/Nacht / Prix/nuit EUR 56.50-56.50, EUR 47.50-47.50, EUR 4, VISA

St. Martin bei Lofer «Camping Grubhof» ★★★★★ www.pincamp.ch/SA100 SA100

1.1.-7.4., 30.4.-3.11., 20.12.-31.12. ha 12 636 T 265 M 11 47°34'27.6"N, 12°42'20.1"E

Grubhof Nr. 39, AT-5092 St. Martin bei Lofer, T +43 6588 8237, home@grubhof.com, www.grubhof.com

PIN CAMP

Jetzt online buchen / Réserver en ligne pincamp.ch

0,3 km P DE FR free 16A

Gelände mit grossen, von Baumreihen eingefassten Wiesenflächen. Tauern-Radweg angrenzend. Blick auf Berge. / Terrain avec de grandes prairies bordées de rangées d'arbres. Piste cyclable du Tauern adjacente. Vue sur les montagnes.

Preise/Nacht / Prix/nuit EUR 49-78, EUR 41-66, EUR 6, TAX, VISA

Wald im Pinzgau «Alpen Camping Aigner» *** www.pincamp.ch/SA1050 SA1050

1.1.-31.12. ha 0,7 m ü.M. 900 T 40 S 5 M 1 47°14'34.8"N, 12°12'42.0"E

Lahn 65, AT-5742 Wald im Pinzgau, T +43 5656 21699, office@aignercamping.at, aignercamping.at

0,2 km 365 6A DE free

Ebene Wiese mit Bäumen und Büschen. Am Ortsrand. / Prairie plate avec arbres et buissons. En bordure du village.

Preise/Nacht / Prix/nuit EUR 46-52, EUR 37-43, EUR 4, TAX, , VISA

St. Georgen am Kreischberg «Camping Olachgut» **** www.pincamp.ch/SM390 SM390

1.1.-1.4., 6.5.-6.10., 6.12.-31.12. ha 10 m ü.M. 860 T 125 S 40 M 21 47°06'27.2"N, 14°08'23.3"E

Kaindorf 90, AT-8861 St. Georgen am Kreischberg, T +43 3532 2162, office@olachgut.at, www.olachgut.at

PiN CAMP

Jetzt online buchen / Réserver en ligne **pincamp.ch**

0,1 km 16A DE FR free

Lang gestrecktes Wiesengelände auf drei Ebenen, an der Mur. Nischenartige Standplätze. / Terrain de prairie allongé sur trois niveaux, au bord de la Mur. Emplacements en forme de niches.

Preise/Nacht / Prix/nuit EUR 38.50-48, EUR 32.50-40, EUR 5, TAX, VISA

St. Peter am Kammersberg «Camping Bella Austria» **** www.pincamp.ch/SM396 SM396

29.4.-30.9. ha 5,5 m ü.M. 810 T 34 S 1 M 222 47°10'47.0"N, 14°12'55.0"E

Peterdorf 100, AT-8843 St. Peter am Kammersberg, T +43 6641 6809 77, info@camping-bellaustria.at, www.camping-bellaustria.com

PiN CAMP

Jetzt online buchen / Réserver en ligne **pincamp.ch**

1,5 km 16A DE free

Leicht geneigtes, teils terrasiertes Wiesengelände mit Baumreihen und einigen Büschen. / Terrain en prairie légèrement incliné, en partie en terrasse, avec des rangées d'arbres et quelques buissons.

Preise/Nacht / Prix/nuit EUR 32, EUR 27, EUR 3, TAX

Weisskirchen «50plus Campingpark Fisching» **** www.pincamp.ch/SM470 SM470

1.4.–31.10. ha 1,5 m ü.M. 680 T 62 M 11 47°09'47.4"N, 14°44'17.4"E

Fisching 9, AT-8741 Weisskirchen, T +43 3577 82284, info@camping50plus.com, www.camping50plus.com

0,1 km P 6A DE free

Lang gestrecktes, gärtnerisch gestaltetes Gelände im Ortsbereich, zwischen Strasse und Feldern. / Terrain allongé, aménagé en jardin, dans la zone du village, entre la route et les champs.

Preise/Nacht / Prix/nuit EUR 28–35.80, TAX

Braz «Camping Traube Braz» **** www.pincamp.ch/VB720 VB720

1.1.–31.12. ha 2 m ü.M. 700 T 35 S 70 47°08'46.9"N, 9°54'08.6"E

Klostertalerstrasse 12, AT-6751 Braz, T +43 5552 28103, office@traubebraz.at, www.campingtraube.at

0,1 km 365 6A DE

Von Bäumen und Sträuchern umgebene, vielfach gestufte Wiese mit teils hohen Obstbäumen. / Prairie entourée d'arbres et d'arbustes, souvent étagée, avec des arbres fruitiers en partie hauts.

Preise/Nacht / Prix/nuit EUR 38, EUR 29, TAX, VISA

Dornbirn «Camping Dornbirn» **** www.pincamp.ch/VB300 VB300

ha 1,4 m ü.M. 430 T 116 47°23'57.7"N, 9°45'24.0"E

Gütlestrasse 15, AT-6850 Dornbirn, T +43 5572 29119, reservierung@camping-dornbirn.at, www.camping-dornbirn.at

0,1 km 16A DE

Zwei ebene Wiesen in einem ehemaligen Parkgelände, eine davon für Zelte, jeweils von hohen Bäumen umgeben. / Deux prairies plates dans un ancien parc, dont une pour les tentes, chacune entourée de grands arbres.

Innerbraz «Walch's Camping» **** www.pincamp.ch/VB730 VB730

1.1.–14.4., 8.5.–13.10., 13.12.–31.12. ha 2,5 m ü.M. 700 T 53 S 50 M 14 47°08'29.9"N, 9°55'35.6"E

Arlbergstrasse 93, AT-6751 Innerbraz, T +43 5552 2810 20, info@landhauswalch.at, www.campingplatz-arlberg.at

PiN CAMP

Jetzt online buchen / Réserver en ligne pinçamp.ch

0,1 km P 16A DE

Ebenes, leicht geneigtes Wiesengelände, teils mit jungem Baumbestand. Blick auf Berge. / Terrain plat, légèrement incliné, en partie avec de jeunes arbres. Vue sur les montagnes.

Preise/Nacht / Prix/nuit EUR 51.80–56.80, EUR 51.80–56.80, EUR 5.50, TAX, VISA

Nenzing «Alpencamping Nenzing» ★★★★★ www.pincamp.ch/VB390 VB390

1.1.–31.12. ha 3,3 | 700 | T 150 | M 12 | 47°10'57.3"N, 9°40'56.0"E

Garfrenga 1, AT-6710 Nenzing, T +43 5525 62491, office@alpencamping.at, www.alpencamping.at

0,1 km | 365 | 16A | DE FR IT | free

Überwiegend am terrassierten Berghang angelegtes Wiesengelände mit Blumen und Bäumen. Von Wald umgeben. / Terrain en prairie principalement aménagé sur un versant de montagne en terrasse, avec fleurs et arbres. Entouré de forêt.

Preise/Nacht / Prix/nuit EUR 47–65, EUR 37–54, EUR 6.90, TAX, , VISA

Nüziders «Panorama Camping Sonnenberg» ★★★★ www.pincamp.ch/VB460 VB460

17.5.–29.9. ha 1,9 | 580 | T 110 | M 2 | 47°10'12.1"N, 9°48'27.8"E

Hinteroferst 12, AT-6714 Nüziders, T +43 5552 64035, info@camping-sonnenberg.com, www.camping-sonnenberg.com

0,3 km | 13A | DE FR

Terrassiertes Wiesengelände aufgelockert durch Bäume. Einige Standplätze geschottert. Blick auf das Tal und die Berge. / Terrain de prairie en terrasses, aéré par des arbres. Quelques emplacements empierrés. Vue sur la vallée et les montagnes.

Preise/Nacht / Prix/nuit EUR 36.50–49, EUR 31–43.50, EUR 4.50, TAX, VISA

ITALIEN / ITALIE

I

www.tcs.ch/italien
www.tcs.ch/italie

Zugspitze
2962
INNSBRUCK
Hall i.T.
Kitzbühel
Radstadt
Niedere Tauern
Leoben
Bruck a.d.Mur
Hohe Tauern
3797
Großglockner
Bad-gastein
Mauterndorf
Judenburg
GRAZ
Landeck
Reschenpass
Passo di Resia
Brennerpass
Passo del Brennero
Osttirol
Lienz
A
Friesach
ST2150
ST3400
ST3420
Spittal a.d.Dr.
Villach
ST1520
ST2200
Bressanone
Brixen
Merano / Meran
ST1500
ST1510
ST3250
ST3500
Gail
Klagenfurt a.W.
ST1400
ST1450
ST1650
ST1750
Karawanken
Kamniško Savinjske Alpe
Cortina d'Ampezzo
ST1570
ST2300
ST2500
BOLZANO
BOZEN
Triglav
2863
Jesenice
Celje
ST2550
TN5250
Calalzo di Cadore
Gemona d.Fr.
Julijske alpe
Kranj
TN5380
Dolomiti
Trbovlje
TN4400
Belluno
UDINE
SLO
LJUBLJANA
Adige
Trento
TN6200
Feltre
Piave
Idrija
Krško
TN6400
Vittorio Veneto
Pordenone
Gorizia
Riva d.Garda
Rovereto
TN4780
GS1600
Lago di Garda
Brenta
Bassano d.Grappa
FR3050
FR3100
Monfalcone
Novo Mesto
FR3500
Duino-Aurisina
Postojna
Portogruaro
FR2500
FR2480
TRIESTE
Kočevje
Treviso
VE4050
GS4500
GS4600
VICENZA
Caorle
VE4300
VE4350
Koper
VE4420
Golfo di Trieste
VERONA
VE_46085
VENEZIA
VE4580
VE4600
VE4650
VE4750
VE4800
VE4850
VE4950
VE5000
VE5050
VE5100
VE5150
VE5250
VE5300
VE5350
VE5400
VE5450
VE5500
VE5550
VE5600
GS4700
GS4750
GS4800
GS4840
GS4850
GS4900
PADOVA
Mira
Golfo di Venezia
Opatija
RIJEKA
Ogulin
GS5000
GS5070
VE_96252
Chioggia
Poreč
Istra
Crikvenica
VE6000
VE6100
Labin
Mantova
GS4950
Rovinj
Krk
Senj
Po
Rovigo
Porto Tolle
Delta del Po
Baška
Velebitski Kanal
Cres
HR
Carpi
FERRARA
Pula
Kvarner
Rab
ER7100
ER7200
ER7250
Kvarnerić
MODENA
Comacchio
Lošinj
Karlobag
Argenta
Mali Lošinj
Pag
BOLOGNA
RAVENNA
ER7600
Jadransko More
Mare Adriatico
Imola
Ulib
Molat
Cervia
FORLÌ
Vena d. Gesso Rom.
ER8400
Zadar
Cesena
RIMINI
Borgo San Lorenzo
RSM
ER9300
Dugi Otok
Rašman
Pistoia
ER9950
San Marino
Pesaro
PRATO
TO6400
FIRENZE
P.N. d. Foreste Casentinesi M. Falterona-Cap.
Fano
Kornat
TO7520
TO7700
Urbino
Senigallia
Bibbiena
TO7800
Sansepolcro
Pergola
ANCONA
0
50 km
Jesi
S.Gimignano
Arezzo
Loreto
Volterra

LIVORNO
TO7800
Bibbiena
Sansepolcro
Urbino
Senigallia
ANCONA
Pergola
S.Gimignano
Rosignano Marittimo
TO3200
Volterra
Siena
Arezzo
Gubbio
Jesi
Fabriano
Loreto
Cecina
TO3500
TO3400
TO3420
TO3750
TO3640
Cortona
Macerata
Civitanova Marche
Isola di Capraia
Monte-pulciano
PERUGIA
Lago Trasimeno
Fermo
MA4470
TO3800
Massa Mar.
Pienza
P.N. dei Monti Sibillini
TO3950
TO9900
Assisi
Piombino
TO5100
Foligno
S.Benedetto d.T.
Follonica
Ascoli Piceno
Portoferraio
TO4100
AB3150
TO4700
TO4550
TO4600
Pin_235682
Isola d'Elba
Grosseto
Todi
Giulianova
TO5230
Maremma
Man-ciano
Orvieto
Spoleto
Teramo
AB3600
Canale di Corsica
L. di Bolsena
Tevere
TERNI
Pineto
P.N. dell' Archipelago Toscano
P.N. del Gran Sasso e Monti d. Laga
I. di Monte-cristo
Orbetello
Tuscania
Orte
Viterbo
Rieti
PESC
L'Aquila
I. d. Giglio
Civita Castellana
Chieti
Tarquinia
Appennino Abruzzese
LA2300
L. di Bracciano
Civitavecchia
P.N. della Maiella
ROMA
Popoli
Cerveteri
Avezzano
Sulmona
CITTÀ DEL VATICANO
LA2700
Tivoli
V
P.N. d'Abruzzo
LA2750
Frascati
LA2800
Anagni
Sora
Lido di Ostia
Frosinone
Isernia
Aprilia
Cassino
Anzio
Priverno
LATINA
Bojan
Sabaudia
P. Naz. del Circeo
Formia
Terracina
Golfo di Gaeta
Mondragone
Caserta
Isole Ponziane
NAPOLI
Pozzuoli
Isola d'Ischia
Torre d.Gr.
G. di Napoli
Sorre
Isola di Capri
Mare Tirreno
0
50 km

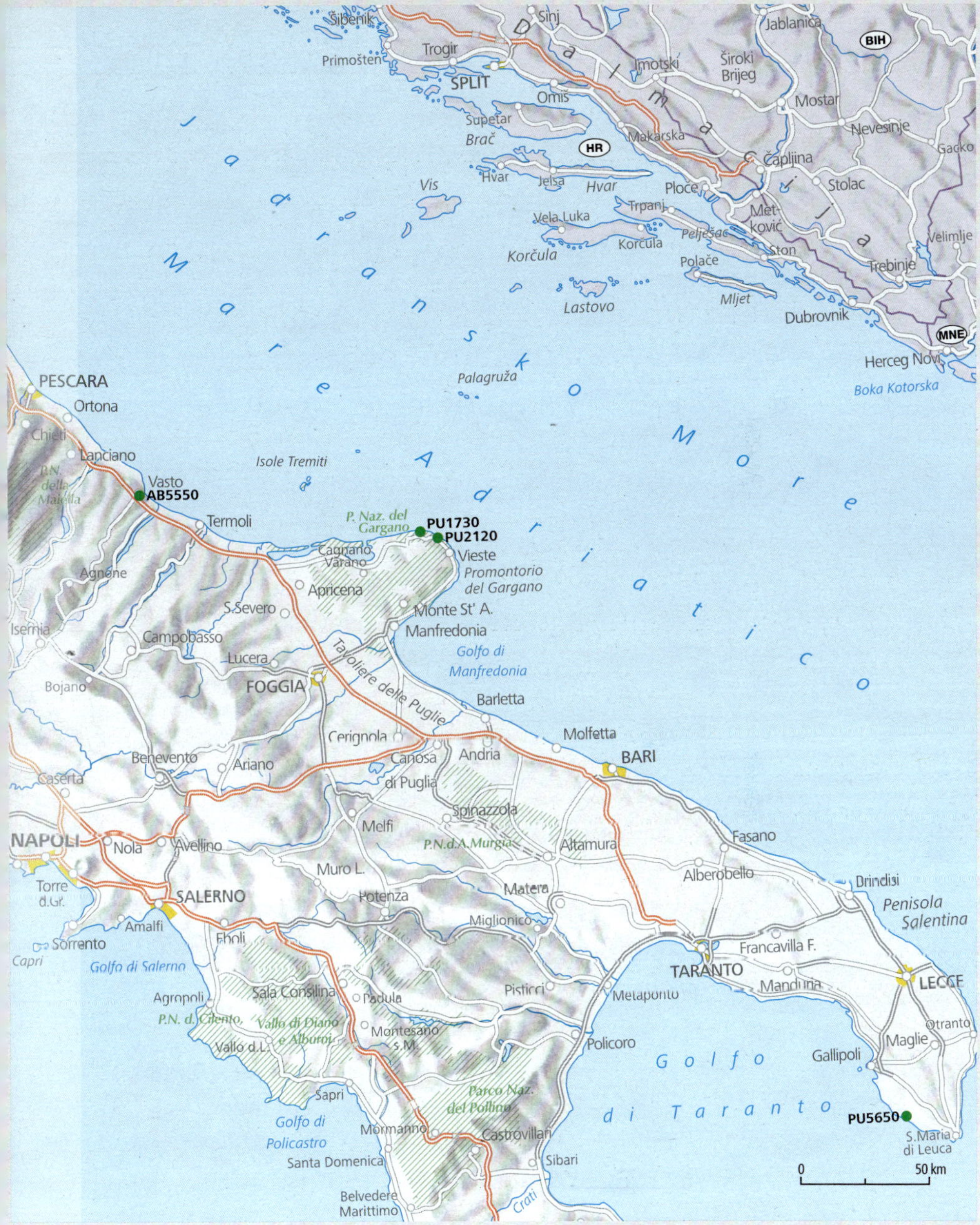
Šibenik
Primošten
Trogir
Sinj
SPLIT
Omiš
Supetar
Brač
Jablanica
BIH
Imotski
Široki Brijeg
Mostar
Nevesinje
Gacko
Makarska
HR
Čapljina
Stolac
Hvar
Jelsa
Hvar
Vis
Ploče
Trpanj
Met-ković
Vela Luka
Korčula
Korčula
Pelješac
Ston
Polače
Trebinje
Bileća
Lastovo
Mljet
Dubrovnik
MNE
Herceg Novi
Boka Kotorska
Palagruža
Jadransko More
Mare Adriatico
Dalmacija
PESCARA
Ortona
Chieti
Lanciano
P.N. della Maiella
Vasto
AB5550
Isole Tremiti
Termoli
P. Naz. del Gargano
PU1730
PU2120
Vieste
Promontorio del Gargano
Cagnano Varano
Apricena
Agnone
S.Severo
Monte St' A.
Manfredonia
Golfo di Manfredonia
Isernia
Campobasso
Lucera
FOGGIA
Tavoliere delle Puglie
Bojano
Barletta
Cerignola
Molfetta
BARI
Benevento
Ariano
Canosa di Puglia
Andria
Caserta
Spinazzola
Melfi
Fasano
NAPOLI
Nola
Avellino
P.N.d.A.Murgia
Altamura
Alberobello
Brindisi
Penisola Salentina
Torre d.Gr.
Muro L.
Matera
SALERNO
Potenza
Amalfi
Miglionico
Francavilla F.
Sorrento
Capri
Eboli
TARANTO
Golfo di Salerno
Agropoli
Sala Consilina
Padula
Pisticci
Metaponto
Manduria
LECCE
P.N. d. Cilento,
Vallo di Diano e Alburni
Otranto
Montesano s.M.
Maglie
Vallo d.L.
Policoro
Golfo di Taranto
Gallipoli
Sapri
Parco Naz. del Pollino
PU5650
Golfo di Policastro
Mormanno
Castrovillari
S.Maria di Leuca
Santa Domenica
Sibari
0
50 km
Belvedere Marittimo
Crati

Isola d'Ischia
Golfo di Napoli
SALERNO
Potenza
Amalfi
Sorrento
Isola di Capri
Golfo di Salerno
Eboli
P.N. d. Cilento,
Sala C.
V.d. Diano
e Alb.
Agropoli
Vallo d.L.
Sapri
Golfo di Policastro
Santa Domenica
Mare Tirreno
Isole Eolie o Lipari
Isola Stromboli
Isola di Ustica
Isola Filicudi
Isola Salina
I. Panarea
Isola Alicudi
Isola Lipari
Lipari
Porto Levante
Isola Vulcano
MESSINA
Milazzo
PALERMO
Trapani
Termini Imerese
Cefalù
SI2750
Patti
Nebrodi
Favignana
Isole Egadi
Alcamo
Madonie
Randazzo
Stretto di Messina
Marsala
Corleone
Lercara Friddi
Taormina
Belice
Nicosia
Castelvetrano
Giarre
Mazara del Vallo
Caltanissetta
Paternò
Acireale
Sciacca
Ribera
Enna
CATANIA
Sicilia
Canicattì
Lentini
Agrigento
Caltagirone
Augusta
Salso
Vizzini
Palazzolo Acreide
SIRACUSA
Licata
Gela
Ragusa
Vittoria
Noto
Modica
Golfo di Noto
Ispica
Pachino
Pantelleria
P.N. dell'I.d. Pantelleria
Tracino
Isola di Pantelleria
0
50 km

Matera
Brindisi
Potenza
Miglionico
Penisola
Salentina
Canale d'Otranto
Vlorë
Li Vjosës
AL
Francavilla F.
TARANTO
Manduria
LECCE
Padula
Pisticci
Metaponto
Montesano s.M.
Policoro
Otranto
Himarë
Gallipoli
Maglie
Golfo di Taranto
P. Naz. del Pollino
PU5650
S.Maria di Leuca
Anaharávi
Mormanno
Castrovillari
Paleokastritsa
Domenica
Sibari
Kérkira (Korfu)
Belvedere Marittimo
Crati
GR
Rossano
Cariati
Cetraro
Cirò
Paola
S.Giovanni in Fiore
Cosenza
La Sila
Neto
Amantea
P.Naz. della Sila
Crotone
Lamezia Terme
Isola di C.R.
Catanzaro
Golfo di S. Eufemia
Golfo di Squillace
Pizzo
Tropea
Soverato
Serra San Bruno
Stilo
Gioia Tauro
Monasterace Marina
Cittanova
Gerace
Locri
P. Naz. d.Asp.
Stretto di Messina
REGGIO DI CALABRIA
Melito di P. Salvo
Mare Ionio
0
50 km

Portoferraio
TO5100
TO4100
Grosseto
TO4700
TO4550
Isola d'Elba
TO4600
Pin_235682
TO5230
Man-
ciano
L'Île-Rousse
Bastia
Calvi
Canale di Corsica
Maremma
P.N. dell'
Arcipelago
Toscano
I. Pianosa
Casamozza
La Scandola
Mte. Cinto
2706
I.di Monte-
cristo
Orbetello
Porto
Corte
I. d. Giglio
Vivario
Aléria
Ajaccio
Corse
F
I
Solenzara
Propriano
Sartène
Porto-Vecchio
Bonifacio
Bouches de Bonifacio
P. Naz. di La Maddalena
Bocche di Bonifacio
Isola Maddalena
Santa Teresa d.G.
La Maddalena
Isola Asinara
IS1450
IS1670
P. Naz. dell'Asinara
IS1800
Golfo dell'
Asinara
Golfo Aranci
Stintino
Tempio
Pausania
Olbia
Castel-
sardo
Porto Torres
SASSARI
Ploaghe
Oschiri
Siniscola
IS1120
Alghero
Ozieri
Sardegna
Bosa
Mare di
Sardegna
Orosei
Macomer
Nuoro
Ghilarza
Barbagia
P.N. del Golfo di
Orosei e
Gennargentu
Fonni
Tirso
Oristano
Arbatax
Lanusei
Terralba
Barumini
Mandas
Campidano
Guspini
Sanluri
Flumendosa
Mare Tirreno
Iglesias
Muravera
Portoscuso
Isola di San Pietro
Carbonia
CAGLIARI
Golfo
di Cagliari
Villasimius
Sant'Antioco
Giba
Pula
Isola di Sant'
Antioco
Teulada
0
50 km

REISEINFORMATIONEN
INFORMATIONS DE VOYAGE

Italien
Kulturschätze, Badeorte und Romantik – vielfältige Landschaften, historische Orte und zahlreiche Gaumenfreuden warten auf Sie.

Verkehrsregeln
Rechtsverkehr. Gebührenfreie Parkplätze werden durch weisse Linien, gebührenpflichtige Parkplätze durch blaue Linien und reservierte Parkplätze durch gelbe Linien gekennzeichnet. Eine nach hinten hinausragende Ladung muss mit einer reflektierenden Warntafel (spezifisch für Italien) gekennzeichnet sein. Verkehrseinschränkungen und Fahrverbote in zahlreichen Städten.

Strassengebühren
Das Befahren von Autobahnen ist kostenpflichtig. Der durchschnittliche Tarif variiert je nach Strecke und Fahrzeugtyp. Die Autobahngebühren können mit Bargeld oder einer gängigen Kreditkarte bezahlt werden. Spezielle Automaten für Besitzer eines elektronischen Abonnements (Viacard, Telepass) sind ebenfalls vorhanden.

Geschwindigkeitsbegrenzung

Innerorts	50 km/h
Ausserorts ( )	70 km/h
Autobahn ( )	80 km/h
Ausserorts (< 3,5 t)	90 km/h
Autobahn (< 3,5 t)	130 km/h
Ausserorts (> 3,5 t)	80 km/h
Autobahn (> 3,5 t)	100 km/h
Strassenhilfsdienst	803 116

Hier finden Sie weitere wichtige Reiseinformationen bezüglich Italien.
www.tcs.ch/italien

Wild campen
Wild campen ist grundsätzlich verboten. Mit Erlaubnis des Grundbesitzers darf man auf privatem Gelände campieren.

Detailliertere Informationen auf camping-insider.ch

Notrufnummern

Polizei	112
Ambulanz	112
Feuerwehr	115
Strassenhilfsdienst	803 116

Quelle: tcs.ch

Italie
Trésors culturels, stations balnéaires et romantisme, sans oublier des paysages d'une diversité extra-ordinaire, des sites historiques et des plaisirs culinaires irrésistibles.

Règles de circulation
Conduite à droite. Les places de stationnement gratuites sont signalées avec des lignes blanches, les places de stationnement payantes avec des lignes bleues et les places réservées avec des lignes jaunes. Les chargements dépassant à l'arrière doivent être pourvus d'un panneau de signalisation réfléchissant (spécialement conçu pour l'Italie). Restrictions de la circulation et interdictions de conduire dans de nombreuses villes.

Péage
La circulation autoroutière est payante. Le tarif moyen varie selon l'itinéraire et le type de véhicule. Le péage autoroutier peut être payé en liquide ou avec une carte de crédit courante. Des automates spéciaux pour les détenteurs d'un abonnement électronique (Viacard, Telepass) sont également disponibles.

Limitation de la vitesse

Dans les localités	50 km/h
En dehors des localités ( )	70 km/h
Autoroute ( )	80 km/h
En dehors des localités (< 3,5 t)	90 km/h
Autoroute (< 3,5 t)	130 km/h
En dehors des localités (> 3,5 t)	80 km/h
Autoroute (> 3,5 t)	100 km/h
Assistance routière	803 116

Vous trouverez ici d'autres informations pour votre voyage en Italie.
www.tcs.ch/italie

Camping sauvage
Le camping sauvage est généralement prohibé. Il est possible de camper sur un terrain privé avec la permission du propriétaire.

Informations détaillées sous camping-insider.ch

Numeros d'appel d'urgence

Police	112
Ambulance	112
Pompiers	115
Assistance routière	803 116

Source: tcs.ch

Abruzzen – Molise / Abruzzes – Molise

Apulien – Basilikata / Pouilles – Basilicate

Emilia-Romagna / Émilie-Romagne

Friaul – Julisch Venetien / Frioul – Vénétie Julienne

Gardasee / Lac de Garde

Trentino / Trentin

Venetien / Vénétie

VE_96252	Salionze di Valeggio sul Mincio	382
VE6000	Sottomarina «Camping Village Adriatico» ****	382
VE6100	Sottomarina «Miramare Camping Village» *****	383

Martinsicuro «Camping Village Riva Nuova» ★★★★ www.pincamp.ch/AB3150 AB3150

ha 8 T 330 S 30 M 200 42°52'49.0"N, 13°55'12.0"E

Via dei Pioppi, 6, IT-64014 Martinsicuro, T +39 0861 7975 15, info@rivanuova.it, www.rivanuova.com

Jetzt online buchen / Réserver en ligne pincamp.ch

0,8 km 0,1 km 16 A

Lang gestrecktes, ebenes Wiesengelände, von einem schmalen Wassergraben durchzogen. Viele Bäume, zusätzlich Mattendächer. / Terrain de prairie allongé et plat, traversé par un étroit fossé. Beaucoup d'arbres, en plus des toits en nattes.

Roseto degli Abruzzi «EurCamping Roseto Concept Glamping» ★★★★ www.pincamp.ch/AB3600 AB3600

15.6.–1.11. ha 5 T 105 S 25 M 85 42°39'27.6"N, 14°02'07.1"E

Lungomare Trieste Sud, 90, IT-64026 Roseto degli Abruzzi, T +39 0858 9931 79, eurcamping@camping.it, www.eurcamping.it

Jetzt online buchen / Réserver en ligne pincamp.ch

1 km 6A

Teils lang gestrecktes Wiesengelände mit verschiedenartigen Bäumen und Palmen. / Terrain de prairie en partie allongé avec des arbres et des palmiers de différentes sortes.

Preise/Nacht / Prix/nuit EUR 33–57, EUR 27–44, EUR 5, TAX, VISA

Vasto «Camping Village Grotta del Saraceno» ★★★★½ www.pincamp.ch/AB5550 **AB5550**

1.6.–7.9. ha 14 m/ÜM 34 T 150 S 100 M 150 42°09'15.2"N, 14°42'58.0"E

Via Osca, 6, IT-66054 Vasto, T +39 0873 3102 13, info@grottadelsaraceno.it, www.grottadelsaraceno.it

Jetzt online buchen / Réserver en ligne
pincamp.ch

6A

FR IT EN

Ebenes Wiesengelände am Meer, teils mit dichtem Bewuchs, teils mit junger Bepflanzung. / Terrain plat en prairie au bord de la mer, en partie avec une végétation dense, en partie avec de jeunes plantations.

Preise/Nacht / Prix/nuit EUR 33–66, EUR 27–54, EUR 12, TAX, VISA

Peschici «Centro Turistico San Nicola» ★★★★½ www.pincamp.ch/PU1730 **PU1730**

1.5.–30.9. ha 13,5 m/ÜM 30 T 500 S 15 M 30 41°56'33.8"N, 16°01'49.1"E

Loc. San Nicola, IT-71010 Peschici, T +39 0884 9640 24, sannicola@sannicola.it, www.sannicola.it

Jetzt online buchen / Réserver en ligne
pincamp.ch

1 km 16A

DE IT EN

Malerisch gelegenes, weit verzweigtes, terrassiertes Hanggelände mit auch junger Bepflanzung. / Terrain en pente pittoresque, largement ramifié et en terrasses, avec également de jeunes plantations.

Preise/Nacht / Prix/nuit EUR 44–91.37, EUR 39–74, EUR 9.60, TAX, VISA

Santa Maria di Merino «Camping Baia dei Lombardi» ★★★★ www.pincamp.ch/PU2120 **PU2120**

ha 3 T 115 M 38 41°55'13.1"N, 16°06'36.7"E

IT-71019 Santa Maria di Merino, T +39 0884 7064 80, info@baialombardi.it, www.baialombardi.it

0,1 km 6A

DE IT EN

Ebenes Gelände zwischen Strasse und Strand. In der Platzmitte ein Bereich mit wenigen Bäumen, dort zusätzlich Mattendächer. / Terrain plat entre la route et la plage. Au milieu de la place, une zone avec peu d'arbres, là en plus des toits en nattes.

Ugento «Riva di Ugento Beach Camping Resort» ★★★★ www.pincamp.ch/PU5650 PU5650

15.5.–14.10. ha 33 T 1100 M 225 39°52'31.2"N, 18°08'24.8"E

Litoranea Gallipoli – S.M. di Leuca, IT-73059 Ugento, T +39 0833 9336 00, info@rivadiugento.it, www.rivadiugento.it

0,5 km 6A

DE IT EN free

Überwiegend ebenes Waldgelände am Meer. Standplätze in verschiedenen Bereichen. Zusätzlich Mattendächer. / Terrain forestier principalement plat au bord de la mer. Emplacements dans différentes zones. En plus, toits en nattes.

Preise/Nacht / Prix/nuit EUR 25-67, EUR 25-67, TAX, VISA

Cailungo «Centro Vacanze San Marino» ★★★★ www.pincamp.ch/ER9950 ER9950

1.1.–31.12. ha 10 244 T 124 M 111 43°57'32.6"N, 12°27'38.8"E

Strada San Michele, 50, IT-47893 Cailungo, T +39 0549 9039 64, info@centrovacanzesanmarino.com, www.centrovacanzesanmarino.com

0,1 km 365 10A

DE FR IT EN free

In Terrassen angelegtes Hanggelände mit verschiedenartigen Bäumen und Hecken, in einem ehemaligen Olivenhain. / Terrain en pente aménagé en terrasses avec des arbres et des haies variés, dans une ancienne oliveraie.

Preise/Nacht / Prix/nuit EUR 37-57, EUR 28-44, EUR 5, TAX, VISA

Lido degli Scacchi – Comacchio «Holiday Village Florenz» ★★★★ www.pincamp.ch/ER7200 ER7200

22.3.–3.11. ha 8 T 100 S 100 M 215 44°42'06.1"N, 12°14'15.8"E

Via Alpi Centrali 199, IT-44020 Lido degli Scacchi – Comacchio, T +39 0533 3801 93, info@campingflorenz.com, www.campingflorenz.com

0,2 km 10A

DE FR IT EN free

Landeinwärts ebenes, überwiegend sandiges Gelände mit hohen Thujen-Hecken im lichten Pinienwald. / Vers l'intérieur des terres, terrain plat, principalement sablonneux, avec de hautes haies de thuyas dans une pinède clairsemée.

Preise/Nacht / Prix/nuit EUR 26-60, EUR 26-52, EUR 7, TAX, VISA

Lido delle Nazioni «Tahiti Camping Village» ***** www.pincamp.ch/ER7100 ER7100

10.5.–16.9. ha 13 T 340 M 355 44°44'03.8"N, 12°13'52.8"E

Viale Libia 133, IT-44020 Lido delle Nazioni, T +39 0533 3795 00, info@campingtahiti.com, www.campingtahiti.com

0,1 km 0,8 km 16A DE FR IT EN

Durch Grünpflanzen und Blumenschmuck gestaltetes, sandiges Gelände mit vielen Bäumen und vereinzelten Pinien. / Terrain sablonneux aménagé par des plantes vertes et des décorations florales, avec de nombreux arbres et des pins isolés.

Preise/Nacht / Prix/nuit EUR 21–70, EUR 18–70, EUR 8, TAX, VISA

Porto Garibaldi «Camping Spiaggia e Mare» ***** www.pincamp.ch/ER7250 ER7250

ha 13 T 150 M 320 44°41'32.5"N, 12°14'19.8"E

Viale dei Mille 62, IT-44029 Porto Garibaldi, T +39 0533 3274 31, info@campingspiaggiamare.it, www.campingspiaggiamare.it

0,4 km 6A DE IT EN

Durch zahlreiche Wege unterteiltes, ebenes, sandiges Wiesengelände mit Laubbäumen und Pinien. / Terrain plat et sablonneux, divisé par de nombreux chemins, avec des arbres à feuilles caduques et des pins.

Punta Marina Terme «Adriano Family Camping Village» **** www.pincamp.ch/ER7600 ER7600

18.4.–16.9. ha 14,1 T 99 S 260 M 417 44°26'00.5"N, 12°17'47.7"E

Via dei Campeggi, 7, IT-48122 Punta Marina Terme, T +39 0544 4372 30, adrianocampingvillage@clubdelsole.com, www.adrianocampingvillage.com

0,1 km 0,4 km 6A DE FR IT EN free

Teils naturbelassener Pinienwald, teils ebenes Wiesengelände mit unterschiedlich hohen Laubbäumen. / En partie forêt de pins à l'état naturel, en partie prairie plate avec des arbres à feuilles caduques de différentes hauteurs.

Preise/Nacht / Prix/nuit EUR 36–75, EUR 28–58, EUR 10, TAX, VISA

Riccione «Camping Riccione» ★★★★ www.pincamp.ch/ER9300 ER9300

ha 8 T 450 S 50 M 70 43°59'06.9"N, 12°40'44.7"E

Via Marsala, 10, IT-47838 Riccione, T +39 0541 6901 60, info@campingriccione.it, www.campingriccione.it

0,1 km 0,5 km 10 A IT EN

Unterteiltes, ebenes Wiesengelände mit verschiedenartiger Bepflanzung, darunter grösstenteils mittelhohe Bäume. / Terrain plat et subdivisé en prairies avec des plantations variées, dont la plupart sont des arbres de hauteur moyenne.

Savignano Mare «Camping Village Rubicone» ★★★★★ www.pincamp.ch/ER8400 ER8400

16.5.–23.9. ha 13 T 436 M 169 44°09'53.4"N, 12°26'27.3"E

Via Matrice Destra, 1, IT-47039 Savignano Mare, T +39 0541 3463 77, info@campingrubicone.com, www.campingrubicone.com

0,2 km 10 A DE IT EN

Ebenes, Wiesengelände am Meer, das durch einen schmalen Kanal unterteilt wird. Überwiegend durch Büsche parzelliert. / Terrain plat, prairie au bord de la mer, divisé par un canal étroit. Principalement divisé en parcelles par des buissons.

Preise/Nacht / Prix/nuit EUR 38.30–71.20, EUR 31.30–56.80, VISA

Duino-Aurisina «Camping Village Mare Pineta» ★★★★ www.pincamp.ch/FR3500 FR3500

28.3.–14.10. ha 10,8 80 T 350 S 40 M 158 45°46'20.7"N, 13°37'28.4"E

Sistiana, 60-D, IT-34011 Duino-Aurisina, T +39 0402 99264, adv@baiaholiday.it, www.marepineta.com

PiN CAMP

Jetzt online buchen / Réserver en ligne

pincamp.ch

0,1 km 0,5 km 6 A DE IT EN

Terrassiertes, teils leicht geneigtes Gelände unter Pinien und Bäumen. Überwiegend auf schotterartigem Untergrund. / Terrain en terrasse, en partie légèrement incliné, sous les pins et les arbres. Principalement sur un sol de type gravier.

Preise/Nacht / Prix/nuit EUR 41.30–81.50, EUR 35–63.80, EUR 19.50, TAX, VISA

Grado «Villaggio Turistico Europa» ★★★★★ www.pincamp.ch/FR3050 FR3050

20.4.–22.9. ha 22 T 400 S 30 M 468 45°41'47.7"N, 13°27'21.2"E

Via Monfalcone, 12, IT-34073 Grado, T +39 0431 80877, info@villaggioeuropa.com, www.villaggioeuropa.com

Jetzt online buchen / Réserver en ligne **pincamp.ch**

0,1 km P 10A DE IT EN free

Naturbelassenes, leicht hügeliges Dünengelände am Meer unter dichten Pinien. / Terrain de dunes naturel, légèrement vallonné, au bord de la mer, sous des pins denses.

Preise/Nacht / Prix/nuit EUR 30–60, EUR 24.50–47, TAX, VISA

Grado «Camping Residence Punta Spin» ★★★★★ www.pincamp.ch/FR3100 FR3100

23.3.–29.9. ha 15, T 200, S 195, M 231, 45°41'40.8"N, 13°27'09.4"E

Via Monfalcone, 10, IT-34073 Grado, T +39 0431 80732, info@puntaspin.it, www.puntaspin.it

Jetzt online buchen / Réserver en ligne pincamp.ch

0,2 km · 10 A · DE · IT · EN · free

Ebenes Sandgelände. Durch Baumreihen und Buschhecken unterteilt. Angeschlossen ein Bungalowdorf. / Terrain plat et sablonneux. Divisé par des rangées d'arbres et des haies de buissons. Un village de bungalows y est rattaché.

Preise/Nacht / Prix/nuit EUR 28–65, EUR 28–54, EUR 7, TAX, VISA

Lignano Riviera «Camping Village Pino Mare» ★★★★★ www.pincamp.ch/FR2480 FR2480

18.4.–22.9. ha 16 T 314 S 10 M 306 45°38'56.2"N, 13°06'01.4"E

Lungomare Riccardo Riva, 15, IT-33054 Lignano Riviera, T +39 0431 4244 24, info@campingpinomare.it, www.campingpinomare.it

Jetzt online buchen / Réserver en ligne pincamp.ch

0,2 km 10A DE IT EN free

Parkähnlich angelegtes, teils leicht hügeliges Gelände im hohen Laub- und Pinienwald am Meer. / Terrain aménagé comme un parc, en partie légèrement vallonné, dans une haute forêt de feuillus et de pins au bord de la mer.

Preise/Nacht / Prix/nuit EUR 52.40–98.80, EUR 42.70–80, EUR 6.50, TAX, VISA

Lignano Sabbiadoro «Camping Sabbiadoro» ★★★★ www.pincamp.ch/FR2500 FR2500

23.3.–6.10. ha 15 T 851 S 30 M 354 45°40'55.1"N, 13°07'32.9"E

Via Sabbiadoro, 8, IT-33054 Lignano Sabbiadoro, T +39 0431 71455, info@campingsabbiadoro.it, www.campingsabbiadoro.it

Jetzt online buchen / Réserver en ligne pincamp.ch

0,1 km 10A DE FR IT EN free

Lichtes Pinienwaldgelände am Meer, unterteilt mit halbhohen Busch- und Strauchreihen. / Terrain clairsemé de pinède en bord de mer, divisé par des rangées de buissons et d'arbustes à mi-hauteur.

Preise/Nacht / Prix/nuit EUR 37.80–71, EUR 32.70–61.70, EUR 7, TAX, VISA

Bardolino «La Rocca Camping Village» ★★★★★ www.pincamp.ch/GS4500 GS4500

22.3.–4.11. ha 8 90 250 M 145 45°33'52.6"N, 10°42'46.8"E

Via Gardesana dell'Acqua 37, IT-37011 Bardolino, T +39 0457 2111 11, info@campinglarocca.com, www.campinglarocca.com

PiN CAMP

Jetzt online buchen / Réserver en ligne pincamp.ch

0,1 km 16A DE FR IT EN free

Unterteiltes, leicht geneigtes Wiesengelände, durch Baumreihen gegliedert. / Terrain de prairie subdivisé, légèrement incliné, divisé par des rangées d'arbres.

Preise/Nacht / Prix/nuit EUR 41–80, EUR 36–65, EUR 8, VISA

Bardolino «Camping Continental» ★★★★ www.pincamp.ch/GS4600 GS4600

ha 3,5 90 187 S 50 M 19 45°33'25.6"N, 10°43'05.3"E

Gardesana, IT-37011 Bardolino, T +39 0457 2101 92, info@campingcontinental.info, www.campingarda.it/campingcontinental

0,3 km 3A DE IT EN

Teils leicht geneigtes, teils terrassiertes Wiesengelände mit Olivenbäumen, Pappeln und anderen Bäumen. / Terrain en partie légèrement incliné, en partie en terrasses avec des oliviers, des peupliers et d'autres arbres.

Desenzano «San Francesco Camping Village» ***** www.pincamp.ch/GS3450 GS3450

18.4.–13.10. ha 10,4 m/DM 70 T 319 M 202 45°27'56.2"N, 10°35'40.5"E

Strada V. San Francesco, IT-25015 Desenzano, T +39 0309 1102 45, booking@campingsanfrancesco.com, www.campingsanfrancesco.com

PiN CAMP

Jetzt online buchen / Réserver en ligne pincamp.ch

0,5 km 10 A DE FR IT EN free

Ebenes Wiesengelände mit hohen Pappeln und anderen Laubbäumen. / Terrain plat en prairie avec de grands peupliers et autres arbres à feuilles caduques.

Preise/Nacht / Prix/nuit EUR 44.50–80.50, EUR 34.50–63, EUR 8, TAX, VISA

Lazise «Camping Village Du Parc» **** www.pincamp.ch/GS4700 GS4700

1.3.–3.11. ha 6 m/DM 95 T 232 S 6 M 217 45°29'55.0"N, 10°44'14.9"E

Via Gardesana 110, IT-37017 Lazise, T +39 0457 5801 27, duparc@campingduparc.com, www.campingduparc.com

PiN CAMP

Jetzt online buchen / Réserver en ligne pincamp.ch

0,1 km 16 A DE IT EN free

Teils geneigtes, teils terrasiertes Wiesengelände am See. Nachbarplatz angrenzend. / Terrain en prairie en partie incliné et en partie en terrasse au bord du lac. Terrain voisin.

Preise/Nacht / Prix/nuit EUR 34–75.50, EUR 28–63, EUR 6, TAX, VISA

Lazise «Camping Spiaggia d'Oro» ★★★★ www.pincamp.ch/GS4750 GS4750

ha 15 m/M 70 T 757 S 20 M 278 45°29'49.9"N, 10°44'16.1"E

Via Gardesana, 122, IT-37017 Lazise, T +39 0457 5800 07, info@campingspiaggiadoro.com, www.campingspiaggiadoro.com

0,2 km 16A DE IT EN

Teils terrassiertes Wiesengelände mit Bäumen und einigen Hecken. Separater Platzteil für Gäste mit Hund. / Terrain en partie en terrasses, avec des arbres et quelques haies. Partie de terrain séparée pour les hôtes avec chien.

Preise/Nacht / Prix/nuit EUR 84, EUR 74, EUR 7, TAX, VISA

Lazise «Camping La Quercia» ***** www.pincamp.ch/GS4800 GS4800

30.3.–8.10. ha 20 UM 80 T 657 M 359 45°29'34.0"N, 10°43'58.9"E

Loc. Bottona, IT-37017 Lazise, T +39 4564 70577, laquercia@laquercia.it, www.laquercia.it

0,4 km

16 A

DE IT EN

Weitläufiges Wiesengelände, zum Strand in Stufen abfallend, durch Baumreihen und blühende Hecken gegliedert. / Vaste terrain en prairie, descendant en gradins vers la plage, divisé par des rangées d'arbres et des haies fleuries.

Lazise «Camping Park delle Rose» ***** www.pincamp.ch/GS4840 GS4840

18.4.–6.10. ha 9 UM 95 T 380 S 15 M 132 45°29'20.8"N, 10°43'54.0"E

Strada San Gaetano, 20, IT-37017 Lazise, T +39 0456 4711 81, info@campingparkdellerose.it, www.campingparkdellerose.it

0,5 km P

10 A

DE IT EN free

Lang gestrecktes, leicht geneigtes Wiesengelände mit Bäumen und Büschen. Eine Seite grenzt an den See. / Terrain de prairie allongé et légèrement incliné avec des arbres et des buissons. Un côté jouxte le lac.

Preise/Nacht / Prix/nuit EUR 73, EUR 61, TAX, VISA

Lazise «Idea Lazise Camping & Village» ★★★★★ www.pincamp.ch/GS4850 GS4850

ha 5,4 T 136 M 127 45°29'19.3"N, 10°43'52.3"E

Località Casette Rossetti, IT-37017 Lazise, T +39 0454 9514 26, info@idealazise.com, www.idealazise.com

0,8 km 16A DE IT EN

Gestuftes und terrassiertes Wiesengelände mit Bepflanzung, teils auch mit Standplatzbuchten. / Terrain de prairie en gradins et en terrasses avec une végétation, en partie aussi avec des baies de stationnement.

Lazise «Camping Piani di Clodia» ★★★★★ www.pincamp.ch/GS4900 GS4900

22.3.–13.10. ha 29 75 T 869 S 10 M 480 45°28'57.0"N, 10°43'43.1"E

Via Fossalta, 42, IT-37017 Lazise, T +39 0457 5904 56, info@pianidiclodia.it, www.pianidiclodia.it

0,2 km P 16A DE FR IT EN free

Wiesengelände mit vielen Bäumen am See. Separater Bereich für Gäste mit Hund. / Terrain en prairie avec beaucoup d'arbres au bord du lac. Espace séparé pour les hôtes avec chien.

Preise/Nacht / Prix/nuit EUR 32.70–99.80, EUR 26.10–82.10, EUR 8, TAX, VISA

Lazise «Camping Belvedere» ★★★★ www.pincamp.ch/GS4950 GS4950

31.3.–15.10. ha 6 75 T 230 S 25 M 142 45°28'46.4"N, 10°43'21.9"E

Strada del Roccolo, 11, IT-37017 Lazise, T +39 0457 5902 28, info@campingbelvedere.com, www.campingbelvedere.com

0,4 km 10A DE IT EN

Vielfach gestuftes Wiesengelände mit mittelhohem, in Seenähe auch höherem Baumbestand. / Terrain de prairie à plusieurs niveaux avec des arbres de hauteur moyenne, voire plus élevée à proximité du lac.

Preise/Nacht / Prix/nuit EUR 79.50, EUR 65, EUR 7, TAX

Manerba del Garda «Camping La Rocca» ★★★★ www.pincamp.ch/GS2940 GS2940

29.3.–6.10. ha 4,5 m/ÜM 102 T 180 S 30 M 58 45°33'42.7"N, 10°33'41.8"E

Via Cavalle, 22, IT-25080 Manerba del Garda, T +39 0365 5517 38, info@laroccacamp.it, www.laroccacamp.it

PiN CAMP
Jetzt online buchen / Réserver en ligne
pincamp.ch

0,5 km 10A DE IT EN free

Ebenes, teils gestuftes Wiesengelände mit langen Standplatzstreifen. Ausblick über den See. / Terrain de prairie plat, en partie étagé, avec de longues bandes de stationnement. Vue sur le lac

Preise/Nacht / Prix/nuit EUR 29–54, EUR 24–46, EUR 5, TAX, VISA

Manerba del Garda «Camping Zocco» ★★★★ www.pincamp.ch/GS2960 GS2960

3.5.–6.10. ha 5 m/ÜM 103 T 210 S 30 M 38 45°32'23.1"N, 10°33'21.3"E

Via del Zocco, 43, IT-25080 Manerba del Garda, T +39 0365 5516 05, info@campingzocco.it, campingzocco.com

PiN CAMP
Jetzt online buchen / Réserver en ligne
pincamp.ch

0,5 km 6A DE FR IT EN free

Mehrere Geländestufen mit Bäumen sowie zwei leicht geneigte Wiesen. Blick über den See. / Plusieurs niveaux de terrain avec des arbres ainsi que deux prairies légèrement inclinées. Vue sur le lac.

Preise/Nacht / Prix/nuit EUR 53, EUR 44, EUR 5, TAX, VISA

Moniga «Camping Piantelle» www.pincamp.ch/GS3150 GS3150

23.3.–7.10. 8,5 60 125 155 45°31'12.2"N, 10°31'48.3"E

Via San Cassiano 1-A, IT-25080 Moniga, T +39 0365 5020 13, info@piantelle.com, www.piantelle.com

Jetzt online buchen / Réserver en ligne
pincamp.ch

1 km 6A

DE IT EN free

Geneigtes, mit Schotter durchsetztes Wiesengelände mit Bäumen auf mehreren Terrassen. / Terrain de prairie incliné, parsemé de gravier, avec des arbres sur plusieurs terrasses.

Preise/Nacht / Prix/nuit EUR 37–72, EUR 37–62, EUR 6.50, TAX, VISA

Pacengo di Lazise «Camping Lido Lazise» www.pincamp.ch/GS5000 GS5000

21.3.–20.10. 12 90 500 25 290 45°28'12.4"N, 10°43'13.8"E

Via Peschiera, 2, IT-37017 Pacengo di Lazise, T +39 0457 5900 30, Info@campinglido.it, www.campinglido.it

Jetzt online buchen / Réserver en ligne
pincamp.ch

0,1 km 10A

DE IT EN

In hohen Geländestufen angelegter Platz, durch Baumreihen und Hecken gegliedert. / Place aménagée en gradins élevés, divisée par des rangées d'arbres et des haies.

Preise/Nacht / Prix/nuit EUR 32.50–87.50, EUR 26–53.50, TAX, VISA

Pacengo di Lazise «Camping Le Palme» www.pincamp.ch/GS5070 GS5070

22.3.–3.11. 3 90 112 3 87 45°27'53.6"N, 10°42'52.3"E

Via del Tronchetto, 2, IT-37017 Pacengo di Lazise, T +39 0457 5900 19, info@lepalmecamping.it, www.lepalmecamping.it

0,5 km 10A

DE FR IT EN free

In mehreren Stufen angelegtes, zum See hin geneigtes Gelände. Mit Pinien und Bäumen bepflanzt und durch Hecken begrenzt. / Terrain aménagé en plusieurs étapes et incliné vers le lac. Planté de pins et d'arbres et délimité par des haies.

Preise/Nacht / Prix/nuit EUR 24–72, EUR 19–58, EUR 7.50, TAX, VISA

Peschiera «Camping Bella Italia» ★★★★★ www.pincamp.ch/GS5250 GS5250

15.3.–3.11. ha 32 75 T 342 M 1456 45°26'32.0"N, 10°40'40.5"E

Via Bella Italia 2, IT-37019 Peschiera, T +39 0456 4006 88, info@camping-bellaitalia.it, www.camping-bellaitalia.it

PiN CAMP

Jetzt online buchen / Réserver en ligne **pincamp.ch**

0,1 km · 16 A · DE FR IT EN free

Leicht geneigtes, Wiesengelände mit verschiedenartigen, in Reihen angeordneten Bäumen, Hecken, Büschen und Blumen. / Terrain légèrement en pente, avec des arbres, des haies, des buissons et des fleurs disposés en rangées.

Preise/Nacht / Prix/nuit EUR 39–95, EUR 31.50–75, TAX, VISA

Peschiera «Camping Bergamini» ★★★★ www.pincamp.ch/GS5350 GS5350

21.3.–20.10. ha 1,4 70 T 67 M 39 45°27'02.1"N, 10°40'13.5"E

Strada Bergamini, 51, IT-37019 Peschiera, T +39 0457 5502 83, info@campingbergamini.it, www.campingbergamini.it

0,3 km · 10 A · DE IT EN free

Ebenes, teils leicht geneigtes Wiesengelände mit Bäumen und Büschen. / Terrain plat, en partie légèrement incliné, avec des arbres et des buissons.

Preise/Nacht / Prix/nuit EUR 43–80, EUR 34–61, EUR 6, TAX, VISA

San Felice del Benaco «Weekend Glamping Resort» ★★★★ www.pincamp.ch/GS2350 GS2350

21.3.–9.11. ha 5,5 145 T 56 M 159 45°35'42.6"N, 10°32'00.0"E

Via Vallone della Selva, 2, IT-25010 San Felice del Benaco, T +39 0365 43712, info@weekend.it, www.weekend.it

PiN CAMP

Jetzt online buchen / Réserver en ligne **pincamp.ch**

2 km · 0,5 km · P · 10 A · DE IT EN free

Lang gestrecktes, teils terrassiertes Wiesengelände, dicht mit Olivenbäumen bewachsen. Am Hang hoch über dem See. / Terrain de pré allongé, en partie en terrasses, densément couvert d'oliviers. Sur une pente surplombant le lac.

Preise/Nacht / Prix/nuit EUR 37–81.50, EUR 34.50–70, EUR 9, TAX, VISA

San Felice del Benaco «Fornella Camping & Wellness Resort» ★★★★★ www.pincamp.ch/GS2450 GS2450

28.3.–20.10. ha 11,5 90 T 281 S 5 M 142 45°35'05.6"N, 10°33'57.4"E

Via Fornella, 1, IT-25010 San Felice del Benaco, T +39 0365 62294, fornella@fornella.it, www.fornella.it

Jetzt online buchen / Réserver en ligne pincamp.ch

2km

16A

DE IT EN free

Terrassiertes Wiesengelände mit verschiedenartigen Bäumen auf und um einen kleinen, bewaldeten Hügel. / Terrain de prairie en terrasses avec des arbres variés sur et autour d'une petite colline boisée.

Preise/Nacht / Prix/nuit EUR 81, EUR 64, EUR 8, TAX, VISA

San Felice del Benaco «Camping Village Europa Silvella» ★★★★ www.pincamp.ch/GS2550 GS2550

21.3.–14.10. ha 7 UM 100 T 172 S 6 M 152 45°34'28.5"N, 10°32'55.2"E

Via Silvella, 10, IT-25010 San Felice del Benaco, T +39 0365 6515 95, info@europasilvella.it, www.europasilvella.it

0,2 km

10A

DE IT EN free

Gärtnerisch gestaltetes Wiesengelände am See auf zwei Ebenen mit steilen Verbindungswegen. / Terrain de prairie aménagé en jardin au bord du lac sur deux niveaux avec des chemins de liaison escarpés.

Preise/Nacht / Prix/nuit EUR 36.50–85, EUR 28–67.50, EUR 8, TAX, VISA

Torbole «Camping Al Porto» ★★★★ www.pincamp.ch/GS1600 GS1600

30.3.–5.11. ha 1 UM 70 T 90 M 10 45°52'20.7"N, 10°52'24.7"E

IT-38069 Torbole, T +39 0464 5058 91, info@campingalporto.it, www.campingalporto.it

0,3 km 0,1 km P

16A

DE IT EN

Ebener, von einer dichten Hecke durchzogener Wiesenplatz mit vielen verschiedenartigen Bäumen. / Terrain plat en prairie, traversé par une haie dense et parsemé d'arbres aux essences variées.

Feriolo di Baveno «Camping Village Conca D'Oro» ★★★★ www.pincamp.ch/LM1600 LM1600

28.3.–13.10. ha 6 UM 195 T 250 S 5 M 73 45°56'09.8"N, 8°29'11.9"E

Vla 42 Martlrl 26, IT-28835 Ferlolo dl Baveno, T +39 0323 28116, Info@concadoro.lt, www.concadoro.lt

0,5 km P

6A

DE FR IT EN free

Ebenes Wiesengelände im parkähnlichen, teils lichten Mischwald. / Terrain plat en prairie dans une forêt mixte en partie clairsemée, semblable à un parc.

Preise/Nacht / Prix/nuit EUR 36–69.50, EUR 31–60, EUR 8, TAX, VISA

Feriolo di Baveno «Camping Residence Orchidea» **** www.pincamp.ch/LM1650 LM1650

28.3.–14.10. 4,2 210 174 30 46 45°56'00.5"N, 8°28'52.8"E

Via 42 Martiri 20, IT-28831 Feriolo di Baveno, T +39 0323 28257, info@campingorchidea.it, www.campingorchidea.it

0,3 km 6A DE IT EN free

Ebenes, terrassiertes Wiesengelände, überwiegend mit unterschiedlich hohen Bäumen. / Terrain plat, prairie en terrasses, principalement avec des arbres de différentes hauteurs.

Preise/Nacht / Prix/nuit EUR 33.30–54.70, EUR 28.80–54.70, EUR 8.70, TAX, VISA

REGIONE PIEMONTE
103072-VIT_00001
CONTINENTAL
camping village
ANIMATION:
28.03.2024
22.09.2024
ÖFFNUNGSZEIT:
22.03.2024
23.09.2024
Lago Maggiore
POOL:
24.04.2024
22.09.2024
LAGO MAGGIORE
GOLF
CONTINENTAL VERBANIA
La Rustica
Lago di Mergozzo
Kristalklares Wasser,
für die Kleinen geeignet
www.campingcontinental.com

ISOLINO
camping village
Dein Urlaub
am Lago Maggiore
ist hier...
GEÖFFNET:
von 22.03
bis 07.10.2024
Lago Maggiore
www.isolino.it
REGIONE PIEMONTE
HOLIDAYS LAGO MAGGIORE
ADAC Superplatz 2023
ADAC
CIR: 103072-CAM-00001
Via per Feriolo, 25 - 28924 Fondotoce di Verbania | Tel. +39 0323 496080 - info@isolino.com

Fondotoce di Verbania «Continental Camping Village» ★★★★★ www.pincamp.ch/LM1510 LM1510

22.3.–23.9. ha 10 · 206 · T 309 · S 4 · M 292 · 45°56'59.5"N, 8°28'52.4"E

Via 42 Martiri 156, IT-28924 Fondotoce di Verbania, T +39 0323 4963 00, info@campingcontinental.com, www.campingcontinental.com

0,4 km · 6A · DE FR IT EN free

Ebenes, stellenweise auch leicht geneigtes Wiesengelände, aufgelockert durch verschiedenartige Bäume. / Terrain plat, légèrement incliné par endroits, aéré par des arbres de différentes sortes.

Preise/Nacht / Prix/nuit EUR 32.30–62.40, EUR 27–54.50, EUR 10.50, TAX, VISA

Fondotoce di Verbania «Camping Village Isolino» ★★★★★ www.pincamp.ch/LM1560 LM1560

22.3.–7.10. ha 12 · 206 · T 442 · S 14 · M 269 · 45°56'21.9"N, 8°29'57.2"E

Via per Feriolo, 25, IT-28924 Fondotoce di Verbania, T +39 0323 4960 80, info@isolino.com, www.isolino.it

1,8 km · 16A · DE FR IT EN free

Ebenes Wiesengelände mit verschiedenen Bäumen und Hecken, zum Teil von hohen, breiten Schilfgürteln begrenzt. / Terrain plat de prairies avec divers arbres et haies, en partie délimité par des roselières hautes et larges.

Preise/Nacht / Prix/nuit EUR 32.05–74.60, EUR 26.70–64.10, EUR 12.55, TAX, VISA

Solcio di Lesa «Camping Solcio» ★★★★ www.pincamp.ch/LM1800 **LM1800**

16.3.–16.10. ha 1,5 200 T 96 S 5 M 24 45°48'56.6"N, 8°32'58.3"E

Via al Campeggio, IT-28040 Solcio di Lesa, T +03 9032 27497, info@campingsolcio.com, www.campingsolcio.com

0,2 km 16 A DE FR IT EN free

Ebenes Wiesengelände mit vielen mittelhohen Bäumen. Am Ortsrand. Nebenan Bootswerft. / Terrain plat avec beaucoup d'arbres de taille moyenne. En bordure du village. Chantier naval à côté.

Preise/Nacht / Prix/nuit EUR 46.80, EUR 38.10, EUR 9.30, TAX, VISA

Acilia «Fabulous Village» **** www.pincamp.ch/LA2750 LA2750

1.1.–31.12. ha 30 40 T 55 S 300 M 576 41°46'38.9"N, 12°23'46.3"E

Via Cristoforo Colombo, Km 18, IT-125 Acilia, T +39 0652 59354, giorgia.micciani@humancompany.com, fabulous.huopenair.com

Jetzt online buchen / Réserver en ligne **pincamp.ch**

0,3 km 365 10A DE FR IT EN free

Geneigtes, stellenweise leicht hügeliges Gelände im hochstämmigen Pinienwald. Platzeigenes Sportzentrum angrenzend. / Terrain incliné, légèrement vallonné par endroits, dans une pinède à hautes tiges. Centre sportif attenant au terrain.

Preise/Nacht / Prix/nuit EUR 41, EUR 35, TAX

Fiano Romano «hu I Pini Village» ***** www.pincamp.ch/LA2300 LA2300

ha 5,8 128 T 27 M 140 42°09'20.1"N, 12°34'23.0"E

Via delle Sassete, 28, IT-65 Fiano Romano, T +39 0765 4533 49, ipini@huopenair.com, ipini.huopenair.com

Jetzt online buchen / Réserver en ligne **pincamp.ch**

2 km 10A DE IT EN

Gestuftes, leicht geneigtes Wiesengelände mit zahlreichen hohen Pinien und Oleanderbüschen. / Terrain plat, en partie légèrement incliné, avec des arbres et des buissons.

Ostia Antica «Camping Village Roma Capitol» www.pincamp.ch/LA2800 LA2800

1.1.–31.12. ha 26 T 900 M 300 41°44'37.5"N, 12°18'47.1"E

Via di Castel Fusano, 195, IT-124 Ostia Antica, T +39 0620 1907 00, info@romacapitol.com, www.campingcapitol.com

PiN CAMP

Jetzt online buchen / Réserver en ligne pincamp.ch

0,5 km 3 km 365 16A DE IT EN

Ebenes Sand- und Wiesengelände. Standplätze überwiegend unter hohen Pinien und Eukalyptusbäumen. / Terrain plat de sable et de prairie. Emplacements principalement sous de grands pins et des eucalyptus.

Preise/Nacht / Prix/nuit EUR 45–81, EUR 36.80–68, EUR 9.60, TAX, VISA

Roma «Roma Camping in Town» www.pincamp.ch/LA2700 LA2700

ha 6,9 70 T 78 M 478 41°53'14.7"N, 12°24'16.8"E

Via Aurelia, 831, IT-165 Roma, T +39 0666 23018, roma@huopenair.com, roma.huopenair.com

PiN CAMP

Jetzt online buchen / Réserver en ligne pincamp.ch

0,1 km 10A DE IT EN

Überwiegend ebene, gekieste Stellflächen unter Laubbäumen, auf einem Hügel. / Emplacements principalement plats et gravillonnés sous des arbres à feuilles caduques, sur une colline.

Pietra Ligure «Camping dei Fiori» *** www.pincamp.ch/LG2490 LG2490

1.1.–7.1., 22.3.–3.11., 27.12.–31.12. ha 2,9 T 130 S 35 M 57 44°08'51.7"N, 8°16'05.6"E

Viale Riviera 11, IT-17027 Pietra Ligure, T +39 0196 25636, info@campingdeifiori.it, www.campingdeifiori.it

PIN CAMP

Jetzt online buchen / Réserver en ligne **pincamp.ch**

0,7 km 0,6 km P 6A DE FR IT EN free

Terrassiertes Gelände mit hohen Bäumen, unterhalb eines Hanges. Strasse angrenzend, Autobahn in Sicht- und Hörweite. / Terrain en terrasses avec de grands arbres, en bas d'une pente. Route adjacente, autoroute à portée de vue et d'ouïe.

Preise/Nacht / Prix/nuit EUR 37–55, EUR 37–55, EUR 6, TAX, , VISA

Altidona (FM) «Camping Riva Verde» **** www.pincamp.ch/MA4470 MA4470

ha 17 30 T 300 S 100 M 244 43°07'03.0"N, 13°49'54.3"E

S.S. 16 Adriatica, IT-63824 Altidona (FM), T +39 0734 9320 12, info@rivaverde.it, www.rivaverde.it

0,1 km 10A DE IT EN

Lang gezogene Terrassenanlage am Steilhang mit verschiedenartigem, mittelhohem Baumbestand. / Ensemble de terrasses allongées sur une pente raide, avec des arbres de différentes sortes et de hauteur moyenne.

Spigno Monferrato «Comfort Camping Tenuta Squaneto» www.pincamp.ch/PM2150 PM2150

27.4.–28.9. ha 11 400 67 15 44°29'23.6"N, 8°21'00.4"E

Frazione Squaneto, IT-15018 Spigno Monferrato, T +39 0144 91744, info@tenutasquaneto.it, www.tenutasquaneto.it

Jetzt online buchen / Réserver en ligne **pincamp.ch**

5 km 16A DE IT EN free

Zweigeteiltes, lang gestrecktes, terrassiertes Wiesengelände mit Bepflanzung. In einem Tal mit kleinem Fluss. / Terrain en prairie en terrasses, divisé en deux parties, avec plantations. Dans une vallée avec une petite rivière

Preise/Nacht / Prix/nuit EUR 36.50–63.50, EUR 29–55, EUR 4, VISA

Cannigione «Centro Vacanze Isuledda» www.pincamp.ch/IS1800 IS1800

28.3.–4.11. ha 15 600 144 41°07'53.6"N, 9°26'26.3"E

Loc. Laconia, IT-7020 Cannigione, T +39 0789 86003, info@isuledda.it, www.isuledda.it

0,5 km 6A DE IT EN

Naturbelassenes, hügeliges Gelände mit Eukalyptusbäumen und Pinien, teils Standplätze zwischen Büschen. / Terrain naturel et vallonné avec des eucalyptus et des pins, en partie des emplacements entre les buissons.

Preise/Nacht / Prix/nuit EUR 50–116.50, EUR 43–92, EUR 11, TAX, VISA

Fertilia «Camping Village Laguna Blu» www.pincamp.ch/IS1120 IS1120

23.3.–4.11. ha 10 450 163 40°35'40.2"N, 8°17'29.4"E

Loc. Fertilia, SS127, km 41, IT-7041 Fertilia, T +39 0799 30111, info@campinglagunablu.com, www.campinglagunablu.com

Jetzt online buchen / Réserver en ligne **pincamp.ch**

0,1 km 0,1 km 10A DE IT EN

Ebenes, sandiges, mit Pinien und Eukalyptusbäumen Wiesengelände. Zwischen Uferstrasse und Lagune. / Terrain plat, sablonneux, avec des pins et des eucalyptus. Entre la route côtière et la lagune.

Preise/Nacht / Prix/nuit EUR 45.50–89, EUR 40–68, EUR 9.60, TAX, VISA

Palau «Camping Village Capo d'Orso» **** www.pincamp.ch/IS1670 IS1670

23.3.–30.9. ha 13 T 254 S 96 M 111 41°09'36.8"N, 9°24'04.8"E

Loc. Golfo delle Saline, IT-7020 Palau, T +39 0789 7020 07, adv@baiaholiday.it, www.capodorso.it

Jetzt online buchen / Réserver en ligne pincamp.ch

6A

DE IT EN

Hügeliges, geneigtes, überwiegend gestuftes Gelände mit Büschen und mittelhohen Laubbäumen. / Terrain vallonné, en pente, principalement étagé, avec des buissons et des arbres feuillus de taille moyenne.

Preise/Nacht / Prix/nuit EUR 45.60–89, EUR 40–68, EUR 9.60, TAX, VISA

Vignola Mare «Camping Village Baia Blu La Tortuga» ***** www.pincamp.ch/IS1450 IS1450

28.3.–14.10. ha 17 T 450 M 388 41°07'28.2"N, 9°04'02.9"E

IT-7020 Vignola Mare, T +39 0796 02200, info@campinglatortuga.com, www.campinglatortuga.com

Jetzt online buchen / Réserver en ligne pincamp.ch

0,3 km 6A

DE IT EN

Ebenes Gelände hinter einem Dünengürtel im Pinienwald und Eukalyptushain, mit Oleanderbüschen. / Terrain plat derrière une ceinture de dunes dans une pinède et un bosquet d'eucalyptus, avec des buissons de lauriers-roses.

Preise/Nacht / Prix/nuit EUR 48–101, EUR 41–78.50, EUR 11, TAX, VISA

Finale di Pollina «Camping Village Rais Gerbi» **** www.pincamp.ch/SI2750 SI2750

22.3.–31.10. ha 4 20 T 144 M 29 38°01'23.2"N, 14°09'14.1"E

SS113 Km 172,900, IT-90010 Finale di Pollina, T +39 3703 5109 06, camping@raisgerbi.it, www.raisgerbi.it

0,5 km P 16A

DE FR IT EN free

Oberer Bereich mit betonierten Stellflächen, unterer Bereich mit zwei breiten Terrassen für Zelte. / Zone supérieure avec des emplacements bétonnés, zone inférieure avec deux larges terrasses pour les tentes.

Preise/Nacht / Prix/nuit EUR 32–51, EUR 27–42, TAX, VISA

Bozen «Camping Moosbauer» ★★★★★ www.pincamp.ch/ST2500 ST2500

1.1.–31.12. ha 1,2 m² 265 T 80 46°30'12.1"N, 11°17'58.3"E

Meranerstrasse 101, IT-39100 Bozen, T +39 0471 9184 92, info@moosbauer.com, www.moosbauer.com

0,3 km · 365 · 16A

Durch Hecken und Bäume gegliedertes, ebenes Gelände zwischen Obstgärten. / Terrain plat divisé par des haies et des arbres, entre des vergers.

Preise/Nacht / Prix/nuit EUR 54.40–58.50, EUR 45.90–49, EUR 5, TAX, VISA

Lana «Camping Arquin» ★★★★ www.pincamp.ch/ST1650 ST1650

1.3.–10.11., 29.11.–31.12. ha 1,7 m² 270 T 114 M 2 46°36'39.7"N, 11°10'26.3"E

Feldgatterweg 25, IT-39011 Lana, T +39 0473 5611 87, info@camping-arquin.it, www.camping-arquin.it

PIN CAMP

Jetzt online buchen / Réserver en ligne **pincamp.ch**

0,2 km · P · 6A · DE FR IT EN · free

Ebenes Wiesengelände mit zahlreichen Bäumen. Von Hecken umfasst und von Obstplantagen umgeben. Standplätze teilweise gekiest. / Terrain plat en prairie avec de nombreux arbres. Entouré de haies et de vergers. Emplacements partiellement gravillonnés.

Preise/Nacht / Prix/nuit EUR 57.10–62, EUR 44.60–49.50, EUR 4.50, TAX, VISA

Leifers «Camping-Park Steiner» **** www.pincamp.ch/ST2550 **ST2550**

17.3.–3.11. ha 2,5 250 180 25 46°25'47.9"N, 11°20'37.1"E

Kennedystrasse 32, IT-39055 Leifers, T +03 3559 53779, info@campingsteiner.com, www.campingsteiner.com

0,1 km

10 A

DE FR IT EN free

Stufiges, leicht geneigtes Gelände unter Bäumen, teils auch mit Weinlauben. Standplätze mit Kies befestigt. / Terrain en pente en terrasses, entrecoupé de rangées d'arbres. Emplacements gravillonnés. Aide au remorquage disponible.

Preise/Nacht / Prix/nuit EUR 72, EUR 55, TAX, , VISA

Meran «Live Merano Camping» **** www.pincamp.ch/ST1500 ST1500

14.3.-7.11., 21.11.-31.12. ha 1,5 m üM 324 T 91 46°39'49.8"N, 11°09'31.1"E

Piavestrasse 49, IT-39012 Meran, T +39 0473 4263 88, info@livemeranocamping.com, www.livemeranocamping.com

0,1 km

10 A

DE IT EN free

Ebenes, durch Hecken und hohe Bäume unterteiltes Gelände. Komplett neu gestaltete Standplätze auf Beton, angrenzend Wiese. / Terrain plat, divisé par des haies et de grands arbres. Emplacements entièrement réaménagés sur béton, prairie adjacente.

Preise/Nacht / Prix/nuit EUR 91, EUR 80, EUR 4.50, TAX, VISA

Meran «Camping Hermitage» **** www.pincamp.ch/ST1510 ST1510

1.1.-8.1., 31.3.-31.12. ha 2,5 m üM 579 T 91 M 82 46°40'15.0"N, 11°12'06.7"E

Naifweg 29, IT-39012 Meran, T +39 0473 8609 11, camping@prinzrudolf.com, www.prinzrudolf.com/camping-meran

0,1 km P

15 A

DE IT EN free

Terrassiertes Gelände, durch Laubbäume gegliedert. Blick auf Meran und umliegende Berge. / Terrain en terrasses, divisé par des arbres à feuilles caduques. Vue sur Merano et les montagnes environnantes.

Preise/Nacht / Prix/nuit EUR 46, EUR 34, EUR 4, TAX, VISA

Naturns «Camping Bungalows Adler – Adults Only» **** www.pincamp.ch/ST1400 ST1400

23.3.-3.11. ha 1,5 m üM 554 T 58 M 5 46°38'53.1"N, 11°00'17.7"E

Lidostrasse 14, IT-39025 Naturns, T +39 0473 4760 00, info@campingadler.com, www.campingadler.com

0,2 km

10 A

DE IT EN free

Ebene Wiese im Ort, durch einige hohe Laub- und Nadelbäume aufgelockert. Durch Hecken eingefriedet. / Prairie plate dans le village, aérée par quelques grands arbres feuillus et conifères. Clôturé par des haies.

Preise/Nacht / Prix/nuit EUR 46.90–49.90, EUR 5.50, TAX, VISA

Naturns «Waldcamping Naturns» ★★★★★ www.pincamp.ch/ST1450 ST1450

11.3.–5.11. ha 2,3 ⌂ 575 T 160 M 7 46°38'34.8"N, 11°00'28.7"E

Dornsbergweg 8, IT-39025 Naturns, T +39 0473 6672 98, info@waldcamping.com, www.waldcamping.com

0,1 km

6A

DE IT free

Leicht geneigtes, teil gestuftes Gelände in einem naturbelassenen Hochwald am Ortsrand. / Terrain légèrement incliné, partiellement étagé, dans une haute forêt naturelle en bordure du village.

Preise/Nacht / Prix/nuit EUR 51, EUR 42, EUR 5, TAX, , , , VISA

Prad am Stilfserjoch «Camping Residence Sägemühle» ★★★★★ www.pincamp.ch/ST1150 ST1150

1.1.–3.11., 18.12.–31.12. ha 3,5 ⌂ 915 T 150 M 18 46°37'03.7"N, 10°35'43.6"E

Dornweg 12, IT-39026 Prad am Stilfserjoch, T +39 0473 8644 10, camping@saegemuehle.it, www.saegemuehle.it

0,2 km

16A

DE IT EN free

Ebenes Wiesengelände. Durch mittelhohe Bäume und dichte Hecken gegliedert. Ausblick auf die umliegenden Berge. / Terrain plat en prairie. Divisé par des arbres de taille moyenne et des haies denses. Vue sur les montagnes environnantes.

Preise/Nacht / Prix/nuit EUR 55–66, EUR 45–53, EUR 6, TAX, , , , VISA

Prad am Stilfserjoch «Camping Kiefernhain» ★★★★ www.pincamp.ch/ST1200 ST1200

1.5.–6.10. ha 2,5 ⌂ 900 T 180 S 5 46°37'28.8"N, 10°35'38.4"E

Kiefernhainweg 37, IT-39026 Prad am Stilfserjoch, T +39 0473 8644 19, reception@camping-kiefernhain.it, www.camping-kiefernhain.it

0,2 km P

6A

DE IT EN free

Naturbelassenes, ebenes Gelände in einem lichten Kiefernhain. Blick auf die umliegenden Berge. / Terrain naturel et plat dans une pinède clairsemée. Vue sur les montagnes environnantes.

Preise/Nacht / Prix/nuit EUR 44–64, EUR 36.50–53, EUR 6, TAX, , , , VISA

Saltaus «Camping Passeier» **** www.pincamp.ch/ST1520 ST1520

16.3.–10.11. ha 1,9 m² 500 T 110 M 11 46°43'41.3"N, 11°12'07.9"E

Pseirerstrasse 10, IT-39010 Saltaus, T +39 0473 6454 54, info@campingpasseier.com, www.campingpasseier.com

0,2 km · 16 A · DE IT EN free

Ebenes Wiesengelände mit Bäumen am Fluss Passer. Rundumblick auf Berge. / Terrain plat avec des arbres au bord de la rivière Passer. Vue panoramique sur les montagnes.

Preise/Nacht / Prix/nuit EUR 48.50–53.50, EUR 40.50–45.50, EUR 4, TAX, VISA

St. Vigil in Enneberg «Camping Al Plan – Dolomites» **** www.pincamp.ch/ST3250 ST3250

1.1.–6.4., 29.5.–12.10., 1.12.–31.12. ha 1 m² 1200 T 65 S 20 46°41'41.5"N, 11°56'17.4"E

Catarina Lanz Strasse 63, IT-39030 St. Vigil in Enneberg, T +39 0474 5016 94, info@campingalplan.com, www.campingalplan.com

0,3 km · P · 16 A · DE IT EN free

Ebenes Wiesengelände mit blühenden Hecken und halbhohen Bäumen. Angrenzend Angelteich und Freizeitgelände. / Terrain plat en prairie avec des haies fleuries et des arbres à mi-hauteur. Étang de pêche et terrain de loisirs attenants.

Preise/Nacht / Prix/nuit EUR 56–67, EUR 48–58, EUR 7, TAX, VISA

Tisens «Camping Tisens» ***** www.pincamp.ch/ST1750 ST1750

23.3.–3.11. ha 1,7 m² 550 T 98 S 8 M 2 46°33'44.2"N, 11°10'34.2"E

IT-39010 Tisens, T +39 0473 9271 31, info@camping-tisens.com, www.camping-tisens.com

0,3 km · P · 16 A · DE IT EN free

Ebenes Wiesengelände mit mittelhohen Bäumen. Umgeben von Obst- und Weingärten. Bergpanorama. / Terrain plat avec des arbres de hauteur moyenne. Entouré de vergers et de vignobles. Panorama de montagne.

Preise/Nacht / Prix/nuit EUR 50–54, EUR 42–46, EUR 6, TAX, VISA

Sexten «Caravanpark Sexten» ★★★★★ www.pincamp.ch/ST3500 ST3500

1.1.–31.12. ha 6,5 m üM 1520 T 302 M 40 46°40'04.2"N, 12°23'58.6"E

St. Josef Str. 54, IT-39030 Sexten, T +39 0474 7104 44, info@caravanparksexten.it, www.caravanparksexten.it

0,1 km 365 16A DE IT EN free

Geneigtes, stufiges Gelände am Weissbach, unterhalb der Strasse zum Kreuzbergpass. / Terrain en pente et en gradins sur le Weissbach, en dessous de la route menant au col du Kreuzberg.

Preise/Nacht / Prix/nuit EUR 54–84, EUR 42–70, EUR 8, TAX, , VISA

Toblach «Camping Olympia» ★★★★ www.pincamp.ch/ST3400 ST3400

1.1.–31.12. ha 5 üM 1243 T 212 S 58 M 19 46°44'03.6"N, 12°11'37.8"E

Via Camping 1, IT-39034 Toblach, T +39 0474 9721 47, info@camping-olympia.com, www.camping-olympia.com

PIN CAMP

Jetzt online buchen / Réserver en ligne

pincamp.ch

0,1 km 365 16 A

DE IT EN free

Durch junge Laubbäume aufgelockertes Wiesengelände am Fluss Rienz. Blick auf Berge. / Terrain de prairie aéré par de jeunes arbres feuillus au bord de la Rienz. Vue sur les montagnes.

Preise/Nacht / Prix/nuit EUR 40–67, EUR 33–55, EUR 6.50, TAX, VISA

Toblach «Camping Toblacher See» ★★★★ www.pincamp.ch/ST3420 ST3420

1.1.–2.11., 25.12.–31.12. ha 2,5 m üM 1259 T 125 S 1 M 12 46°42'23.3"N, 12°13'05.2"E

Toblacher See 3, IT-39034 Toblach, T +39 0474 9731 38, camping@toblachersee.com, www.toblachersee.com

0,2 km 16 A DE IT EN free

Terrassiertes, zum See hin abfallendes Hanggelände mit hohen Fichten und einzelnen jungen Bäumen. / Terrain en pente en terrasses, descendant vers le lac, avec de grands épicéas et de jeunes arbres isolés.

Preise/Nacht / Prix/nuit EUR 44–58, EUR 37–47.50, EUR 5.50, TAX, VISA

Vahrn «Camping Löwenhof» **** www.pincamp.ch/ST2200 ST2200

1.1.-4.11., 25.11.-31.12. ha 1 560 65 2 5 46°44'04.5"N, 11°38'45.3"E

Brennerstrasse 60, IT-39040 Vahrn, T +39 0472 8362 16, info@loewenhof.it, www.loewenhof.it

0,1 km 2 km 6A DE FR IT EN free

Leicht geneigtes Wiesengelände mit Bäumen, von Hecken umgeben. Zwischen dem gleichnamigen Hotel und einem Bach. / Terrain en prairie légèrement en pente avec des arbres, entouré de haies. Entre l'hôtel du même nom et un ruisseau.

Preise/Nacht / Prix/nuit EUR 46-49, EUR 39-42, EUR 8, TAX,

Vals «Naturcamping Lärchwiese» **** www.pincamp.ch/ST2150 ST2150

1.1.-7.4., 9.5.-20.10. ha 2,5 103 46°50'59.9"N, 11°37'13.2"E

Jochtalstrasse 5a, IT-39037 Vals, T +39 0472 6949 45, info@camping-laerchwiese.com, www.camping-laerchwiese.com

0,1 km 16A DE IT EN free

Ebenes Wiesengelände mit Stellplätzen zwischen Lärchen. / Terrain plat en prairie avec des emplacements entre les mélèzes.

Preise/Nacht / Prix/nuit EUR 50-65, EUR 41.50-55, EUR 8.50, IAA, ,

Völlan «Alpinfitness Waldcamping Völlan» ★★★★★ www.pincamp.ch/ST1570 ST1570

23.3.–3.11. ha 2,5 m üM 680 T 79 S 1 M 1 46°35'51.6"N, 11°09'00.4"E

Feldweg 12, IT-39011 Völlan, T +39 0473 5681 38, info@alpinfitness-waldcamping.it, www.alpinfitness-waldcamping.it

0,3 km 16 A DE IT EN free

Terrasierter, gestufter Wiesenhang mit verschiedenen Bäumen. Blick ins Etschtal, auf Obstplantagen und bewaldete Höhen. / Pente de prairie terrassée et étagée avec divers arbres. Vue sur la vallée de l'Adige, les vergers et les hauteurs boisées.

Preise/Nacht / Prix/nuit EUR 49.50–54, EUR 42–45, EUR 5, TAX, VISA

Völs am Schlern «Camping Seiser Alm» ★★★★★ www.pincamp.ch/ST2300 ST2300

1.1.–7.4., 3.5.–2.11., 20.12.–31.12. ha 2,5 m üM 950 T 180 M 13 46°32'00.3"N, 11°32'00.0"E

Dolomitenweg 10, IT-39050 Völs am Schlern, T +39 0471 7064 59, info@camping-seiseralm.com, www.camping-seiseralm.com

0,2 km 1 km P 16 A DE IT EN free

Terrassiertes, vonBaumreihen durchzogenes Hanggelände. Standplätze gekiest. Schlepphilfe verfügbar. / Terrain en pente en terrasses, parsemé de rangées d'arbres jeunes et vieux. Emplacements gravillonnés. Aide au remorquage disponible.

Preise/Nacht / Prix/nuit EUR 39–72.50, EUR 32–59, EUR 8, TAX, VISA

Castagneto Carducci «Le Pianacce Camping Village & Glamping» ★★★★ www.pincamp.ch/TO3750 TO3750

18.4.–16.9. ha 9 100 T 105 M 94 43°09'57.9"N, 10°36'49.0"E

Loc. Le Pianacce, IT-57022 Castagneto Carducci, T +39 0565 7636 67, info@campinglepianacce.it, www.campinglepianacce.it

1 km 6A DE FR IT EN free

In breiten Stufen halbkreisförmig angelegtes Wiesengelände mit halbhohen, diversen Bäumen. / Terrain de prairie aménagé en larges gradins en demi-cercle avec des arbres divers à mi-hauteur.

Preise/Nacht / Prix/nuit EUR 22–64, EUR 22–49, TAX, VISA

Castiglione della Pescaia «Camping Village Baia Azzurra» ★★★★★ www.pincamp.ch/TO5230 TO5230

28.3.–3.11. ha 9 T 150 M 146 42°46'40.4"N, 10°47'38.0"E

Via delle Rocchette, IT-58043 Castiglione della Pescaia, T +39 0564 9410 92, info@baiaazzurra.it, www.baiaazzurra.it

Jetzt online buchen / Réserver en ligne **pincamp.ch**

DE FR IT EN free 10A

Überwiegend ebenes Wiesengelände mit Bäumen sowie Oleanderbüschen. Blick zum Rocca von Rocchetta. / Terrain principalement plat avec des arbres et des buissons de lauriers-roses. Vue sur la Rocca de Rocchetta.

Preise/Nacht / Prix/nuit EUR 25–77, EUR 19–58, EUR 8, TAX, VISA

Cecina Mare «Camping Mareblu» **** www.pincamp.ch/TO3400 TO3400

23.3.–19.10. ha 10 T 290 S 30 M 102 43°19'06.3"N, 10°28'26.9"E

Via dei Campilunghi, IT-57023 Cecina Mare, T +39 0586 6291 91, info@campingmareblu.com, www.campingmareblu.com

PIN CAMP

Jetzt online buchen / Réserver en ligne **pincamp.ch**

0,4 km P

6A

DE IT EN free

Ebenes Wiesengelände, vorwiegend im hochstämmigen Pinienwald. Durch Hecken gegliedert. / Terrain plat en prairie, principalement dans la pinède à hautes tiges. Divisé par des haies.

Preise/Nacht / Prix/nuit EUR 30–57, EUR 23.50–45, TAX, VISA

Cecina Mare «Camping Delle Gorette» **** www.pincamp.ch/TO3420 TO3420

ha 13 T 200 S 350 M 142 43°18'45.2"N, 10°29'02.3"E

Via dei Campilungi, IT-57023 Cecina Mare, T +39 0586 6224 60, info@gorette.it, www.gorette.it

0,1 km 0,2 km

6A

DE IT EN

Ebenes Gelände, überwiegend mit hohen Pappeln, Olivenbäumen und Hecken, teils auch im naturbelassenen Pinienwald. / Terrain plat, principalement avec de grands peupliers, des oliviers et des haies, en partie aussi dans la pinède naturelle.

Figline Valdarno «hu Norcenni Girasole Village» ★★★★★ www.pincamp.ch/TO7800 TO7800

ha 14 · 200 · T 94 · M 1019 · 43°36'42.2"N, 11°26'58.5"E

Via Norcenni, 7, IT-50063 Figline Valdarno, T +39 0559 15141, girasole@huopenair.com, norcenni.huopenair.com

PiN CAMP
Jetzt online buchen / Réserver en ligne
pincamp.ch

3 km · 16 A · IT

Terrassiertes Wiesengelände mit vielen verschiedenartigen Bäumen. Zahlreiche Bepflanzung. Ländliche Umgebung. / Terrain de prairie en terrasses avec de nombreux arbres de différentes espèces. Nombreuses plantations. Environnement rural.

Firenze «hu Firenze Camping in Town» ★★★★ www.pincamp.ch/TO7520 TO7520

ha 8 · 54 · T 175 · M 335 · 43°45'53.5"N, 11°19'05.5"E

Via Generale C. A. dalla Chiesa 1-3, IT-50136 Firenze, T +39 0554 6983 00, firenze@huopenair.com, firenze.huopenair.com

PiN CAMP
Jetzt online buchen / Réserver en ligne
pincamp.ch

0,7 km · 10 A · DE · IT · EN

Ebene Standplätze mit subtropischer Bepflanzung, in einem Pinienwald. / Emplacements plats avec végétation subtropicale, dans une pinède.

Lacona «Camping Lacona Pineta» **** www.pincamp.ch/TO4550 TO4550

21.4.–15.10. ha 3,5 25 179 51 42°45'36.7"N, 10°18'48.2"E

Viale dei Golfi, 249, IT-57031 Lacona, T +39 0565 9643 22, info@campinglaconapineta.com, www.campinglaconapineta.com

0,1 km 0,1 km P 5A DE IT EN

Nischenartige Standplätze in einem weit verzweigten, naturbelassenen, dichten Buschwald mit vielen Bäumen. / Emplacements en forme de niche dans une forêt de buissons dense, très ramifiée et naturelle, avec de nombreux arbres.

Lacona «Camping Laconella» www.pincamp.ch/Pin_235682 Pin_235682

ha 2 10 116 9 42°45'31.7"N, 10°17'50.1"E

Via Laconella 431, IT-57031 Lacona, T +39 0565 964228, info@campinglaconella.it, www.campinglaconella.it

0,5 km 0,1 km 6A DE FR IT EN free

Naturbelassene Terrassenlage am Meer und am Strand / Terrain naturel en terrasses, au bord de la mer et de la plage.

VISA

Lacona «Camping Tallinucci» **** www.pincamp.ch/TO4600 TO4600

18.3.-31.10. ha 1,4 T 100 M 29 42°45'39.9"N, 10°18'01.3"E

Via del Mare, 213, IT-57031 Lacona, T +39 0565 9640 69, info@campingtallinucci.it, www.campingtallinucci.it

0,2 km P 6A

DE FR IT EN

Gelände mit Eukalyptus- und Nadelbäumen. Standplätze unmittelbar am Strand mit hohen Hecken. / Terrain planté d'eucalyptus et de conifères. Emplacements directement sur la plage avec de hautes haies.

Preise/Nacht / Prix/nuit EUR 70, EUR 53, EUR 7,

Marina di Bibbona «Camping Village Le Esperidi» ***** www.pincamp.ch/TO3640 TO3640

24.3.-22.10. ha 15 T 400 S 30 M 160 43°15'01.9"N, 10°31'40.2"E

Via Dei Cavalleggeri Nord, 25, IT-57020 Marina di Bibbona, T +39 0586 6001 96, info@esperidi.it, www.esperidi.it

0,1 km P 10A

DE IT EN free

Naturbelassenes Gelände im Pinienwald mit vielen Pflanzen und einem naturnah gestalteten Badesee. / Terrain naturel dans la pinède avec de nombreuses plantes et un lac de baignade aménagé de manière naturelle.

Preise/Nacht / Prix/nuit EUR 72.50, EUR 54, EUR 6, TAX, VISA

Marina di Campo «Camping Ville degli Ulivi» ★★★★ www.pincamp.ch/TO4700 TO4700

18.4.–4.11. ha 6 T 188 S 10 M 72 42°45'07.3"N, 10°14'41.0"E

Via La Foce, 89, IT-57034 Marina di Campo, T +39 0565 9760 98, info@villedegliulivi.it, www.villedegliulivi.it

1 km 0,1 km P

6A

DE FR IT EN

Überwiegend ebenes, teilweise stufiges Gelände mit Pinien, Pappeln, Olivenbäumen und Oleanderhecken. / Terrain principalement plat, en partie étagé, avec des pins, des peupliers, des oliviers et des haies de lauriers-roses.

Preise/Nacht / Prix/nuit EUR 82, EUR 62, EUR 7, VISA

Montecatini Terme «Camping Belsito» ★★★★ www.pincamp.ch/TO6400 TO6400

1.4.–30.9. ha 4,5 280 T 250 M 10 43°54'18.5"N, 10°47'18.2"E

Via delle Vigne, 1, IT-51016 Montecatini Terme, T +39 3285 7686 02, robycavallo65@gmail.com, www.campingbelsito.it

0,1 km

15 A

DE FR IT EN

Lang gestrecktes, ebenes Wiesengelände, durch Baumreihen gegliedert. / Terrain de prairie plat et allongé, divisé par des rangées d'arbres.

Preise/Nacht / Prix/nuit EUR 33–55, EUR 27–44, TAX, VISA

Montescudaio «hu Montescudaio Village» ★★★★ www.pincamp.ch/TO3500 **TO3500**

20.4.–18.9. ha 25 44 T 101 M 430 43°18'57.2"N, 10°33'14.8"E

Via del Poggetto, IT-56040 Montescudaio, T +39 0586 6834 77, montescudaio@huopenair.com, www.montescudaio.huopenair.com

Jetzt online buchen / Réserver en ligne **pincamp.ch**

3 km 5 km

6A

DE FR IT EN free

Mit Pinien bewachsener, in Terrassen angelegter Hang, Schlepphilfe möglich. / Pente couverte de pins, aménagée en terrasses, aide au remorquage possible.

Preise/Nacht / Prix/nuit EUR 60, EUR 53, TAX, VISA

Portoferraio «Camping Rosselba le Palme» ★★★★ www.pincamp.ch/TO4100 **TO4100**

ha 30 30 T 180 S 7 M 143 42°48'03.9"N, 10°21'53.5"E

Loc. Ottone, 3, IT-57037 Portoferraio, T +39 0565 9331 01, info@rosselbalepalme.it, www.rosselbalepalme.it

0,1 km 0,5 km P

6A

DE FR IT EN

Durch verschiedenartige Bäume sowie unterschiedlich hohe Hecken und Büsche unterteiltes Wiesengelände. / Terrain de prairie divisé par divers arbres ainsi que par des haies et des buissons de différentes hauteurs.

Riotorto «Camping Pappasole» ★★★★★ www.pincamp.ch/TO3950 **TO3950**

20.4.–20.10. ha 18 T 477 S 85 M 211 42°57'03.6"N, 10°41'13.8"E

Loc.Torre Mozza, Via di Carbonifera, 14, IT-57025 Riotorto, T +39 0565 20414, info@pappasole.it, www.pappasole.it

0,1 km

10A

DE FR IT EN free

Ebenes Gelände mit Hecken, Bäumen und Pinien, ein Bereich mit junger Bepflanzung. / Terrain plat avec des haies, des arbres et des pins, une zone avec de jeunes plantations.

Preise/Nacht / Prix/nuit EUR 37.50–94, EUR 29.50–74, EUR 10, TAX, VISA

San Vincenzo «hu Park Albatros Village» ***** www.pincamp.ch/TO3800 TO3800

20.4.–18.9. ha 40 T 200 M 1539 43°01'41.3"N, 10°32'04.2"E

Loc. Pineta di Torre Nuova, IT-57027 San Vincenzo, T +39 0565 7010 18, parkalbatros@huopenair.com, www.parkalbatros.huopenair.com

Jetzt online buchen / Réserver en ligne pincamp.ch

1 km 1 km 16 A DE FR IT EN free

Naturbelassenes Waldgelände mit sehr hohen, lichten Pinien. Mietunterkünfte auf separatem Platzteil. / Terrain boisé naturel avec des pins très hauts et clairsemés. Hébergements locatifs sur une partie séparée du terrain.

Preise/Nacht / Prix/nuit EUR 55, EUR 40, TAX, VISA

Sarteano «Parco delle Piscine» ***** www.pincamp.ch/TO9900 TO9900

13.4.–29.9. ha 17 573 T 327 S 12 M 67 42°59'15.0"N, 11°51'52.4"E

Via Campo dei Fiori, 30, IT-53047 Sarteano, T +39 0578 26971, info@parcodellepiscine.it, www.parcodellepiscine.it

Jetzt online buchen / Réserver en ligne pincamp.ch

0,2 km 16 A DE IT EN free

Durch einen Bach geteiltes, parkähnliches Gelände mit Hecken und Pappeln. / Terrain en forme de parc, divisé par un ruisseau, avec des haies et des peupliers.

Preise/Nacht / Prix/nuit EUR 49–88, EUR 39–72, TAX, VISA

Scarlino «Vallicella Glamping Resort» ★★★★ www.pincamp.ch/TO5100 TO5100

24.4.-6.10. ha 9,5 m/ÜM 110 T 16 M 183 42°54'46.3"N, 10°51'09.8"E

Loc. Vallicella, IT-58020 Scarlino, T +39 0566 37229, info@vallicellaglampingresort.com, www.vallicellaglampingresort.com

0,5 km 6A

DE IT EN free

Terrassiertes ebenes Wiesengelände in Hanglage, in einem Olivenhain. Blick auf ein malerisches Bergdorf. / Terrain de pré plat en terrasse, en pente, dans une oliveraie. Vue sur un village de montagne pittoresque.

Preise/Nacht / Prix/nuit EUR 26.50-70, EUR 24-60, EUR 9, TAX, VISA

Troghi «Camping Village Il Poggetto» ★★★★ www.pincamp.ch/TO7700 TO7700

1.4.-27.10. ha 4,5 m/ÜM 270 T 110 M 51 43°42'07.2"N, 11°24'15.6"E

Via Fiorentina 212, IT-50067 Troghi, T +39 0558 3073 23, info@campingilpoggetto.com, www.campingilpoggetto.com

0,1 km 10A

DE FR IT EN free

Ebenes, teils sandiges Wiesengelände, ein Teil mit hohen Pinien, der andere durch Baumreihen sowie Hecken gegliedert. / Terrain plat, en partie sablonneux, une partie avec de grands pins, l'autre divisée par des rangées d'arbres et des haies.

Preise/Nacht / Prix/nuit EUR 37.50-55, EUR 32.50-47, EUR 5, TAX, VISA

Vada «Camping Tripesce» ★★★★ www.pincamp.ch/TO3200 TO3200

28.3.-19.10. ha 3,1 T 212 S 60 M 34 43°20'35.0"N, 10°27'30.0"E

Via Cavalleggeri, 88, IT-57016 Vada, T +39 0586 7881 67, info@campingtripesce.it, www.campingtripesce.it

0,1 km 4A

DE IT EN free

Ebenes Wiesengelände mit Tamarisken, zusätzlich Mattendächer. Im Eingangsbereich auch Zierpflanzen. / Terrain plat en prairie avec des tamaris, en plus des toits en nattes. Dans l'entrée, également des plantes ornementales.

Preise/Nacht / Prix/nuit EUR 31-55, EUR 25-45, EUR 6, TAX, VISA

Caldonazzo «Camping Mario Village» ★★★★★ www.pincamp.ch/TN6400 TN6400

16.5.–22.9. ha 4,8 m 490 T 157 M 57 46°00'16.4"N, 11°15'38.3"E

Via Lungolago, 4, IT-38052 Caldonazzo, T +39 0461 7233 41, info@campingmario.com, www.campingmario.com

2 km

16 A

DE IT EN

Terrassiertes Wiesengelände mit mittelhohen Bäumen. Blick auf hügelige Umgebung. / Terrain en terrasses avec des arbres de taille moyenne. Vue sur les environs vallonnés.

Preise/Nacht / Prix/nuit EUR 74, EUR 74, EUR 4, TAX, VISA

Ledro «Family Wellness Camping Al Sole» ★★★★★ www.pincamp.ch/TN4780 TN4780

1.4.–1.11. ha 4 m 638 T 159 S 8 M 33 45°52'41.3"N, 10°46'04.0"E

Loc. Molina di Ledro, Via Maffei, 127, IT-38067 Ledro, T +39 0464 5084 96, info@campingalsole.it, www.campingalsole.it

0,3 km

6A

DE IT EN free

Ebenes, teils auch welliges oder gestuftes Wiesengelände am See mit verschiedenartigem Baumbestand. / Terrain plat, en partie ondulé ou étagé au bord du lac avec des arbres de différentes sortes.

Preise/Nacht / Prix/nuit EUR 61, EUR 52, EUR 6.50, TAX, VISA

Levico Terme «Lago Levico Camping Village» ★★★★ www.pincamp.ch/TN6200 TN6200

19.4.-13.10. ha 10 450 T 399 S 2 M 120 46°00'29.1"N, 11°17'04.6"E

Via Pleina, 1, IT-38056 Levico Terme, T +39 0461 7064 91, info@campinglevico.com, www.campinglevico.com

PIN CAMP

Jetzt online buchen / Réserver en ligne **pincamp.ch**

0,1 km

10A

DE IT EN free

Ebenes Gelände mit reichhaltiger Bepflanzung, durch einen öffentlichen Weg geteilt. Blick zu bewaldete Hügel und Felsmassive. / Terrain plat avec une riche végétation, divisé par un chemin public. Vue sur les collines boisées et les massifs rocheux.

Preise/Nacht / Prix/nuit EUR 27-57, EUR 22-49, EUR 5, TAX, VISA

Molveno «Camping Spiaggia Lago di Molveno» ★★★★ www.pincamp.ch/TN4400 TN4400

ha 4 864 T 149 S 75 M 24 46°08'17.6"N, 10°57'30.2"E

Via Lungolago, 27, IT-38018 Molveno, T +39 0461 5869 78, camping@molveno.it, www.campingmolveno.it

0,5 km

6A

DE IT EN

Ebenes, sandiges Gelände mit noch jungen Pappeln. Zum Meer hin eine bewachsene Düne. / Terrain plat et sablonneux avec des peupliers encore jeunes. Vers la mer, une dune couverte de végétation.

Pozza di Fassa «Vidor Family & Wellness Resort» ★★★★★ www.pincamp.ch/TN5250 TN5250

1.1.-7.4., 18.5.-3.11., 4.12.-31.12. ha 3 1450 T 232 S 12 M 26 46°25'13.8"N, 11°42'28.8"E

Strada de Ruf de Ruacia, 15, IT-38036 Pozza di Fassa, T +39 0462 7600 22, info@campingvidor.it, www.campingvidor.it

0,1 km

16A

DE IT EN free

Mehrfach terrassiertes Wiesengelände mit verschiedenen Bäumen. Blick auf das gewaltige Bergmassiv des Rosengartens. / Terrain de prairie en terrasses multiples avec différents arbres. Vue sur l'immense massif montagneux du Rosengarten.

Preise/Nacht / Prix/nuit EUR 48.50-75, EUR 40-61, EUR 5.50, TAX, , VISA

Predazzo «Camping Valle Verde» ★★★★ www.pincamp.ch/TN5380 TN5380

25.4.–1.10. ha 2,2 üM 1050 T 102 S 15 46°18'36.8"N, 11°37'52.9"E

Loc. Ischia – Sotta Sassa, IT-38037 Predazzo, T +39 3392 6036 94, luciabosin@gmail.com, www.campingvalleverde.it

1 km

6A

DE IT EN free

Teils gestufter durch Bäume aufgelockerter Wiesenplatz. An einem Bach. Von bewaldeten Höhen umgeben. / Terrain en prairie partiellement étagé et aéré par des arbres. Au bord d'un ruisseau. Entouré de hauteurs boisées.

Preise/Nacht / Prix/nuit EUR 37.90, EUR 31, EUR 3.50, TAX, VISA

Bibione «Villaggio Turistico Internazionale» ★★★★★ www.pincamp.ch/VE4050 VE4050

28.3.–20.10. ha 15 T 280 M 486 45°38'05.9"N, 13°02'14.6"E

Via delle Colonie 2, IT-30028 Bibione, T +39 0431 4426 11, info@vti.it, www.vti.it

PiN CAMP

Jetzt online buchen / Réserver en ligne **pincamp.ch**

0,1 km

16A

DE FR IT EN free

Sandiges und naturbelassenes Gelände unter Pinien. Zum Meer hin ebener Wiesenboden mit aufgelockertem Baumbestand. / Terrain sablonneux et naturel sous les pins. Vers la mer, terrain plat avec des arbres épars.

Preise/Nacht / Prix/nuit EUR 47–111, EUR 37–111, EUR 7, TAX, VISA

Caorle «Centro Vacanze Villaggio San Francesco» ★★★★ www.pincamp.ch/VE4300 VE4300

24.4.–7.10. [ha] 33 [T] 300 [S] 40 [M] 981 45°33'59.8"N, 12°47'39.2"E

Loc. Duna Verde, Via Selva Rosata, 1, IT-30021 Caorle, T +39 0421 2983 10, info@villaggiosfrancesco.com, www.villaggiosfrancesco.com

PIN CAMP

Jetzt online buchen / Réserver en ligne **pincamp.ch**

0,1 km

16 A

DE FR IT EN

Ebenes Gelände mit Baumreihen, Pinien und vereinzelten Buschgruppen. Zwischen dem Meer und der nahen Strasse. / Terrain plat avec des rangées d'arbres, des pins et des groupes de buissons isolés. Entre la mer et la route toute proche.

Preise/Nacht / Prix/nuit [tent] EUR 35–87, [tent] EUR 27–71, [dog] EUR 9, [TAX], [card], [card], VISA

Cavallino-Treporti «Camping San Marco» ★★★★ www.pincamp.ch/VE4580 VE4580

6.5.-16.9. ha 2,2 T 114 M 48 45°28'48.0"N, 12°34'48.4"E

Via del Faro, 10, IT-30013 Cavallino-Treporti, T +39 0419 68163, info@campingsanmarco.it, www.campingsanmarco.it

Jetzt online buchen / Réserver en ligne **pincamp.ch**

0,2 km 10A DE FR IT EN free

Zweigeteiltes, ebenes, zum Teil auch terrassiertes Wiesengelände. Am Platzrand kleiner Fluss. / Terrain en prairie divisé en deux, plat, en partie aussi en terrasses. Au bord du terrain, petite rivière.

Preise/Nacht / Prix/nuit EUR 64, EUR 53, EUR 4.80, TAX, VISA

Cavallino-Treporti «Camping Village Villa al Mare» **** www.pincamp.ch/VE4600 **VE4600**

4.5.–21.9. ha 2 T 100 M 71 45°28'45.3"N, 12°34'52.4"E

Via del Faro, 12, IT-30013 Cavallino-Treporti, T +39 0419 68066, info@villaalmare.com, www.villaalmare.com

Jetzt online buchen / Réserver en ligne **pincamp.ch**

0,3 km

10 A

DE FR IT EN free

Sandiges Wiesengelände mit mittelhohen, teils auch hohen, verschiedenartigen Bäumen. Eingangsbereich mit Blumenschmuck. / Terrain de prairie sablonneux avec des arbres de moyenne et parfois de grande taille aux essences variées. Entrée fleurie.

Preise/Nacht / Prix/nuit EUR 25.50–66.60, EUR 25.50–54.60, EUR 4.50

Cavallino-Treporti «Residence Village» ★★★★ www.pincamp.ch/VE4650 VE4650

13.5.–27.9. ha 9 T 221 M 322 45°28'47.6"N, 12°34'26.6"E

Via F. Baracca, 47, IT-30013 Cavallino-Treporti, T +39 0419 68027, info@residencevillage.com, www.residencevillage.com

PiN CAMP

Jetzt online buchen / Réserver en ligne pincamp.ch

0,1 km 16 A

DE IT EN

Ebenes Wiesengelände in einem lichten Pinienwald. / Terrain plat en prairie dans une forêt de pins clairsemée.

Preise/Nacht / Prix/nuit EUR 84.40, EUR 71.50, TAX,

Cavallino-Treporti «Camping Village Garden Paradiso» ★★★★★ www.pincamp.ch/VE4750 VE4750

19.4.–2.10. ha 15 T 638 M 205 45°28'44.2"N, 12°33'49.1"E

Via F. Baracca, 55, IT-30013 Cavallino-Treporti, T +39 0419 68075, info@gardenparadiso.it, www.gardenparadiso.it

PiN CAMP

Jetzt online buchen / Réserver en ligne pincamp.ch

0,1 km 20 A

DE FR IT EN

Ebenes Wiesengelände unter Baumreihen, beidseitig des von stattlichen Pinien gesäumten Hauptwegs. / Terrain plat en prairie sous des rangées d'arbres, de part et d'autre du chemin principal bordé d'imposants pins.

Preise/Nacht / Prix/nuit EUR 78.30, EUR 66.30,

Cavallino-Treporti «Sant'Angelo Village» ★★★★★ www.pincamp.ch/VE4800 VE4800

11.5.–25.9. ha 20 T 285 M 742 45°28'36.2"N, 12°33'18.4"E

Via F. Baracca, 63, IT-30013 Cavallino-Treporti, T +39 0419 68882, info@santangelo.it, www.santangelo.it

PIN CAMP

Jetzt online buchen / Réserver en ligne pincamp.ch

0,1 km

16 A

DE IT EN

Ebenes, teils sandiges Gelände am Meer, überwiegend mit Pappeln und Pinien. / Terrain plat, en partie sablonneux, au bord de la mer, principalement avec des peupliers et des pins.

Preise/Nacht / Prix/nuit EUR 31.80–99, EUR 31.80–73, TAX, VISA

Cavallino-Treporti «Camping Europa Village» ★★★★★ www.pincamp.ch/VE4850 **VE4850**

21.3.–14.10. ha 11 T 450 M 260 45°28'25.7"N, 12°32'56.5"E

Via Fausta, 332, IT-30013 Cavallino-Treporti, T +39 0419 68069, marika.facco@campingeuropa.com, www.campingeuropa.com

0,1 km 16 A

DE IT EN free

Ebenes, teils sandiges Wiesengelände unter lichten Baumreihen. Separater Standplatzbereich für Gäste mit Hund. / Terrain plat, en partie sablonneux, sous des rangées d'arbres clairsemées. Emplacement séparé pour les hôtes avec chien.

Preise/Nacht / Prix/nuit EUR 28–108.50, EUR 24–93, EUR 9.50, TAX, VISA

Cavallino-Treporti «Camping Village Italy» ★★★★★ www.pincamp.ch/VE4950 VE4950

30.4.–30.9. ha 3,9 T 150 S 20 M 56 45°28'06.0"N, 12°31'59.6"E

Via Fausta, 272, IT-30013 Cavallino-Treporti, T +39 0419 68090, giuliano.castelli@campingitaly.it, www.campingitaly.it

PiN CAMP
Jetzt online buchen / Réserver en ligne
pincamp.ch

0,2 km P

10A

DE IT EN free

Schmales, ebenes Gelände mit diversen Bäumen und Büschen. Teilweise sehr enge Parzellen und Zufahrten. / Terrain étroit et plat avec divers arbres et buissons. Parcelles et voies d'accès parfois très étroites.

Preise/Nacht / Prix/nuit EUR 40-80, EUR 31.50-65, TAX, VISA

Cavallino-Treporti «Union Lido Vacanze» ★★★★★ www.pincamp.ch/VE5000 VE5000

21.4.–2.10. ha 60 T 1773 S 200 M 899 45°28'02.2"N, 12°31'48.3"E

Via Fausta 258, IT-30013 Cavallino-Treporti, T +39 0412 5751 11, info@unionlido.com, www.unionlido.com

PiN CAMP
Jetzt online buchen / Réserver en ligne
pincamp.ch

0,1 km

16A

DE IT EN free

Ebenes, sandiges Wiesengelände mit Pinien und Ziersträuchern. Platzteil für Gäste mit Hund. / Terrain plat et sablonneux avec des pins et des arbustes d'ornement. Partie de l'emplacement réservée aux hôtes avec chien.

Preise/Nacht / Prix/nuit EUR 80.60, EUR 67.50, TAX, VISA

Geöffnet von/du 23.03.2024
Ouvert bis/au 13.10.2024
www.capasquali.it
ADAC Superplatz 2023
ADAC
TOP 2023
Erkende camping
CA' PASQUALI VILLAGE
CAMPING

Geöffnet von/du 28.03.2024
Ouvert bis/au 20.10.2024
www.vti.it
ADAC Superplatz 2023
ADAC
TOP 2023
Erkende camping
Villaggio Turistico Internazionale

Geöffnet von/du 23.03.2024
Ouvert bis/au 13.10.2024
www.velablu.it
ADAC Tipp 2023
ADAC
TOP 2023
Erkende camping
VelaBlu
Camping Village

Cavallino-Treporti «Vela Blu Camping Village» ★★★★ www.pincamp.ch/VE5050 VE5050

23.3.-13.10. ha 3,3 T 63 S 2 M 180 45°27'28.4"N, 12°30'24.1"E

Radaelli, 10, IT-30013 Cavallino-Treporti, T +39 0419 68068, info@velablu.it, www.velablu.it

Jetzt online buchen / Réserver en ligne pincamp.ch

0,5 km

16A

free

Ebenes, naturbelassenes, überwiegend sandiges Gelände mit Pinien, Bäumen und Hecken. / Terrain plat, naturel, principalement sablonneux, avec des pins, des arbres et des haies.

Preise/Nacht / Prix/nuit EUR 32–83, EUR 23–67, EUR 7, TAX, VISA

Cavallino-Treporti «Camping Village Cavallino» ★★★★★ www.pincamp.ch/VE5100 VE5100

23.3.-4.11. ha 10,7 T 473 M 488 45°27'24.0"N, 12°30'02.4"E

Via delle Batterie, 164, IT-30013 Cavallino-Treporti, T +39 0415 3008 26, info@campingcavallino.com, www.campingcavallino.com

0,1 km

16A

Ebenes, sandiges Gelände unter Pinien. Durch niedrige Hecken gegliedert. Platzbereich für Gäste mit Hund. / Terrain plat et sablonneux sous des pins. Divisé par des haies basses. Espace réservé aux hôtes avec chien.

Preise/Nacht / Prix/nuit EUR 50–140, EUR 43–120, EUR 11, TAX, VISA

Cavallino-Treporti «Camping Enzo Stella Maris» ★★★★★ www.pincamp.ch/VE5150 VE5150

ha 7,9 T 315 M 112 45°27'23.3"N, 12°29'45.0"E

Via delle Batterie, 100, IT-30013 Cavallino-Treporti, T +39 0419 66030, info@enzostellamaris.com, www.enzostellamaris.com

0,3 km

10A

Ebenes Gelände, vorwiegend unter hohen Pinien, parkähnliche Bepflanzung. / Terrain plat, principalement sous de grands pins, plantation semblable à celle d'un parc.

Cavallino-Treporti «Camping Village Scarpiland» **** www.pincamp.ch/VE5250 **VE5250**

22.4.–27.5., 10.6.–8.7., 26.8.–1.10. ha 4,5 T 178 S 37 M 114 45°27'19.1"N, 12°29'21.0"E

Via A. Poerio, 14, IT-30013 Cavallino-Treporti, T +39 0419 66488, info@scarpiland.com, www.scarpiland.com

0,1 km 6A DE IT EN

Ebenes Wiesengelände mit Pinien und Pappeln, Standplätze überwiegend durch Hecken eingefasst. / Terrain plat en prairie avec des pins et des peupliers, les emplacements sont principalement entourés de haies.

Cavallino-Treporti «Camping Ca'Pasquali Village» ★★★★★ www.pincamp.ch/VE5300 VE5300

23.3.-13.10. ha 10 T 164 M 380 45°27'09.5"N, 12°29'24.2"E

Via A. Poerio, 33, IT-30013 Cavallino-Treporti, T +39 0419 66110, info@capasquali.it, www.capasquali.it

Jetzt online buchen / Réserver en ligne pincamp.ch

0,8 km 16A DE FR IT EN free

Lang gestrecktes, parallel zum Strand verlaufendes Gelände. Landeinwärts des Hauptweges hauptsächlich Pinienwald. / Terrain allongé, parallèle à la plage. À l'intérieur du chemin principal, principalement une forêt de pins.

Preise/Nacht / Prix/nuit EUR 35–88, EUR 26–72, TAX, VISA

Cavallino-Treporti «Camping Village Mediterraneo» ★★★★★ www.pincamp.ch/VE5350 VE5350

24.4.-13.10. ha 17 T 454 S 7 M 269 45°27'13.7"N, 12°28'55.1"E

Via delle Batterie, 38, IT-30013 Cavallino-Treporti, T +39 0419 66721, mediterraneo@vacanze-natura.it, www.campingmediterraneo.it

Jetzt online buchen / Réserver en ligne pincamp.ch

0,7 km 16A DE IT EN

leicht hügeliges Wiesengelände mit Bäumen, teils naturbelassener Pinienwald. Teilweise Blick aufs Meer. / Terrain de prairie légèrement vallonné avec des arbres, forêt de pins en partie naturelle. Vue partielle sur la mer.

Cavallino-Treporti «Camping Village Al Boschetto» ★★★★ www.pincamp.ch/VE5400 VE5400

ha 7 T 290 S 60 M 55 45°27'06.5"N, 12°28'34.9"E

Via delle Batterie, 18, IT-30013 Cavallino-Treporti, T +39 0419 66145, info@alboschetto.it, www.alboschetto.it

0,7 km 10A DE IT EN

Ebenes, sandiges, zweigeteiltes Gelände im lichten Pappelwald. Separater Platzbereich für Gäste mit Hund. / Terrain plat, sablonneux, divisé en deux parties, dans une peupleraie clairsemée. Espace séparé pour les hôtes avec chien.

Cavallino-Treporti «Camping Village Dei Fiori» ★★★★★ www.pincamp.ch/VE5450 VE5450

24.4.–29.9. ha 11 T 284 M 324 45°26'55.6"N, 12°28'15.3"E

Via V. Pisani, 52, IT-30013 Cavallino-Treporti, T +39 0419 66448, fiori@vacanze-natura.it, www.deifiori.it

1,2 km 10 A

Ebenes Gelände mit Blumen, Büschen und Bäumen. Gegen den Strand und das Meer kleine Düne mit Fussweg. / Terrain plat avec des fleurs, des buissons et des arbres. Vers la plage et la mer, petite dune avec chemin piétonnier.

Cavallino-Treporti «Camping Ca'Savio» ★★★★ www.pincamp.ch/VE5500 VE5500

24.4.–5.10. ha 28 T 800 M 470 45°26'43.5"N, 12°27'40.6"E

Via Ca' Savio 77, IT-30013 Cavallino-Treporti, T +39 0419 66017, info@casavio.it, www.casavio.com

0,8 km 10 A

Ebenes, lang gestrecktes Gelände am Meer mit verschiedenartigen Baumreihen. / Terrain plat et allongé au bord de la mer avec des rangées d'arbres de différentes sortes.

Preise/Nacht / Prix/nuit EUR 57.50, EUR 46.50, TAX,

Willkommen
in unserer Wohlfühloase,
in der Erholung und Spaß
zu Hause sind
Marina di Venezia
CAMPING VILLAGE
★ ★ ★ ★ ★
Geöffnet vom
20.04.2024
07.10.2024
Via Montello, 6
30013 Cavallino Treporti (VE)
Tel. +39 041 5302 511
camping@marinadivenezia.it
www.marinadivenezia.it
VENEZIA
PUNTA SABBIONI
CAVALLINO
ADAC Superplatz 2023
ADAC
GEFRAGTESTER CAMPINGPLATZ 2023
ITALIEN
TOP 25
Parco Turistico di Cavallino Treporti
Veneto The Land of Venice
www.veneto.eu

Cavallino-Treporti «Camping Marina di Venezia» ***** www.pincamp.ch/VE5550 VE5550

20.4.–7.10. ha 80 T 2275 S 126 M 905 45°26'14.5"N, 12°26'17.1"E

Via Montello, 6, IT-30013 Cavallino-Treporti, T +39 0415 3025 11, camping@marinadivenezia.it, www.marinadivenezia.it

Jetzt online buchen / Réserver en ligne
pincamp.ch

0,1 km 16 A DE IT EN free

Sandiges Grasgelände am Meer mit vielen Bäumen. Eigener Platzbereich für Gäste mit Hund. / Terrain herbeux sablonneux au bord de la mer avec beaucoup d'arbres. Espace réservé aux clients avec chien.

Preise/Nacht / Prix/nuit EUR 34.70–89.80, EUR 28.10–72.90, EUR 8.60, TAX, VISA

Cavallino-Treporti «Camping Village Miramare» **** www.pincamp.ch/VE5600 VE5600

ha 3 T 130 M 30 45°26'25.3"N, 12°25'16.0"E

Lungomare Dante Alighieri, 29, IT-30013 Cavallino-Treporti, T +39 0419 66150, www.miramarevenezia.it

0,7 km 1,8 km 10 A DE FR IT EN

Ebenes Wiesengelände mit Pinien, Pappeln und Hecken aufgelockert. / Terrain plat en prairie aéré par des pins, des peupliers et des haies.

Eraclea Mare «Camping Village Portofelice» ***** www.pincamp.ch/VE4350 VE4350

ha 17 T 70 S 2 M 600 45°33'12.9"N, 12°46'01.4"E

Viale dei Fiori, 15, IT-30020 Eraclea Mare, T +39 0421 66411, info@portofelice.it, www.portofelice.it

0,1 km 0,2 km P 10 A DE FR IT EN

Leicht geneigtes Wiesengelände mit zahlreichen Oliven- und anderen Bäumen. Zwischen Uferstrasse und See. / Terrain en prairie légèrement incliné avec de nombreux oliviers et autres arbres. Entre la route côtière et le lac.

Jesolo Pineta «Camping Village Waikiki» **** www.pincamp.ch/VE4420 VE4420

ha 5,2 T 117 M 221 45°31'52.5"N, 12°43'19.7"E

Viale Oriente, 144, IT-30017 Jesolo Pineta, T +39 0421 9801 86, info@campingwaikiki.com, www.campingwaikiki.com

0,2 km 10 A DE FR IT EN

Durch einen Bach zweigeteiltes, leicht geneigtes Wiesengelände mit einigen Bäumen. / Terrain en prairie légèrement incliné, divisé en deux par un ruisseau, avec quelques arbres.

Marghera «Camping Jolly» www.pincamp.ch/VE_46085 VE_46085

ha 4 UM 25 T 105 M 440 45°28'17.2"N, 12°12'41.8"E

Via de Marchi 7, IT-30175 Marghera, T +39 0419 20312, jolly@humancompany.com, www.humancompany.com

PIN CAMP

Jetzt online buchen / Réserver en ligne **pincamp.ch**

0,9 km

IT EN

Wiese mit mittelhohen Pappeln. Zur angrenzenden Autobahn ein Lärmschutzzaun. Von Mietunterkünften geprägt. / Pré avec des peupliers de taille moyenne. Clôture anti-bruit le long de l'autoroute adjacente. Hébergements locatifs.

Salionze di Valeggio sul Mincio «Altomincio Family Park» www.pincamp.ch/VE_96252 VE_96252

20.4. -22.9. ha 13 M 700 45°23'35.2"N, 10°43'00.3"E

Località Torrente Valle 10, IT-37067 Salionze di Valeggio sul Mincio, T +39 0452 373540, altomincio@humancompany.com, www.humancompany.com

PIN CAMP

Jetzt online buchen / Réserver en ligne **pincamp.ch**

IT

Lang gestrecktes Gelände am Fluss Mincio. Standplätze mit Laubbaumbestand entlang des Flussufers. / Terrain tout en longueur sur les bords du Mincio. Emplacements sous des feuillus le long de l'eau.

Sottomarina «Camping Village Adriatico» ★★★★ www.pincamp.ch/VE6000 VE6000

ha 2,5 T 125 S 60 M 33 45°12'17.0"N, 12°17'55.8"E

Lungomare Adriatico, 82, IT-30015 Sottomarina, T +39 0414 92907, info@campingadriatico.com, www.campingadriatico.com

0,1 km P

6A

DE FR IT EN

Ebenes Wiesengelände mit mittelhohen Baumreihen, durch Oleandersträucher aufgelockert. Gärtnerisch schön gestaltete Anlage. / Terrain de prairie plat avec des rangées d'arbres de hauteur moyenne, aéré par des lauriers-roses. Jardin bien aménagé.

Sottomarina «Miramare Camping Village» ★★★★ www.pincamp.ch/VE6100 **VE6100**

19.4.–23.9. ha 7 T 331 S 40 M 82 45°11'25.0"N, 12°18'12.4"E

Viale A. Barbarigo, 103, IT-30015 Sottomarina, T +39 0414 90610, info@miramarecamping.com, www.miramarecamping.com

Jetzt online buchen / Réserver en ligne **pincamp.ch**

0,9 km

6A

DE IT EN

Ebenes Gelände durch die Strasse geteilter, ebener Platz mit verschiedenen Bäumen. Separater Platzteil für Gäste mit Hund. / Terrain plat divisé par la route, place plate avec différents arbres. Partie de terrain séparée pour les hôtes avec chien.

Preise/Nacht / Prix/nuit EUR 33–57.50, EUR 26–46, EUR 5, TAX, VISA

FRANKREICH / FRANCE

F

www.tcs.ch/frankreich
www.tcs.ch/france

KÖLN
LEVERKUSEN
SIEGEN
Marburg
Mechelen
Genk
Hasselt
Leuven
Heerlen
B
MAASTRICHT
AACHEN
Brühl
Siegburg
BRUXELLES
BRUSSEL
LIÈGE
BONN
Gießen
Fulda
Verviers
Neu-
wied
Wetzlar
Gembloux
B. Neuenahr-
Ahrweiler
Limburg
a.d.L.
Friedberg
(Hessen)
Mons
Meuse
NAMUR
Spa
Malmedy
KOBLENZ
FRANKFURT
A.M.
CHAR-
LEROI
Marche-en-
Famenne
Prüm
Eifel
WIESBADEN
Dinant
Cochem
OFFENBACH
A.M.
Philippeville
MAINZ
Aschaffen-
burg
Givet
Bastogne
Wittlich
DARMST.
La Capelle
D
Hirson
L
Mosel
Hunsrück
Bad Kreuznach
Main
Lorsch
Neufchâteau
Charleville-
Mézières
Arlon
TRIER
Idar-Oberstein
Worms
MANNHEIM
Sedan
Luxembourg
Kaisers-
lautern
Rethel
Neunkirchen
LUDWIGSHFN.
A.RH.
Speyer
HEIDELBERG
Aisne
Aire
HEILBRONN
Thionville
Saarlouis
Pirmasens
REIMS
Meuse
Côtes de Meuse
Völklingen
Rhein
SAARBRÜCKEN
Verdun
Jarny
KARLSRUHE
Maulbronn
METZ
Ludwigsbg.
Épernay
PFORZHM.
Rastatt
Châlons-
en-Champ.
Sarre-
bourg
Haguenau
Baden-
Baden
STUTTGART
Vitry-le-
François
NANCY
Bar-
le-Duc
Toul
C. de la Marne
au Rhin
STRASBOURG
Kehl
Tübingen
Sézanne
REUTLINGEN
St-Dizier
GT1550
Lune-
ville
Offenburg
GT3050
Neuf-
château
Sélestat
Troyes
Bar-
s.-Aube
Marne
Vittel
St-Dié
Rottweil
GT6320
Vanne
Épinal
Villingen-
Schwenningen
Chaumont
Colmar
Aube
Remiremont
FREIBURG
I.BR.
Stockach
St-Florentin
Saône
Châtillon-
s.-Seine
Langres
Schaffhausen
Tonnerre
MULHOUSE
Konstanz
Parc National
de Forêts
Lörrach
Rhein
Montbard
Seine
Serein
Belfort
Vesoul
BASEL
Baden
Winterthur
Avallon
BC5390
Ognon
Mont-
béliard
Aarau
ZÜRICH
Gray
Olten
Zürich-
see
Vézelay
DIJON
BESANÇON
Solothurn
Saulieu
Aare
Zug
La Chaux-
de-Fonds
Biel/
Bienne
Luzern
Lormes
Schwyz
Beaune
Dole
Le Locle
Neuchâtel
BERN
Altdorf
Autun
Vierwald-
stättersee
Doubs
Pontarlier
CH
Le Creusot
Chalon-
sur-Saône
Lac de
Neuchâtel
Fribourg
Freiburg
Interlaken
Luzy
Lons-
le-Saunier
BC8450
BC8720
0
50 km
Montceau-
l.-M.
Berner
Alpen

Golfe
de Gascogne
Île d'Yeu
PL4710
PL4774
PL4770
Les Sables-d'Olonne
PL4970
La Roche-sur-Yon
Luçon
La Châtaigneraie
Parthenay
Fontenay-le-Comte
La Tranche-s.-M.
PL5430
Pertuis Breton
Île de Ré
Niort
NA3880
NA3830
NA3800
La Rochelle
Pert. d'Antioche
Île d'Oléron
NA5010
NA5030
NA5080
Rochefort
NA4645
NA4640
Marennes
NA5350
Saintes
NA5590
St-Jean-d'Angély
Cognac
Charente
Royan
NA6070
Cozes
Le Verdon-s.-Mer
AQ4540
Gironde
Médoc
AQ5000
Lac d'Hourtin et de Carcans
Blaye
AQ5850
AQ5900
Lacanau-Océan
Arès
BORDEAUX
Arcachon
Bassin d'Arcachon
AQ6730
Biscarrosse
AQ6900
AQ6950
Mimizan
Côte d'Argent
AQ7500
Léon
AQ7600
AQ7620
AQ7680
AQ7710
Capbreton
AQ8150
Biarritz
St-Jean-de-Luz
Bayonne
AQ8800
AQ8820
AQ8870
AQ8890
AQ9000
DONOSTIA S.SEBASTIÁN
Azpeitia
Irun
Andoain
Bergara
Tolosa
Irurita
Irurzun
Alsasu
PAMPLONA IRUÑEA
Roncesvalles
Estella
Aoiz
Tafalla
LOGROÑO
Sangüesa
R. Aragón
50 km
Jaca
Ayerbe
Sabiñánigo
Ainsa-Sobrarbe
NA340
NA440
Poitiers
St-Savin
Châteauroux
Le Blanc
La Châtre
Argenton-s.-Creuse
NA7100
Montluçon
La Souterraine
Couhé
Clain
Vienne
Gartempe
Bellac
Guéret
Gouzon
Aubusson
Marche
Charente
Confolens
Mansle
St-Junien
LIMOGES
Angoulême
AQ100
St-Yrieix-la-Perche
Vézère
Uzerche
Ussel
Bort-l.-Orgues
Brantôme
Ribérac
Dronne
Chalais
Périgueux
Brive-la-Gaillarde
Tulle
AQ350
Coutras
AQ500
AQ400
Libourne
AQ2500
St-Emilion
AQ790
AQ1180
AQ1220
Gourdon
St-Céré
Bergerac
Dordogne
Guyenne
Langon
La Réole
Marmande
Fumel
Figeac
Lot
Cahors
Villeneuve-s-Lot
Sore
Casteljaloux
Garonne
Villefranche-de-Rouergue
Sabres
Nérac
Agen
Moissac
Roquefort
Castelsarrasin
Montauban
Carmaux
Condom
PY4200
Fleurance
Gaillac
Albi
Midouze
Mont-de-Marsan
Tarn
Gascogne
Dax
Armagnac
PY4300
Auch
Colomiers
Lavaur
Castres
Orthez
Bassoues
TOULOUSE
Muret
Mazamet
Vic-en-Bigorre
Gers
Pau
Ariège
Oloron-S.-Marie
Tarbes
Save
Castelnaudary
Carcasso
Lourdes
Lannemezan
PY3200
LR7300
St-Gaudens
Limoux
PY5500
St-Girons
PY5550
Foix
Parc Nat. des Pyrénées
Pyrénées
PY3000
Quillan
Aude
Vielha-e-Mijaran
AND
Bielsa
3404
Pico de Aneto
Andorra la Vella
(1915)
Têt
el Pont de Suert
Sort
la Seu d'Urgell
Mont-Louis
Pirineos
E

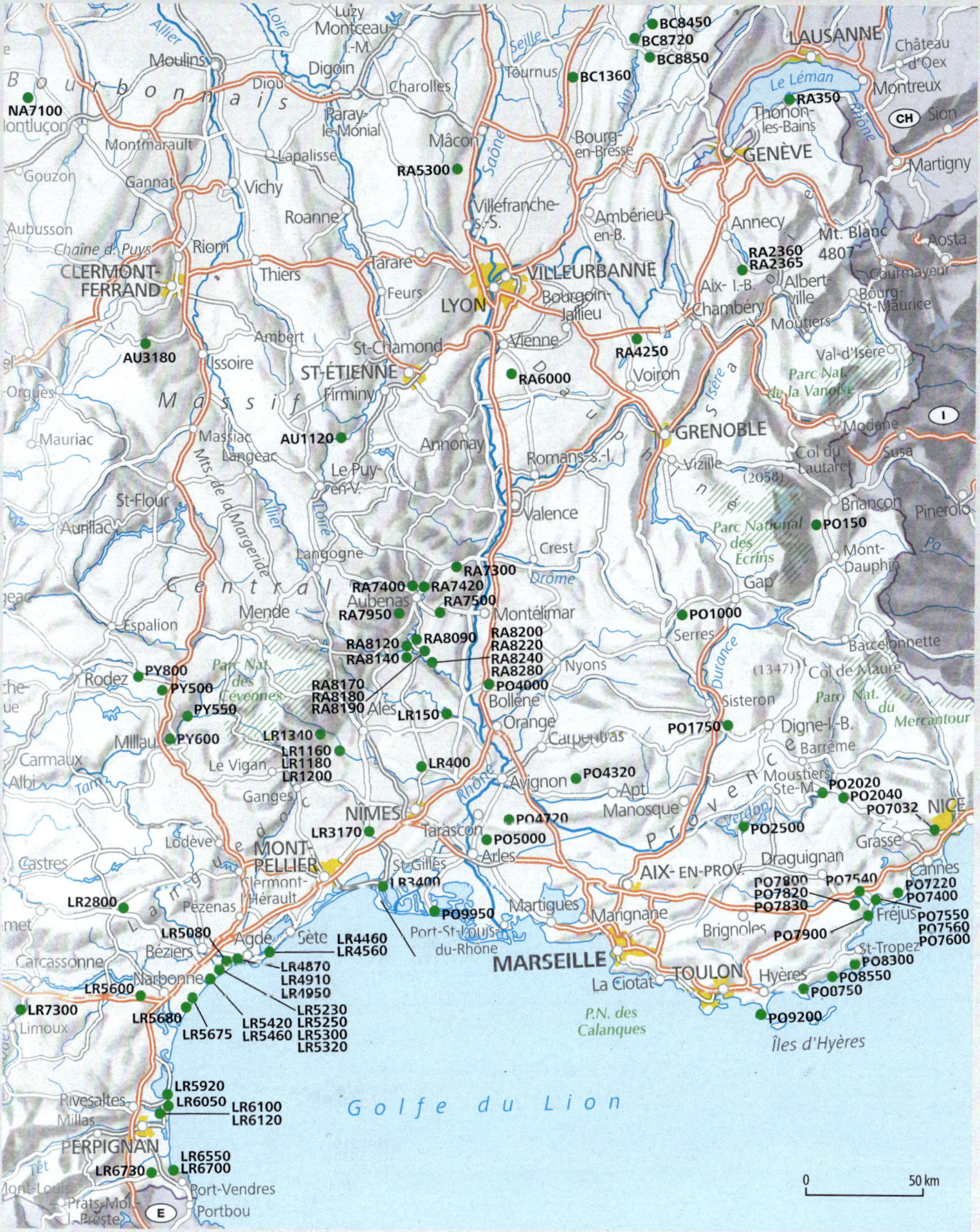

BC8450
BC8720
BC8850
BC1360
NA7100
RA350
RA5300
LAUSANNE
Le Léman
GENÈVE
CH
RA2360
RA2365
VILLEURBANNE
LYON
CLERMONT-FERRAND
AU3180
RA4250
ST-ÉTIENNE
RA6000
GRENOBLE
AU1120
I
PO150
RA7300
RA7400
RA7420
RA7500
RA7950
PO1000
RA8120
RA8090
RA8140
RA8200
RA8220
RA8240
RA8280
PY800
PY500
PY550
PY600
RA8170
RA8180
RA8190
PO4000
LR150
LR1340
LR1160
LR1180
LR1200
PO1750
LR400
PO4320
PO2020
PO2040
PO7032
NICE
PO4720
PO2500
LR3170
PO5000
NÎMES
MONT-PELLIER
AIX-EN-PROV.
LR3400
PO9950
PO7800
PO7820
PO7830
PO7540
PO7220
PO7400
LR2800
PO7550
PO7560
PO7600
LR5080
LR4460
LR4560
PO7900
MARSEILLE
TOULON
PO8300
PO8550
PO0750
LR4870
LR4910
LR4950
LR5600
LR5230
LR5250
LR5300
LR5320
LR7300
LR5680
LR5675
LR5420
LR5460
PO9200
LR5920
LR6050
LR6100
LR6120
Golfe du Lion
PERPIGNAN
LR6550
LR6700
LR6730
E
0
50 km

La Manche
Channel Islands
Alderney
Guernsey
St. Peter Port
Sark
GB
Jersey
St. Helier
Cherbourg-en-C.
NO3100
NO3300
NO3320
Saint-Vaast-la-Hougue
NO3000
Baie de la Seine
Cotentin
NO2630
NO1840
Carentan I. M.
Bayeux
St-Lô
CAEN
Coutances
Thury-Harcourt
Falaise
Orne
Golfe de St-Malo
Granville
NO3850
Normandie
Flers
Avranches
Domfront
BR2300
BR2400
Roscoff
St-Pol-de-Léon
Lannion
Paimpol
BR3250
Île d'Ouessant
Guingamp
Morlaix
St-Malo
BR1150
BR1170
BR950
BR400
Pontorson
BREST
le Conquet
Saint-Brieuc
Lamballe
Dinan
BR900
BR3700
Crozon
Carhaix-Plouguer
Mer d'Iroise
Rostrenen
Fougères
Douarnenez
Châteaulin
Loudéac
Ernée
Mayenne
Audierne
Quimper
Le Faouët
RENNES
Vitré
BR5000
Cornouaille
Pontivy
Evron
Laval
BR5100
BR5280
Penmarc'h
BR4700
BR4750
Concarneau
BR5460
Hennebont
Ploërmel
Lohéac
Château-Gontier
Sarthe
BR5120
BR5130
BR5140
BR6000
Lorient
Auray
Vannes
BR7250
Châteaubriant
Sablé-s.-S.
Î. de Groix
Redon
Vilaine
Derval
Segré
la Flèche
Quiberon
Port-Navalo
BR7650
PL3220
ANGERS
PL1200
PL3100
Pontchâteau
Guérande
Ancenis
PL1340
Belle-Île
St-Nazaire
Loire
Saumur
PL1400
PL3870
PL3700
Couëron
Chemillé
PL3880
NANTES
Noirmoutier-en-l'Île
Machecoul
Cholet
Thouars
Montaigu
PL4300
Challans
Bressuire
Île d'Yeu
PL4774
PL4710
PL4770
La Roche-sur-Yon
La Châtaigneraie
Poitou
Parthenay
Les Sables-d'Olonne
PL4970
Luçon
Fontenay-le-Comte
Pertuis Breton
La Tranche-s.-M.
PL5430
Golfe de Gascogne
Île de Ré
Sèvre
Niort
NA3880
NA3830
NA3800
La Rochelle
Île d'Oléron
NA5010
NA5030
NA5080
Rochefort
St-Jean-d'Angély
NA4645
NA4640
Marennes
NA5350
Saintes
NA5590
0
50 km

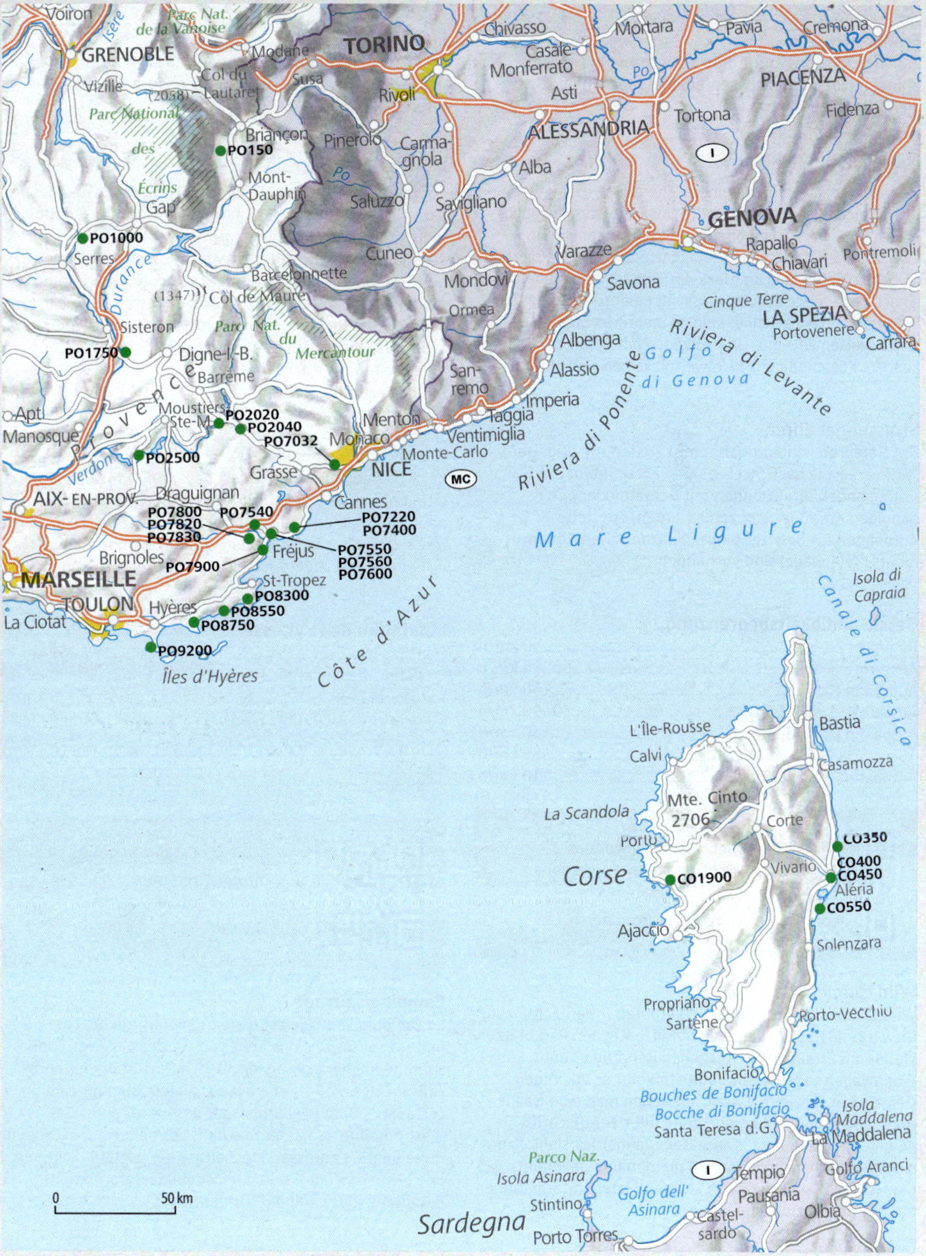
Voiron
Isère
Parc Nat. de la Vanoise
GRENOBLE
Modane
TORINO
Chivasso
Mortara
Pavia
Cremona
Vizille
Col du Lautaret
(2058)
Susa
Rivoli
Casale Monferrato
Asti
Po
PIACENZA
Parc National des Écrins
Briançon
Pinerolo
Carmagnola
ALESSANDRIA
Tortona
Fidenza
I
PO150
Mont-Dauphin
Alba
Saluzzo
Savigliano
Gap
GENOVA
PO1000
Serres
Cuneo
Varazze
Rapallo
Chiavari
Pontremoli
Durance
Barcelonnette
Mondovì
Savona
(1347)
Col de Maure
Ormea
Cinque Terre
LA SPEZIA
Sisteron
Parc Nat. du Mercantour
Portovenere
Carrara
Albenga
PO1750
Digne-l.-B.
Riviera di Levante
Golfo di Genova
Barrême
Sanremo
Alassio
Provence
Imperia
Apt
Moustiers Ste-M.
PO2020
PO2040
Menton
Taggia
Manosque
PO7032
Monaco
Ventimiglia
Riviera di Ponente
Verdon
PO2500
Monte-Carlo
Grasse
NICE
MC
AIX-EN-PROV.
Draguignan
Cannes
PO7800
PO7540
PO7820
PO7220
PO7400
PO7830
Mare Ligure
Brignoles
Fréjus
PO7550
PO7560
PO7600
PO7900
MARSEILLE
St-Tropez
Isola di Capraia
PO8300
TOULON
Hyères
PO8550
Canale di Corsica
La Ciotat
PO8750
PO9200
Îles d'Hyères
Côte d'Azur
L'Île-Rousse
Bastia
Calvi
Casamozza
Mte. Cinto 2706
La Scandola
Corte
Porto
CO350
CO400
CO450
Corse
CO1900
Vivario
Aléria
CO550
Ajaccio
Solenzara
Propriano
Sartène
Porto-Vecchio
Bonifacio
Bouches de Bonifacio
Bocche di Bonifacio
Isola Maddalena
Santa Teresa d.G.
La Maddalena
Parco Naz. Isola Asinara
Tempio
Golfo Aranci
0
50 km
Stintino
Golfo dell' Asinara
Pausania
Castelsardo
Olbia
Sardegna
Porto Torres

REISEINFORMATIONEN
INFORMATIONS DE VOYAGE

Frankreich

Frankreich ist das Kulturland schlechthin mit einem enorm reichen Erbe. Ausserdem bietet es eine höchst vielfältige Geografie.

Verkehrsregeln

Rechtsverkehr. Mitführen einer Sicherheitsweste und eines Warndreiecks ist verpflichtend. Schwere Lastkraftwagen, einschliesslich Wohnmobile über 3.5 t, müssen mit Aufklebern «Vorsicht toter Winkel» («Attention Angles morts») an beiden Seiten und am Heck des Fahrzeugs versehen sein. Überragende Ladung muss mit einer reflektierenden Warntafel gekennzeichnet sein. In mehreren Städten und Départements gibt Umweltzonen mit Zufahrtsbeschränkungen. Kostenpflichtige Umweltplaketten sind nötig.

Strassengebühren

Das Befahren von Autobahnen ist kostenpflichtig. Der Tarif variiert je nach Strecke und Fahrzeugtyp. Die Autobahngebühren können mit Bargeld oder einer gängigen Kreditkarte bezahlt werden. Spezielle Automaten für Besitzer eines elektronischen Abonnements (Télépéage) sind vorhanden.

Geschwindigkeitsbegrenzung

Innerorts	50 km/h
Ausserorts ( )	80–90 km/h
Autobahn ( )	130 km/h
Ausserorts (< 3,5 t)	80–90 km/h
Autobahn (< 3,5 t)	130 km/h
Ausserorts (> 3,5 t)	80 km/h
Autobahn (> 3,5 t)	110 km/h

Hier finden Sie weitere wichtige Reiseinformationen bezüglich Frankreich.
www.tcs.ch/frankreich

Wild campen

Wild campen ist grundsätzlich verboten. Übernachten auf Privatgrundstücken der auch auf öffentlichen Parkplätzen ist nur mit Erlaubnis der örtlichen Behörde erlaubt. Für Wohnwagen- oder Wohnmobilisten gibt es in einigen Gemeinden spezielle Plätze, auf denen man eine Nacht übernachten kann. Wer ein Schild mit der Aufschrift «Camping reglementé, s'adresser à la mairie» sieht, kann sich bei der Gemeinde (mairie) melden und bekommt dann einen Platz zugewiesen. Detailliertere Informationen auf camping-insider.ch

Notrufnummern

Polizei/Ambulanz/Feuerwehr	112
Strassenhilfsdienst	080 008 92 22

Quelle: tcs.ch

France

Fort d'un riche héritage historique, la France est le pays de la culture par excellence avec une géographie pleine de diversité en prime.

Règles de circulation

Conduite à droite. Les véhicules doivent être d'équipés d'un gilet de sécurité et d'un triangle de panne. Les poids lourds, y compris camping-cars de plus de 3.5 t, doivent être pourvus d'autocollants « Attention angles morts » des deux côtés ainsi qu'à l'arrière du véhicule. Les chargements dépassant du véhicule doivent être pourvus d'un panneau de signalisation réfléchissant. De nombreuses villes et départements sont dotés de zones vertes avec limitations d'accès. L'achat d'une vignette écologique est obligatoire.

Péage

La circulation autoroutière est payante. Le tarif varie selon l'itinéraire et le type de véhicule. Le péage autoroutier peut être payé en liquide ou avec une carte de crédit courante. Des automates spéciaux pour les propriétaires d'abonnements électroniques (Télépéage) sont disponibles.

Limitation de la vitesse

Dans les localités	50 km/h
En dehors des localités ( )	80–90 km/h
Autoroute ( )	130 km/h
En dehors des localités (< 3,5 t)	80–90 km/h
Autoroute (< 3,5 t)	130 km/h
En dehors des localités (> 3,5 t)	80 km/h
Autoroute (> 3,5 t)	110 km/h

Vous trouverez ici d'autres informations pour votre voyage en France.
www.tcs.ch/france

Camping sauvage

Le camping sauvage est généralement prohibé. Les nuitées sur les terrains privés ou sur des parkings publics sont uniquement possibles avec l'autorisation des autorités locales. Pour les caravanes ou les camping-cars, certaines communes proposent des places spéciales où il est possible de passer une nuit. Les panneaux « Camping règlementé, s'adresser à la mairie » permettent d'obtenir une place en s'adressant à la commune. Informations détaillées sous camping-insider.ch

Numeros d'appel d'urgence

Police/Ambulance/Pompiers	112
Assistance routière	080 008 92 22

Source: tcs.ch

TCS Camping Partner / Partenaire

Weitere / D'autres

Auvergne – Rhone-Alpen / Auvergne – Rhône-Alpes

Burgund-Freigrafschaft / Bourgogne-Franche-Comté

Bretagne

Zentrum – Loiretal / Centre – Val-de-Loire

Grand Est / Grand Est

Okzitanien / Occitanie

Paris – Île-de-France / Paris – Île-de-France

Pays de la Loire

Provence – Alpen – Côte-d'Azur / Provence – Alpes – Côte d'Azur

Chamalières-sur-Loire «CosyCamp» ★★★★ www.pincamp.ch/AU1120 AU1120

2.5.–22.9. ha 3,5 514 T 57 M 36 45°12'31.6"N, 3°59'52.7"E

Les Ribes, FR-43800 Chamalières-sur-Loire, T +33 4710 39112, contact@cosycamp.fr, www.cosycamp.com

0,4 km P 16 A DE FR EN free

Ebenes naturbelassenes Wiesengelände mit diversen Bäumen und einigen kleinen Zierteichen. / Terrain de prairie plat à l'état naturel avec divers arbres et quelques petits étangs d'agrément.

Preise/Nacht / Prix/nuit EUR 22.50–40, EUR 18–34, EUR 6, TAX,

Doussard «Camping International du Lac Bleu» ★★★★ www.pincamp.ch/RA2360 RA2360

ha 3,3 449 T 167 M 75 45°47'27.6"N, 6°12'59.1"E

Route de la Plage, FR-74210 Doussard, T +33 4504 43018, contact@camping-lac-bleu.com, www.camping-lac-bleu.com

0,4 km 10 A DE FR EN

Durch zahlreiche Bäume aufgelockertes Wiesengelände. Von Wiesen und Feldern umgeben. / Terrain de prairie aéré par de nombreux arbres. Entouré de prairies et de champs.

Doussard «Camping Sandaya La Nublière» ★★★★ www.pincamp.ch/RA2365 RA2365

16.4.–29.9. ha 11 443 T 54 S 50 M 272 45°47'24.5"N, 6°13'03.3"E

30, allée de la Nublière, FR-74210 Doussard, T +33 4504 43344, nubliere@sandaya.fr, www.sandaya.de/unsere-campingplaetze/la-nubliere

1 km 16 A FR EN

Durch eine Strasse zum angrenzenden Segelclub zweigeteiltes Wiesengelände mit hohen Bäumen und Hecken. / Terrain de prairie divisé en deux par une route menant au club de voile adjacent, avec de grands arbres et des haies.

Preise/Nacht / Prix/nuit EUR 35–65, EUR 28–56, EUR 5,

Fleurie «Camping La Grappe Fleurie» **** www.pincamp.ch/RA5300 RA5300

29.3.–29.9. ha 2,5 300 T 55 M 41 46°11'15.9"N, 4°41'56.2"E

Rue de la Grappe Fleurie, FR-69820 Fleurie, T +33 4746 98007, info@beaujolais-camping.com, www.beaujolais-camping.com

10 km

10A

FR EN free

In mehrere Felder gegliedertes, ebenes Wiesengelände mit Hecken sowie mittelhohen Bäumen. / Terrain de prairie plat, divisé en plusieurs champs, avec des haies et des arbres de taille moyenne.

Preise/Nacht / Prix/nuit EUR 25–39, EUR 25–33, EUR 4, TAX, VISA

Labeaume «Camping De Peyroche» **** www.pincamp.ch/RA8120 RA8120

22.3.–22.9. ha 8 120 T 121 M 37 44°26'57.3"N, 4°20'02.1"E

179, Chemin de Flojas, FR-7120 Labeaume, T +33 4753 97939, guillaume.champetier@gmail.com, www.camping-peyroche.com

2 km

10A

FR EN free

Leicht geneigtes, stellenweise terrassiertes Wiesengelände. Standplätze durch Hecken und zahlreiche Bäume gegliedert. / Terrain de prairie légèrement en pente, terrassé par endroits. Emplacements divisés par des haies et de nombreux arbres.

Preise/Nacht / Prix/nuit EUR 15–34, EUR 15–28, EUR 6, TAX, VISA

Largentière «Yelloh! Village Domaine Les Ranchisses» ***** www.pincamp.ch/RA7950 RA7950

12.4.–25.9. ha 7 287 T 98 M 137 44°33'38.5"N, 4°17'05.7"E

1525, Route de Valgorge, FR-7110 Largentière, T +33 4758 83197, reception@lesranchisses.fr, www.yellohvillage.de/camping/domaine_les_ranchisses

2 km

10A

FR EN free

Durch den Fluss zweigeteiltes Wiesengelände. Auf der einen Seite wenig Bepflanzung, auf der anderen lockerer Baumbestand. / Terrain de prairie divisé en deux par la rivière. D'un côté, peu de végétation, de l'autre, des arbres épars.

Preise/Nacht / Prix/nuit EUR 36–56, EUR 29–45, EUR 6, TAX, VISA

Les Abrets «Camping Le Coin Tranquille» ★★★★ www.pincamp.ch/RA4250 RA4250

29.3.–1.11. ha 5,5 340 T 176 M 28 45°32'28.6"N, 5°36'29.7"E

50, Chemin des Vignes, FR-38490 Les Abrets, T +33 4763 21348, contact@coin-tranquille.com, www.coin-tranquille.com

2,5 km P 10 A DE FR IT EN

Wiesengelände mit hohem Baumbestand. Zwischen See und verkehrsreicher Strasse gelegen, Strandbad angrenzend. / Terrain en prairie avec de grands arbres. Situé entre le lac et une route à grande circulation, plage adjacente.

Preise/Nacht / Prix/nuit EUR 32–53, EUR 27–44, EUR 2.50, TAX, VISA

Murol «Camping Sandaya La Ribeyre» ★★★★★ www.pincamp.ch/AU3180 AU3180

7.5.–22.9. ha 16 830 T 127 S 12 M 267 45°33'46.5"N, 2°56'18.4"E

Jassat, FR-63790 Murol, T +33 4738 86429, ribeyre@sandaya.fr, www.sandaya.de/unsere-campingplaetze/la-ribeyre

1,5 km P 10 A FR EN

Ebenes Wiesengelände mit verschiedenartigen Laub- und Nadelbäumen sowie Blumenschmuck. / Terrain de prairie plat avec différents types de feuillus et de conifères ainsi que des décorations florales

Preise/Nacht / Prix/nuit EUR 24–33, EUR 17–24, EUR 5, TAX, VISA

Pradons «Camping Les Coudoulets» ★★★★★ www.pincamp.ch/RA8090 RA8090

13.4.–15.9. ha 4 120 T 118 M 54 44°28'35.6"N, 4°21'30.9"E

Chemin de l'Ardèche, FR-7120 Pradons, T +33 6785 81753, camping@coudoulets.com, www.coudoulets.com

0,3 km P 16 A DE FR EN

Ebenes Wiesengelände und einige Terrassen mit dicht stehenden Bäumen. Gegen die Ardèche Auengelände. / Terrain de prairie plat et quelques terrasses avec des arbres denses. Vers l'Ardèche, terrain alluvial.

Preise/Nacht / Prix/nuit EUR 29–65, EUR 24–55, EUR 6, TAX, VISA

Privas «Camping Sandaya Les Jardins de Privas» **** www.pincamp.ch/RA7300 **RA7300**

28.6.–29.9. ha 5,5 295 T 130 M 52 44°43'31.4"N, 4°35'53.3"E

Chemin du Camping, FR-7000 Privas, T +33 4756 40580, vacances@sandaya.fr, www.sandaya.de/unsere-campingplaetze/les-jardins-de-privas

2 km

10 A

FR EN

Terrassiertes, durch Baumreihen und Hecken gegliedertes Wiesengelände zwischen Bahnlinie, Strasse und Fluss. / Terrain de prairie en terrasses, divisé par des rangées d'arbres et des haies, entre la voie ferrée, la route et la rivière.

Preise/Nacht / Prix/nuit EUR 36–45, EUR 29–36, EUR 5, VISA

Ruoms «Camping La Chapoulière» **** www.pincamp.ch/RA8170 **RA8170**

23.3.–28.9. ha 3,5 110 T 115 S 15 M 34 44°25'53.0"N, 4°19'46.7"E

La Chapoulière, FR-7120 Ruoms, T +33 4753 96498, camping@lachapouliere.com, www.lachapouliere.com

2 km

10 A

DE FR EN free

Weitgehend ebenes Wiesengelände mit zahlreichen Laubbäumen und Hecken. / Terrain de prairie en grande partie plat avec de nombreux arbres à feuilles caduques et des haies.

Preise/Nacht / Prix/nuit EUR 23–46.50, EUR 19–39, EUR 5, TAX, VISA

Ruoms «Yelloh! Village La Plaine» ***** www.pincamp.ch/RA8180 **RA8180**

3.5.–9.9. ha 6 120 T 125 S 6 M 89 44°25'38.3"N, 4°20'07.2"E

FR-7120 Ruoms, T +33 0683 3161 77, marjorie.charriere@gmail.com, www.yellohvillage.de/camping/la_plaine

3 km P

8 A

FR EN free

Teils ebenes, teils gestuftes und geneigtes, durch mittelhohe Bäume und Sträucher aufgelockertes Wiesengelände. / Terrain de prairie en partie plat, en partie étagé et en pente, aéré par des arbres et des arbustes de taille moyenne.

Preise/Nacht / Prix/nuit EUR 28–75, EUR 21–66, EUR 6, TAX, VISA

Ruoms «Camping Sunêlia Aluna Vacances» ***** www.pincamp.ch/RA8190 RA8190

5.4.–23.9. ha 14 171 T 68 S 48 M 294 44°26'48.9"N, 4°21'54.8"E

Route de Lagorce, FR-7120 Ruoms, T +33 4759 39315, contact@alunavacances.fr, www.alunavacances.fr

2 km

16A

FR EN

Ebenes, teils alleenartig angelegtes Wald- und Wiesengelände mit verschiedenartigen Bäumen. / Terrain de prairie et de forêt plat, en partie aménagé comme une allée, avec des arbres de différentes sortes.

Preise/Nacht / Prix/nuit EUR 31–80, EUR 24–69, EUR 6, TAX, VISA

Saint-Alban-Auriolles «Sunêlia Le Ranc Davaine» ***** www.pincamp.ch/RA8140 RA8140

5.4.–23.9. ha 18 117 T 63 S 29 M 408 44°24'51.1"N, 4°16'22.2"E

500, chemin du Ranc Davaine, FR-7120 Saint-Alban-Auriolles, T +33 4753 96055, contact@rancdavaine.fr, www.camping-ranc-davaine.fr

7 km

16A

FR EN

Ebenes Wiesengelände, überwiegend mit dichtem Laubbaumbestand. / Terrain de prairie plat, principalement avec une végétation dense de feuillus.

Preise/Nacht / Prix/nuit EUR 40–90, EUR 33–79, EUR 6, TAX, VISA

Saint-Privat «Flower Camping Le Plan d'Eau» **** www.pincamp.ch/RA7420 RA7420

27.4.–15.9. ha 3,8 185 T 75 M 25 44°37'09.0"N, 4°25'55.6"E

Route de Lussas, FR-7200 Saint-Privat, T +33 6516 50550, info@campingleplandeau.fr, www.campingleplandeau.fr

1 km

8A

FR EN free

PIN CAMP

Ebenes, durch mittelhohe, verschiedenartige Bäume, Hecken und Büsche gegliedertes Wiesengelände. / Terrain de prairie plat, divisé par des arbres, des haies et des buissons de hauteur moyenne.

Preise/Nacht / Prix/nuit EUR 28–52, EUR 23–47, EUR 5, TAX, VISA

BUCHEN SIE JETZT IHREN URLAUB
IN DER ARDÈCHE
ARDECHE
CAMPINGCLUB 5*
ALUNA VACANCES ★★★★★
RUOMS
FRANKREICH
www.alunavacances.fr
contact@alunavacances.fr
+33 (0)4 75 93 93 15
Ranç Davaine ★★★★★
ST ALBAN AURIOLLES
FRANKREICH
www.camping-ranc-davaine.fr
contact@rancdavaine.fr
+33 (0)4 75 39 60 55
Innen- und Außen- Wasserparks
Restaurant und Snack
Spa
Bar
Animation
Empfang von Gruppen
CAMPINGPLATZ GEÖFFNET VON APRIL BIS SEPTEMBER
ALUNA VACANCES
ZIRKUSKÜNSTE
RANC DAVAINE
WASSERRUTSCHEN UND WELLENBECKEN

Thonon-les-Bains «Camping Saint-Disdille» **** www.pincamp.ch/RA350 RA350

14.4.–24.9. ha 12 360 T 240 S 170 M 127 46°23'57.4"N, 6°30'15.0"E

117, avenue de Saint-Disdille, FR-74200 Thonon-les-Bains, T +33 4507 11411, camping@disdille.com, www.disdille.com

PIN CAMP
Jetzt online buchen / Réserver en ligne
pincamp.ch

0,1 km 0,5 km

10 A

DE FR EN

Durch zahlreiche, verschiedenartige Sträucher, jüngere Bäume und Blumen gärtnerisch gestaltetes, gestuftes Wiesengelände. / Terrain de prairie étagé, aménagé en jardin par de nombreux arbustes variés, des arbres plus jeunes et des fleurs.

Preise/Nacht / Prix/nuit EUR 35, EUR 29, EUR 8, TAX, VISA

Ucel «Camping Domaine de Gil» **** www.pincamp.ch/RA7400 RA7400

18.5.–22.9. ha 4,5 229 T 28 M 52 44°38'33.9"N, 4°22'46.1"E

Route de Vals-les-Bains, FR-7200 Ucel, T +33 4759 46363, resa@domaine-de-gil.com, www.domaine-de-gil.com

PIN CAMP
Jetzt online buchen / Réserver en ligne
pincamp.ch

2 km

10 A

FR EN

Geneigtes Wiesengelände mit zwei Geländestufen, teils älterer Baumbestand. / Terrain de prairie incliné avec deux niveaux de terrain, en partie des arbres anciens.

Preise/Nacht / Prix/nuit EUR 28–53, EUR 23–44, EUR 2, TAX, VISA

Vallon Pont d'Arc «Camping Rives d'Arc» ★★★★★ www.pincamp.ch/RA8280 RA8280

1.4.–1.10. ha 9 100 180 172 44°23'50.4"N, 4°24'04.0"E

1050, Route des Gorges, FR-7150 Vallon Pont d'Arc, T +33 4758 80048, contact@rivesdarc.com, www.rivesdarc.com

0,1 km

8A

DE FR EN free

Lang gestreckter, ebener Wiesenstreifen mit verschiedenartigen Bäumen, Hecken und Sträuchern. / Longue bande de prairie plane parsemée d'arbres, de haies et d'arbustes variés.

Preise/Nacht / Prix/nuit EUR 43, EUR 40, EUR 8, TAX, VISA

Vallon-Pont-d'Arc «Camping Arc en Ciel» ★★★★ www.pincamp.ch/RA8200 RA8200

5.4.–22.9. ha 5 104 135 83 44°24'45.0"N, 4°21'01.0"E

359, Chemin du Moulin, FR-7150 Vallon-Pont-d'Arc, T +33 4758 80465, arcenciel@cielavillage.com, www.campingarcencielardeche.com

P

10A

DE FR EN

Leicht geneigtes, teils terrassiertes Gelände mit mittelhohen und hohen Bäumen. / Terrain légèrement en pente, en partie en terrasses, avec des arbres de moyenne et haute taille.

Preise/Nacht / Prix/nuit EUR 22–33, EUR 6, TAX, VISA

Vallon-Pont-d'Arc «Camping La Roubine» ★★★★★ www.pincamp.ch/RA8220 RA8220

20.4.–14.9. ha 7 120 93 42 44°24'20.2"N, 4°22'45.1"E

Route de Ruoms, FR-7150 Vallon-Pont-d'Arc, T +33 4758 80456, contact@camping-roubine.com, www.camping-roubine.com

1km

10A

DE FR EN free

Leicht geneigtes Wiesengelände mit Baumreihen, an der Ardèche. / Terrain de prairie légèrement en pente avec des rangées d'arbres, au bord de l'Ardèche.

Preise/Nacht / Prix/nuit EUR 56, EUR 45, EUR 6, TAX, VISA

Vallon-Pont-d'Arc «Camping Nature Parc L'Ardéchois» ***** www.pincamp.ch/RA8240 RA8240

20.4.–21.9. ha 6 120 T 219 M 25 44°23'53.1"N, 4°23'55.8"E

934, Route des Gorges de l'Ardèche, FR-7150 Vallon-Pont-d'Arc, T +33 6073 61685, direction@ardechois-camping.com, www.ardechois-camping.com

0,5 km

10A

DE FR EN

Ebenes, teils auch naturbelassenes Wiesengelände mit zahlreichen Hecken an der Ardèche. / Terrain de prairie plat, en partie aussi laissé à l'état naturel, avec de nombreuses haies au bord de l'Ardèche.

Preise/Nacht / Prix/nuit EUR 43–77, EUR 37–68, EUR 9, TAX, VISA

Vernioz «Camping Koawa Le Bontemps» **** www.pincamp.ch/RA6000 RA6000

ha 6 230 T 76 S 100 M 30 45°25'30.3"N, 4°55'42.5"E

5, Impasse du Bontemps, FR-38150 Vernioz, T +33 4666 00700, contact@camping-lebontemps.fr, www.camping-lebontemps.fr

10A

FR EN

Ebenes, teils gestuftes Wiesengelände mit verschiedenartigen Bäumen, ein Platzteil ohne Bepflanzung. / Terrain de prairie plat et en partie étagé avec des arbres de différentes espèces, une partie du terrain sans plantation.

Villeneuve-de-Berg «Camping Domaine Le Pommier Ciela Village» ***** www.pincamp.ch/RA7500 RA7500

5.4.–9.9. ha 100 340 T 171 M 595 44°34'19.8"N, 4°30'34.7"E

FR-7170 Villeneuve-de-Berg, T +33 4759 48281, lepommier@cielavillage.com, www.campinglepommier.com

Jetzt online buchen / Réserver en ligne pincamp.ch

0,1 km P

10A

FR EN

Ebenes, durch Hecken und Sträucher unterteiltes Wiesengelände mit verschiedenen Laub- und Nadelbäumen. An der Ardèche. / Terrain plat en prairie, divisé par des haies et des buissons, avec divers feuillus et conifères. Au bord de l'Ardèche.

Preise/Nacht / Prix/nuit EUR 31–93, EUR 26–71, TAX, VISA

Since 1984
L'ARDECHOIS
Camping Nature Parc
L'Ardéchois
Vallon Pont d'Arc - Ardèche Sud - France
Geöffnet vom 20/04/24 bis 21/09/24
www.editions-pignol.com
40
2024 l'Ardéchois a 40 ans !
Pont d'Arc : 3 Km
Ort : 1 Km
Grotte Chauvet 2 : 4 Km
934, route des Gorges
F-07150 VALLON-PONT-D'ARC
Tel. 33 (0)4 75 88 06 63
info@ardechois-camping.com
www.ardechois-camping.com
Leading Campings
ADAC Superplatz 2023
ADAC

Bonnal «Camping Le Val de Bonnal» **** www.pincamp.ch/BC5390 BC5390

4.5.–8.9. ha 15 255 T 250 47°30'27.6"N, 6°21'21.3"E

1, Chemin du Moulin, FR-25680 Bonnal, T +33 3818 69087, contact@camping-valdebonnal.com, www.camping-valdebonnal.com

0,2 km

10A

DE FR EN

Parkähnlich gestaltetes Wiesengelände mit Hecken und unterschiedlich hohen Bäumen. Am Fluss Ognon. / Terrain de prairie aménagé comme un parc avec des haies et des arbres de différentes hauteurs. Au bord de la rivière Ognon.

Preise/Nacht / Prix/nuit EUR 44.25–75, EUR 39–65, EUR 4, TAX, VISA

Champagnat «Yelloh! Village Le Domaine de Louvarel» ***** www.pincamp.ch/BC1360 BC1360

ha 8 205 T 94 M 26 46°29'49.1"N, 5°19'30.8"E

Lieu dit Louvarel, FR-71480 Champagnat, T +33 3857 66271, domainedelouvarel@gmail.com, www.yellohvillage.de/camping/le_domaine_de_louvarel

7 km

10A

DE FR EN

Leicht geneigtes Wiesengelände auf mehreren Geländestufen mit noch jüngeren Anpflanzungen. / Terrain de prairie légèrement en pente sur plusieurs niveaux de terrain avec des plantations encore plus récentes.

Clairvaux-les-Lacs «Yelloh! Village Le Fayolan» **** www.pincamp.ch/BC8850 BC8850

ha 17 550 T 250 M 153 46°33'51.6"N, 5°45'22.3"E

Chemin du Langard, FR-39130 Clairvaux-les-Lacs, T +33 3842 58852, fayolan@odesia.eu, www.yellohvillage.de/camping/le_fayolan

0,7 km P

10A

FR EN

Mehrfach terrassiertes und gestuftes Wiesengelände, teils im lichten Nadelwald. / Terrain de prairie plusieurs fois terrassé et étagé, en partie dans une forêt de conifères clairsemée.

Marigny «Capfun Camping Pergola» ★★★★ www.pincamp.ch/BC8450 BC8450

ha 12 | m/üM 500 | T 34 | M 360 | 46°40'38.1"N, 5°46'49.0"E

1, Des Vernois, FR-39130 Marigny, T +33 3842 57003, pergola@capfun.com, www.capfun.de

16A

FR EN

Terrassiertes Wiesengelände mit teils altem Baumbestand, durch hohe Hecken gegliedert. / Terrain de prairie en terrasses avec en partie de vieux arbres, divisé par de hautes haies.

Mesnois «Sites et Paysages Beauregard» ★★★★ www.pincamp.ch/BC8720 BC8720

ha 6 | m/üM 460 | T 150 | M 52 | 46°35'59.4"N, 5°41'17.4"E

2, Grande Rue, FR-39130 Mesnois, T +33 3844 83251, reception@juracampingbeauregard.com, www.juracampingbeauregard.com

1km

16A

FR EN

Teils geneigte, teils ebene, durch unterschiedlich hohe Hecken parzellierte Wiese mit diversen Bäumen. / Pré en partie incliné, en partie plat, parcellisé par des haies de différentes hauteurs, avec divers arbres.

Baden «Yelloh! Village Mané Guernehué» ★★★★★ www.pincamp.ch/BR7250 BR7250

12.4.–22.9. ha 10 | 60 | T 150 | S 40 | M 243 | 47°36'51.7"N, 2°55'33.5"W

52, rue Mané Er Groëz, FR-56870 Baden, T +33 2975 70206, info@camping-baden.com, www.camping-baden.com

0,8 km 3 km

10 A

DE FR EN free

Gestuftes, durch Hecken unterteiltes Wiesengelände auf einem Hügel mit vielfältigem Laub- und Nadelbaumbestand. / Terrain de prairie étagé, divisé par des haies, sur une colline avec une végétation variée de feuillus et de conifères.

Preise/Nacht / Prix/nuit EUR 44, EUR 33, EUR 6, TAX, VISA

Bénodet «Camping du Letty» ★★★★★ www.pincamp.ch/BR5100 BR5100

20.6.–31.8. ha 11 | T 433 | S 20 | 47°51'54.6"N, 4°05'23.7"W

FR-29950 Bénodet, T +33 2985 70469, reception@campingduletty.com, www.campingduletty.com

0,2 km

15 A

DE FR EN

Ebenes Wiesengelände, durch hohe Bäume, Ziersträucher und Hecken vielfach unterteilt. / Terrain de prairie plat, divisé en plusieurs parties par de grands arbres, des arbustes d'ornement et des haies.

Preise/Nacht / Prix/nuit EUR 76, EUR 64, EUR 5, VISA

Camaret-sur-Mer «Camping Le Grand Large» ★★★★ www.pincamp.ch/BR3700 BR3700

ha 3 | 50 | T 100 | S 2 | M 35 | 48°16'50.5"N, 4°33'53.4"W

FR-29570 Camaret-sur-Mer, T +33 2982 79141, contact@campinglegrandlarge.com, www.campinglegrandlarge.com

3 km

10 A

FR EN

Wiesenplateau auf einem Hügel, durch unterschiedlich hohe Hecken und einzelne Bäume in Parzellen unterteilt. / Plateau de prairie sur une colline, divisé en parcelles par des haies de différentes hauteurs et des arbres isolés.

Carantec «Yelloh! Village Les Mouettes» ★★★★★ www.pincamp.ch/BR3250 BR3250

12.4.–8.9. ha 14 T 63 M 355 48°39'29.1"N, 3°55'42.5"W

La Grande Grève, FR-29660 Carantec, T +33 2986 70246, contact@les-mouettes.com, www.yellohvillage.de/camping/les_mouettes

1,5 km 0,1 km P 16A DE FR EN free

Durch einen Bach zweigeteiltes Gelände mit ebenen, stellenweise geneigten Flächen und einigen Terrassen. / Terrain divisé en deux par un ruisseau, avec des surfaces planes, inclinées par endroits et quelques terrasses.

Preise/Nacht / Prix/nuit EUR 44–73, EUR 35–62, EUR 6, TAX, VISA

Clohars-Carnoët «Camping Bretagne Les Embruns» ★★★★★ www.pincamp.ch/BR6000 BR6000

7.4.–17.9. ha 6 15 T 76 S 70 M 157 47°46'06.9"N, 3°32'42.4"W

2, rue du Philosophe Alain, FR-29360 Clohars-Carnoët, T +33 2983 99107, contact@camping-les-embruns.com, www.camping-les-embruns.com

PiN CAMP

Jetzt online buchen / Réserver en ligne pincamp.ch

0,2 km 0,3 km 16A DE FR EN

Ebenes, stellenweise geneigtes Wiesengelände. Durch zahlreiche Bäume, Büsche und Hecken unterteilt. / Terrain de prairie plat, incliné par endroits. Divisé par de nombreux arbres, buissons et haies.

Preise/Nacht / Prix/nuit EUR 27–70, EUR 22–60, EUR 3.90, TAX, VISA

Concarneau «Camping Les Sables Blancs» ★★★★ www.pincamp.ch/BR5280 BR5280

ha 3 25 T 100 S 9 M 49 47°52'55.8"N, 3°55'43.2"W

Avenue du Dorlet, FR-29900 Concarneau, T +33 2989 71644, contact@camping-lessablesblancs.com, www.camping-lessablesblancs.com

1,3 km 10A FR EN

Gestuftes Wiesengelände mit verschiedenartigen Bäumen, Büschen und Hecken. / Terrain de prairie étagé avec des arbres, des buissons et des haies variés.

Dol-de-Bretagne «Huttopia Baie du Mont St Michel» **** www.pincamp.ch/BR400 BR400

28.3.-29.9. ha 12 65 T 122 M 67 48°32'57.7"N, 1°41'02.3"W

Baguer-Pican, FR-35120 Dol-de-Bretagne, T +49 3080 0989 35, mont-saint-michel@huttopia.com, www.europe.huttopia.com

Jetzt online buchen / Réserver en ligne pincamp.ch

4 km

10A

free

Ebenes Wiesengelände mit alten Bäumen, Hecken und Ziersträuchern. / Terrain de prairie plat avec de vieux arbres, des haies et des arbustes d'ornement.

Preise/Nacht / Prix/nuit EUR 28-45, EUR 23-37, EUR 5.70, TAX, VISA

Fouesnant «Yelloh! Village L'Atlantique» ***** www.pincamp.ch/BR5120 BR5120

ha 12 T 130 M 254 47°51'24.3"N, 4°01'16.3"W

BP 11, Route de Mousterlin, FR-29170 Fouesnant, T +33 2985 61444, information@atlantique.bzh, www.yellohvillage.de/camping/l_atlantique

0,5 km

6A

Ebenes Wiesengelände mit zahlreichen Hecken, Büschen und Bäumen. Am Rand eines Naturschutzgebietes. / Terrain de prairie plat avec de nombreuses haies, buissons et arbres. En bordure d'une réserve naturelle.

Fouesnant «Camping de la Plage de Cleut Rouz» ***** www.pincamp.ch/BR5130 BR5130

ha 4,5 T 78 S 24 M 51 47°51'14.6"N, 4°01'39.1"W

BP43, Mousterlin, FR-29170 Fouesnant, T +33 2985 65319, contact@campinglaplage.fr, www.campinglaplage.fr

4,5 km

10A

Ebenes, durch Hecken unterteiltes Wiesengelände mit einzelnen Bäumen sowie Blumenschmuck. / Terrain de prairie plat, divisé par des haies, avec des arbres isolés ainsi que des décorations florales.

Fouesnant «Camping de la Piscine» **** www.pincamp.ch/BR5140 BR5140

1.1.–31.12. ha 5 10 T 101 S 45 M 44 47°52'00.6"N, 4°00'54.4"W

51, Hent Kerleya, BP 12, FR-29170 Fouesnant, T +33 2985 65606, contact@campingdelapiscine.com, www.camping-bretagne-delapiscine.com

Jetzt online buchen / Réserver en ligne pincamp.ch

2,5 km 1,5 km 365

10A

DE FR EN free

Lang gestreckter, durch Hecken unterteilter Wiesenplatz mit unterschiedlich hohen Laubbäumen. Ein kleiner Teich. / Longue prairie divisée par des haies avec des arbres à feuilles caduques de différentes hauteurs. Un petit étang.

Preise/Nacht / Prix/nuit EUR 46.80, EUR 39, EUR 3, TAX, VISA

Jugon-les-Lacs «Camping Au Bocage du Lac» **** www.pincamp.ch/BR900 BR900

ha 7 30 T 115 S 20 M 48 48°24'05.9"N, 2°18'59.6"W

FR-22270 Jugon-les-Lacs, T +33 2963 16016, contact@campinglacbretagne.com, www.camping-location-bretagne.com

10A

DE FR EN

Zwischen Strasse und See (Badeverbot) gelegenes, gestuftes Wiesengelände mit Hecken und Bäumen. / Situé entre la route et le lac (baignade interdite), terrain de prairie étagé avec des haies et des arbres.

Landrellec «Camping Le Port» **** www.pincamp.ch/BR2400 BR2400

ha 2 T 58 S 2 M 49 48°48'36.2"N, 3°32'25.0"W

3, chemin des Douaniers, FR-22560 Landrellec, T +33 2962 38779, renseignements@camping-du-port-22.com, www.camping-du-port-22.com

0,5 km 15A

FR EN

Durch Hecken in Standplatzgruppen unterteilter Wiesenplatz um einen teils mit Kiefern bewachsenen Hügel. / Terrain en prairie divisé en groupes d'emplacements par des haies autour d'une colline en partie recouverte de pins.

Lesconil «Yelloh! Village L'Océan Breton» ★★★★★ www.pincamp.ch/BR4750 BR4750

26.4.–8.9. ha 12 T 70 M 259 47°48'45.3"N, 4°13'18.0"W

Route de Kerlut, FR-29740 Lesconil, T +33 2988 22389, info@yellohvillage-loceanbreton.com, www.yellohvillage.de/camping/l_ocean_breton

Jetzt online buchen / Réserver en ligne pincamp.ch

1 km 2 km P

16A

DE FR EN free

Parkähnliches, ebenes Wiesengelände, durch diverse Hecken, Büsche und Bäume aufgelockert und gegliedert. / Terrain de prairie plat, semblable à un parc, aéré et structuré par diverses haies, buissons et arbres.

Preise/Nacht / Prix/nuit EUR 27–67, EUR 20–56, EUR 6, TAX, VISA

Névez «Camping International Le Raguenès Plage» ★★★★ www.pincamp.ch/BR5460 BR5460

6.4.–30.9. ha 7,5 26 T 200 M 100 47°47'36.5"N, 3°48'03.3"W

19, rue des Iles à Raguenès, FR-29920 Névez, T +33 2980 68069, leraguenesplage@orange.fr, www.camping-le-raguenes-plage.com

Jetzt online buchen / Réserver en ligne pincamp.ch

0,2 km 0,5 km

15A

DE FR EN

Von hohen Hecken umsäumte und gegliederte, leicht geneigte Wiese mit unterschiedlich hohen Bäumen. / Prairie légèrement en pente, bordée et structurée par de hautes haies, avec des arbres de différentes hauteurs.

Preise/Nacht / Prix/nuit EUR 25.90–50.90, EUR 21.30–44, EUR 1.50, TAX, VISA

Pénestin «Chadotel Camping Les Iles» ★★★★ www.pincamp.ch/BR7650 BR7650

5.4.–3.11. ha 4 T 80 M 118 47°26'43.4"N, 2°29'02.1"W

La Pointe du Bile, FR-56760 Pénestin, T +33 2999 03024, info@chadotel.com, www.chadotel.com

1 km

10A

DE FR EN

Durch zahlreiche Hecken gegliederte Wiese mit verschiedenartigen Laubbäumen. / Prairie divisée par de nombreuses haies avec des arbres à feuilles caduques variés.

Preise/Nacht / Prix/nuit EUR 27.20–53.20, EUR 23–49, EUR 4, TAX, VISA

Penmarc'h «Yelloh! Village La Plage» **** www.pincamp.ch/BR4700 **BR4700**

19.4.-15.9. ha 14 T 100 M 260 47°48'13.9"N, 4°18'44.0"W

241, Hent Maner ar Ster, FR-29760 Penmarc'h, T +33 2985 86190, info@yellohvillage-la-plage.com, www.yellohvillage.de/camping/la_plage

1 km 0,1 km P 16A DE FR EN

Ebenes, von verschiedenartigen, unterschiedlich hohen Bäumen bestandenes und umgebenes Wiesengelände. / Terrain de prairie plat, planté et entouré d'arbres de différentes sortes et de différentes hauteurs.

Preise/Nacht / Prix/nuit EUR 27-73, EUR 20-62, EUR 6, TAX, VISA

Ploumanach «Camping Sandaya Le Ranolien» ***** www.pincamp.ch/BR2300 **BR2300**

5.4.-6.10. ha 15 20 T 104 S 1 M 404 48°49'39.6"N, 3°28'26.1"W

FR-22700 Ploumanach, T +33 2969 16565, ranolien@sandaya.fr, www.sandaya.de/unsere-campingplaetze/le-ranolien

0,2 km 2,5 km 10A DE FR EN

Ebenes naturbelassenes durch Hecken gegliedertes Wiesengelände. / Terrain de prairie plat à l'état naturel, divisé par des haies

Preise/Nacht / Prix/nuit EUR 34-65, EUR 27-56, EUR 5, VISA

Quimper «Camping Sunelia L'Orangerie de Lanniron» ***** www.pincamp.ch/BR5000 **BR5000**

1.4.-29.10. ha 35 10 T 153 S 38 M 101 47°58'37.3"N, 4°06'38.1"W

29, Allée de Lanniron, FR-29000 Quimper, T +33 2989 06202, contact@lanniron.com, www.lanniron.com/fr/hebergement

0,3 km 10A FR EN

Ebenes, teils leicht geneigtes Gelände mit zahlreichen, verschiedenartigen Pflanzen und Bäumen. / Terrain plat, en partie légèrement en pente, avec de nombreuses plantes et arbres variés.

Preise/Nacht / Prix/nuit EUR 51, EUR 44, EUR 5, TAX, VISA

Saint-Lunaire «Camping La Touesse» ★★★★ www.pincamp.ch/BR1150 BR1150

1.4.–30.9. ha 2,6 · 20 · T 60 · S 13 · M 99 · 48°37'51.0"N, 2°05'03.4"W

171, rue Ville Gehan, FR-35800 Saint-Lunaire, T +33 2994 66113, camping.la.touesse@wanadoo.fr, www.saint-malo-camping.com

Jetzt online buchen / Réserver en ligne **pincamp.ch**

0,1 km · 0,4 km · 10A · DE FR EN

Ebenes Wiesengelände mit unterschiedlich hohen Bäumen und Hecken, in einem Wohngebiet. / Terrain de prairie plat avec des arbres de différentes hauteurs et des haies, dans un quartier résidentiel.

Preise/Nacht / Prix/nuit EUR 24.40–42.90, EUR 19–35.20, EUR 4.40, TAX, , , VISA

Saint-Lunaire «Clicochic Camping Longchamp» ★★★★ www.pincamp.ch/BR1170 BR1170

ha 5,5 · T 80 · M 180 · 48°38'01.8"N, 2°07'13.9"W

Boulevard de St. Cast, FR-35800 Saint-Lunaire, T +33 2994 63398, longchamp@clicochic.com, www.clicochic.com

0,1 km · 0,2 km · 10A · FR EN

Teils ebenes, teils ansteigendes, in mehrere Felder gegliedertes Wiesengelände mit einigen Bäumen und Büschen. / Terrain de prairie en partie plat, en partie en pente, divisé en plusieurs champs, avec quelques arbres et buissons.

Preise/Nacht / Prix/nuit EUR 29, EUR 22, EUR 5, TAX,

Saint-Malo «Camping de la Ville Huchet» ★★★★ www.pincamp.ch/BR950 BR950

5.4.–22.9. ha 6 · 33 · T 140 · M 94 · 48°36'54.4"N, 1°59'15.8"W

Route de la Passagère – Quelmer, FR-35400 Saint-Malo, T +33 2998 11183, info@lavillehuchet.com, www.lavillehuchet.com

0,9 km · 16A · DE FR EN

Teils leicht geneigtes Wiesengelände mit stellenweise hohen, alten Bäumen. In einem naturbelassenen Park. / Terrain de prairie en partie légèrement en pente avec de vieux arbres hauts par endroits. Dans un parc à l'état naturel.

Preise/Nacht / Prix/nuit EUR 29–47, EUR 24–40, EUR 4, TAX, , , VISA

Ballan-Miré «Camping La Mignardière» **** www.pincamp.ch/VL4250 VL4250

12.4.-15.9. ha 3,5 80 T 123 M 46 47°21'19.2"N, 0°38'02.0"E

22, avenue des Aubepines, FR-37510 Ballan-Miré, T +33 2477 33100, direction@mignardiere.com, www.mignardiere.com

Jetzt online buchen / Réserver en ligne pincamp.ch

0,1 km 0,5 km

10A

FR EN

Wiesengelände mit hohen Bäumen, durch Hecken in Standplatzfelder unterteilt. / Terrain de prairie avec de grands arbres, divisé en champs d'emplacements par des haies.

Preise/Nacht / Prix/nuit EUR 34.50, EUR 30, EUR 2.50, TAX, , VISA

Candé-sur-Beuvron «Camping La Grande Tortue» ***** www.pincamp.ch/VL2400 VL2400

6.4.-14.9. ha 5,8 100 T 99 S 8 M 76 47°29'23.5"N, 1°15'30.7"E

3, Route de Pontlevoy, FR-41120 Candé-sur-Beuvron, T +33 2544 41520, camping@grandetortue.com, www.la-grande-tortue.com

Jetzt online buchen / Réserver en ligne pincamp.ch

/ km

10A

FR EN

Ebenes Wiesengelände mit unterschiedlich hohen Weiden. Stellenweise waldähnlicher Charakter. / Terrain de prairie plat avec des pâturages de différentes hauteurs. Caractère boisé par endroits.

Preise/Nacht / Prix/nuit EUR 39.70, EUR 30, EUR 5, TAX, VISA

Cheverny «Sites et Paysages Les Saules» **** www.pincamp.ch/VL2360 VL2360

1.4.-15.9. ha 8 90 T 146 M 18 47°28'41.3"N, 1°27'03.2"E

Les Saules, FR-41700 Cheverny, T +33 6865 15443, contact@camping-cheverny.com, www.camping-cheverny.com

3 km

10A

DE FR EN free

Ebenes Wiesengelände in einem parkähnlichen, teilweise gärtnerisch gestalteten, alten Eichenhain. / Terrain de prairie plat dans une ancienne chênaie en forme de parc, partiellement aménagée en jardin.

Preise/Nacht / Prix/nuit EUR 30-46, EUR 25.50-41.50, EUR 2, TAX, VISA

Loches «Camping La Citadelle» ★★★★ www.pincamp.ch/VL2850 VL2850

ha 4 · 70 · 110 · S 20 · M 34 · 47°07'22.5"N, 1°00'08.0"E

Avenue Aristide Briand, FR-37600 Loches, T +33 5820 60187, contact@lacitadelle.com, www.lacitadelle.com/

0,5 km · 20A · FR · EN

Leicht geneigtes Gelände unter Laubbäumen und mit verschiedenartigen Ziersträuchern. / Terrain légèrement en pente sous des arbres à feuilles caduques et avec des arbustes décoratifs variés.

Mesland «Yelloh! Village Parc du Val de Loire» ★★★★ www.pincamp.ch/VL2500 VL2500

1.1.-31.12. · ha 14 · 94 · 130 · M 172 · 47°30'37.2"N, 1°06'17.2"E

155, route de Fleuray, FR-41150 Mesland, T +33 2547 02718, contact@parcduvaldeloire.fr, www.yellohvillage.de/camping/parc_du_val_de_loire

10 km · P · 365 · 10A · FR · EN · free

Durch Hecken gegliedertes, teils ebenes, teils geneigtes Wiesengelände mit hohen Bäumen. / Terrain de prairie divisé par des haies, en partie plat, en partie en pente, avec de grands arbres.

Preise/Nacht / Prix/nuit EUR 27-45, EUR 20-34, EUR 6, TAX, VISA

Muides-sur-Loire «Camping Sandaya Château des Marais» ★★★★ www.pincamp.ch/VL2150 VL2150

5.4.-29.9. · ha 14 · 85 · 75 · M 246 · 47°39'58.0"N, 1°31'45.4"E

27, rue de Chambord, FR-41500 Muides-sur-Loire, T +33 2548 70542, chateaudesmarais@sandaya.fr, www.sandaya.de

5 km · 16A · DE · FR · EN

Stellenweise gestufter Mischwald. Parzellen teilweise geschottert und durch Hecken unterteilt. / Forêt mixte étagée par endroits. Parcelles partiellement empierrées et divisées par des haies.

Preise/Nacht / Prix/nuit EUR 31-60, EUR 24-51, EUR 5, VISA

Pierrefitte-sur-Sauldre «Camping Sandaya Les Alicourts Resort» ***** www.pincamp.ch/VL450 VL450

5.4.–29.9. ha 76 150 T 92 M 506 47°32'39.1"N, 2°11'30.2"E

Domaine des Alicourts, FR-41300 Pierrefitte-sur-Sauldre, T +33 2548 86334, alicourts@sandaya.fr, www.sandaya.de

10A

DE FR EN

Ebenes Wiesengelände, teils mit hohen Bäumen, teils mit Hecken und Büschen. / Terrain de prairie plat, en partie avec de grands arbres, en partie avec des haies et des buissons.

Preise/Nacht / Prix/nuit EUR 31–70, EUR 24–61, EUR 5, VISA

Poilly-lez-Gien «Domaine Les Bois du Bardelet» ***** www.pincamp.ch/VL300 VL300

8.5.–1.9. ha 18 125 T 100 S 15 M 95 47°38'29.0"N, 2°36'54.1"E

Le Petit Bardelet, FR-45500 Poilly-lez-Gien, T +33 2386 74739, contact@bardelet.com, www.bardelet.com

5 km P 16A

FR EN free

Lang gestreckter, ebener Wiesenstreifen mit verschiedenartigen Bäumen, Hecken und Sträuchern. / Longue bande de prairie plane parsemée d'arbres, de haies et d'arbustes variés.

Preise/Nacht / Prix/nuit EUR 29.50–46.50, EUR 23–37, EUR 4, TAX, VISA

Sainte-Catherine-de-Fierbois «Castel Camping Parc de Fierbois» ★★★★★ www.pincamp.ch/VL2900 VL2900

3.5.–1.9. ha 30 120 T 124 M 203 47°08'54.9"N, 0°39'16.3"E

FR-37800 Sainte-Catherine-de-Fierbois, T +33 2476 54335, contact@fierbois.com, www.fierbois.com

Jetzt online buchen / Réserver en ligne pincamp.ch

2 km

10 A

FR EN

Ebenes, von Bäumen umsäumtes Wiesengelände am Fluss Indre. Städtisches Freibad und Sportgelände angrenzend. / Terrain plat en prairie, bordé d'arbres, au bord de l'Indre. Piscine municipale en plein air et terrain de sport attenant.

Corcieux «Camping Domaine des Bans – Ciela Village» ★★★★ www.pincamp.ch/GT6320 GT6320

19.4.–30.9. ha 33 560 T 116 S 350 M 268 48°10'09.6"N, 6°52'48.5"E

Rue James Wiese, FR-88430 Corcieux, T +33 3295 16467, domainedesbans@cielavillage.com, www.domaine-des-bans.fr

Jetzt online buchen / Réserver en ligne pincamp.ch

4 km

6 A

DE FR EN free

Wiesengelände auf einem Hügel mit Bäumen und Hecken. In der Platzmitte zwei Angelteiche und ein Bach. / Terrain de prairie sur une colline avec des arbres et des haies. Au centre du terrain, deux étangs de pêche et un ruisseau.

Preise/Nacht / Prix/nuit EUR 19, EUR 6, TAX, VISA

Éclaron «Yelloh! Village en Champagne» **** www.pincamp.ch/GT1550 GT1550

ha 3,5 · 135 · T 35 · S 40 · M 43 · 48°34'17.9"N, 4°50'55.1"E

D 384, FR-52290 Éclaron, T +33 4667 39739, info@yellohvillage-en-champagne.com, www.yellohvillage.de/camping/yelloh_en_champagne

2,5 km 0,2 km

16 A

FR EN

Ebenes Wiesengelände mit unterschiedlich hohen Bäumen. Ein Grossteil der Parzellen mit gekiestem Parkplatz. / Terrain de prairie plat avec des arbres de différentes hauteurs. Une grande partie des parcelles avec parking gravillonné.

Thonnance-les-Moulins «Camping La Forge de Sainte Marie» ***** www.pincamp.ch/GT3050 GT3050

ha 11 · 260 · T 122 · S 15 · M 25 · 48°24'23.0"N, 5°16'16.1"E

FR-52230 Thonnance-les-Moulins, T +33 5798 70259, contact@laforgedesaintemarie.com, www.laforgedesaintemarie.com

10 A

DE FR EN

Terrassiertes Wiesengelände mit Mischbaumbestand, Büschen und Hecken. Von einem Fluss durchzogen. / Terrain de prairie en terrasses avec des arbres mixtes, des buissons et des haies. Traversé par une rivière.

Éperlecques «Camping Château du Gandspette» ***** www.pincamp.ch/HF550 HF550

ha 11 · 43 · T 167 · S 10 · M 18 · 50°49'08.3"N, 2°10'43.9"E

133, rue de Gandspette, FR-62910 Éperlecques, T +33 3219 34393, contact@chateau-gandspette.com, www.chateau-gandspette.com

3 km

10 A

FR EN

Leicht geneigtes, durch einen Wald in zwei Bereiche geteiltes, parkähnlich gestaltetes Wiesengelände. / Terrain de prairie légèrement en pente, divisé en deux zones par une forêt et aménagé comme un parc.

Le Crotoy «Flower Camping Les Aubépines» ★★★★ www.pincamp.ch/HF8350 HF8350

29.3.–3.11. ha 4,5 T 71 S 55 M 68 50°14'58.5"N, 1°36'41.1"E

800, rue de la Maye, FR-80550 Le Crotoy, T +33 3222 70134, contact@camping-lesaubepines.com, www.camping-lesaubepines.com

0,5 km 10 A FR EN

Ebenes, durch Hecken gegliedertes Wiesengelände, aufgelockert durch Bäume. Bei einem Bauernhof. / Terrain de prairie plat, divisé par des haies, aéré par des arbres. Près d'une ferme.

Preisе/Nacht / Prix/nuit EUR 29–50, EUR 23–42, EUR 6, VISA

Saint-Quentin-en-Tourmont «Camping Le Champ Neuf» ★★★★ www.pincamp.ch/HF8390 HF8390

1.4.–5.11. ha 6 T 119 S 45 M 49 50°16'04.6"N, 1°36'10.4"E

8, rue du Champ Neuf, FR-80120 Saint-Quentin-en-Tourmont, T +33 3222 50794, campinglechampneuf@orange.fr, www.camping-lechampneuf.com

7 km 1,5 km 10 A FR EN

Ebenes, gärtnerisch gestaltetes und durch Hecken gegliedertes Wiesengelände mit lichtem, mittelhohem Baumbestand. / Terrain plat en prairie, aménagé en jardin et divisé par des haies, avec des arbres clairs de hauteur moyenne.

Preise/Nacht / Prix/nuit EUR 40, EUR 32.50, EUR 3, VISA

Aléria «Domaine Naturiste de Riva Bella» ★★★★ www.pincamp.ch/CO400 CO400

1.1.–31.12. ha 79 T 199 S 8 M 151 42°09'41.4"N, 9°33'10.5"E

Route de Riva Bella, FR-20270 Aléria, T +33 4953 88110, rivabella.corsica@gmail.com, www.naturisme-rivabella.com

3 km FKK 365 10 A DE FR IT EN free

Gelände mit Laub- und Nadelbäumen sowie teils dichtem Gebüsch. / Terrain avec des arbres à feuilles caduques et des conifères ainsi que des buissons parfois denses.

Preise/Nacht / Prix/nuit EUR 55.50, EUR 45, EUR 6.90, TAX, , VISA

Aléria «Capfun Camping Marina Aléria» **** www.pincamp.ch/CO450 CO450

ha 10 T 51 M 260 42°06'41.0"N, 9°32'58.1"E

200, route Nationale, FR-20270 Aléria, T +33 4955 70142, marina-aleria@capfun.com, www.capfun.de

3 km 9A DE FR EN

Überwiegend sandiges, leicht hügeliges Gelände mit meist hohen Eukalyptusbäumen und Pinien. / Terrain principalement sablonneux, légèrement vallonné, généralement planté de grands eucalyptus et de pins.

Bravone «Domaine de Bagheera» **** www.pincamp.ch/CO350 CO350

1.4.-15.12. ha 100 T 176 M 106 42°12'53.4"N, 9°33'17.7"E

FR-20230 Bravone, T +33 4953 88030, bagheera@bagheera.fr, www.bagheera.fr

1,5 km FKK 10A DE FR IT EN free PiN CAMP

Naturbelassen, teils leicht geneigt, mit überwiegend dichtem Laubbaumbestand. / Naturel, en partie légèrement en pente, avec une majorité de feuillus denses.

Preise/Nacht / Prix/nuit EUR 53, EUR 46.50, EUR 7, TAX, , VISA

Ghisonaccia «Camping Arinella Bianca» **** www.pincamp.ch/CO550 CO550

ha 10 T 99 M 229 41°59'42.5"N, 9°26'42.7"E

FR-20240 Ghisonaccia, T +33 4955 60478, arinella@arinellabianca.com, www.arinellabianca.com

4 km 10A DE FR IT EN

Naturbelassenes, ebenes Gelände mit Laub- und Nadelbäumen. In der Platzmitte ein kleiner See. / Terrain naturel et plat avec des arbres à feuilles caduques et des conifères. Au centre du terrain, un petit lac.

Sagone «Camping Sagone» ★★★★ www.pincamp.ch/CO1900 CO1900

30.3.-2.11. ha 9 T 140 M 150 42°07'49.8"N, 8°42'19.4"E

Route de Vico, FR-20118 Sagone, T +33 6386 36097, ludovic.ingargiola@gmail.com, www.camping-sagone.fr

0,1 km

8A

DE FR IT EN free

Ebenes, weitläufiges Gelände mit teils dichtem Baumbestand, teils gärtnerisch gestaltet, parzelliert mit Büschen. / Terrain plat et spacieux avec en partie des arbres denses, en partie aménagé en jardin, parcellisé avec des buissons.

Preise/Nacht / Prix/nuit EUR 19–42, EUR 15.50–35, EUR 3.50, TAX, VISA

Deauville «Camping La Vallée de Deauville» ★★★★★ www.pincamp.ch/NO1600 NO1600

1.4.-1.11. ha 19 T 100 S 250 M 86 49°19'43.8"N, 0°05'11.0"E

Avenue de la Vallée, FR-14800 Deauville, T +33 2318 85817, contact@camping-deauville.com, www.camping-deauville.com

0,1 km 3,5 km

10A

FR EN

Ebenes Wiesengelände mit verschiedenartigen Bäumen und Sträuchern sowie teils hohen Hecken. / Terrain de prairie plat avec des arbres et des arbustes variés ainsi que des haies en partie hautes.

Preise/Nacht / Prix/nuit EUR 27.60–50.90, EUR 21.40–40.90, EUR 4, TAX, VISA

Le Rozel «Camping Le Ranch» ★★★★★ www.pincamp.ch/NO3320 NO3320

ha 4,5 10 T 39 S 83 M 49 49°28'48.8"N, 1°50'32.0"W

La Mielle, FR-50340 Le Rozel, T +33 2331 00710, contact@camping-leranch.com, www.camping-leranch.com

4 km

10A

DE FR EN

Zweifach gestuftes, weitgehend naturbelassenes Dünengelände. / Terrain de dunes à deux niveaux, en grande partie laissé à l'état naturel.

Preise/Nacht / Prix/nuit EUR 51, EUR 43.50, EUR 7.50, TAX, VISA

Les Andelys «Flower Camping L'Île des Trois Rois» **** www.pincamp.ch/NO550 NO550

15.3.–15.11. ha 10 · 14 · T 135 · S 80 · M 25 · 49°14'09.1"N, 1°24'03.5"E

1, rue Gilles Nicole, FR-27700 Les Andelys, T +33 2325 42379, campingtroisrois@aol.com, www.camping-troisrois.com

0,2 km · 10 A · FR EN

Ebenes, durch Hecken gegliedertes Wiesengelände zwischen der Seine und einem ehemaligen Flussarm. / Terrain de prairie plat, divisé par des haies, entre la Seine et un ancien bras de rivière.

Preise/Nacht / Prix/nuit EUR 41, EUR 34, TAX,

Les Loges «Sunêlia l'Aiguille Creuse» **** www.pincamp.ch/NO1040 NO1040

29.3.–22.9. ha 3 · 110 · T 95 · S 16 · M 36 · 49°41'54.9"N, 0°16'32.6"E

24, Résidence de l' Aiguille Creuse, FR-76790 Les Loges, T +33 2352 95210, camping@aiguillecreuse.com, www.campingaiguillecreuse.com

PiN CAMP
Jetzt online buchen / Réserver en ligne pincamp.ch

0,5 km · 4 km · 10 A · DE FR EN

Überwiegend leicht geneigtes Wiesengelände mit einigen Büschen und Bäumen. / Terrain de prairie principalement légèrement en pente avec quelques buissons et arbres.

Preise/Nacht / Prix/nuit EUR 28.50–47, EUR 24–41, EUR 3.50, TAX,

Les Pieux «Camping Le Grand Large» **** www.pincamp.ch/NO3300 NO3300

20.4.–22.9. ha 4 · T 123 · S 50 · M 47 · 49°29'40.3"N, 1°50'32.8"W

11, route du Grand Large, FR-50340 Les Pieux, T +33 2335 24075, info@legrandlarge.com, www.legrandlarge.com

PiN CAMP
Jetzt online buchen / Réserver en ligne pincamp.ch

4 km · 10 A · DE FR EN

Naturbelassenes, ebenes Dünengelände, mit Hecken und Ziergehölzen gärtnerisch gestaltet. / Terrain de dunes naturel et plat, aménagé en jardin avec des haies et des arbustes d'ornement.

Preise/Nacht / Prix/nuit EUR 34.50–57, EUR 28–45, TAX, ,

Maupertus-sur-Mer «Camping Sandaya L'Anse du Brick» ★★★★ www.pincamp.ch/NO3100 NO3100

5.4.–29.9. ha 17 26 T 169 M 64 49°40'02.8"N, 1°29'16.1"W

18, Anse du Brick, FR-50330 Maupertus-sur-Mer, T +33 2335 43357, ansedubrick@sandaya.fr, www.sandaya.de/unsere-campingplaetze/l-anse-du-brick

0,1 km 0,3 km 10A DE FR EN

Terrassiertes naturbelassenes Hanggelände im Wald. / Terrain en pente naturel en terrasses dans la forêt.

Preise/Nacht / Prix/nuit EUR 34–65, EUR 27–56, EUR 5,

Merville-Franceville-Plage «Camping Seasonova Le Point du Jour» ★★★★ www.pincamp.ch/NO1840 NO1840

1.4.–29.10. ha 3,5 20 T 100 S 5 M 39 49°17'00.0"N, 0°11'28.5"W

75, route de Cabourg, FR-14810 Merville-Franceville-Plage, T +33 2312 4233, contact@camping-lepointdujour.com, www.vacances-seasonova.com

0,1 km 10A FR EN

Überwiegend ebenes, grasbewachsenes Dünengelände zwischen Strasse und Meer. / Terrain de dunes principalement plat et herbeux entre la route et la mer.

Preise/Nacht / Prix/nuit EUR 34–59, EUR 29–52, EUR 5, TAX,

Moyaux «Huttopia Calvados-Normandie» ★★★★ www.pincamp.ch/NO1350 NO1350

28.3.–22.9. ha 6 153 T 88 M 59 49°12'36.4"N, 0°23'23.5"E

332, Chemin du Val Sery, FR-14590 Moyaux, T +49 3080 0989 35, calvados@huttopia.com, europe.huttopia.com/de/site/calvados-normandie

3 km 3 km 10A FR EN free

Ebenes Wiesengelände mit Apfelbäumen, teils auch mit altem Baumbestand. Ländliche Umgebung. / Terrain de prairie plat avec des pommiers, en partie aussi avec de vieux arbres. Environnement rural.

Preise/Nacht / Prix/nuit EUR 27–52, EUR 23–42, EUR 5.70, TAX,

Port-en-Bessin «Yelloh! Village Port-land» **** www.pincamp.ch/NO2630 NO2630

ha 8,6 · 64 · T 111 · S 25 · M 123 · 49°20'48.4"N, 0°46'15.2"W

Chemin du Castel, FR-14520 Port-en-Bessin, T +33 2315 10706, info@camping-portland.fr, www.yellohvillage.de/camping/portland

PiN CAMP
Jetzt online buchen / Réserver en ligne
pincamp.ch

0,2 km · 4 km · 16 A · DE · FR · EN

Ebenes Wiesengelände mit mehreren Teichen (Badeverbot) und Büschen und Bäumen umgeben. / Terrain de prairie plat avec plusieurs étangs (baignade interdite) et entouré de buissons et d'arbres.

Ravenoville-Plage «Camping Le Cormoran» **** www.pincamp.ch/NO3000 NO3000

5.4.–29.9. · ha 8,5 · T 108 · S 104 · M 50 · 49°27'59.7"N, 1°14'07.7"W

2, Du Cormoran, FR-50480 Ravenoville-Plage, T +33 2334 13394, contact@camping-lecormoran.fr, www.camping-lecormoran.fr

PiN CAMP
Jetzt online buchen / Réserver en ligne
pincamp.ch

9 km · 0,1 km · P · 10 A · DE · FR · EN

Ebenes, durch Buschreihen und Bäume unterteiltes Wiesengelände. Durch Blumeninseln gärtnerisch gestaltet. / Terrain de prairie plat, divisé par des rangées de buissons et d'arbres. Aménagé en jardin par des îlots de fleurs.

Preise/Nacht / Prix/nuit EUR 36.90–51, EUR 33–46, EUR 3.50, T&Y, VISA

Saint-Pair-sur-Mer «Camping Château de Lez-Eaux» ★★★★★ www.pincamp.ch/NO3850 NO3850

1.1.–31.12. ha 12 50 T 137 M 104 48°47'51.7"N, 1°31'29.0"W

240, avenue de lez Eaux, FR-50380 Saint-Pair-sur-Mer, T +33 2335 16609, bonjour@lez-eaux.com, www.lez-eaux.com

Jetzt online buchen / Réserver en ligne
pincamp.ch

3 km 4 km 365 16A FR EN

Ebenes, teils etwas hügeliges Wiesengelände durch niedrige Bäume und Hecken unterteilt. / Terrain de prairie plat, en partie un peu vallonné, divisé par des arbres bas et des haies.

Preise/Nacht / Prix/nuit EUR 53, EUR 44, TAX, VISA

Bidart «Camping Le Pavillon Royal» ★★★★ www.pincamp.ch/AQ8800 AQ8800

1.6.–30.9. ha 4,5 15 T 315 M 9 43°27'16.5"N, 1°34'35.1"W

Avenue du Prince de Galles, FR-64210 Bidart, T +33 5592 30054, r.alaux@pavillon-royal.com, www.pavillon-royal.com

0,3 km P 10A DE FR EN free

Leicht geneigte, lang gezogene Terrassen, durch Bäume und Hecken gegliedert. Blick auf das Meer und die Pyrenäen. / Terrasses légèrement inclinées et allongées, divisées par des arbres et des haies. Vue sur la mer et les Pyrénées.

Preise/Nacht / Prix/nuit EUR 52–93, EUR 41–76, TAX, VISA

Bidart «Yelloh! Village Ilbarritz» ***** www.pincamp.ch/AQ8820 AQ8820

ha 7 | 40 | T 30 | M 281 | 43°27'11.0"N, 1°34'25.0"W

Avenue de Biarritz, FR-64210 Bidart, T +33 5592 30029, contact@camping-ilbarritz.com, www.yellohvillage.de/camping/ilbarritz

0,1 km 0,9 km

10 A

DE FR EN

Kleine Terrassen an einem teilweise steil ansteigenden Hang und leicht welliges Rasengelände unter Bäumen. / Petites terrasses sur une pente en partie abrupte et terrain gazonné légèrement ondulé sous des arbres.

Bidart «Camping Ur-Onea» ***** www.pincamp.ch/AQ8870 AQ8870

27.4.–16.9. | ha 5 | 20 | T 155 | M 116 | 43°26'02.6"N, 1°35'26.7"W

Rue de la Chapelle, FR-64210 Bidart, T +33 5592 65361, p.r.goya@uronea.com, www.uronea.com

PiN CAMP

Jetzt online buchen / Réserver en ligne pincamp.ch

0,6 km 0,6 km

10 A

DE FR EN

Leicht geneigtes, teilweise in steilen Stufen angelegtes Wiesengelände, mit Bäumen und Hecken unterteilt. / Terrain en prairie légèrement incliné, parfois aménagé en gradins abrupts, divisé par des arbres et des haies.

Preise/Nacht / Prix/nuit EUR 30.50–57.50, EUR 25–49, EUR 4, TAX

Biscarrosse «Camping La Rive – Ciela Village» ***** www.pincamp.ch/AQ6900 AQ6900

22.3.–16.9. ha 15 m/UM 23 T 81 S 10 M 734 44°27'38.5"N, 1°07'50.3"W

Route de Bordeaux, FR-40600 Biscarrosse, T +33 5587 81233, larive@cielavillage.com, www.larive.fr

Jetzt online buchen / Réserver en ligne pincamp.ch

5 km · 10A · DE FR EN

Ebenes Gelände mit unterschiedlichen Hecken und mittelhohen Bäumen. Am Ostufer des Sees. / Terrain plat avec différentes haies et des arbres de taille moyenne. Sur la rive est du lac.

Biscarrosse «Mayotte Vacances» ***** www.pincamp.ch/AQ6950 AQ6950

8.4.–2.10. ha 17 m/UM 20 T 131 S 70 M 521 44°26'06.8"N, 1°09'16.6"W

368, chemin des Roseaux, FR-40600 Biscarrosse, T +33 5353 71411, Accmayottevacances@vacanceselect.com, www.mayottevacances.com

5 km · 16A · DE FR EN

Ebenes Wiesengelände, überwiegend mit Laubbäumen. / Terrain de prairie plat, principalement avec des arbres à feuilles caduques.

Biscarrosse-Plage «Camping Campéole Le Vivier» **** www.pincamp.ch/AQ6730 AQ6730

4.5.–15.9. ha 25 T 34 M 548 44°27'30.3"N, 1°14'22.1"W

681, Rue du Tit, FR-40600 Biscarrosse-Plage, T +33 2538 17000, reservation@ms-vacances.com, www.ms-vacances.com/de/die-campingplatze-campeole/camping-campeole-le-vivier/entdecken

Jetzt online buchen / Réserver en ligne pincamp.ch

P · 16A · DE FR EN

Leicht geneigtes Gelände im hochstämmigen Pinienwald, die Standplätze für Camper im strandnahen Bereich. / Terrain légèrement incliné dans la pinède à hautes tiges, les emplacements pour les campeurs dans la zone proche de la plage.

TCS CAMPING PARTNER / PARTENAIRE AQ100

Champs-Romain «Camping Château le Verdoyer» ★★★★½

27.4.–28.9.2024

45°33'04.4'' N, 0°47'43.5'' E ha 23 m ü.M. 307 T 105 S 37 M 50 www.pincamp.ch/AQ100

FR-24470 Champs-Romain, T +33 5535 69464, chateau@verdoyer.fr, www.verdoyer.fr

10A

DE FR EN

Leicht geneigtes, stellenweise durch Baumgruppen, Hecken sowie Sträucher aufgelockertes Gelände. / Terrain légèrement incliné, aéré par endroits par des groupes d'arbres, des haies ainsi que des buissons.

Preise/Nacht / Prix/nuit EUR 29–40, EUR 25–35, EUR 3, TAX, VISA

Rabatte / Rabais 2024

	TCS Camping Mitglieder / Membres
1.1.–31.12.	10 %

Gültig auf Stellplatzpreise / Valables pour les tarifes «emplacement»

Boussac-Bourg «Castel Camping Le Château de Poinsouze» ***** www.pincamp.ch/NA7100 NA7100

ha 45 · 420 · T 115 · M 33 · 46°22'20.5"N, 2°12'06.7"E

Route de la Châtre, FR-23600 Boussac-Bourg, T +33 5556 50221, campingpoinsouze@gmail.com, www.camping-de-poinsouze.com

2,5 km · 20 A · DE · FR · EN

Leicht hügeliges, zum See hin geneigtes Wiesengelände mit noch jüngeren Bäumen, Büschen und Hecken. / Terrain de prairie légèrement en pente vers le lac, avec des arbres, des buissons et des haies encore plus jeunes.

Castelnaud-la-Chapelle «Camping de Charme Maisonneuve Dordogne» **** www.pincamp.ch/AQ1180 AQ1180

1.4.–31.10. · ha 6 · 70 · T 140 · M 13 · 44°48'18.3"N, 1°09'30.1"E

FR-24250 Castelnaud-la-Chapelle, T +33 5532 95129, contact@campingmaisonneuve.com, www.campingmaisonneuve.com

10 km · 10 A · FR · EN

Durch die Anfahrtsstrasse zweigeteiltes, lang gestrecktes, ebenes Wiesengelände mit Hecken und halbhohen Laubbäumen. / Terrain de prairie plat et allongé, divisé en deux par la route d'accès, avec des haies et des arbres feuillus à mi-hauteur.

Preise/Nacht / Prix/nuit EUR 19.90–39, EUR 16.70–33.10, EUR 6, TAX, , , VISA

Daglan «Camping Le Moulin de Paulhiac» ★★★★ www.pincamp.ch/AQ1220 AQ1220

4.5.–7.9. ha 6 T 105 M 81 44°46'03.4"N, 1°10'34.9"E

FR-24250 Daglan, T +33 5532 82088, info@moulin-de-paulhiac.com, www.camping-dordogne-moulindepaulhiac.com

PIN CAMP

Jetzt online buchen / Réserver en ligne pincamp.ch

2 km

10A

FR EN

Weiträumiges Wiesengelände am Fluss, mit Bäumen und Hecken durchsetzt, von einem Bach durchzogen. / Vaste terrain de prairie au bord de la rivière, parsemé d'arbres et de haies, traversé par un ruisseau.

Preise/Nacht / Prix/nuit EUR 31–39, EUR 23–29, EUR 3, TAX, , VISA

Douville «Camping Lestaubière» ★★★★ www.pincamp.ch/AQ400 AQ400

6.4.–30.9. ha 7 180 T 104 M 12 44°59'32.9"N, 0°35'55.2"E

Pont St Mamet, FR-24140 Douville, T +33 5538 29815, lestaubiere@gmail.com, www.camping-lestaubiere.fr

0,8 km

10A

FR EN

Teils stark geneigte Wiese in einem Eichenwäldchen. Am Fusse des Hanges ein Badeteich. / Prairie en partie très inclinée dans un bosquet de chênes. Au pied de la pente, un étang de baignade.

Preise/Nacht / Prix/nuit EUR 39.75, EUR 31.50, EUR 3, TAX, ,

Hourtin Plage «Camping La Côte d'Argent» ★★★★ www.pincamp.ch/AQ5000 AQ5000

31.5.–9.9. ha 20 10 T 618 M 252 45°13'23.0"N, 1°09'52.7"W

Rue de la Plage, FR-33990 Hourtin Plage, T +33 5560 91025, info@cca33.com, www.cca33.com

0,1 km 0,4 km

10A

DE FR EN

Welliges, leicht geneigtes, stellenweise tiefsandiges Dünengelände mit vielen Stufen und einigen Terrassen. / Terrain dunaire ondulé, légèrement incliné, sablonneux profond par endroits, avec de nombreuses marches et quelques terrasses.

Preise/Nacht / Prix/nuit EUR 41–80, EUR 34–65, EUR 8, TAX, , VISA

Ingrandes «Camping Le Petit Trianon de Saint-Ustre» **** www.pincamp.ch/NA220 NA220

ha 7 · m/SM 80 · T 55 · M 53 · 46°53'15.9"N, 0°35'14.9"E

1, rue du Moulin de Saint-Ustre, FR-86220 Ingrandes, T +33 5490 26147, contact@domaine-petit-trianon.com, www.domaine-petit-trianon.com

3 km

10A

DE FR EN

Teils ebene, teils geneigte Wiesen in einem Park um ein kleines Schloss. / Prairies en partie plates et en partie inclinées dans un parc autour d'un petit château.

La Couarde-sur-Mer «Eden Villages L'Océan & Spa» ***** www.pincamp.ch/NA3880 NA3880

7.4.–24.9. · ha 9 · T 141 · M 205 · 46°12'15.0"N, 1°28'03.6"W

50, route d'Ars, FR-17670 La Couarde-sur-Mer, T +33 5335 22274, ocean@edenvillages.fr, www.eden-villages.fr/de/campings/ocean/

PIN CAMP

Jetzt online buchen / Réserver en ligne pincamp.ch

0,1 km · 0,2 km

10A

FR

Ebenes Gelände mit Laub- und Nadelbäumen, durch unterschiedlich hohe Hecken unterteilt. / Terrain plat avec des arbres à feuilles caduques et des conifères, divisé par des haies de différentes hauteurs.

Preise/Nacht / Prix/nuit EUR 65, EUR 52, EUR 4.50, TAX, VISA

La Flotte «Camping La Grainetière» ***** www.pincamp.ch/NA3800 NA3800

1.4.–30.9. · ha 2,5 · T 49 · M 90 · 46°11'15.4"N, 1°20'40.2"W

Route de Saint-Martin, FR-17630 La Flotte, T +33 5460 96886, la-grainetiere@orange.fr, www.la-grainetiere.com

1,2 km · 1,5 km

10A

DE FR EN free

Mit dichtem Buschwerk eingefriedetes, ebenes Gelände mit altem Baumbestand, mit Pinien und Bäumen. / Terrain plat clôturé par des buissons denses, avec de vieux arbres, avec des pins et des arbres.

Preise/Nacht / Prix/nuit EUR 31, EUR 23, TAX, VISA

La Palmyre «Camping Club MS La Côte Sauvage» ★★★★ www.pincamp.ch/NA5590 NA5590

5.4.–22.9. ha 15,6 m/UM 20 T 221 M 236 45°41'45.5"N, 1°13'50.5"W

Avenue de La Coubre, FR-17570 La Palmyre, T +33 2538 17000, reservation@ms-vacances.com, www.ms-vacances.com

0,3 km 10 A DE FR EN

Naturbelassenes Dünengelände, durch dicht stehende Hecken, Büsche und Bäume in Nischen unterteilt. / Terrain de dunes laissé à l'état naturel, divisé en niches par des haies denses, des buissons et des arbres.

Labenne-Océan «Yelloh! Village Sylvamar» ★★★★★ www.pincamp.ch/AQ8150 AQ8150

3.5.–29.9. ha 25 T 252 M 402 43°35'43.8"N, 1°27'22.4"W

59, avenue de l'Océan, FR-40530 Labenne-Océan, T +33 5594 57516, camping@sylvamar.fr, www.yellohvillage.de/camping/sylvamar

3 km 0,9 km 16 A DE FR EN

Weitläufiges Gelände im vorwiegend mit Kiefern bestandenen Mischwald. Standplätze durch Büsche und Hecken unterteilt. / Vaste terrain dans une forêt mixte principalement peuplée de pins. Emplacements divisés par des buissons et des haies.

Lacanau-Océan «Camping & Spa Airotel L'Océan» ***** www.pincamp.ch/AQ5850 AQ5850

5.4.–3.11. ha 9,5 · 10 · T 220 · M 330 · 45°00'30.9"N, 1°11'33.3"W

24, rue de Repos, FR-33680 Lacanau-Océan, T +33 5560 32445, contact@airotel-ocean.com, www.airotel-ocean.com

0,8 km · 0,8 km · 15 A

DE FR EN

Teils gestuftes, teils naturbelassenes, teilweise bewachsenes Dünengelände im hochstämmigen Kiefernwald. / Terrain dunaire en partie étagé, en partie naturel, en partie couvert de végétation dans une pinède à hautes tiges.

Preise/Nacht / Prix/nuit EUR 35–84, EUR 28–75, EUR 4, TAX, VISA

Lacanau-Océan «Yelloh! Village Les Grands Pins» ***** www.pincamp.ch/AQ5900 AQ5900

3.5.–16.9. ha 16 · 22 · T 331 · S 4 · M 270 · 45°00'40.1"N, 1°11'41.0"W

Plage Nord, FR-33680 Lacanau-Océan, T +33 5560 32077, reception@lesgrandspins.com, www.yellohvillage.de/camping/les_grands_pins

1 km · 0,4 km · 16 A

DE FR EN free

Hügeliges, teils in Terrassen angelegtes, teils tiefsandiges Dünengelände in einem hochstämmigen Pinienwald. / Terrain de dunes vallonné, en partie aménagé en terrasses, en partie sablonneux profond, dans une pinède à hautes tiges.

Preise/Nacht / Prix/nuit EUR 45–98, EUR 38–87, EUR 6, TAX, VISA

Le Bois-Plage-en-Ré «Camping APV – Antioche» **** www.pincamp.ch/NA3830 NA3830

6.4.–22.9. ha 3 · T 40 · S 1 · M 76 · 46°10'06.7"N, 1°21'50.5"W

la Pierre Qui Vire, FR-17580 Le Bois-Plage-en-Ré, T contacts@camping-apv.com, www.camping-apv.com

0,5 km · 16 A

DE FR EN free

Grösstenteils leicht welliges Dünengelände mit Baumgruppen und Gebüsch. / Terrain dunaire en grande partie légèrement ondulé avec des groupes d'arbres et des buissons.

Preise/Nacht / Prix/nuit EUR 61.50, EUR 61.50, EUR 3, TAX, VISA

AIROTEL
L'OCÉAN
Camping & Spa
LACANAU OCEAN
5000m² Badelandschaft mit tropischer Atmosphäre
800m zu Fuß vom Strand entfernt

Für belebende Ferien !
yelloh! VILLAGE
NA-130
Yelloh ! Village
Les Grands Pins
In idyllischer Umgebung im Herzen eines Pinienwaldes mit direktem Zugang zu einem riesigen Sandstrand
LA ROCHELLE
LES GRANDS PINS
YELLOH! SAINT-EMILION
BORDEAUX
ARCACHON
BISCAROSSE
BIARRITZ
TOULOUS
Tel. + 33 556 032 077 - www.lesgrandspins.com
Lust, eine Pause unterwegs zu machen ?
NA-136
Yelloh ! Village
Saint-Emilion
Kommen Sie, um von der Lebenskunst in einem Weinberg, der zum UNESCO-Weltkulturerbe gehört, auf französische Ar zu profitieren
Tel. + 33 557 247 580 - www.camping-saint-emilion.com

Le Château-d'Oléron «Camping La Brande» ★★★★ www.pincamp.ch/NA4640 NA4640

10.4.–30.9. ha 5,5 T 129 S 10 M 60 45°54'15.4"N, 1°12'54.8"W

Route des Huîtres, FR-17480 Le Château-d'Oléron, T +33 5464 76237, contact@camping-labrande.com, www.camping-labrande.com

PIN CAMP

Jetzt online buchen / Réserver en ligne

pincamp.ch

3 km 0,3 km

10A

DE FR EN free

Ebenes Wiesengelände mit Hecken, teils unter alten Bäumen. / Terrain de prairie plat avec des haies, en partie sous de vieux arbres.

Preise/Nacht / Prix/nuit EUR 22–45, EUR 6, TAX, , VISA

Le Château-d'Oléron «Les Embruns d'Oléron» ★★★★★ www.pincamp.ch/NA4645 NA4645

ha 10 T 132 M 142 45°52'54.9"N, 1°12'21.4"W

19, Rue de la Libération, FR-17480 Le Château-d'Oléron, T +33 5464 76182, info@camping-airotel-oleron.com, www.camping-airotel-oleron.com

1 km

10A

FR EN

Wiesengelände mit unterschiedlich dichtem Baumbestand. Standplätze durch Hecken begrenzt. / Terrain de prairie avec des arbres de densité variable. Emplacements délimités par des haies.

Messanges «Camping La Côte» ★★★★ www.pincamp.ch/AQ7710 AQ7710

1.5.–30.9. ha 3,5 10 T 107 S 38 M 19 43°48'01.8"N, 1°23'28.1"W

Chemin de La Côte, FR-40660 Messanges, T +33 5584 89494, lacote@orange.fr, www.campinglacote.com

0,4 km

10A

FR EN

Ebenes Wiesen- und Sandgelände mit Bäumen und durch Hecken unterteilt. / Terrain plat de prairie et de sable avec des arbres et divisé par des haies.

Preise/Nacht / Prix/nuit EUR 33–61.30, EUR 22–43.30, EUR 3.40, TAX, VISA

Moliets-Plage «Camping Le Saint Martin» ★★★★★ www.pincamp.ch/AQ7680 AQ7680

ha 18,5 · 10 · T 438 · M 229 · 43°51'08.6"N, 1°23'14.3"W

2655, Avenue de L'Océan, FR-40660 Moliets-Plage, T +33 5584 85230, contact@camping-saint-martin.fr, www.camping-saint-martin.fr

0,2 km · 10A · DE · FR · EN

Terrassiertes Gelände auf der Landseite einer Düne, teils im hügeligen, hochstämmigen Kiefernwald. / Terrain en terrasses sur le côté terrestre d'une dune, en partie dans une pinède vallonnée à hautes tiges.

Saint-Antoine-d'Auberoche «Camping de la Pélonie» ★★★★★ www.pincamp.ch/AQ350 AQ350

20.4.–21.9. · ha 5,5 · 152 · T 80 · M 37 · 45°07'54.0"N, 0°55'43.8"E

La Pélonie, FR-24330 Saint-Antoine-d'Auberoche, T +33 5530 75578, info@campinglapelonie.com, www.lapelonie.com

4 km · 5 km · P · 10A · FR · EN

Terrasiertes Wiesengelände mit teils lockerem, teils dichtem Baumbestand in ländlicher Umgebung. / Terrain en prairie avec des arbres parfois épars, parfois denses, dans un environnement rural.

Preise/Nacht / Prix/nuit EUR 16.50–41, EUR 13–32, EUR 4.50, TAX, , , VISA

Saint-Cyr «Camping du Lac de Saint-Cyr» **** www.pincamp.ch/NA340 NA340

1.4.–30.9. ha 6 m/üM 60 T 147 M 42 46°43'08.6"N, 0°27'32.1"E

FR-86130 Saint-Cyr, T +33 5496 25722, contact@campinglacdesaintcyr.com, www.campinglacdesaintcyr.fr

2 km

10A

Ebenes, teils leicht geneigtes Wiesengelände mit Bäumen und Hecken. / Terrain de prairie plat, en partie légèrement en pente, avec des arbres et des haies.

Preise/Nacht / Prix/nuit EUR 41, EUR 35, EUR 4, TAX, VISA

Saint-Emilion «Yelloh! Village Saint Emilion» **** www.pincamp.ch/AQ2500 AQ2500

3.5.–16.9. ha 10 m/üM 30 T 105 M 78 44°55'00.0"N, 0°08'30.8"W

2, lieu dit Les Combes, FR-33330 Saint-Emilion, T +33 5572 47580, info@camping-saint-emilion.com, www.yellohvillage.de

3 km

10A

Ebenes Wiesengelände mit Bäumen, Standplätze von hohen Hecken eingefasst. An einem ca. 1 ha grossen Angelsee. / Terrain de prairie plat avec des arbres, emplacements entourés de hautes haies. Au bord d'un lac de pêche d'environ 1 ha.

Preise/Nacht / Prix/nuit EUR 33–57, EUR 26–46, EUR 6, TAX, VISA

Saint-Georges-d'Oléron «Camping Le Suroit» **** www.pincamp.ch/NA5010 NA5010

ha 5,5 T 226 M 40 45°56'52.6"N, 1°22'21.8"W

L'Ileau, FR-17190 Saint-Georges-d'Oléron, T +33 6801 09318, info@camping-lesuroit.com, www.camping-lesuroit.com

5,6 km 0,1 km

10 A

Teils leicht hügeliges Dünengelände mit vielfach naturbelassenen Standplätzen in einem Mischwald. / Terrain dunaire en partie légèrement vallonné avec des emplacements souvent laissés à l'état naturel dans une forêt mixte.

Saint-Georges-d'Oléron «Camping Les Gros Joncs» ★★★★★ www.pincamp.ch/NA5030 NA5030

6.4.–3.11. ha 5 T 49 M 200 45°57'12.8"N, 1°22'48.3"W

850, route de Ponthézières, FR-17190 Saint-Georges-d'Oléron, T +33 5467 65229, info@campinglesgrosjoncs.com, www.camping-les-gros-joncs.com

7 km 0,4 km 10A DE FR EN free

Welliges Gelände mit Bäumen und Hecken, das in eine Düne übergeht. / Terrain ondulé avec des arbres et des haies, qui se transforme en dune.

Preise/Nacht / Prix/nuit EUR 25.40–48, EUR 22.10–48, EUR 7, TAX, , VISA

Saint-Georges-d'Oléron «Camping APV – Anse des Pins» ★★★★ www.pincamp.ch/NA5080 NA5080

6.4.–22.9. ha 7 10 T 100 S 2 M 264 45°58'13.0"N, 1°23'12.6"W

FR-17190 Saint-Georges-d'Oléron, T +33 2515 60878, contacts@camping-apv.com, www.camping-apv.com

0,5 km 6A DE FR EN free

Mehrteiliges und weit verzweigtes, teils stark hügeliges Gelände. Teils in einem Pinienwald. / Terrain en plusieurs parties et très ramifié, en partie très vallonné. En partie dans une forêt de pins.

Preise/Nacht / Prix/nuit EUR 65, EUR 65, EUR 3, TAX, , VISA

Saint-Georges-de-Didonne «Camping Bois Soleil» ★★★★★ www.pincamp.ch/NA6070 NA6070

ha 10 10 T 240 M 120 45°35'00.9"N, 0°59'13.1"W

2, avenue de Suzac, FR-17110 Saint-Georges-de-Didonne, T +33 5460 50594, info@bois-soleil.com, www.bois-soleil.com

0,2 km 10A DE FR EN

Durch öffentliche Strassen dreigeteiltes Gelände mit mehreren Eingängen und Bäumen. / Terrain divisé en trois par des routes publiques, avec plusieurs entrées et des arbres.

Saint-Georges-lès-Baillargeaux «Camping Le Futuriste» **** www.pincamp.ch/NA440 NA440

1.1.–31.12. ha 4 100 T 107 M 16 46°39'51.9"N, 0°23'40.9"E

FR-86130 Saint-Georges-lès-Baillargeaux, T +33 5495 24752, camping-le-futuriste@wanadoo.fr, www.camping-le-futuriste.fr

0,6 km 365 10A FR EN

Leicht geneigtes, durch Hecken gegliedertes Wiesengelände auf einer Anhöhe, durch Bäume aufgelockert. Blick ins Land. / Terrain en prairie légèrement incliné, divisé par des haies sur une colline, aéré par des arbres. Vue sur la campagne.

Preise/Nacht / Prix/nuit EUR 32.30–45.50, EUR 28.10–40.50, EUR 3, TAX, VISA

Saint-Girons-Plage «Camping Eurosol – Ciela Village» **** www.pincamp.ch/AQ7500 AQ7500

12.4.–22.9. ha 18 15 T 350 S 10 M 210 43°57'06.6"N, 1°21'07.0"W

Route de la Plage, FR-40560 Saint-Girons-Plage, T +33 4225 47355, eurosol@cielavillage.com, cielavillage.fr/campings/eurosol/

Jetzt online buchen / Réserver en ligne
pincamp.ch

0,4 km 10A DE FR EN

Naturbelassenes, überwiegend hügeliges Dünengelände im Kiefernwald. / Terrain de dunes à l'état naturel, principalement vallonné, dans une pinède.

Preise/Nacht / Prix/nuit EUR 43, EUR 34, EUR 5, TAX, VISA

Saint-Jean-de-Luz «Camping Atlantica – Ciela Village» **** www.pincamp.ch/AQ8890 AQ8890

22.3.–23.9. ha 3,5 20 T 35 M 125 43°24'56.6"N, 1°36'59.1"W

15, Chemin de Miquelenéa – Quartier Acotz, FR-64500 Saint-Jean-de-Luz, T +33 5594 77244, atlantica@cielavillage.com, www.atlantica.cielavillage.fr

0,1 km P 6A FR EN

Terrassiertes Wiesengelände mit Laubbäumen, Hecken, Sträuchern und Blumenschmuck. / Terrain de prairie en terrasses avec des arbres à feuilles caduques, des haies, des arbustes et des décorations florales.

Preise/Nacht / Prix/nuit EUR 57, EUR 48, EUR 6, TAX, VISA

Saint-Jean-de-Luz «Chadotel C. L'International Erromardie» **** www.pincamp.ch/AQ9000 AQ9000

5.4.–3.11. ha 5,5 T 65 M 119 43°24'22.5"N, 1°38'14.2"W

235, allée de la Source, FR-64500 Saint-Jean-de-Luz, T +33 5592 60774, info@chadotel.com, www.chadotel.com

5 km

16A

FR EN

Terrassiertes, durch einen Bach zweigeteiltes Wiesengelände, mit Bäumen und Hecken unterteilt. / Terrain de prairie en terrasses, divisé en deux par un ruisseau, subdivisé par des arbres et des haies.

Preise/Nacht / Prix/nuit EUR 28.20–54.20, EUR 24–50, EUR 4, TAX, VISA

Saint-Just-Luzac «Camping Sandaya Séquoia Parc» ***** www.pincamp.ch/NA5350 NA5350

5.4.–29.9. ha 45 10 T 150 M 540 45°48'37.5"N, 1°03'36.6"W

La Josephtrie, FR-17320 Saint-Just-Luzac, T +33 5468 55555, sequoiaparc@sandaya.fr, www.sandaya.de/unsere-campingplaetze/sequoia-parc

3 km 5 km

10A

DE FR EN

Parkartig gestaltetes, ebenes Wiesengelände mit Hecken sowie Laub- und Nadelbäumen. / Terrain de prairie plat, aménagé comme un parc, avec des haies et des arbres à feuilles caduques et conifères.

Preise/Nacht / Prix/nuit EUR 31–65, EUR 24–56, EUR 5, VISA

Saint-Léon-sur-Vézère «Camping Le Paradis» ***** www.pincamp.ch/AQ500 AQ500

29.3.–20.10. ha 8 75 T 143 M 71 45°00'10.1"N, 1°04'01.1"E

5667 Rte de la Vallée, La Rebeyrolle, FR-24290 Saint-Léon-sur-Vézère, T +33 5535 07264, ellen@le-paradis.com, www.le-paradis.fr

10 km

16A

DE FR EN free

Ebenes Wiesengelände mit vielfältigem Baumbestand, durch hohe Hecken, Bäume, Sträucher gegliedert. / Terrain de prairie plat avec une arborisation variée, divisé par de hautes haies, des arbres, des arbustes.

Preise/Nacht / Prix/nuit EUR 34–73, EUR 27–62, EUR 3, TAX, VISA

Saint-Michel-Escalus «Huttopia Landes Sud» **** www.pincamp.ch/AQ7620 AQ7620

2.5.–15.9. ha 5,5 T 89 M 118 43°52'39.4"N, 1°14'16.3"W

450, Route de Léon, FR-40550 Saint-Michel-Escalus, T +49 3080 0989 35, landes-sud@huttopia.com, europe.huttopia.com/de/site/camping-landes-sud/

10 km

10 A

FR EN free

Naturnah gestalteter Platz im lichten, hochstämmigen Pinienwald. Standplätze teils in Nischen. / Emplacement aménagé de manière naturelle dans une forêt de pins à hautes tiges. Emplacements en partie dans des niches.

Preise/Nacht / Prix/nuit EUR 27–47, EUR 22–39, EUR 5.70, TAX, VISA

Sarlat-la-Canéda «Huttopia Sarlat» **** www.pincamp.ch/AQ790 AQ790

28.3.–3.11. ha 11 240 T 100 M 88 44°53'37.3"N, 1°13'38.9"E

Rue Jean Gabin, FR-24203 Sarlat-la-Canéda, T +49 3080 0989 35, sarlat@huttopia.com, europe.huttopia.com/de/site/camping-sarlat/

1 km 5 km

6 A

FR EN free

Kreisförmig um die zentralen Einrichtungen angelegtes, terrassiertes Wiesengelände mit diversen Bäumen. / Terrain de prairie en terrasses, aménagé en cercle autour des installations centrales, avec divers arbres.

Preise/Nacht / Prix/nuit EUR 33.50–62.60, EUR 27.50–52, EUR 5.70, TAX, VISA

Soulac-sur-Mer «Camping Sandaya Soulac Plage» **** www.pincamp.ch/AQ4540 AQ4540

5.4.–22.9. ha 19 10 T 210 M 458 45°28'57.1"N, 1°09'02.3"W

FR-33780 Soulac-sur-Mer, T +33 5560 98727, soulacplage@sandaya.fr, www.sandaya.de/unsere-campingplaetze/soulac-plage

10 A

DE FR EN

Naturbelassener Platz, landeinwärts hochstämmiger Mischwald, zum Meer welliges Dünengelände. / Terrain naturel, à l'intérieur des terres, forêt mixte de hautes tiges, vers la mer, terrain de dunes ondulé.

Preise/Nacht / Prix/nuit EUR 31–44, EUR 24–35, EUR 5, TAX, VISA

Vielle-Saint-Girons «Camping Sandaya Col Vert» ★★★★★ www.pincamp.ch/AQ7600 AQ7600

27.3.–22.9. ha 24 T 254 S 50 M 488 43°54'10.4"N, 1°18'37.6"W

1548, route de l'Etang, FR-40560 Vielle-Saint-Girons, T +33 5584 29406, colvert@sandaya.fr, www.sandaya.de

0,1 km

10A

DE FR EN

Leicht geneigtes und durch einen Bach zweigeteiltes Wiesengelände im lichten Mischwald. / Terrain de prairie légèrement en pente et divisé en deux par un ruisseau dans une forêt mixte clairsemée.

Preise/Nacht / Prix/nuit EUR 23–39, EUR 16–30, EUR 5, TAX, VISA

Aigues-Mortes «Yelloh! Village La Petite Camargue» ★★★★★ www.pincamp.ch/LR3400 LR3400

ha 10 T 135 S 14 M 331 43°33'48.9"N, 4°09'35.4"E

FR-30220 Aigues-Mortes, T +33 4665 39898, info@la-petite-camargue.fr, www.yellohvillage.de/camping/la_petite_camargue

4 km

16A

DE FR EN

Ebenes Gelände mit reichhaltiger Bepflanzung. Standplätze teilweise in Nischen. / Terrain plat avec une végétation abondante. Emplacements en partie dans des niches.

Anduze «Le Castel Rose – Ciela Village» ★★★★ www.pincamp.ch/LR1160 LR1160

5.4.–23.9. ha 7 300 T 160 M 111 44°03'50.6"N, 3°58'38.8"E

610, Chemin Recoulin, FR-30140 Anduze, T jean-emmanuel.schwarz@cielavillage.com, www.cielavillage.fr/en/campings/le-castel-rose-anduze/

10A

DE FR EN

In zwei Ebenen angelegtes, lang gestrecktes Wiesengelände, mit Bäumen und Sträuchern unterschiedlich dicht bepflanzt. / Terrain de prairie allongé, aménagé sur deux niveaux, planté d'arbres et d'arbustes à densité variable.

Preise/Nacht / Prix/nuit EUR 57, EUR 48, EUR 6, TAX, VISA

Anduze «Camping de l'Arche» ***** www.pincamp.ch/LR1180 LR1180

25.3.–28.9. ha 10 | 150 | 260 | M 42 | 44°04'07.8"N, 3°58'22.0"E

Route de Saint Jean du Gard, FR-30140 Anduze, T +33 4666 17408, contact@camping-arche.com, www.camping-arche.fr

0,5 km

10 A

DE FR EN free

Ebenes Wiesengelände, teils Terrassen am Hang mit zahlreichen Hecken und verschiedenartigen Bäumen. / Terrain de prairie plat, en partie terrasses en pente avec de nombreuses haies et des arbres de différentes sortes.

Preise/Nacht / Prix/nuit EUR 40–94, EUR 32–74, EUR 8, TAX, VISA

Anduze «Camping Cévennes Provence» **** www.pincamp.ch/LR1200 LR1200

29.3.–29.9. ha 30 | 125 | 180 | M 66 | 44°04'37.3"N, 3°57'51.0"E

Corbès-Thoiras, FR-30140 Anduze, T +33 4666 17310, info@campingcp.com, www.campingcp.com

PIN CAMP

Jetzt online buchen / Réserver en ligne pincamp.ch

1 km P

10 A

DE FR EN free

Naturbelassenes, terrassiertes Gelände von zwei Flüssen umgeben. Zahlreiche Bäume und Sträucher. / Terrain naturel en terrasses entouré de deux rivières. Nombreux arbres et arbustes.

Preise/Nacht / Prix/nuit EUR 38–73, EUR 32–65, EUR 7, TAX, VISA

Argelès-Gazost «Yelloh! Village Camping Les 3 Vallées» **** www.pincamp.ch/PY5500 PY5500

5.4.-1.10. ha 14 430 T 169 S 125 M 162 43°00'43.9"N, 0°05'49.2"W

Avenue des Pyrénées, FR-65400 Argelès-Gazost, T +33 5629 03547, contact@camping3vallees.com, www.yellohvillage.de/camping/les_3_vallees

0,4 km P

6A

FR EN

Ebenes, an einen Wald angrenzendes Wiesengelände mit hohem, lockerem Laubbaumbestand. Blick über das Tal und auf Berge. / Terrain de prairie plat, adjacent à une forêt, avec des arbres feuillus hauts et épars. Vue sur la vallée et les montagnes.

Argelès-sur-Mer «Camping Les Marsouins – Ciela Village» ***** www.pincamp.ch/LR6550 LR6550

26.4.-23.9. ha 10 T 345 S 32 M 281 42°33'49.5"N, 3°02'04.8"E

Avenue de la Retirada, FR-66702 Argelès-sur-Mer, T +33 4688 11481, lesmarsouins@cielavillage.com, www.lesmarsouins.cielavillage.fr

0,8 km

10A

FR EN free PiN CAMP

Ebenes, gärtnerisch gestaltetes Wiesengelände, durch Baumreihen und Büsche unterteilt. / Terrain plat en prairie, aménagé en jardin, divisé par des rangées d'arbres et de buissons.

Preise/Nacht / Prix/nuit EUR 28-55, EUR 25-46, EUR 6, TAX, VISA

Argelès-sur-Mer «Camping Les Criques de Porteils» ***** www.pincamp.ch/LR6700 LR6700

22.3.-2.11. ha 5 T 175 M 75 42°32'01.0"N, 3°04'04.4"E

Corniche de Collioure, RD 114, FR-66701 Argelès-sur-Mer, T +33 4688 11273, contactcdp@lescriques.com, www.lescriques.com

0,3 km

10A

DE FR EN

Lang gestrecktes, vielfach terrassiertes, durch verschiedenartige Bepflanzung unterteiltes Gelände. / Terrain allongé, souvent en terrasses, divisé par des plantations diverses.

Preise/Nacht / Prix/nuit EUR 40.34-94.34, EUR 32-80, EUR 6, VISA

Estaing «Camping Pyrénées Natura» ★★★★ www.pincamp.ch/PY5550 PY5550

17.5.–22.9. ha 2,5 m ü.M. 960 T 66 M 19 42°56'27.3"N, 0°10'40.0"W

Route du Lac / D103, FR-65400 Estaing, T +33 6779 07758, mpcm33127@gmail.com, www.camping-pyrenees-natura.com

PIN CAMP
Jetzt online buchen / Réserver en ligne
pincamp.ch

FR EN free 10A

Lang gestrecktes, ebenes Wiesengelände mit Laubbäumen und niedrigen Hecken. / Terrain de prairie allongé et plat avec des arbres à feuilles caduques et des haies basses.

Preise/Nacht / Prix/nuit EUR 34.60, EUR 28.60, EUR 3, TAX, VISA

Bizanet «Camping Figurotta» ★★★★ www.pincamp.ch/LR5600 LR5600

15.1.–30.11. ha 1,7 T 45 S 2 M 15 43°09'47.3"N, 2°53'30.1"E

Route de Narbonne, FR-11200 Bizanet, T +33 4684 51626, camping.figurotta@gmail.com, www.campingfigurotta.com

1 km

10A

DE FR EN free

Auf einem Hügel angelegter, geneigter Campingplatz. Zahlreiche Bäume und Büsche. / Camping en pente aménagé sur une colline. Nombreux arbres et arbustes.

Preise/Nacht / Prix/nuit EUR 23–26, EUR 20–22, EUR 3, TAX, , VISA

Gruissan «Camping LVL» ★★★★★ www.pincamp.ch/LR5680 LR5680

ha 6 T 114 M 114 43°07'56.0"N, 3°08'21.4"E

Avenue de la Jonque, FR-11430 Gruissan, T +33 4684 98159, infos@loisirs-vacances-languedoc.com, www.campinglvl.com

0,3 km

10A

DE FR EN free

Ebenes Gelände mit einigen jüngeren Bäumen. Standplätze grösstenteils geschottert und von Hecken eingefasst. / Terrain plat avec quelques arbres jeunes. Emplacements en grande partie empierrés et bordés de haies.

Preise/Nacht / Prix/nuit EUR –45, EUR –40, EUR 5, TAX

La Roque-sur-Cèze «Yelloh! Village Les Cascades» ★★★★★ www.pincamp.ch/LR150 LR150

24.4.–15.9. ha 5 100 T 40 M 88 44°11'18.9"N, 4°31'28.8"E

693, Route de Donnat, FR-30200 La Roque-sur-Cèze, T +33 4668 27297, infos@campinglescascades.com, www.yellohvillage.de/camping/les_cascades

1 km

16A

FR free

Leicht geneigtes, teils gestuftes Wiesengelände mit zahlreichen verschiedenartigen Laubbäumen, am Fluss. / Terrain de prairie légèrement en pente, en partie étagé, avec de nombreux arbres à feuilles caduques variés, au bord de la rivière.

Preise/Nacht / Prix/nuit EUR 42–65, EUR 25–56, EUR 6, TAX, VISA

Laroque-des-Albères «Camping Les Albères» ★★★★ www.pincamp.ch/LR6730 LR6730

ha 7 · 142 · T 78 · S 26 · M 211 · 42°31'25.2"N, 2°56'40.1"E

FR-66740 Laroque-des-Albères, T +33 4688 92364, lesalberes@cybelevacances.com, www.camping-des-alberes.com

0,8 km · 10A · FR · EN

Ansteigendes, terrassiertes Wiesengelände. Von einem Bach durchzogen. In bewaldeter Umgebung. / Terrain de prairie en pente et en terrasses. Traversé par un ruisseau. Dans un environnement boisé.

Le Barcarès «Camping Le Floride & l'Embouchure» ★★★★★ www.pincamp.ch/LR5920 LR5920

6.4.–3.11. ha 12 · T 89 · M 516 · 42°46'43.1"N, 3°01'48.0"E

Route de Saint-Laurent/D 90, FR-66423 Le Barcarès, T +33 4688 61175, florideembouchure@gmail.com, www.floride.fr

PIN CAMP

Jetzt online buchen / Réserver en ligne **pincamp.ch**

0,1 km · 10A · DE · FR · EN

Zweigeteiltes, durch Büsche und Hecken gegliedertes Gelände mit vielen verschiedenartigen Bäumen. / Terrain divisé en deux par des buissons et des haies avec de nombreux arbres de différentes sortes.

Lectoure «Yelloh! Village Le Lac des Trois Vallées» ★★★★★ www.pincamp.ch/PY4200 PY4200

3.5.–1.9. ha 140 · 103 · T 283 · S 17 · M 308 · 43°54'45.4"N, 0°38'44.1"E

FR-32700 Lectoure, T +33 5626 88233, contact@lacdes3vallees.fr, www.yellohvillage.de/camping/le_lac_des_3_vallees

4 km · 10A · DE · FR · EN · free

Ebenes Wiesengelände mit hohen Laub- und einigen Nadelbäumen, durch Hecken unterteilt. / Terrain de prairie plat avec de grands arbres à feuilles caduques et quelques conifères, divisé par des haies.

Preise/Nacht / Prix/nuit EUR 28–53, EUR 21–42, EUR 6, TAX, VISA

Marseillan-Plage «Camping Beauregard Plage» **** www.pincamp.ch/LR4460 LR4460

15.3.–13.10. ha 3 T 200 M 7 43°18'53.9"N, 3°32'56.0"E

250, chemin de l'Airette, FR-34340 Marseillan-Plage, T +33 4677 71545, reception@beauregardplage.com, www.camping-beauregard-plage.com

PiN CAMP

Jetzt online buchen / Réserver en ligne
pincamp.ch

0,1 km

10A

DE FR EN

Ebenes Gelände mit zahlreichen Büschen, Hecken und Bäumen. / Terrain plat avec de nombreux buissons, haies et arbres.

Preise/Nacht / Prix/nuit EUR 55, EUR 47, TAX, VISA

Marseillan-Plage «Les Méditerranées Beach Garden» ***** www.pincamp.ch/LR4560 LR4560

6.4.–7.10. ha 14 T 296 M 535 43°18'21.0"N, 3°32'16.9"E

1078, avenue des Campings, FR-34340 Marseillan-Plage, T +33 4672 19283, info@beach-garden-camping.com, www.lesmediterranees.com

0,4 km

10A

DE FR EN

Ebenes, teils sandiges, naturbelassenes Gelände. Durch Hecken, Sträucher und Bäume gegliedert. / Terrain plat, en partie sablonneux, laissé à l'état naturel. Divisé par des haies, des arbustes et des arbres.

Preise/Nacht / Prix/nuit EUR 45–93, EUR 33–79, EUR 7, TAX, VISA

Martres-Tolosane «Sites et Paysages Le Moulin» **** www.pincamp.ch/PY3200 PY3200

ha 5 m/üM 250 T 51 S 14 M 39 43°11'29.0"N, 1°01'00.2"E

Lieu dit Le Moulin, FR-31220 Martres-Tolosane, T +33 5619 88640, info@campinglemoulin.com, www.campinglemoulin.com

1,5 km

10A

FR EN

Ebenes Wiesengelände mit dichtem Laubbaumbestand. Am Fluss Ariège. Bergpanorama. / Terrain de prairie plat avec une végétation dense de feuillus. Au bord de la rivière Ariège. Panorama de montagne.

Millau «Yelloh! Village Les Rivages» ***** www.pincamp.ch/PY600 PY600

6.5.–2.9. ha 7 m/üM 360 T 186 M 114 44°06'03.7"N, 3°05'45.6"E

860, avenue de l'Aigoual, FR-12100 Millau, T +33 5656 10107, info@campinglesrivages.com, www.yellohvillage.de/camping/les_rivages

1 km

10A

DE FR EN

Ebenes Wiesengelände mit mittelhohem bis hohem Baumbestand. Durch Hecken gegliedert. Am Fluss Tarn. / Terrain de prairie plat avec des arbres de moyenne à haute taille. Divisé par des haies. Au bord de la rivière Tarn.

Preise/Nacht / Prix/nuit EUR 71–71, EUR 60–60, EUR 6, TAX, VISA

Montclar «Yelloh! Village Domaine d'Arnauteille» ***** www.pincamp.ch/LR7300 LR7300

30.4.–22.9. ha 10 m/üM 280 T 100 M 112 43°07'27.4"N, 2°15'40.0"E

FR 11250 Montclar, T +33 4682 68453, info@arnauteille.com, www.yellohvillage.de/camping/domaine_d_arnauteille

2,5 km

10A

DE FR EN

Auf einem steilen Hügel gelegenes, weitverzweigtes, vielfach gestuftes Gelände mit zahlreichen Laubbäumen. / Terrain situé sur une colline escarpée, très ramifié, à plusieurs niveaux, avec de nombreux arbres à feuilles caduques.

Preise/Nacht / Prix/nuit EUR 32–49, EUR 25–38, EUR 6, TAX, VISA

Narbonne-Plage «Camping Campéole La Côte des Roses» **** www.pincamp.ch/LR5675 LR5675

4.5.–22.9. ha 19 T 249 S 25 M 402 43°08'36.3"N, 3°08'40.2"E

Route de Gruissan, FR-11100 Narbonne-Plage, T +33 2538 17000, reservation@ms-vacances.com, www.ms-vacances.com

Jetzt online buchen / Réserver en ligne **pincamp.ch**

10 A

DE FR EN

Lang gestrecktes, sandiges Wiesengelände mit mittelhohen Bäumen. / Longue prairie sablonneuse avec des arbres de hauteur moyenne.

Portiragnes-Plage «Camping Sunêlia Les Sablons» ***** www.pincamp.ch/LR5080 LR5080

29.3.–29.9. ha 16 T 131 S 54 M 824 43°16'48.5"N, 3°21'50.9"E

Plage Est, FR-34420 Portiragnes-Plage, T +33 4679 09055, contact@les-sablons.com, www.les-sablons.com

Jetzt online buchen / Réserver en ligne **pincamp.ch**

0,1 km

16 A

DE FR EN free

Durch Hecken und Sträucher vielfach gegliedertes, ebenes Gelände unter dicht stehenden Bäumen. / Terrain plat, souvent divisé par des haies et des buissons, sous des arbres denses.

Preise/Nacht / Prix/nuit EUR 40–40, EUR 33–33, EUR 5, TAX, VISA

Rivière-sur-Tarn «Flower Camping Le Peyrelade» **** www.pincamp.ch/PY550 PY550

7.5.–15.9. ha 4 350 T 137 M 53 44°11'27.3"N, 3°09'24.8"E

Route des Gorges du Tarn, FR-12640 Rivière-sur-Tarn, T +33 5656 26254, contact@campingpeyrelade.com, www.campingpeyrelade.com

2,5 km

10 A

FR EN

Ebenes Wiesengelände sowie eine Terrasse, mit Bäumen, Büschen und Hecken. / Terrain plat en prairie ainsi qu'une terrasse, avec des arbres, des buissons et des haies.

Preise/Nacht / Prix/nuit EUR 24–57, EUR 20–49, EUR 3, TAX, VISA

Roquelaure «Yelloh! Village Le Talouch» **** www.pincamp.ch/PY4300 PY4300

8.4.–18.9. ha 9 230 T 98 S 18 M 55 43°42'46.2"N, 0°33'52.2"E

FR-32810 Roquelaure, T +33 5626 55243, info@camping-talouch.com, www.yellohvillage.de/camping/le_talouch

Jetzt online buchen / Réserver en ligne pincamp.ch

8 km

10A

DE FR EN free

Ebenes, terrassiertes Gelände durch verschiedenartige Bäume und Hecken gegliedert. Von Mietunterkünften geprägt. / Terrain plat, en terrasses, divisé par des arbres et des haies de différentes sortes. Caractérisé par des logements locatifs.

Preise/Nacht / Prix/nuit EUR 52, EUR 41, EUR 6, TAX, VISA

Saint-Jean-du-Gard «Camping Mas de la Cam» ***** www.pincamp.ch/LR1340 LR1340

1.5.–20.9. ha 7,5 205 T 200 M 9 44°06'44.5"N, 3°51'12.4"E

Route St. André-de-Valborgne, FR-30270 Saint-Jean-du-Gard, T +33 4668 51202, camping@masdelacam.fr, www.camping-cevennes.info

Jetzt online buchen / Réserver en ligne pincamp.ch

3 km

10A

FR EN free

Leicht geneigtes, gestuftes Wiesengelände mit zahlreichen Büschen, Hecken und Bäumen, dazwischen Freiflächen. / Terrain de prairie légèrement en pente, étagé, avec de nombreux buissons, haies et arbres, entrecoupé d'espaces libres.

Preise/Nacht / Prix/nuit EUR 31, EUR 19, EUR 6, TAX, VISA

Saint-Pons-de-Thomières «Camping Les Cerisiers du Jaur» **** www.pincamp.ch/LR2800 LR2800

29.3.–31.10. ha 5 280 T 80 M 42 43°29'24.5"N, 2°47'04.1"E

Route de Bédarieux, FR-34220 Saint-Pons-de-Thomières, T +33 6209 70167, lescerisiersdujaur@gmail.com, www.cerisierdujaur.com

0,1 km P

16A

DE FR EN free

Leicht geneigtes, in vier Terrassen angelegtes Wiesengelände mit alten Kirschbäumen und Oleanderhecken. / Terrain de prairie légèrement en pente, aménagé en quatre terrasses, avec de vieux cerisiers et des haies de lauriers-roses.

Preise/Nacht / Prix/nuit EUR 24–50, EUR 19–41, EUR 3, TAX, VISA

Sainte-Marie-la-Mer «Camping Le Palais de la Mer» ***** www.pincamp.ch/LR6100 LR6100

4.5.-29.9. ha 3,8 T 100 M 102 42°44'25.3"N, 3°02'00.6"E

Avenue Las Illes, FR-66478 Sainte-Marie-la-Mer, T +33 4687 30794, contact@palaisdelamer.com, www.palaisdelamer.com

1 km 10 A DE FR EN

Zwei Platzteile, durch einen Bach getrennt. Auf dem kleineren Platzteil befindet sich eine Minifarm. / Deux parties du terrain, séparées par un ruisseau. Sur la plus petite partie du terrain se trouve une mini-ferme.

Preise/Nacht / Prix/nuit EUR 35-84, EUR 24-56, EUR 6, TAX, , VISA

Sainte-Marie-la-Mer «Camping de la Plage» ***** www.pincamp.ch/LR6120 LR6120

7.4.-14.10. ha 6 T 217 M 124 42°44'21.7"N, 3°02'02.3"E

FR-66470 Sainte-Marie-la-Mer, T +33 4688 06859, accueil.camping@saintemarielamer.net, www.camping-municipal-de-la-plage.com

0,5 km 10 A DE FR EN free

Ebenes Gelände mit Bäumen und Sträuchern, durch Baumreihen, Hecken und niedrige Schilfmatten unterteilt. / Terrain plat planté d'arbres et d'arbustes, divisé par des rangées d'arbres, des haies et des nattes de roseaux basses

Preise/Nacht / Prix/nuit EUR 51, EUR 42, EUR 3, TAX, , VISA

Sérignan-Plage «Camping Le Sérignan Plage Nature» **** www.pincamp.ch/LR5230 LR5230

25.4.-7.10. ha 8 T 218 S 66 M 110 43°15'47.8"N, 3°19'13.3"E

FR-34410 Sérignan-Plage, T +33 4673 20961, info@leserignannature.com, www.leserignannature.com

1 km FKK 10 A DE FR EN

Ebenes, überwiegend sandiges Gelände mit Bäumen und Hecken. / Terrain plat, principalement sablonneux, avec des arbres et des haies.

Preise/Nacht / Prix/nuit EUR 36-97, EUR 29-86, EUR 6, TAX, VISA

Sérignan-Plage «Yelloh! Village Le Sérignan Plage» ***** www.pincamp.ch/LR5250 LR5250

25.4.–7.10. ha 37 T 273 S 80 M 606 43°15'51.0"N, 3°19'16.0"E

L'Orpellière, FR-34410 Sérignan-Plage, T +33 4673 23533, info@leserignanplage.com, www.yellohvillage.de/camping/le_serignan_plage

1 km

10A

DE FR EN

Naturbelassenes Wiesen- und Sandgelände mit Laubbäumen. / Terrain naturel de prairie et de sable avec des arbres à feuilles caduques.

Preise/Nacht / Prix/nuit EUR 30–95, EUR 23–84, EUR 6, TAX, VISA

Sérignan-Plage «Village Camping Beauséjour» **** www.pincamp.ch/LR5300 LR5300

ha 8 T 180 S 110 M 90 43°16'01.6"N, 3°19'49.8"E

FR-34410 Sérignan-Plage, T +33 4673 95093, info@camping-beausejour.com, www.camping-beausejour.com

0,4 km

16A

DE FR EN

Ebenes Gelände, teils mit jüngerem Bewuchs, teils mit grossen Bäumen, Büschen und Hecken. / Terrain plat, en partie avec une végétation récente, en partie avec de grands arbres, des buissons et des haies.

Sérignan-Plage «Camping Sandaya Aloha» ***** www.pincamp.ch/LR5320 LR5320

7.5.–6.10. ha 10 T 160 M 256 43°15'59.7"N, 3°20'04.3"E

FR-34410 Sérignan-Plage, T +49 6920 0018 39, ALOHA@SANDAYA.FR, www.sandaya.de/unsere-campingplaetze/aloha

0,2 km

10A

DE FR EN

Ebenes, gärtnerisch gestaltetes Gelände beiderseits der Zufahrtsstrasse zum Strand. Durch Hecken und Büsche gegliedert. / Terrain plat, aménagé en jardin, de part et d'autre de la route d'accès à la plage. Structuré par des haies et des buissons.

Preise/Nacht / Prix/nuit EUR 26–59, EUR 19–50, EUR 5, VISA

Sévérac-l'Église «Yelloh! Village La Grange de Monteillac» ★★★★ www.pincamp.ch/PY800 PY800

ha 4,5 · m ü.M. 600 · T 54 · M 50 · 44°21'54.7"N, 2°51'05.9"E

FR-12310 Sévérac-l'Église, T +33 3056 5702 100, info@la-grange-de-monteillac.com, www.yellohvillage.de/camping/la_grange_de_monteillac

0,3 km · 20A · FR · EN

Ebenes Wiesengelände beiderseits eines Radweges. Durch Büsche, Hecken und hohe Bäume gegliedert. / Terrain de prairie plat de part et d'autre d'une piste cyclable. Structuré par des buissons, des haies et de grands arbres.

Sévérac-le-Château «Camping Les Calquières» ★★★★ www.pincamp.ch/PY500 PY500

2.4.–30.9. · ha 1,2 · m ü.M. 600 · T 92 · M 22 · 44°19'06.0"N, 3°03'50.0"E

Avenue Jean Moulin, FR-12150 Sévérac-le-Château, T +33 5654 76482, contact@camping-calquieres.com, www.camping-aveyron.fr

0,8 km · 16A · DE · FR · EN

Ebenes Gelände mit mittelhohen Bäumen. Zusätzlich Mattendächer. / Terrain plat avec des arbres de hauteur moyenne. En plus, toits en nattes.

Preise/Nacht / Prix/nuit EUR 29.25–35, EUR 23.25–29, EUR 3, TAX, VISA

Sommières «Camping du Domaine de Massereau» ★★★★★ www.pincamp.ch/LR3170 LR3170

5.4.–5.10. · ha 10 · m ü.M. 44 · T 117 · M 120 · 43°45'57.0"N, 4°05'50.1"E

1803, Route d'Aubais, FR-30250 Sommières, T +33 4665 31120, camping@massereau.com, www.massereau.com

3 km · 16A · DE · FR · IT · EN

Geländebereiche beiderseits einer bis zu ca. 10 m tiefen Schlucht, durch zwei Brücken miteinander verbunden. / Zones de terrain situées de part et d'autre d'un ravin pouvant atteindre une profondeur de 10 m environ, reliées entre elles par deux ponts.

Preise/Nacht / Prix/nuit EUR 31–70, EUR 27–57, EUR 7.90, VISA

Tarascon-sur-Ariège «Yelloh! Village Le Pré Lombard» **** www.pincamp.ch/PY3000 PY3000

28.4.–29.9. ha 3,5 470 T 100 M 140 42°50'23.3"N, 1°36'42.6"E

FR-9400 Tarascon-sur-Ariège, T +33 5610 56194, contact@prelombard.com, www.yellohvillage.de/camping/le_pre_lombard

1 km

10A

DE FR IT EN free

Lang gestrecktes, teils ebenes, teils leicht geneigtes Wiesengelände, durch verschiedenartige Bäume und Sträucher unterteilt. / Terrain de prairie allongé, en partie plat, en partie légèrement en pente, divisé par des arbres et des arbustes variés.

Preise/Nacht / Prix/nuit EUR 28–50, EUR 21–39, EUR 6, TAX, VISA

Torreilles-Plage «Yelloh! Village Les Tropiques» **** www.pincamp.ch/LR6050 LR6050

ha 8,5 T 88 S 111 M 281 42°46'04.3"N, 3°01'46.7"E

Boulevard de la Plage, FR-66440 Torreilles-Plage, T +33 4682 80509, contact@lestropiques.fr, www.yellohvillage.de/camping/les_tropiques

0,2 km

16A

FR EN

Ebenes Gelände mit Büschen, Hecken und einigen Palmen, teils auch Blumenschmuck. / Terrain plat avec des buissons, des haies et quelques palmiers, en partie aussi des décorations florales.

Uzès «Camping Le Mas de Rey» ***** www.pincamp.ch/LR400 LR400

ha 5 125 T 70 M 9 43°59'54.3"N, 4°23'03.4"E

Route d'Anduze, Arpaillargues, FR-30700 Uzès, T +33 4662 21827, info@campingmasderey.com, www.campingmasderey.com

3 km

10A

DE FR EN

Teils ebenes, teils leicht geneigtes Wiesengelände, durch Hecken und Sträucher parzellierte mit Bäumen. / Terrain de prairie en partie plat, en partie légèrement en pente, parcellisé par des haies et des buissons avec des arbres.

Valras-Plage «Camping La Plage et du Bord de Mer» ★★★★ www.pincamp.ch/LR5420 LR5420

22.4.–17.9. ha 13 T 408 S 17 M 184 43°14'07.7"N, 3°16'07.1"E

Route de Vendres, FR-34350 Valras-Plage, T +33 4673 73438, reservation@camping-plageetmer.com, www.camping-plageetmer.com

0,1 km

16A

DE FR EN

Ebenes Wiesengelände mit sandigen Flächen, teils mit jüngeren Anpflanzungen. / Terrain de prairie plat avec des surfaces sablonneuses, en partie avec des plantations plus récentes.

Valras-Plage «Domaine la Yole Camping Resort & Spa» ★★★★★ www.pincamp.ch/LR5460 LR5460

15.4.–17.9. ha 23 T 100 M 1120 43°14'12.8"N, 3°15'43.2"E

FR-34350 Valras-Plage, T +33 4888 08959, domainelayole@MARVILLA-PARKS.COM, www.campinglayole.com/de

0,1 km

10A

DE FR EN

Ebenes Gelände mit vielfältiger Bepflanzung. Grösstenteils dichter Pappelbestand. Von Mietunterkünften geprägt. / Terrain plat avec une végétation variée. Peupliers denses pour la plupart. Marqué par des logements locatifs.

Vias-Plage «Yelloh! Village Le Club Farret» ★★★★★ www.pincamp.ch/LR4870 LR4870

4.4.–29.9. ha 17 T 233 M 404 43°17'27.6"N, 3°25'07.8"E

Chemin des Rosses, FR-34450 Vias-Plage, T +33 4672 16445, info@farret.com, www.yellohvillage.de/camping/le_club_farret

2 km P

10A

DE FR IT EN free

Durch die Strasse zum Strand geteiltes Gelände mit mehreren unterschiedlich dicht bepflanzten Platzteilen. / Terrain divisé par la route menant à la plage, avec plusieurs parties de la place plantées à des densités différentes.

Preise/Nacht / Prix/nuit EUR 29.22–92.22, EUR 22.22–81.22, EUR 6, TAX, VISA

Vias-Plage «Camping Club Californie Plage» ★★★★ www.pincamp.ch/LR4910 LR4910

1.5.–29.9. ha 5,8 T 227 S 25 M 164 43°17'24.8"N, 3°23'54.2"E

Côte Ouest, FR-34450 Vias-Plage, T +33 4672 16469, info@californie-plage.fr, www.californie-plage.fr

Jetzt online buchen / Réserver en ligne pincamp.ch

1,5 km

10A

DE FR EN

Ebenes Wiesengelände im lichten Pappelwald. Platzzentrum als mittelalterlicher Dorfplatz gestaltet. / Terrain de prairie plat dans une peupleraie clairsemée. Centre de la place aménagé comme une place de village médiévale.

Preise/Nacht / Prix/nuit EUR 28–64, EUR 20–56, EUR 5.20, TAX, VISA

Vias-Plage «Camping Méditerranée Plage» ★★★★★ www.pincamp.ch/LR4950 LR4950

4.5.–29.9. ha 7,5 T 83 S 2 M 450 43°17'01.0"N, 3°22'19.0"E

Côte-Ouest, FR-34450 Vias-Plage, T +33 4679 09907, contact@mediterranee-plage.com, www.mediterranee-plage.com

1 km

10A

DE FR EN

Ebenes Wiesengelände mit Laubbäumen, Hecken und einigen Palmen. Gegen den Strand eine flache Düne. / Terrain de prairie plat avec des arbres à feuilles caduques, des haies et quelques palmiers. Vers la plage, une dune plate.

Melun «Camping La Belle Étoile» ★★★ www.pincamp.ch/PA1000 PA1000

30.3.–29.9. ha 3,5 40 T 150 M 34 48°31'32.0"N, 2°40'09.6"E

64-bis, quai de Maréchal Joffre, FR-77000 Melun, T +33 1643 94812, info@campinglabelleetoile.com, www.campinglabelleetoile.com

Jetzt online buchen / Réserver en ligne pincamp.ch

0,1 km

6A

DE FR IT EN free

Ebenes Wiesengelände mit lichtem, älterem Baumbestand und Sträuchern, neben Seine-Ufer und Strasse. / Terrain plat en prairie avec des arbres et des arbustes âgés et clairsemés, à côté de la rive de la Seine et de la route.

Preise/Nacht / Prix/nuit EUR 26–42, EUR 21–35, EUR 3, TAX, VISA

Angers «Camping d'Angers – Lac de Maine» ★★★★★ www.pincamp.ch/PL1200 PL1200

28.3.–31.12. ha 6 22 T 68 M 75 47°27'16.2"N, 0°35'47.1"W

Avenue du Lac de Maine, FR-49000 Angers, T +49 3080 0989 35, info@campingangers.com, www.campingangers.com

Jetzt online buchen / Réserver en ligne pincamp.ch

0,3 km 0,5 km

10A

Überwiegend ebenes, durch Bäume, Hecken und Büsche unterteiltes Wiesengelände in Seenähe. / Terrain de prairie principalement plat, divisé par des arbres, des haies et des buissons, à proximité du lac.

Preise/Nacht / Prix/nuit EUR 29–44, EUR 24–36, EUR 3.80, TAX, , VISA

Assérac «Camping Sandaya Le Moulin de l'Eclis» ★★★★★ www.pincamp.ch/PL3220 PL3220

5.4.–29.9. ha 3,8 T 47 M 115 47°26'42.8"N, 2°27'05.0"W

Pont Mahé, FR-44410 Assérac, T +33 2400 17669, moulindeleclis@sandaya.fr, www.sandaya.de/unsere-campingplaetze/moulin-de-l-eclis

0,5 km

16A

Leicht geneigtes, welliges Gelände mit teils sehr hohen Pinien. Standplatzfelder von Hecken eingefasst. / Terrain légèrement en pente, ondulé, avec des pins parfois très hauts. Champs de stationnement bordés de haies.

Preise/Nacht / Prix/nuit EUR 29–57, EUR 22–48, EUR 5, VISA

Brissac-Quincé «Sites et Paysages Camping de l'Etang» ★★★★ www.pincamp.ch/PL1340 PL1340

5.4.–29.9. ha 3,5 46 T 112 S 5 M 51 47°21'33.4"N, 0°26'03.7"W

Route de Saint-Mathurin, FR-49320 Brissac-Quincé, T +33 2419 17061, responsable@campingetang.com, www.campingetang.com

Jetzt online buchen / Réserver en ligne pincamp.ch

2,2 km

10A

Durch das Flüsschen Aubance zweigeteiltes, ebenes, parkähnliches Wiesengelände mit einem Fischteich. / Terrain plat en prairie, divisé en deux par la petite rivière Aubance, ressemblant à un parc, avec un étang de pêche.

Preise/Nacht / Prix/nuit EUR 23–42, EUR 20–35, EUR 2, TAX, VISA

La Chapelle-Hermier «Yelloh! Village Le Pin Parasol» ***** www.pincamp.ch/PL4774 PL4774

17.5.–8.9. ha 21 m/üM 50 T 218 M 193 46°39'58.4"N, 1°45'18.4"W

6, Châteaulong, FR-85220 La Chapelle-Hermier, T +33 2513 46472, contact@campingpinparasol.fr, www.yellohvillage.de/camping/le_pin_parasol

10 km P

16A

DE FR EN free

Gestuftes Wiesengelände, durch mittelhohe Bäume und Hecken gegliedert. / Terrain en prairies étagées, divisé par des arbres de taille moyenne et des haies.

Preise/Nacht / Prix/nuit EUR 26.68–77.68, EUR 19.68–66.68, EUR 6, TAX, VISA

La Plaine-sur-Mer «Les Vallons de l'Océan» **** www.pincamp.ch/PL3870 PL3870

ha 6 m/üM 15 T 102 M 74 47°08'26.7"N, 2°09'11.1"W

FR-44770 La Plaine-sur-Mer, T +33 2402 15883, camping@lesvallonsdelocean.com, www.camping-lesvallonsdelocean.com

3 km

10A

FR EN

Teils terrassiertes Wiesengelände mit unterschiedlich hohen Laubbäumen und einigen Hecken. / Terrain de prairie en terrasses, avec des arbres à feuilles caduques de différentes hauteurs et quelques haies.

La Tranche-sur-Mer «Yelloh! Village Camping Le Jard» ***** www.pincamp.ch/PL5430 PL5430

ha 6 T 66 S 20 M 297 46°20'54.4"N, 1°23'15.0"W

123, boulevard Maréchal de Lattre de Tassigny, FR-85560 La Tranche-sur-Mer, T +33 2512 74379, info@campingdujard.fr, www.yellohvillage.de

0,1 km 0,7 km

10A

FR EN

Gestuftes Gelände, teils sandig, teils Wiese, mit einzelnen Büschen. Von Mietunterkünften geprägt. / Terrain étagé, en partie sableux, en partie prairie, avec quelques buissons. Marqué par des hébergements locatifs.

La Turballe «Camping la Falaise» ★★★★★ www.pincamp.ch/PL3100 PL3100

1.4.–28.10. ha 3 T 66 M 55 47°21'12.9"N, 2°31'04.4"W

1, boulevard de Belmont, FR-44420 La Turballe, T +33 2402 33253, info@camping-de-la-falaise.com, www.camping-de-la-falaise.com

0,5 km

10A

DE FR EN free

Ebenes Wiesengelände, durch Hecken in Standplatzfelder unterteilt. An der Strasse. Blick über das Meer. / Terrain de prairie plat, divisé en champs d'emplacements par des haies. Au bord de la route. Vue sur la mer.

Preise/Nacht / Prix/nuit EUR 46, EUR 38.50, EUR 3.50, TAX, VISA

Les Sables-d'Olonne «Chadotel Camping La Dune des Sables» ★★★★ www.pincamp.ch/PL4970 PL4970

7.4.–5.11. ha 7,5 10 T 86 M 177 46°30'43.1"N, 1°48'50.7"W

La Paracou, FR-85100 Les Sables-d'Olonne, T +33 2513 23121, info@chadotel.com, www.chadotel.com

0,2 km

10A

FR EN

In mehrere Bereiche gegliedertes Wiesengelände mit lockerem bis dichterem Baumbestand. Standplätze durch Hecken parzelliert. / Terrain de prairie divisé en plusieurs zones avec des arbres épars ou plus denses. Emplacements parcellisés par des haies.

Preise/Nacht / Prix/nuit EUR 67.20, EUR 63, EUR 4, TAX, VISA

Préfailles «Camping Eléovic» **** www.pincamp.ch/PL3880 — PL3880

5.4.–29.9. ha 3,2 · 15 · T 54 · M 74 · 47°07'57.7"N, 2°13'52.6"W

Route de la Pointe Saint-Gildas, FR-44770 Préfailles, T +33 2402 16160, contact@camping-eleovic.com, www.camping-eleovic.com

1,2 km 0,1 km · 10A · DE FR EN

Teils hügeliges Wiesengelände mit hohen, lichten Bäumen. Einige Bereiche mit niedrigen Hecken. / Terrain de prairie en partie vallonné avec de grands arbres clairsemés. Quelques zones avec des haies basses.

Preise/Nacht / Prix/nuit EUR 29.50–58, EUR 24.50–50, EUR 5, TAX, VISA

Saint-Brevin-les-Pins «Sunêlia Le Fief» ***** www.pincamp.ch/PL3700 — PL3700

6.4.–22.9. ha 7,6 · 20 · T 99 · S 39 · M 226 · 47°14'06.7"N, 2°10'03.2"W

57, chemin du Fief, FR-44250 Saint-Brevin-les-Pins, T +33 2402 72386, camping@lefief.com, www.lefief.com

0,4 km 0,8 km · 8A · DE FR EN

Ebenes, stellenweise parkähnlich gestaltetes Wiesengelände mit vielfältigem Laub- und Nadelbaumbestand. / Terrain de prairie plat, aménagé par endroits comme un parc, avec une végétation variée de feuillus et de conifères.

Preise/Nacht / Prix/nuit EUR 76, EUR 61, EUR 7, TAX, VISA

Saint-Gilles-Croix-de-Vie «Camping Les Cyprès» **** www.pincamp.ch/PL4710 — PL4710

5.4.–22.9. ha 4 · T 150 · S 50 · M 106 · 46°40'15.5"N, 1°54'32.4"W

41, Rue du Pont Jaunay, FR-85800 Saint-Gilles-Croix-de-Vie, T +33 2515 53898, contact@camping-lescypres85.com, www.camping-lescypres85.com

3,5 km 0,5 km P · 6A · DE FR EN

Ebenes Wiesengelände mit mittelhohen Bäumen und Hecken parzelliert. / Terrain de prairie plat parcellisé avec des arbres de taille moyenne et des haies.

Preise/Nacht / Prix/nuit EUR 38.80, EUR 32, EUR 4, TAX, VISA

Saint-Jean-de-Monts «Camping Resort La Forêt» **** www.pincamp.ch/PL4300 PL4300

5.4.–21.9. ha 1 T 45 M 30 46°49'06.0"N, 2°07'47.7"W

190, chemin de la Rive, FR-85160 Saint-Jean-de-Monts, T +33 2515 88463, camping-la-foret@orange.fr, www.hpa-laforet.com

Jetzt online buchen / Réserver en ligne pincamp.ch

0,5 km 0,5 km P

10 A

DE FR EN free

Teils welliges, teils ebenes, durch Hecken, Sträucher und Bäume gegliedertes Dünengelände. / Terrain de dunes en partie ondulé, en partie plat, divisé par des haies, des buissons et des arbres.

Preise/Nacht / Prix/nuit EUR 26–50, EUR 22–42, EUR 5, TAX, VISA

Saint-Julien-des-Landes «Camping La Garangeoire» ***** www.pincamp.ch/PL4770 PL4770

16.5.–10.9. ha 19 40 T 160 M 218 46°39'48.3"N, 1°42'48.9"W

Route de la Chapelle-Hermier, FR-85150 Saint-Julien-des-Landes, T +33 2514 66539, info@garangeoire.com, www.camping-la-garangeoire.com

8 km

16 A

DE FR EN

Lage teilweise in den Dünen hinter dem Strand am Pont Jaunay. Teils mit schönen, alten Cypressen bewachsen. / Situation en partie dans les dunes derrière la plage du Pont Jaunay. En partie recouvert de beaux vieux cyprès.

Saumur «Huttopia Saumur» **** www.pincamp.ch/PL1400 PL1400

28.3.–22.9. ha 10 67 T 93 M 68 47°17'37.4"N, 0°08'34.5"W

1, Chemin de Chantepie, FR-49400 Saumur, T +49 3080 0989 35, saumur@huttopia.com, europe.huttopia.com/de/site/camping-saumur/

Jetzt online buchen / Réserver en ligne pincamp.ch

7 km

16 A

FR EN free

Überwiegend ebenes Wiesengelände mit Hecken und unterschiedlich hohen Bäumen. / Terrain de prairie principalement plat avec des haies et des arbres de différentes hauteurs.

Preise/Nacht / Prix/nuit EUR 29–58, EUR 24–50, EUR 5.70, TAX, VISA

Montsoreau «Camping L'Isle Verte» ★★★★ www.pincamp.ch/PL1620 PL1620

8.4.–13.10. ha 2,2 · 36 · T 88 · M 32 · 46°49'06.0"N, 2°07'47.7"W

Avenue de la Loire, FR-49730 Montsoreau, T +33 2415 17660, isleverte49@orange.fr, www.campingisleverte.com

Jetzt online buchen / Réserver en ligne **pincamp.ch**

0,2 km · 10A · DE · FR · IT · EN

Lang gestrecktes, ebenes Wiesengelände mit hohen Bäumen. Standplätze durch niedrige Büsche unterteilt. / Terrain de prairie allongé et plat avec de grands arbres. Emplacements divisés par des buissons bas.

Preise/Nacht / Prix/nuit EUR 29–41, EUR 23–32, EUR 4, TAX, VISA

Agay «Esterel Caravaning» ***** www.pincamp.ch/PO7220 PO7220

23.3.–28.9. ha 19 64 164 331 43°27'15.0"N, 6°49'58.8"E

4481, avenue des Golfs, FR-83530 Agay, T +33 4948 20328, contact@esterel-caravaning.fr, www.esterel-caravaning.fr

PiN CAMP

Jetzt online buchen / Réserver en ligne
pincamp.ch

1 km

16 A

DE FR EN free

Teils ebenes Gelände, durch hohe Hecken abgegrenzt, mit verschiedenen Laubbäumen, teils Terrassen. / Terrain en partie plat, délimité par de hautes haies, avec différents arbres à feuilles caduques, en partie en terrasses.

Preise/Nacht / Prix/nuit EUR 35–82, EUR 26–70, EUR 4, TAX, VISA

Agay «Yelloh! Village Plage du Dramont» ***** www.pincamp.ch/PO7400 PO7400

23.3.–14.10. ha 6 15 115 232 43°25'05.3"N, 6°50'55.0"E

986, Boulevard de la 36e Division du Texas, FR-83530 Agay, T +33 4948 20768, info@laplagedudramont.com, www.yellohvillage.de

PiN CAMP

Jetzt online buchen / Réserver en ligne
pincamp.ch

0,1 km

16 A

DE FR IT EN free

Gestuftes, stellenweise leicht geneigtes Gelände mit vielfältigem Baumbestand, Büschen und Blumenschmuck. / Terrain étagé, légèrement en pente par endroits, avec des arbres variés, des buissons et des décorations florales.

Preise/Nacht / Prix/nuit EUR 40–111, EUR 33–100, EUR 6, TAX, VISA

Bollène «Camping La Simioune» ★★★★ www.pincamp.ch/PO4000 **PO4000**

1.3.–21.9. ha 2,5 127 T 65 S 4 M 8 44°17'48.8"N, 4°47'14.2"E

1995 Route De L'embisque 2100 Guffiage, FR-84500 Bollène, T +33 6707 35054, camping@la-simioune.fr, www.la-simioune.fr

5 km

10 A

FR EN free

Teils geneigtes, teils terrassiertes Gelände im lichten Pinienwald. / Terrain en partie incliné, en partie en terrasse dans une pinède clairsemée.

Preise/Nacht / Prix/nuit EUR 28–40, EUR 21–32, EUR 5, TAX, VISA

Bormes-les-Mimosas «Camp du Domaine» ★★★★★ www.pincamp.ch/PO8750 **PO8750**

23.3.–29.10. ha 45 17 T 1086 M 279 43°07'09.6"N, 6°21'26.4"E

2581, Route de Bénat, FR-83230 Bormes-les-Mimosas, T +33 4947 10312, mail@campdudomaine.com, www.campdudomaine.com

4 km

10 A

DE FR IT EN free

Terrassiertes Gelände an einem Hang, inmitten eines lichten Waldes. Abwechslungsreiche Bepflanzung. / Terrain en terrasses sur une pente, au milieu d'une forêt clairsemée. Plantations variées.

Preise/Nacht / Prix/nuit EUR 41–62.50, EUR 33–47.50, TAX, VISA

Castellane «Camping Terra Verdon – Ciela Village» ***** www.pincamp.ch/PO2020 PO2020

19.4.–23.9. ha 6 750 T 90 S 1 M 201 43°51'31.2"N, 6°29'52.9"E

RD 4085, Route Napoléon, FR-4120 Castellane, T +33 4928 36667, terraverdon@cielavillage.com, www.camping-terra-verdon.com

Jetzt online buchen / Réserver en ligne pincamp.ch

2 km 10A DE FR EN free

Lang gestrecktes, teils gestuftes, teils terrassiertes Wiesengelände mit mittelhohen Bäumen und Hecken. / Terrain de prairie allongé, en partie étagé, en partie en terrasses, avec des arbres de taille moyenne et des haies.

Preise/Nacht / Prix/nuit EUR 26-39, EUR 23-30, EUR 6, TAX, VISA

Castellane «RCN-Camping Les Collines de Castellane» **** www.pincamp.ch/PO2040 PO2040

26.4.–29.9. ha 8,5 950 T 140 M 62 43°49'27.1"N, 6°34'11.4"E

Route de Grasse, FR-4120 Castellane, T +49 2821 3939 997, kontakt@rcn.eu, www.rcn.fr

6 km 16A DE FR EN free

Am Fusse des Col des Lèques gelegenes, durch Büsche und Bäume aufgelockertes Wiesengelände. / Situé au pied du Col des Lèques, terrain de prairie aéré par des buissons et des arbres.

Preise/Nacht / Prix/nuit EUR 26-73, EUR 23-64, EUR 5.50, TAX, VISA

Cavalaire-sur-Mer «Camping Bonporteau» **** www.pincamp.ch/PO8550 PO8550

15.3.–15.10. ha 3 45 T 89 M 94 43°10'01.0"N, 6°31'09.8"E

208, chemin du train des pignes, FR-83240 Cavalaire-sur-Mer, T +33 4946 40324, contact@bonporteau.fr, www.bonporteau.fr

0,1 km 10A DE FR EN

Terrassengelände mit individuellen Standplätzen im Buschwald. Teils steile Zufahrt. / Terrain en terrasses avec emplacements individuels dans la forêt de buissons. Accès aux parcelles en partie escarpé.

Preise/Nacht / Prix/nuit EUR 25-58, EUR 25-58, EUR 8, TAX, , VISA

Fontvieille «Huttopia Fontvieille» **** www.pincamp.ch/PO5000 PO5000

28.3.–13.10. ha 6,1 | 50 | T 61 | M 57 | 43°43'24.7"N, 4°43'06.0"E

Rue Michelet, FR-13990 Fontvieille, T +49 3080 0989 35, fontvieille@huttopia.com, europe.huttopia.com/de/site/camping-fontvieille-provence

Jetzt online buchen / Réserver en ligne
pincamp.ch

1 km

10A

FR EN free

Ebenes, parkartiges Wiesengelände, durch verschiedenartige Bäume, Büsche und Blumen gärtnerisch gestaltet. / Terrain de prairie plat, ressemblant à un parc, aménagé en jardin par des arbres, des buissons et des fleurs de toutes sortes.

Preise/Nacht / Prix/nuit EUR 28–58, EUR 22–49, EUR 5.70, TAX, VISA

Fréjus «Camping Holiday Green» ***** www.pincamp.ch/PO7550 PO7550

6.4.–15.9. ha 15 | T 11 | M 280 | 43°29'05.7"N, 6°43'00.3"E

FR-83600 Fréjus, T +33 4941 98830, info@holidaygreen.com, www.holidaygreen.com

Jetzt online buchen / Réserver en ligne
pincamp.ch

0,1 km

16A

DE FR IT EN free

Weitläufiges, von einem Pinienwald umgebenes Gelände mit verschiedenartiger Bepflanzung, ein kleiner Platzteil naturbelassen. / Vaste terrain entouré d'une pinède avec des plantations variées, une petite partie du terrain est laissée à l'état naturel.

Preise/Nacht / Prix/nuit EUR 47–69, EUR 35–55, EUR 6, TAX, VISA

Fréjus «Camping La Pierre Verte» **** www.pincamp.ch/PO7560 PO7560

ha 15 | 39 | T 150 | S 20 | M 280 | 43°29'02.7"N, 6°43'13.3"E

1880, Route Départementale 4, FR-83600 Fréjus, T +33 4944 08830, info@campinglapierreverte.com, www.campinglapierreverte.com

0,5 km

10A

DE FR EN

Um drei Hänge herum gelegen, von Mobilhomes und der Badelandschaft geprägt. / Situé autour de trois pentes, caractérisé par des mobil-homes et l'espace aquatique. .

Fréjus «Camping La Baume – La Palmeraie» ***** www.pincamp.ch/PO7600 PO7600

1.4.–30.9. ha 27 m/üM 20 T 242 M 570 43°27'59.5"N, 6°43'23.2"E

3775, rue des Combattants d'Afrique du Nord, FR-83600 Fréjus, T +33 4941 98888, reception@labaume-lapalmeraie.com, www.labaume-lapalmeraie.com

0,2km

10A

DE FR EN

Auf zwei Hügeln gelegenes, teils ebenes und teils geneigtes Gelände mit zahlreichen Korkeichen. / Terrain situé sur deux collines, en partie plat et en partie en pente, avec de nombreux chênes-lièges.

Preise/Nacht / Prix/nuit EUR 62, EUR 45, EUR 6, TAX, VISA

Giens «Camping International» **** www.pincamp.ch/PO9200 PO9200

1.1.–31.12. ha 2,5 m/üM 15 T 57 M 128 43°02'29.2"N, 6°07'41.0"E

1737, route de la Madrague, FR-83400 Giens, T +33 4945 89016, camping@international-giens.com, www.international-giens.com

1,5km 365

10A

DE FR IT EN

Geneigtes, terrassenförmig angelegtes Gelände, dicht bewachsen mit verschiedenartigen Bäumen, Büschen und Hecken. / Terrain en pente, aménagé en terrasses, densément couvert d'arbres, de buissons et de haies de toutes sortes.

Gordes «Domaine du Camping des Sources» **** www.pincamp.ch/PO4320 PO4320

ha 3,5 m/üM 470 T 57 M 47 43°55'36.3"N, 5°12'07.7"E

Route de Murs, FR-84220 Gordes, T +33 4907 21248, contact@campingdessources.com, www.campingdessources.com

2km P

10A

FR EN free

Naturbelassenes, teils ebenes, teils gestuftes Gelände in einem lichten Eichen- und Pinienhain. / Terrain naturel, en partie plat et en partie étagé, dans une chênaie et une pinède clairsemées.

Preise/Nacht / Prix/nuit EUR 38.50, EUR 29, EUR 6, VISA

La Colle-sur-Loup «Sites et Paysages Les Pinèdes» **** www.pincamp.ch/PO7032 PO7032

2.4.–30.9. ha 3,8 110 T 110 M 48 43°40'54.4"N, 7°04'59.8"E

1402, Route du Pont-de-Pierre, FR-6480 La Colle-sur-Loup, T +33 4933 29894, info@lespinedes.com, www.lespinedes.com

PIN CAMP Jetzt online buchen / Réserver en ligne pincamp.ch

2 km · 16 A · FR · EN

Naturbelassenes, terrassiertes Gelände mit Bäumen. An einem Steilhang. Schlepphilfe möglich. Weiter Ausblick. / Terrain naturel en terrasses avec des arbres. Sur une pente raide. Aide au remorquage possible. Vue plus lointaine.

Preise/Nacht / Prix/nuit EUR 31–63, EUR 25–55, EUR 6, TAX, , VISA

Les Vigneaux «Campéole Le Courounba» ***** www.pincamp.ch/PO150 PO150

ha 12 1100 T 160 M 90 44°49'29.2"N, 6°31'33.3"E

Le Pont du Rif, FR-5120 Les Vigneaux, T +33 4922 30209, courounba@campeole.com, www.campeole.com

5 km · 10 A · FR · EN

Ebenes Wiesengelände mit Bäumen, Standplätze durch Hecken begrenzt. Von Mobilheimen geprägt. / Terrain de prairie plat avec des arbres, emplacements délimités par des haies. Caractérisé par des mobil-homes.

Puget-sur-Argens «Yelloh! Village La Bastiane» ***** www.pincamp.ch/PO7540 PO7540

24.4.–14.10. ha 3 30 T 40 M 114 43°28'10.8"N, 6°40'42.3"E

1056, chemin de Suvières, FR-83480 Puget-sur-Argens, T +33 4945 55594, info@labastiane.com, www.yellohvillage.de/camping/la_bastiane

PIN CAMP Jetzt online buchen / Réserver en ligne pincamp.ch

2 km · 10 A · FR · EN · free

Leicht geneigtes Wiesengelände mit zahlreichen Sträuchern, Blumenschmuck und Bäumen. / Terrain de prairie légèrement en pente avec de nombreux arbustes, des décorations florales et des arbres.

Preise/Nacht / Prix/nuit EUR 29–59, EUR 22–48, EUR 6, TAX, , VISA

Ramatuelle «Yelloh! Village Les Tournels» ***** www.pincamp.ch/PO8300 PO8300

29.3.–3.11. ha 24 35 T 452 M 418 43°12'19.1"N, 6°39'03.5"E

Route de Camarat, FR-83350 Ramatuelle, T +33 4945 59090, info@tournels.com, www.yellohvillage.de/camping/les_tournels

0,5 km 1,5 km 6A

DE FR IT EN free

Leicht geneigter, terrassierter Hang mit Bäumen. Teils ebenes Wiesen-/ Sandgelände mit Sträuchern und Bäumen. / Pente légèrement inclinée, en terrasses avec des arbres. Terrain en partie plat, prairie/sable avec des arbustes et des arbres.

Preise/Nacht / Prix/nuit EUR 35-92, EUR 28-81, EUR 6, TAX, VISA

Roquebrune-sur-Argens «Camping Les Pêcheurs» ★★★★ www.pincamp.ch/PO7800 PO7800

ha 4 T 100 M 120 43°27'03.5"N, 6°38'01.2"E

FR-83520 Roquebrune-sur-Argens, T +33 4944 57125, info@camping-les-pecheurs.com, www.camping-les-pecheurs.com

0,1 km 0,5 km 10A DE FR EN

Auf einem Hügel am Stadtrand mit Blick auf die umliegenden Berge. / Sur une colline à la périphérie de la ville avec vue sur les montagnes environnantes.

Roquebrune-sur-Argens «Camping Leï Suves» ★★★★ www.pincamp.ch/PO7820 PO7820

5.4.–14.10. ha 7 20 T 160 M 149 43°28'41.7"N, 6°38'17.8"E

1770, route de Marchandise, FR-83520 Roquebrune-sur-Argens, T +33 4944 54395, camping.lei.suves@wanadoo.fr, www.lei-suves.com

Jetzt online buchen / Réserver en ligne pincamp.ch

0,2 km 10A DE FR EN

Ebenes Wiesengelände mit vielfältiger Bepflanzung. Standplätze im dichten Platanenhain und im lichten Wald. / Terrain de prairie plat avec une végétation variée. Emplacements dans un bosquet dense de platanes et dans une forêt claire.

Preise/Nacht / Prix/nuit EUR 32.50–73, EUR 27–62, EUR 3.50, TAX, VISA

Roquebrune-sur-Argens «Domaine de la Bergerie» ★★★★★ www.pincamp.ch/PO7830 PO7830

20.4.–1.11. ha 60 40 T 200 M 502 43°23'55.2"N, 6°40'31.7"E

1960, Route Départementale 8, FR-83520 Roquebrune-sur-Argens, T +33 4981 14545, info@domainelabergerie.com, www.domainelabergerie.com

Jetzt online buchen / Réserver en ligne pincamp.ch

0,1 km 10A DE FR EN

Teils ebenes, teils in Stufen und Terrassen angelegtes Hanggelände, mit Korkeichen und Pinien. / Terrain en partie plat, en partie en gradins et en terrasses, avec des chênes-lièges et des pins.

Preise/Nacht / Prix/nuit EUR 70, EUR 55, EUR 7, TAX, VISA

Saint-Aygulf «Ecolodge Etoile d'Argens» ★★★★★ www.pincamp.ch/PO7900 PO7900

ha 21 T 92 M 333 43°24'57.4"N, 6°42'20.1"E

121, chemin des Étangs, FR-83370 Saint-Aygulf, T +33 4948 10141, info@etoiledargens.com, www.etoiledargens.com

2,5 km

DE FR EN

16A

Ebenes, lang gestrecktes, durch halbhohe Lorbeerhecken und Oleanderreihen symmetrisch gegliedertes Gelände. / Terrain plat et allongé, symétriquement divisé par des haies de lauriers à mi-hauteur et des rangées de lauriers-roses.

Saint-Laurent-du-Verdon «Camping La Farigoulette – Ciela Village» ★★★★★ www.pincamp.ch/PO2500 PO2500

19.4.–30.9. ha 14 468 T 96 S 2 M 173 43°44'02.2"N, 6°04'33.2"E

1029, Route de Montpezat – Lac de Saint Laurent, FR-4500 Saint-Laurent-du-Verdon, T +33 4927 44162, lafarigoulette@cielavillage.com, www.lafarigoulette.cielavillage.fr

PIN CAMP

Jetzt online buchen / Réserver en ligne pincamp.ch

2 km

10A

FR EN

Teils terrassiertes Gelände mit Büschen und Bäumen, im oberen Teil lichter Nadelwald. / Terrain en partie en terrasses avec des buissons et des arbres, dans la partie supérieure, forêt de conifères clairsemée.

Preise/Nacht / Prix/nuit EUR 44, EUR 35, EUR 6, TAX, VISA

Saint-Rémy-de-Provence «Camping Monplaisir» ★★★★ www.pincamp.ch/PO4720 PO4720

21.3.–20.10. ha 2,8 60 T 130 M 22 43°47'48.1"N, 4°49'25.6"E

Chemin Monplaisir, FR-13210 Saint-Rémy-de-Provence, T +33 4909 22270, reception@camping-monplaisir.fr, www.camping-monplaisir.fr

PIN CAMP

Jetzt online buchen / Réserver en ligne pincamp.ch

0,8 km

10A

DE FR EN free

Um einen Hügel herum gelegen, von Bäumen durchzogen, an einer Strasse liegend. / Situé autour d'une colline, entrecoupé d'arbres, au bord d'une route.

Preise/Nacht / Prix/nuit EUR 29–67, EUR 22–56, EUR 3.50, TAX, VISA

Saintes-Maries-de-la-Mer «Camping Le Clos du Rhône» ★★★★★ www.pincamp.ch/PO9950 **PO9950**

ha 7 T 226 M 138 43°27'00.0"N, 4°24'06.2"E

Route d'Aigues Mortes, FR-13460 Saintes-Maries-de-la-Mer, T +33 4909 78599, info@camping-leclos.fr, www.camping-leclos.fr

0,1 km 16 A FR

Naturbelassenes Gelände, zum Teil mit gemauerten Terrassen, überwiegend mit Pinien bewachsen. / Terrain naturel, en partie avec des terrasses maçonnées, principalement recouvert de pins.

Veynes «Camping Les Rives du Lac» ★★★★★ www.pincamp.ch/PO1000 **PO1000**

30.4.–8.9. ha 5 800 T 145 M 58 44°31'08.5"N, 5°47'55.2"E

Plan d'Eau des Iscles, FR-5400 Veynes, T +33 4925 72090, booking@camping-lac.com, www.camping-lac.com

PiN CAMP
Jetzt online buchen / Réserver en ligne pincamp.ch

2 km P 16 A DE FR EN

Stellenweise geneigtes, durch Busch- und Baumreihen aufgelockertes Wiesengelände. / Terrain de prairie en pente par endroits, aéré par des rangées de buissons et d'arbres.

Preise/Nacht / Prix/nuit EUR 23–46, EUR 18.50–34, EUR 5, TAX, VISA

Volonne «Camping Sunêlia L'Hippocampe» ★★★★ www.pincamp.ch/PO1750 **PO1750**

1.5.–8.9. ha 12 430 T 162 S 2 M 282 44°06'17.2"N, 6°01'00.6"E

7, rue de la Durance, FR-4290 Volonne, T +33 4923 35000, camping@lhippocampe.pro, www.l-hippocampe.com

PiN CAMP
Jetzt online buchen / Réserver en ligne pincamp.ch

1 km 10 A DE FR IT EN free

Terrassiertes Gelände am Hang, von Büschen und Bäumen aufgelockert. / Terrain en terrasses sur une pente, aéré par des buissons et des arbres.

Preise/Nacht / Prix/nuit EUR 31–66, EUR 26–56, EUR 3, TAX, VISA

SPANIEN / ESPAGNE

E

www.tcs.ch/spanien
www.tcs.ch/espagne

Costa Vasca
BILBAO BILBO
DONOSTIA S. SEBASTIÁN
Biarritz
Dax
Mont-de-Marsan
Orthez
F
Auch
TOULOUSE
Castres
MONT-PELLIER
AIX-EN-PROV.
Marignane
MARSEILLE
La Ciotat
Agde
Béziers
Mazamet
Muret
Castelnaudary
Tarbes
Pau
Lourdes
Narbonne
Limoux
Foix
Golfe du Lion
PERPIGNAN
AND
Andorra la Vella
Pico de Aneto 3404
P. N. de Ordesa Monte Perdido
Tolosa
PAMPLONA IRUÑEA
Alsasu
VITORIA-GASTEIZ
Estella
LOGROÑO
Tafalla
Jaca
AR1140
Ainsa-Sobrarbe
el Pont de Suert
Tremp
Berga
Ripoll
Vic
Figueres
Portbou
Mont-Louis
CT1550
CT1700
CT1650
CT1780
CT1800
CT1840
CT1880
CT1920
CT1960
CT2400
CT2550
Palamós
CT3100
CT3200
CT3420
CT3450
CT3550
CT3900
CT4300
CT4350
Granollers
MATARÓ
BARCELONA
Castelldefels
CT4900
Calahorra
Ejea d.l.C.
Huesca
Tudela
Tarazona
Zuera
Monzón
Benabarre
Ponts
Balaguer
Manresa
TERRASSA
SABADELL
Soria
Almenar d.S.
ZARAGOZA
LLEIDA
Fraga
Tàrrega
Almazán
Calatayud
Belchite
Caspe
CT6300
CT6350
CT5400
REUS
TARRAGONA
CT6250
CT6550
CT5300
CT5600
CT5650
CT5700
CT5850
CT6630
CT6000
CT6020
Alcañiz
Tortosa
St. Carles de la Ràpita
Ariza
Daroca
Muniesa
Montalbán
Alcolea d. Pinar
Calamocha
Molina
Puerto de San Just
Morella
Xert
Vinaròs
Checa
Cañaveras
Tragacete
Teruel
Alcalà de Xivert
VA1850
VA1800
VA2300
Cuenca
Cañete
Ademuz
Onda
CASTELLÓ
Vila-real
D.L.PL.
Islas Columbretes
Golfo de València
Landete
Casinos
Llíria
Sagunt
VALÈNCIA
Almarcha
Motilla d.P.
Utiel
Requena
S. Clemente
Villarrobledo
Silla
Sueca
l'Alcúdia
Munera
ALBACETE
Almansa
Gandia
VA3700
Dénia
VA4300
VA4720
VA4860
VA4920
Pego
Chinchilla d. M. A.
Alcaraz
Hellín
Yecla
Jumilla
Ibi
Benidorm
Elda
San Juan d. A.
ELX
ALACANT
Elche d.l.Sra.
VA6550
Cieza
Orihuela
Santa Pola
VA6300
VA6400
Caravaca d.l.C.
Mula
MURCIA
VA6500
San Javier
Alhama d. M.
Huércal
Lorca
Baza
CARTAGENA
Mazarrón
Albox
Águilas
Tabernas
Vera
ALMERÍA
Carboneras
Roquetas d.M.
Costa de Almería
Costa Blanca
Eivissa (Ibiza)
Formentera
Mallorca
Menorca
Ciutadella
Fornells
Maó (Mahón)
Alcúdia
Sóller
Inca
Cala Rajada
PALMA
Manacor
Santanyí
Illes Balears
MEDITERRANEAN SEA
AL-JAZĀIR' (ALGER)
Dellys
Tigzirt
TIZI OUZOU
El-Kseur
Aïn Benian
DZ
BORDJ EL KIFFAN
Cherchell
BARAKI
Larba
Lakhdaria
Akbou
BLIDA
Bouira
Ténès
Miliana
Khemis Miliana
MÉDÉA
Aïn Bessem
Kherba
Bouzghaia
Chettia
Achaacha
Aïn Defla
Berrouaghia
CHLEF
Bou Kadir
Sidi Ali
Sidi Aïssa
M'SILA
0
100 km

REISEINFORMATIONEN
INFORMATIONS DE VOYAGE

Spanien
Berge, tausende Küstenkilometer, Inseln und Exklaven in Nordafrika. Strände, Kultur, Sport und Volksfeste vermögen zu verführen.

Verkehrsregeln
Rechtsverkehr. Nur integrierte Freisprechsysteme sind erlaubt. Eine nach hinten hinausragende Ladung muss mit einer reflektierenden Warntafel (spezifisch für Spanien) gekennzeichnet sein. In einigen Städten gibt es Umweltzonen mit Zufahrtsbeschränkungen.

Strassengebühren
Viele Autobahnen sind kostenpflichtig. Der durchschnittliche Tarif variiert je nach Strecke und Fahrzeugtyp. Die Autobahngebühren können mit Bargeld oder einer gängigen Kreditkarte bezahlt werden. In den letzten Jahren wurden einige kostenpflichtige Autobahnabschnitte wieder gebürenfrei.

Geschwindigkeitsbegrenzung

Innerort	30/50 km/h
Ausserorts (> 750 kg)	70 km/h
Autobahn (> 750 kg)	70 km/h
Ausserorts (< 750 kg)	90 km/h
Autobahn (< 750 kg)	80 km/h
Ausserorts (> 3,5 t)	80 km/h
Autobahn (> 3,5 t)	90 km/h

Hier finden Sie weitere wichtige Reiseinformationen bezüglich Spanien.

www.tcs.ch/spanien

Wild campen
Wild campen ist grundsätzlich verboten und nur mit der Genehmigung der offiziellen Behörde erlaubt. Mit Erlaubnis des Grundbesitzers darf man auf privatem Gelände campieren.

Detailliertere Informationen auf camping-insider.ch

Notrufnummern

Polizei	112
Ambulanz	112
Feuerwehr	112
Strassenhilfsdienst	900 112 222

Quelle: tcs.ch

Espagne
Des montagnes, des milliers de kilomètres de côtes, des îles et des exclaves en Afrique du Nord. Plages, culture, sports et fêtes populaires enchantent les visiteurs.

Règles de circulation
Conduite à droite. Seuls les systèmes mains-libres intégrés sont autorisés. Les chargements dépassant à l'arrière doivent être pourvus d'un panneau de signalisation réfléchissant (spécialement conçu pour l'Espagne). Dans certaines villes, il existe des zones vertes avec un accès limité pour les véhicules.

Péage
De nombreuses autoroutes sont payantes. Le tarif moyen varie selon l'itinéraire et le type de véhicule. Le péage autoroutier peut être payé en liquide ou avec une carte de crédit courante. Au cours des dernières années, certains tronçons d'autoroute payants sont redevenus gratuits.

Limitation de la vitesse

Dans les localités	30/50 km/h
En dehors des localités (> 750 kg)	70 km/h
Autoroute (> 750 kg)	70 km/h
En dehors des localités (< 750 kg)	90 km/h
Autoroute (< 750 kg)	80 km/h
En dehors des localités (> 3,5 t)	80 km/h
Autoroute (> 3,5 t)	90 km/h

Vous trouverez ici d'autres informations pour votre voyage en Espagne.

www.tcs.ch/espagne

Camping sauvage
Le camping sauvage est généralement prohibé. Il est possible de camper sur un terrain privé avec la permission du propriétaire.

Informations détaillées sous camping-insider.ch

Numeros d'appel d'urgence

Police	112
Ambulance	112
Pompiers	112
Assistance routière	900 112 222

Source: tcs.ch

Aragonien / Aragon

Katalonien / Catalogne

Valencia / Valence

Gavín «Camping Gavín» ★★★★ www.pincamp.ch/AR1140 AR1140

1.1.–31.12. ha 7 902 T 150 S 12 M 24 42°37'09.9"N, 0°18'15.1"W

Ctra. N260, km 503, ES-22639 Gavín, T +34 9744 85090, info@campinggavin.com, www.campinggavin.com

1 km P 365 10A EN free

Geneigtes, terrassiertes Wiesengelände mit zahlreichen mittelhohen Bäumen. Teils Blick auf die Berge und in das Tal. / Terrain de prairie en partie étagé sur une colline plate, structuré par des rangées d'arbres et de hautes haies.

Preise/Nacht / Prix/nuit EUR 42.70, EUR 36.80, EUR 1.50, VISA

Blanes «Camping El Pinar» ★★★★ www.pincamp.ch/CT3900 CT3900

23.3.–13.10. ha 6,5 T 170 S 30 M 141 41°39'18.2"N, 2°46'43.1"E

Avda. Vila de Madrid s/n, ES-17300 Blanes, T +34 9723 31083, info@campingelpinar.com, www.campingelpinar.com

PiN CAMP

Jetzt online buchen / Réserver en ligne pincamp.ch

0,3 km P 10A DE FR EN

Teils im Pinienwald, mit niedrigen Bäumen. Separater Platzteil für Gäste mit Hund. / En partie dans la pinède, avec des arbres bas. Partie d'emplacement séparée pour les hôtes avec chien.

Preise/Nacht / Prix/nuit EUR 36.60–72, EUR 35.40–67.40, EUR 4.90, TAX, VISA

Calella de la Costa «Camping Roca Grossa» ★★★★ www.pincamp.ch/CT4300 CT4300

23.3.–9.10. ha 17 20 T 131 S 165 M 85 41°36'22.7"N, 2°38'20.5"E

Ctra N-II, km 665, ES-8370 Calella de la Costa, T +34 9376 91297, rocagrossa@rocagrossa.com, www.rocagrossa.com

PiN CAMP

Jetzt online buchen / Réserver en ligne pincamp.ch

1 km 0,2 km P 16A DE FR EN

Terrasiertes Gelände beiderseits eines Taleinschnittes. Teilweise enge und steile Platzstrassen. / Terrain terrassé de part et d'autre d'une vallée encaissée. Routes de terrain en partie étroites et raides.

Preise/Nacht / Prix/nuit EUR 25.75–51.50, EUR 23–44, EUR 6, TAX, VISA

Calonge «Camping Treumal» ★★★★ www.pincamp.ch/CT3100 CT3100

ha 8 | m/UM 30 | T 257 | M 234 | 41°50'12.0"N, 3°05'13.6"E

Ctra. C253, km 47,5, ES-17251 Calonge, T +34 9726 51095, info@campingtreumal.com, www.campingtreumal.com

Jetzt online buchen / Réserver en ligne
pincamp.ch

0,5 km | P | 10 A | DE | FR | EN | EN

Terrasiertes Gelände im Pininenwald am Meer, in einem ehemalligen Park. / Terrain en terrasses dans la forêt de pins au bord de la mer, dans un ancien parc.

Calonge «Camping Sènia Cala Gogo Internacional» ★★★★★ www.pincamp.ch/CT3200 CT3200

1.1.–31.12. ha 37 🏠 33 T 720 S 20 M 431 41°49'49.8"N, 3°05'00.0"E

Av. d'Andorra 13, ES-17251 Calonge, T +34 9726 51564, info@senia.es, www.senia.es/de/campingplaetze-senia

0,1 km 365 16 A DE FR EN

Terrassen an einem stellenweise steilen Hang im hochstämmigen Pinienwald und unter Pappeln. / Terrasses sur une pente raide par endroits dans une pinède à hautes tiges et sous des peupliers.

Preise/Nacht / Prix/nuit EUR 40-90, EUR 38-85, EUR 10, TAX, VISA

Cambrils «Camping Platja Cambrils» ★★★★ www.pincamp.ch/CT6000 CT6000

17.3.–1.4., 9.4.–22.6., 1.9.–1.11. ha 9 T 419 S 60 M 276 41°04'00.5"N, 1°04'59.3"E

Av. Oleastrum 12, ES-43850 Cambrils, T +34 9773 61490, info@playacambrils.com, www.playacambrils.com

PiN CAMP

Jetzt online buchen / Réserver en ligne pincamp.ch

0,2 km 0,3 km 5 A DE FR EN EN

Ausgedehntes, bis weit ins Inland reichendes ebenes Gelände mit verschiedenartigen, zum Teil ziemlich niedrigen Bäumen. / Vaste terrain plat s'étendant loin à l'intérieur des terres, avec des arbres variés, parfois assez bas.

Preise/Nacht / Prix/nuit EUR 30.10-64.25, EUR 27-58.65, TAX, VISA

Cambrils «Camping Joan» ★★★★ www.pincamp.ch/CT6020 CT6020

15.1.–14.12. ha 5 🏠 10 T 191 M 121 41°03'28.6"N, 1°01'36.4"E

Urb. La Dorada. Passeig Maritim 88, ES-43850 Cambrils, T +34 9773 64604, info@campingjoan.com, www.campingjoan.com

PiN CAMP

Jetzt online buchen / Réserver en ligne pincamp.ch

0,1 km 5 A DE FR EN

Mehrfach gestuftes Gelände mit zahlreichen mittelhohen Bäumen. / Terrain étagé à plusieurs reprises avec de nombreux arbres de taille moyenne.

Preise/Nacht / Prix/nuit EUR 33-98, EUR 30-89, EUR 9, TAX, VISA

Canet de Mar «Camping Globo Barcelona» ★★★★ www.pincamp.ch/CT4350 CT4350

5.4.–29.9. ha 2,5 m/ÜM 12 T 143 S 2 M 24 41°35'27.0"N, 2°35'31.0"E

Carretera Nacional-2 Km.660'9, ES-8360 Canet de Mar, T +34 9379 41143, info@campingglobo.com, www.campingglobobarcelona.com

Jetzt online buchen / Réserver en ligne pincamp.ch

0,1 km 0,2 km 10 A DE FR EN EN free

Ebenes, von Reihen hoher Bäume durchzogenes Wiesengelände. Durch vielfältigen Blumenschmuck gärtnerisch gestaltet. / Terrain plat en prairie, traversé par des rangées de grands arbres. Aménagé en jardin par des décorations florales variées.

Preise/Nacht / Prix/nuit EUR 39–72, EUR 34–63, EUR 6, TAX, VISA

Castelló d'Empúries «Camping Mas Nou» ★★★★ www.pincamp.ch/CT1550 CT1550

23.3.–29.9. ha 7,8 T 360 S 40 M 48 42°15'52.5"N, 3°06'05.9"E

Calle Mas Nou 7, ES-17486 Castelló d'Empúries, T +34 9724 54175, info@campingmasnou.com, www.campingmasnou.com

Jetzt online buchen / Réserver en ligne pincamp.ch

0,1 km 2,5 km 10 A DE FR EN free

Ebenes, durch Hecken gegliedertes Wiesengelände mit kleinen bis mittelhohen Bäumen. / Terrain de prairie plat, divisé par des haies et parsemé d'arbres de petite à moyenne taille.

Preise/Nacht / Prix/nuit EUR 25.60–58.10, EUR 25.60–53.90, EUR 3.20, TAX, VISA

Castelló d'Empúries «Camping Laguna» ★★★★★ www.pincamp.ch/CT1700 CT1700

21.3.-28.10. ha 14,5 T 714 S 8 M 100 42°14'16.5"N, 3°07'07.9"E

Platja Can Turies s/n, ES-17486 Castelló d'Empúries, T +34 9724 50553, info@campinglaguna.com, www.campinglaguna.com

5 km 16 A DE FR EN

Ebene Wiese mit Oleanderbüschen und Tamarisken. Zwei grosse Lagunen in der Platzmitte. / Prairie plate avec des buissons de lauriers-roses et de tamaris. Deux grandes lagunes au centre du terrain.

Preise/Nacht / Prix/nuit EUR 37.55-72.70, EUR 33.85-68.40, EUR 4.20, TAX, VISA

Creixell «Yelloh! Village Gavina» ★★★★★ www.pincamp.ch/CT5400 CT5400

ha 6 T 139 S 40 M 204 41°09'25.7"N, 1°26'29.8"E

Avinguda de la Gavina S/N, Platja Creixell, ES-43839 Creixell, T +34 9778 01503, contact@campinggavina.com, www.yellohvillage.de/camping/gavina

1 km P 10 A DE FR EN

Ebenes, hauptsächlich durch hohe Hecken und Palmen aufgelockertes und unterteiltes Gelände. Zusätzlich Mattendächer. / Terrain plat, principalement aéré et divisé par de hautes haies et des palmiers. En outre, des toits en nattes.

Empuriabrava «Camping Rubina Resort» ★★★★ www.pincamp.ch/CT1650 CT1650

30.3.-15.10. ha 12 T 450 M 120 42°15'09.4"N, 3°07'53.2"E

Playa de la Rubina s/n, ES-17487 Empuriabrava, T +34 9724 50507, info@rubinaresort.com, www.rubinaresort.com

0,1 km 0,2 km 10 A DE FR EN

Ebenes Wiesengelände mit verschiedenen Hecken und Büschen sowie Bäumen. / Terrain plat en prairie avec différentes haies et buissons ainsi que des arbres.

Preise/Nacht / Prix/nuit EUR 27-63, EUR 24-59, EUR 3, TAX, VISA

L'Ampolla «Camping Ampolla Playa» ★★★★ www.pincamp.ch/CT6630 CT6630

ha 5 T 89 S 100 M 116 40°47'57.4"N, 0°41'57.9"E

Passeig Platja Arenal, s/n, ES-43895 L'Ampolla, T +34 9774 60535, reservas@campingampolla.es, www.campingampolla.es

Jetzt online buchen / Réserver en ligne **pincamp.ch**

0,7 km 0,1 km 10A DE FR EN EN

Ebenes, durch Baumreihen und Hecken gegliedertes Wiesengelände. Zwischen der Küstenstrasse und Feldern. / Terrain plat en prairie, divisé par des rangées d'arbres et des haies. Entre la route côtière et les champs.

L'Hospitalet de l'Infant «Camping El Templo del Sol» ★★★★★ www.pincamp.ch/CT6550 CT6550

ha 14 m/qm 20 T 385 M 92 40°58'37.5"N, 0°54'03.9"E

Antiga carretera de València, ES-43890 L'Hospitalet de l'Infant, T +34 9778 23434, info@eltemplodelsol.com, www.eltemplodelsol.com

3 km P FKK 8A DE FR EN

Viele durch niedrige Natursteinmauern eingefasste Geländestufen, mit Bäumen sowie Thujenhecken. / Nombreux paliers de terrain bordés de murets en pierre naturelle, avec des arbres ainsi que des haies de thuyas.

Mont-roig «Alannia Els Prats» ★★★★★ www.pincamp.ch/CT6250 CT6250

11.3.–10.11. ha 8,5 T 229 M 403 41°02'25.6"N, 0°58'55.6"E

Ctra. N-340, km 1137, ES-43300 Mont-roig, T +34 9654 84945, reservas@alannia.com, alanniaresorts.com/es/resorts/alannia-els-prats

0,1 km P 16A DE FR EN

Ebenes, zweigeteiltes Gelände durch vielfältige Bepflanzungen gegliedert und aufgelockert. Separater Bereich für mit Hund. / Terrain plat, divisé en deux parties, divisé et aéré par des plantations variées. Espace séparé pour les chiens.

Mont-roig «Camping La Torre del Sol» ★★★★★ www.pincamp.ch/CT6300 CT6300

15.3.–3.11. ha 26 T 780 M 451 41°02'14.0"N, 0°58'28.3"E

Ctra. N-340, km 1136, ES-43892 Mont-roig, T +34 9778 10486, info@latorredelsol.com, www.latorredelsol.com

Jetzt online buchen / Réserver en ligne **pincamp.ch**

0,1 km · 10 A

Gegliederter und gärtnerisch gestalteter Platz auf zwei Geländestufen am Meer. Bereich für Gäste mit Hund. / Terrain articulé et aménagé en jardin sur deux niveaux de terrain au bord de la mer. Zone réservée aux clients avec chien.

Preise/Nacht / Prix/nuit EUR 35.30–81, EUR 31–71, TAX, VISA

Mont-roig «Playa Montroig Camping Resort» ★★★★★ www.pincamp.ch/CT6350 CT6350

22.3.–3.11. ha 35 T 985 M 311 41°02'00.3"N, 0°58'06.7"E

Ctra. N-340, km 1136, ES-43300 Mont-roig, T +34 9778 10637, info@playamontroig.com, www.playamontroig.com

PIN CAMP

Jetzt online buchen / Réserver en ligne **pincamp.ch**

0,1 km

16 A

DE FR EN EN free

Weitläufiges, vielfach gegliedertes Gelände am Meer mit abwechslungsreicher Bepflanzung. / Vaste terrain en bord de mer avec de nombreuses structures et une végétation variée.

Preise/Nacht / Prix/nuit EUR 38.50–113, EUR 34.50–105, TAX, VISA

Pals «Camping Resort Mas Patoxas» www.pincamp.ch/CT2550 CT2550

1.3.–1.11. ha 17 37 313 112 220 41°57'19.0"N, 3°09'27.6"E

Ctra. C31 Palafrugell- Pals, km 339, ES-17256 Pals, T +34 9726 36928, info@campingmaspatoxas.com, www.campingmaspatoxas.com

0,1 km 4 km 10A DE FR EN free

Teils leicht geneigtes, teils gestuftes und terrassiertes Wiesengelände, durch Baumreihen gegliedert. / Terrain de prairie en partie légèrement en pente, en partie étagé et en terrasse, divisé par des rangées d'arbres.

Preise/Nacht / Prix/nuit EUR 35–70, EUR 30–60, EUR 6, TAX, VISA

Platja de Pals «Camping Playa Brava» www.pincamp.ch/CT2400 CT2400

17.5.–11.9. ha 11 353 293 42°00'03.7"N, 3°11'37.5"E

Avinguda del Grau 1, ES-17256 Platja de Pals, T +34 9726 36894, info@playabrava.com, www.playabrava.com/de

6 km 10A DE FR EN EN free

Ebenes, teilweise naturbelassenes Gelände am Meer mit Pinien, Bäumen und Büschen. / Terrain plat, en partie naturel, au bord de la mer, avec des pins, des arbres et des buissons.

Preise/Nacht / Prix/nuit EUR 84, EUR 75, TAX, VISA

Roda de Barà «Park Playa Barà» www.pincamp.ch/CT5300 CT5300

22.3.–29.9. ha 16 14 591 85 77 41°10'22.1"N, 1°28'11.0"E

Ctra. N-340, km 1183, ES-43883 Roda de Barà, T +34 9778 02701, info@barapark.es, www.barapark.es

0,2 km 0,2 km 10A DE FR EN EN free

Ebenes terrassiertes Gelände. Mit diversen Bäumen, Sträuchern und Blumenbeeten abwechslungsreich bepflanzt. / Terrain plat en terrasses. Planté de divers arbres, arbustes et parterres de fleurs variés.

Preise/Nacht / Prix/nuit EUR 55.80, EUR 43.80, TAX, VISA

Salou «Camping & Resort Sangulí Salou» ★★★★★ www.pincamp.ch/CT5850 CT5850

22.3.–3.11. ha 30 T 890 M 552 41°04'31.0"N, 1°07'03.3"E

Plaça de Venus, s/n, ES-43840 Salou, T +34 9773 81641, info@sangulisalou.com, www.sangulisalou.com

Jetzt online buchen / Réserver en ligne
pincamp.ch

0,1 km 0,2 km P

16A

DE FR EN free

Ebenes Gelände mit unterschiedlich dichtem Baumbestand, Ziersträuchern, Palmen und Blumenschmuck. / Terrain plat avec des arbres de différentes densités, des arbustes d'ornement, des palmiers et des décorations florales.

Preise/Nacht / Prix/nuit EUR 39-87, EUR 32-80, EUR 5, TAX, VISA

Sant Feliu de Guíxols «Yelloh! Village Sant Pol» ★★★★ www.pincamp.ch/CT3420 CT3420

21.3.–5.11. ha 1,7 50 T 29 M 53 41°47'10.9"N, 3°02'28.6"E

Carrer Dr. Fleming 118-134, ES-17220 Sant Feliu de Guíxols, T +34 6826 27900, info@campingsantpol.com, www.yellohvillage.de/camping/sant_pol

Jetzt online buchen / Réserver en ligne pincamp.ch

0,1 km 0,4 km P

10 A

DE FR EN free

Terrassiertes, parkähnlich gestaltetes Gelände an einem Berghang, mit Bäumen und zahlreichen Blumen. / Terrain en terrasses, aménagé comme un parc, à flanc de montagne, avec des arbres et de nombreuses fleurs.

Preise/Nacht / Prix/nuit EUR 71, EUR 60, EUR 8, TAX, VISA

Sant Pere Pescador «Camping La Gaviota» ★★★★ www.pincamp.ch/CT1780 CT1780

1.4.–22.10. ha 2,1 11 T 150 M 18 42°11'21.2"N, 3°06'30.0"E

Ctra. de la Playa s/n, ES-17470 Sant Pere Pescador, T +34 9725 20569, info@lagaviota.com, www.lagaviota.com

2 km

10 A

DE FR EN

Ebenes Wiesengelände mit mittelhohen Laubbäumen. Zum Meer hin durch einen schmalen Kanal begrenzt. / Terrain plat en prairie avec des arbres feuillus de hauteur moyenne. Délimité vers la mer par un canal étroit.

Preise/Nacht / Prix/nuit EUR 56, EUR 51, EUR 6.80, TAX,

Sant Pere Pescador «Camping Las Palmeras – Costa Brava» ★★★★★ www.pincamp.ch/CT1800 CT1800

19.4.–27.10. ha 4,5 T 235 M 38 42°11'16.8"N, 3°06'09.5"E

Ctra. de la Platja 9, ES-17470 Sant Pere Pescador, T +34 9725 20506, info@campinglaspalmeras.com, www.campinglaspalmeras.com

PIN CAMP

Jetzt online buchen / Réserver en ligne **pincamp.ch**

1,3 km 0,3 km P

10 A

DE FR EN EN

Ebenes, teils durch Hecken gegliedertes Wiesengelände mit unterschiedlich hohen Baumreihen und Palmen. / Terrain de prairie plat, en partie divisé par des haies, avec des rangées d'arbres de différentes hauteurs et des palmiers.

Preise/Nacht / Prix/nuit EUR 31.80–64.10, EUR 28.90–56.90, EUR 5.50, TAX, VISA

Sant Pere Pescador «Camping Amfora» ★★★★★ www.pincamp.ch/CT1840 CT1840

14.5.–24.9. ha 14 T 662 M 273 42°10'54.1"N, 3°06'14.3"E

Avenida Josep Tarradellas 2, ES-17470 Sant Pere Pescador, T +34 9725 20540, info@campingamfora.com, www.campingamfora.com

PIN CAMP

Jetzt online buchen / Réserver en ligne **pincamp.ch**

2,5 km 10A DE FR EN EN

Ebenes Wiesengelände, durch dichte Hecken und Maulbeerbäume gegliedert. / Terrain plat en prairie, divisé par des haies denses et des mûriers.

Preise/Nacht / Prix/nuit EUR 38.50–100, EUR 33–93, EUR 6, TAX, VISA

Sant Pere Pescador «Camping Aquarius» ★★★★★ www.pincamp.ch/CT1880 CT1880

15.3.–31.10. ha 8 T 414 M 26 42°10'37.3"N, 3°06'30.0"E

Playa de Sant Pere, ES-17470 Sant Pere Pescador, T +34 9725 20101, info@campingaquarius.com, www.campingaquarius.com

3 km 16A DE FR EN

Ebenes Wiesengelände mit mittelhohen bis hohen Bäumen und hohe Hecken. Platzteil für Gäste mit Hund. / Terrain plat avec des arbres de moyenne à haute taille et des haies hautes. Partie du terrain réservée aux hôtes avec chien.

Preise/Nacht / Prix/nuit EUR 32.50–71, EUR 32.50–67.70, EUR 4.60, TAX, VISA

Sant Pere Pescador «Camping Las Dunas» ★★★★★ www.pincamp.ch/CT1920 CT1920

17.5.–15.9. ha 29 T 1540 M 199 42°09'39.5"N, 3°06'28.0"E

Ctra. Sant Marti l'Empuries s/n, ES-17470 Sant Pere Pescador, T +34 9725 21717, info@campinglasdunas.com, www.campinglasdunas.com

DE FR EN

10A

Ebenes, leicht geneigtes Gelände, durch Bäume und Hecken regelmässig gegliedert. / Terrain plat, légèrement en pente, régulièrement divisé par des arbres et des haies.

Sant Pere Pescador «Camping La Ballena Alegre Costa Brava» ★★★★★ www.pincamp.ch/CT1960 **CT1960**

10.5.–13.10. ha 24 T 809 M 316 42°09'11.4"N, 3°06'42.8"E

Ctra. Sant Marti l'Empuries s/n, ES-17470 Sant Pere Pescador, T +34 9725 20302, info@ballena-alegre.com, www.ballena-alegre.com/costabrava

5 km · 10 A · DE · FR · EN

Parallel zum Strand verlaufendes, ebenes Wiesengelände mit zahlreicher Bepflanzung. Separatem Platzteil für Gäste mit Hund. / Terrain plat en prairie, parallèle à la plage, avec de nombreuses plantations. Partie séparée pour les clients avec chien.

Preise/Nacht / Prix/nuit EUR 53–107, EUR 47–100, EUR 7, VISA

Tarragona «Camping Las Palmeras» ★★★★★ www.pincamp.ch/CT5700 CT5700

23.3.–13.10. ha 16 T 528 M 268 41°07'49.1"N, 1°18'43.6"E

Apartado de Correos 155, ES-43080 Tarragona, T +34 9772 08081, laspalmeras@laspalmeras.com, www.laspalmeras.com

0,2 km

10A

DE FR EN

Sandiges leicht geneigtes Gelände, aufgelockert durch eine Palmenalle, Bäume und vielen Pinien. / Terrain sablonneux légèrement en pente, aéré par une allée de palmiers, des arbres et de nombreux pins.

Preise/Nacht / Prix/nuit EUR 63, EUR 54, EUR 6, TAX, VISA

Tarragona-Tamarit «Camping Tamarit Beach Resort» ★★★★★ www.pincamp.ch/CT5600 CT5600

22.3.–8.12. ha 17 T 365 M 267 41°07'56.8"N, 1°21'37.7"E

Platja Tamarit, Ctra N340, km 1172, ES-43008 Tarragona-Tamarit, T +34 9776 50128, resort@tamarit.com, www.tamarit.com

PIN CAMP

Jetzt online buchen / Réserver en ligne pincamp.ch

0,6 km

16A

DE FR EN free

Gärtnerisch gestalteter, ebener Platz mit diversen Bäumen, unterhalb der Burgruine von Tamarit. Direkter Strandzugang. / Place plate aménagée en jardin, avec divers arbres, en dessous des ruines du château de Tamarit. Accès direct à la plage.

Preise/Nacht / Prix/nuit EUR 35–89, EUR 31–85, EUR 7, TAX, VISA

Tarragona-Tamarit «Camping Torre de la Mora» ★★★★ www.pincamp.ch/CT5650 CT5650

29.3.–15.10. ha 10 35 T 59 S 12 M 218 41°07'43.5"N, 1°20'38.7"E

Ctra. N-340, km 1171, ES-43008 Tarragona-Tamarit, T +34 9776 50277, recepcion@torredelamora.com, www.torredelamora.com

0,2 km

6A

FR EN

Über einer Felsenbucht und am bewaldeten Hügel terrassenartig angelegtes Gelände. / Terrain aménagé en terrasses au-dessus d'une baie rocheuse et sur la colline boisée.

Tossa de Mar «Cala Pola la Ballena Alegre» ★★★★★ www.pincamp.ch/CT3450 CT3450

1.5.–1.10. ha 23,2 · 30 · T 92 · M 184 · 41°44'13.1"N, 2°56'39.6"E

Carretera Tossa de Mar a Sant Feliu, km4, ES-17320 Tossa de Mar, T +34 9723 41050, pola@polagiverola.com, www.polagiverola.com

0,5 km · P · 10A · DE · FR · EN · free

Ebenes Gelände in einem Taleinschnitt mit Bäumen und Büschen bewachsen. / Terrain plat dans une vallée encaissée, couvert d'arbres et de buissons.

Preise/Nacht / Prix/nuit EUR 75, EUR 75, TAX, VISA

Tossa de Mar «Camping Cala Llevadó» ★★★★★ www.pincamp.ch/CT3550 CT3550

ha 17 · 86 · T 600 · M 128 · 41°42'54.3"N, 2°54'24.0"E

Ctra. GI-682 de Tossa-Lloret, km 18,9, ES-17320 Tossa de Mar, T +34 9729 83680, reservation@seagreen.fr, www.calallevado.com

0,5 km · P · FKK · 15A · DE · FR · EN

Vielfältig bewachsene Terrassenanlage mit unterschiedlich stark geneigten Standplätzen. / Ensemble de terrasses à la végétation variée, avec des emplacements à l'inclinaison variable.

Vilanova I la Geltrú «Camping Vilanova Park» ★★★★★ www.pincamp.ch/CT4900 CT4900

1.1.–31.12. ha 35 · 150 · T 444 · S 202 · M 739 · 41°13'55.1"N, 1°41'27.3"E

Ctra. Vilanova-Arboç, BV 2115, km 2,5, ES-8800 Vilanova I la Geltrú, T +34 6562 34601, aitor@vilanovapark.com, www.vilanovapark.com

0,1 km · 4,5 km · P · 365 · 10A · DE · FR · EN · EN

Ebenes, gestuftes Gelände an einem Hügel mit zahlreicher Bepflanzung. / Terrain plat et étagé à flanc de colline avec de nombreuses plantations.

Preise/Nacht / Prix/nuit EUR 27.90–85.90, EUR 23–76.70, TAX, VISA

Benicàssim «Bonterra Resort» **** www.pincamp.ch/VA2300 VA2300

1.1.–31.12. ha 5 10 T 302 M 56 40°03'26.1"N, 0°04'28.5"E

Avenida de Barcelona 47, ES-12560 Benicàssim, T +34 9643 00007, info@bonterraresort.com, bonterraresort.com

Jetzt online buchen / Réserver en ligne **pincamp.ch**

0,1 km 0,3 km P 365 10 A DE FR EN

Durch eine Hecke zweigeteiltes, langgestrecktes Gelände. Parkartig gestaltet durch grosse Bäume. / Terrain allongé divisé en deux par une haie. Aménagé en parc par de grands arbres.

Preise/Nacht / Prix/nuit EUR 30–55.97, EUR 25–50.40, EUR 3.18, , VISA

Benidorm «Camping Armanello» **** www.pincamp.ch/VA4720 VA4720

ha 2,4 28 T 96 S 60 M 43 38°32'52.4"N, 0°06'39.9"W

Avda. Comunidad Valenciana, ES-3503 Benidorm, T +34 9658 53190, info@campingarmanello.com, www.campingarmanello.com

0,1 km 2 km 16 A DE FR EN

Durch Sträucher aufgelockertes, gestuftes Gelände unter Oliven- und Mandarinenbäumen sowie Palmen. Zusätzlich Mattendächer. / Terrain étagé, aéré par des arbustes, sous des oliviers, des mandariniers et des palmiers. En outre, des toits en nattes.

Benidorm «Camping Villasol» **** www.pincamp.ch/VA4860 VA4860

1.1.–31.12. ha 7,2 30 T 246 S 202 M 43 38°32'41.9"N, 0°06'24.9"W

Avda. Bernat de Sarria 13, ES-3503 Benidorm, T +34 9658 50422, info@camping-villasol.com, www.camping-villasol.com

Jetzt online buchen / Réserver en ligne **pincamp.ch**

0,5 km 1,3 km 365 10 A DE EN

Teils leicht geneigtes, teils terrassiertes Gelände. Durch Bäume, Hecken und Blumen gegliedert. / Terrain en partie légèrement en pente, en partie en terrasses. Structuré par des arbres, des haies et des fleurs.

Preise/Nacht / Prix/nuit EUR 34.75–45, EUR 28.75–37, , VISA

Benidorm «Camping Benisol» ★★★★★ www.pincamp.ch/VA4920 VA4920

1.1.–31.12. ha 4 · 40 · T 100 · S 200 · M 2 · 38°33'36.6"N, 0°05'54.5"W

Avda. de la Comunidad Valenciana s/n, ES-3503 v, T +34 9658 51673, info@campingbenisol.com, www.campingbenisol.com

0,1 km · 3 km · 365 · 16A · DE FR EN EN · free

Teils ebenes Gelände mit Bäumen und Ziersträuchern, durch hohe Hecken parzelliert. Zusätzlich Mattendächer. / Terrain en partie plat avec des arbres et des arbustes d'ornement, parcellisé par de hautes haies. En outre, toits en nattes.

Preise/Nacht / Prix/nuit EUR 28.50–35.30, EUR 23–29.80, EUR 0.90, VISA

Crevillente «Alannia Costa Blanca» ★★★★★ www.pincamp.ch/VA6550 VA6550

1.1.–31.12. ha 35 · T 1070 · S 250 · M 270 · 38°10'43.8"N, 0°48'35.2"W

Partida de las Casicas 5, ES-3330 Crevillente, T +34 9654 84945, reservas@alannia.com, alanniaresorts.com/es/resorts/alannia-costa-blanca

0,1 km · P · 365 · 16A · DE FR EN

Ebenes, durch junge Bäume und Sträucher gegliedertes Gelände, zusätzlich Mattendächer. / Terrain plat, structuré par de jeunes arbres et arbustes, en plus des toits en nattes.

Guardamar del Segura «Alannia Guardamar» ***** www.pincamp.ch/VA6400 VA6400

1.1.–31.12. ha 4,1 T 95 M 124 38°06'33.3"N, 0°39'17.9"W

Ctra. N332, km 73,4, ES-3140 Guardamar del Segura, T +34 9654 84945, reservas@alannia.com, alanniaresorts.com/es/resorts/alannia-guardamar

6 km 1,7 km P 365 16 A DE FR EN

Ebenes Gelände mit Bäumen, Palmen und Sträuchern, zusätzlich Mattendächer. / Terrain plat avec des arbres, des palmiers et des arbustes, en plus des toits en nattes.

Jávea «Camping Jávea» **** www.pincamp.ch/VA4300 VA4300

1.1.–31.12. ha 5 T 192 M 18 38°47'01.0"N, 0°10'19.5"E

Cami de la Fontana 10, ES-3730 Jávea, T +34 9657 91070, info@campingjavea.es, www.campingjavea.es

0,8 km 2,5 km 365 16 A DE EN

Ebenes Gelände mit verschiedenartigen Laubbäumen. Zusätzlich Mattendächer. / Terrain plat avec des arbres à feuilles caduques de différentes sortes. En plus, des toits en nattes.

Preise/Nacht / Prix/nuit EUR 32.80–40.40, EUR 27.20–34.10, EUR 2.20, VISA

La Marina «La Marina Camping & Resort» ***** www.pincamp.ch/VA6300 VA6300

1.1.–31.12. ha 13 15 T 453 M 146 38°07'46.7"N, 0°38'58.3"W

Ctra. N332a, km 76, ES-3194 La Marina, T +34 9654 19200, info@lamarinaresort.com, www.lamarinaresort.com

0,1 km 0,7 km P 365 16 A DE EN

Mehrfach gestuftes, teils gekiestes Gelände mit Eukalyptusbäumen. Durch Hecken, verschiedene Palmen und Bäume gegliedert. / Terrain à plusieurs niveaux, en partie gravillonné et planté d'eucalyptus. Divisé par des haies, divers palmiers et arbres.

Preise/Nacht / Prix/nuit EUR 47.50–93, EUR 42–86, EUR 3.50, VISA

Pilar de la Horadada «Camping Lo Monte» ★★★★ www.pincamp.ch/VA6500 VA6500

1.1.–31.12. ha 7,3 27 227 48 37°52'43.5"N, 0°45'59.1"W

Avda. de la Comunidad Valenciana 157, ES-3191 Pilar de la Horadada, T +34 9667 66782, info@campinglomonte-alicante.es, www.campinglomonte-alicante.es

PiN CAMP

Jetzt online buchen / Réserver en ligne pincamp.ch

0,7 km 1 km 365 16 A

DE EN

Ebenes Wiesengelände mit Palmen und niedrigen Hecken. / Terrain plat en prairie avec des palmiers et des haies basses.

Preise/Nacht / Prix/nuit EUR 33–49, EUR 29–49, EUR 3, , VISA

Playa de Oliva «Camping Kiko Park» ★★★★★ www.pincamp.ch/VA3700 VA3700

1.1.–31.12. ha 3 175 41 38°55'58.3"N, 0°05'50.7"W

Assagador de Carro 2, ES-46780 Playa de Oliva, T +34 9628 50905, info@kikopark.com, www.kikopark.com

0,1 km 365 16 A

DE FR EN

Ebenes Gelände, durch Oleandersträucher, Hecken und verschiedenartige Bäume gegliedert. Zusätzlich Mattendächer. / Terrain plat, divisé par des lauriers-roses, des haies et des arbres variés. En outre, des toits en nattes.

Ribera de Cabanes «Camping Torre la Sal» ★★★★ www.pincamp.ch/VA1800 VA1800

1.1.–31.12. ha 2 167 26 40°07'42.1"N, 0°09'34.0"E

Avenida de l'Atall 19, ES-12595 Ribera de Cabanes, T +34 9643 19596, reservas@campingtorrelasal.com, www.campingtorrelasal.com

0,5 km 365 10 A

DE FR EN EN free

Ebenes, mit feinem Kies aufgeschüttetes Gelände mit zahlreichen Eukalyptusbäumen, zum Teil auch mit Pinien. / Terrain plat, remblayé avec du gravier fin, avec de nombreux eucalyptus, en partie aussi des pins.

Preise/Nacht / Prix/nuit EUR 48, EUR 40, , VISA

Ribera de Cabanes (Castellón) «Bravoplaya Camping Resort» ★★★★★ www.pincamp.ch/VA1850 VA1850

1.1.–31.12. ha 12 T 488 M 115 40°07'38.9"N, 0°09'38.0"E

Avda. Cami l'Atall 44, ES-12595 Ribera de Cabanes (Castellón), T +34 6298 50362, camping@bravoplaya.com, www.bravoplaya.com

3km 365 10A free DE FR EN EN

Zweigeteiltes, ebenes, zum Teil mit feinem Kies aufgeschüttetes Gelände mit verschiedenartigen Bepflanzungen. / Terrain plat divisé en deux, en partie remblayé de gravier fin, avec des plantations variées.

Preise/Nacht / Prix/nuit EUR 53.55–76.50, EUR 45.50–65, VISA

KROATIEN / CROATIE

HR

www.tcs.ch/kroatien
www.tcs.ch/croatie

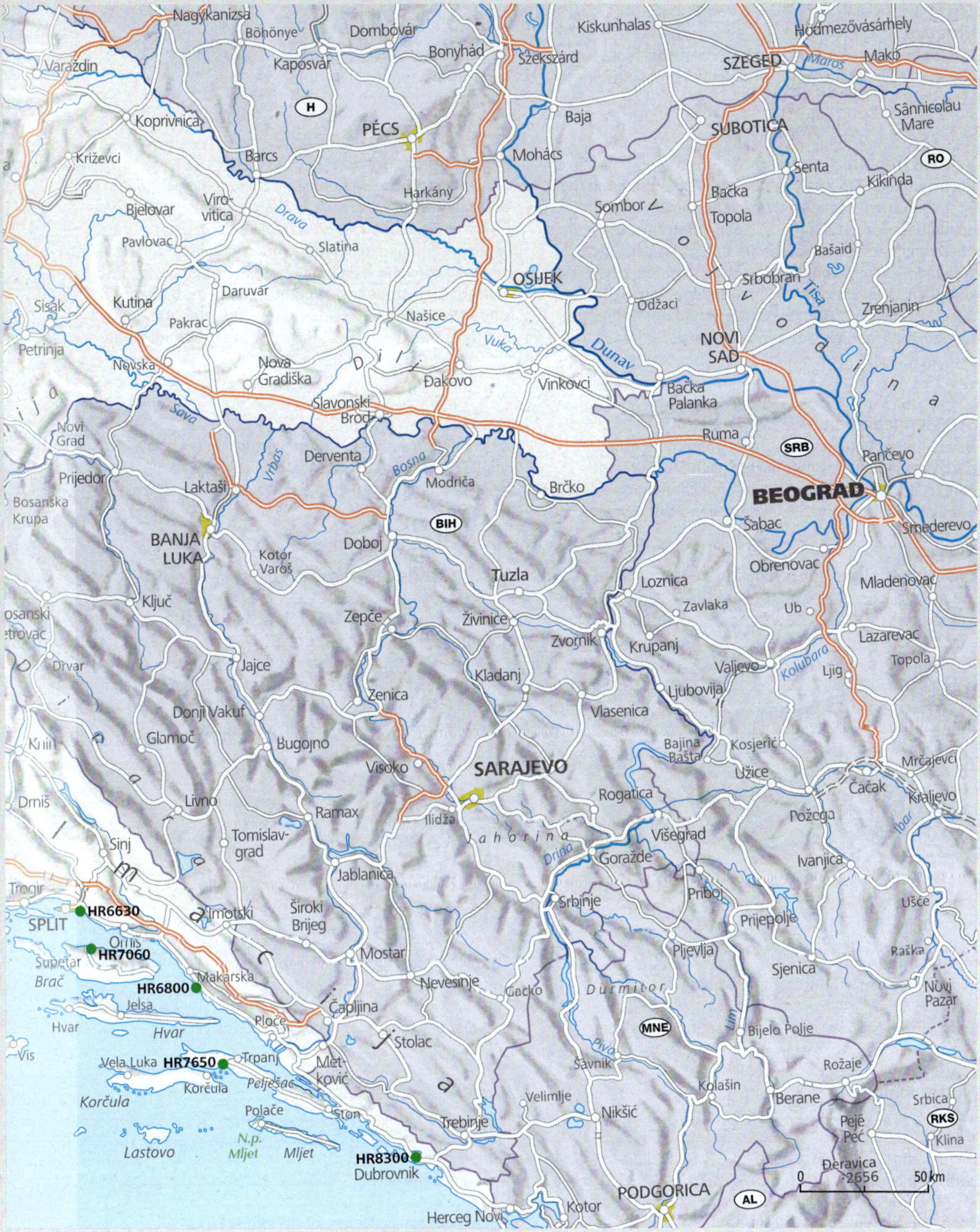

Nagykanizsa
Böhönye
Dombóvár
Kiskunhalas
Hódmezővásárhely
Varaždin
Kaposvár
Bonyhád
Szekszárd
SZEGED
Maros
Makó
H
PÉCS
Baja
Sânnicolau Mare
Koprivnica
SUBOTICA
RO
Križevci
Barcs
Mohács
Senta
Kikinda
Harkány
Bačka Topola
Bjelovar
Viro-vitica
Drava
Sombor
Pavlovac
Slatina
Bašaid
OSIJEK
Srbobran
Tisa
Daruvar
Odžaci
Zrenjanin
Sisak
Kutina
Našice
Pakrac
NOVI SAD
Petrinja
Vuka
Dunav
Novska
Nova Gradiška
Đakovo
Vinkovci
Bačka Palanka
Slavonski Brod
Sava
Novi Grad
Vrbas
Ruma
SRB
Derventa
Bosna
Pančevo
Prijedor
Modriča
Brčko
Laktaši
BEOGRAD
Bosanska Krupa
BIH
Šabac
Smederevo
BANJA LUKA
Doboj
Kotor Varoš
Obrenovac
Tuzla
Mladenovac
Loznica
Ključ
Zavlaka
Ub
Zepče
Živinice
Zvornik
Lazarevac
Krupanj
Drvar
Jajce
Valjevo
Topola
Kolubara
Ljig
Kladanj
Ljubovija
Zenica
Donji Vakuf
Vlasenica
Glamoč
Bugojno
Bajina Bašta
Kosjerić
Mrčajevci
Visoko
SARAJEVO
Užice
Čačak
Kraljevo
Drniš
Livno
Rogatica
Ramax
Ilidža
Požega
Jahorina
Višegrad
Sinj
Tomislav-grad
Drina
Ibar
Goražde
Ivanjica
Trogir
Jablanica
Priboj
HR6630
Imotski
Široki Brijeg
Srbinje
Ušće
SPLIT
Prijepolje
Omiš
HR7060
Pljevlja
Supetar
Mostar
Sjenica
Raška
Brač
HR6800
Makarska
Nevesinje
Gacko
Durmitor
Novi Pazar
Jelsa
Čapljina
Hvar
Ploče
MNE
Lim
Bijelo Polje
Vis
Stolac
Vela Luka
HR7650
Trpanj
Met-ković
Piva
Šavnik
Rožaje
Korčula
Pelješac
Kolašin
Berane
Srbica
Velimlje
Polače
Ston
Nikšić
Peje Peć
RKS
Klina
Trebinje
Lastovo
N.p. Mljet
Mljet
HR8300
Dubrovnik
Đeravica 2656
0
50 km
PODGORICA
AL
Kotor
Herceg Novi

REISEINFORMATIONEN
INFORMATIONS DE VOYAGE

Kroatien
Tausende Buchten, natürliche Häfen, Hunderte Inseln und zahlreiche Städte mit historischem und kulturellem Erbe.

Verkehrsregeln
Rechtsverkehr. Ein zweites Warndreieck für den Anhänger ist mitzuführen. Ladung darf nach hinten einen Sechstel der aufliegenden Ladung überstehen. Beträgt der Ladungsüberstand nach hinten mehr als 1 m, so ist das überstehende, äussere Ende der Ladung mit einem roten Tuch kenntlich zu machen bei einem Anhänger mit einem quadratischen, 50 × 50 cm grossen Schild mit fluoreszierenden, orangen und weissen Schrägstreifen das senkrecht zur Fahrzeuglängsachse angebracht ist.

Strassengebühren
Das Befahren von Autobahnen ist kostenpflichtig. Der durchschnittliche Tarif variiert je nach Strecke und Fahrzeugtyp. Die Autobahngebühren können mit Bargeld oder mit einer gängigen Kreditkarte bezahlt werden.

Geschwindigkeitsbegrenzung

Innerorts	50 km/h
Ausserorts ( )	80 km/h
Autobahn ( )	90 km/h
Ausserorts (< 3,5 t)	90 km/h*
Autobahn (< 3,5 t)	130 km/h*
Ausserorts (> 3,5 t)	80 km/h*
Autobahn (> 3,5 t)	90 km/h*

Hier finden Sie weitere wichtige Reiseinformationen bezüglich Kroatien.

www.tcs.ch/kroatien

Wild campen
Wild campen ist grundsätzlich verboten.

Detailliertere Informationen auf camping-insider.ch

Notrufnummern

Polizei	112
Ambulanz	112
Feuerwehr	112
Strassenhilfsdienst	1987

* < 25 Jahren, Ausserorts 80 km/h auf Autobahnen generell 120 km/h

Quelle: tcs.ch

Croatie
Des milliers de baies, des ports naturels, des centaines d'îles et d'innombrables villes à l'héritage historique Et culturel fascinant.

Règles de circulation
Conduite à droite. Un deuxième triangle de panne est nécessaire pour la remorque. Les chargements à l'arrière ne doivent pas excéder un sixième du chargement du véhicule. Lorsque le chargement arrière dépasse de plus de 1 m, il convient d'en pourvoir le bout extérieur d'un chiffon rouge pour une remorque équipée d'un panneau carré de 50 × 50 cm avec des barres obliques oranges et blanches fixée verticalement à l'axe longitudinal du véhicule.

Péage
La circulation autoroutière est payante. Le tarif moyen varie selon l'itinéraire et le type de véhicule. Les frais de péage peuvent être payés en espèces ou avec une carte de crédit courante.

Limitation de la vitesse

Dans les localités	50 km/h
En dehors des localités ( )	80 km/h
Autoroute ( )	90 km/h
En dehors des localités (< 3,5 t)	90 km/h*
Autoroute (< 3,5 t)	130 km/h*
En dehors des localités (> 3,5 t)	80 km/h*
Autoroute (> 3,5 t)	90 km/h*

Vous trouverez ici d'autres informations pour votre voyage en Croatie.

www.tcs.ch/croatie

Camping sauvage
Le camping sauvage est généralement prohibé.

Informations détaillées sous camping-insider.ch

Numeros d'appel d'urgence

Police	112
Ambulance	112
Pompiers	112
Assistance routière	1987

* < 25 ans, généralement 80 km/h en dehors des localités et généralement 120 km/h sur les autoroutes

Source: tcs.ch

Dubrovnik-Neretva / Dubrovnik-Neretva

Istrien / Istrie

Lika-Senj / Lika-Senj

Dubrovnik «Solitudo Sunny Camping» ★★★★ www.pincamp.ch/HR8300 HR8300

29.3.–19.10. ha 6 22 T 393 M 21 42°39'43.1"N, 18°04'14.3"E

Vatroslava Lisinskog 60, HR-20000 Dubrovnik, T +38 5524 65000, reservations@valamar.com, www.camping-adriatic.com

Jetzt online buchen / Réserver en ligne **pincamp.ch**

0,2 km 0,3 km P

16 A

DE EN EN free

Ebenes Wiesengelände mit wenigen, noch jungen Bäumen. Im hinteren Platzbereich Miet-Mobilheime. / Terrain plat avec peu d'arbres encore jeunes. A l'arrière du terrain, des mobil-homes à louer.

Preise/Nacht / Prix/nuit EUR 57–87.70, EUR 45.40–71.20, EUR 9, TAX, VISA

Orebić «Camping Lavanda» ★★★★ www.pincamp.ch/HR7650 HR7650

1.1.–31.12. ha 2 T 77 M 20 42°58'59.1"N, 17°12'20.4"E

Dubravica 34, HR-20250 Orebić, T +38 5204 54484, info@lavanda-camping.com, www.lavanda-camping.com

Jetzt online buchen / Réserver en ligne **pincamp.ch**

2 km P FKK 365

16 A

DE EN free

Durch die Zufahrtsstrasse zum Strand zweigeteilter Platz auf geneigtem, teils gestuftem Gelände im lichten Wald. / Terrain divisé en deux par la route d'accès à la plage, sur un terrain en pente, en partie étagé, dans une forêt clairsemée.

Preise/Nacht / Prix/nuit EUR 29.50–50, EUR 27–42, EUR 6.50, TAX, VISA

Bale «Camping Mon Perin» ★★★★★ www.pincamp.ch/HR1220 HR1220

7.4.–16.10. ha 35 30 T 403 S 200 M 265 45°01'11.9"N, 13°43'23.5"E

San Pol 1, HR-52211 Bale, T +38 5528 9400 21, info@monperin.hr, www.monperin.hr

6 km

16 A

DE EN EN free

Wiesengelände mit geringer bzw. ohne Bepflanzung. / Terrain de prairie avec peu ou pas de végétation.

Preise/Nacht / Prix/nuit EUR 23–72.40, EUR 23–64.60, EUR 6.50, VISA

Banjole «Arena Indije Campsite» *** www.pincamp.ch/HR1450 HR1450

27.4.–29.9. ha 19 m 20 T 401 S 49 M 72 44°49'26.5"N, 13°51'02.6"E

Indije 96, HR-52203 Banjole, T +38 5525 29400, arenaindije@arenacampsites.com, www.arenacampsites.com

Jetzt online buchen / Réserver en ligne **pincamp.ch**

1 km · 10 A · DE · EN · EN · free

Teilweise naturbelassenes, geneigtes Gelände. Terrassen und Geländestufen mit Natursteinmauern befestigt. / Terrain en partie naturel et en pente. Terrasses et marches du terrain consolidées par des murs en pierre naturelle.

Preise/Nacht / Prix/nuit EUR 22.41–53.20, EUR 22.40–46.20, EUR 7.20, TAX, VISA

Banjole «Centinera Resort & Camping» **** www.pincamp.ch/HR1460 HR1460

1.4.–28.10. ha 2 T 35 S 26 M 15 44°49'19.2"N, 13°51'19.2"E

Indije 1, HR-52100 Banjole, T +38 5525 26300, sales@centinera.com, www.centinera.com

0,1 km · 16 A · DE · EN · EN

Ausgedehntes, leicht geneigtes Gelände im steinigen, lichten Eichengehölz und auf einem Wiesenstreifen am Meer. / Vaste terrain légèrement en pente dans un bois de chênes clairsemé et rocailleux et sur une bande de prairie en bord de mer.

Preise/Nacht / Prix/nuit EUR 42–62, EUR 39–54, EUR 6.50, TAX, VISA

Buje «San Servolo Wellness Camping» ***** www.pincamp.ch/HR180 HR180

1.1.–31.12. ha 1,5 T 24 M 39 45°25'26.0"N, 13°40'34.5"E

Momjanska ulica 7, HR-52460 Buje, T +38 5527 72505, info@sanservoloresort.com, sanservoloresort.com

Jetzt online buchen / Réserver en ligne **pincamp.ch**

3 km · 365 · 16 A · DE · EN · EN · free

Geneigtes Wiesengelände mit Pinien und Olivenbäumen. Angrenzend weitläufiges Bungalowdorf. / Terrain de prairie en pente avec des pins et des oliviers. Vaste village de bungalows adjacent.

Preise/Nacht / Prix/nuit EUR 83–83, EUR 76–76, EUR 7, TAX, VISA

Červar «Naturist Camping Ulika» ★★★★ www.pincamp.ch/HR550 HR550

24.4.–29.9. ha 29 15 T 658 S 83 M 127 45°15'24.4"N, 13°34'57.5"E

Kolombera 1, HR-52449 Červar, T +38 5527 00700, booking@istracamping.com, www.istracamping.com/de/campingplatze/ulika

PIN CAMP

Jetzt online buchen / Réserver en ligne **pincamp.ch**

FKK

16A

DE EN EN free

Stellenweise geneigtes Gelände auf einer Landzunge. Teils in einem Pinienwald, teils auf einer Wiese. / Terrain incliné par endroits sur une langue de terre. En partie dans une forêt de pins, en partie dans une prairie.

Preise/Nacht / Prix/nuit EUR 24.30–57, EUR 24.30–48.90, EUR 9, TAX, VISA

Funtana «Camping Bijela Uvala» ★★★★ www.pincamp.ch/HR650 HR650

24.4.–29.9. ha 46 20 T 2220 S 200 M 649 45°11'18.3"N, 13°35'29.1"E

Ulica Bijela Uvala 1, HR-52452 Funtana, T +38 5527 00700, booking@istracamping.com, www.istracamping.com/de/campingplatze/bijela-uvala

0,9 km

16A

DE EN EN free

Leicht welliges Gelände in einem lichten Pinienwald. / Terrain légèrement ondulé dans une forêt de pins clairsemée.

Preise/Nacht / Prix/nuit EUR 25.80–65.10, EUR 25.80–56.10, EUR 9, TAX, VISA

Funtana «Polidor Camping Resort» ★★★★ www.pincamp.ch/HR700 HR700

1.1.–31.12. ha 2 17 T 79 M 45 45°11'25.2"N, 13°36'08.3"E

Bijela Uvala 12, HR-52452 Funtana, T +38 5993 1932 21, sinisa@campingpolidor.com, www.campingpolidor.com

PIN CAMP

Jetzt online buchen / Réserver en ligne **pincamp.ch**

0,2 km 0,8 km 365

16A

DE EN EN free

Zwei hügelige Waldstücke sowie felsiges Gelände auf einer baumfreien Halbinsel. / Deux parties boisées vallonnées ainsi qu'un terrain rocheux sur une péninsule sans arbres.

Preise/Nacht / Prix/nuit EUR 30.50–78.50, EUR 29–69, EUR 7, TAX, VISA

Funtana «Istra Premium Camping Resort» ★★★★★ www.pincamp.ch/HR750 HR750

28.3.–31.12. ha 37 M 40 T 514 S 14 M 457 45°10'28.9"N, 13°35'54.7"E

Ulica Grgeti 35, HR-52452 Funtana, T +38 5524 65000, reservations@valamar.com, www.camping-adriatic.com

PiN CAMP

Jetzt online buchen / Réserver en ligne **pincamp.ch**

0,8 km P 16 A DE EN EN free

Ruhiger Platz in der Bucht von Medulin. / Endroit calme dans la baie de Medulin.

Preise/Nacht / Prix/nuit EUR 43.63–122.89, EUR 43.63–110.89, EUR 8, TAX, VISA

Kanegra «Naturist Camping Kanegra» ★★★★ www.pincamp.ch/HR50 HR50

24.4.–29.9. ha 3 T 199 S 53 M 233 45°29'15.5"N, 13°33'34.5"E

Kanegra 2, HR-52470 Kanegra, T +38 5527 00700, booking@istracamping.com, www.istracamping.com/de/campingplatze/kanegra

10 km FKK 10 A DE EN EN free

Welliges, leicht geneigtes, naturbelassenes Gelände in einem Pinienwald. / Terrain ondulé, légèrement en pente, à l'état naturel, dans une forêt de pins.

Preise/Nacht / Prix/nuit EUR 19.70–51.30, EUR 19.70–44.90, EUR 7.20, TAX, VISA

Koromačno «Tunarica Sunny Camping» ★★★ www.pincamp.ch/HR1720 HR1720

26.4.–15.9. ha 3 M 20 T 120 S 11 44°58'09.6"N, 14°05'59.2"E

Tunarica 80, HR-52222 Koromačno, T +38 5524 65000, reservations@valamar.com, www.camping-adriatic.com

PiN CAMP

Jetzt online buchen / Réserver en ligne **pincamp.ch**

10 A DE EN EN free

Geneigtes, teilweise terrassiertes und weitgehend bewaldetes Gelände. Schattenloser Bereich an der Uferpromenade. / Terrain incliné, partiellement en terrasse et en grande partie boisé. Zone non ombragée le long de la rive.

Preise/Nacht / Prix/nuit EUR 26.92–36.83, EUR 23.92–32.93, EUR 3.30, TAX, VISA

Labin «Marina Camping Resort» ★★★★ www.pincamp.ch/HR1750 HR1750

29.3.–20.10. ha 5 ÜM 16 T 252 M 78 45°02'06.0"N, 14°09'22.0"E

Sv. Marina 30C, HR-52220 Labin, T +38 5524 65000, reservations@valamar.com, www.camping-adriatic.com

PIN CAMP

Jetzt online buchen / Réserver en ligne

pincamp.ch

10 km · 16 A · DE EN EN free

Gestuftes, leicht geneigtes Gelände, durch niedrige Bäume, Büsche und Sträucher aufgelockert. / Terrain étagé, légèrement en pente, aéré par des arbres bas, des buissons et des arbustes.

Preise/Nacht / Prix/nuit EUR 33.51–65.61, EUR 33.51–58.11, EUR 5.50, TAX, VISA

Mareda «Aminess Maravea Camping Resort» ★★★★★ www.pincamp.ch/HR300 HR300

19.4.–5.10. ha 27 ÜM 10 T 718 S 100 M 371 45°20'37.5"N, 13°32'52.1"E

Ulica Laguna 2, HR-52466 Mareda, T +38 5528 58690, camping@aminess.com, www.aminess-campsites.com

0,5 km · 16 A · DE EN EN free

Mehrfach gestuftes, geneigtes, durch Büsche und Bäume aufgelockertes Gelände. Weitgehend naturbelassen. / Terrain en pente à plusieurs niveaux, aéré par des buissons et des arbres. Largement laissé à l'état naturel.

Preise/Nacht / Prix/nuit EUR 36.97–83.83, EUR 36.96–74.33, EUR 8.50, TAX, VISA

Medulin «Arena Medulin Campsite» ★★★★ www.pincamp.ch/HR1600 HR1600

28.3.–6.10. ha 30 ÜM 15 T 932 S 17 M 121 44°48'51.5"N, 13°55'54.8"E

Osipovica 30, HR-52203 Medulin, T +38 5525 29400, arenamedulin@arenacampsites.com, www.arenacampsites.com

PIN CAMP

Jetzt online buchen / Réserver en ligne

pincamp.ch

0,3 km · P · 10 A · DE EN EN free

Geneigtes, terrassiertes Gelände in einem Eichenwald. / Terrain en pente et en terrasses dans une forêt de chênes.

Preise/Nacht / Prix/nuit EUR 29.31–63.40, EUR 29.30–55, EUR 7.20, TAX, VISA

Medulin «Arena Grand Kažela Campsite» ***** www.pincamp.ch/HR1650 HR1650

1.1.–31.12. ha 110 10 T 1183 S 25 M 436 44°48'24.7"N, 13°57'02.3"E

Kapovica 350, HR-52203 Medulin, T +38 5525 77277, arenakazela@arenacampsites.com, www.arenacampsites.com

PIN CAMP

Jetzt online buchen / Réserver en ligne pincamp.ch

0,1 km 365 16 A

DE EN EN free

Leicht geneigtes, mit Olivenbäumen, Weinreben und Sträuchern bestandenes Gelände oberhalb der Stadt. / Terrain légèrement en pente, planté d'oliviers, de vignes et d'arbustes, surplombant la ville.

Preise/Nacht / Prix/nuit EUR 30.41–72.10, EUR 30.40–63.20, EUR 7.80, TAX, VISA

Novigrad-Cittanova «Aminess Camping Sirena» ***** www.pincamp.ch/HR350 HR350

29.3.–3.11. ha 12 T 432 S 102 M 66 45°18'54.8"N, 13°34'32.8"E

Terre 6, HR-52466 Novigrad-Cittanova, T +38 5528 58670, camping@aminess.com, www.aminess-campsites.com

0,5 km 16 A

DE EN EN free

Teils terrassiertes, teils auch geneigtes Gelände, mit verschiedenartigen Bäumen und Pinien. / Terrain en partie en terrasses, en partie en pente, avec des arbres et des pins de différentes sortes.

Preise/Nacht / Prix/nuit EUR 34.75–79.39, EUR 31.75–69.09, EUR 8.50, TAX, VISA

Poreč «Camping Zelena Laguna» ★★★★★ www.pincamp.ch/HR600 HR600

24.4.–29.9. ha 18 20 T 725 S 151 M 83 45°11'50.9"N, 13°35'01.6"E

Zelena Laguna 24, HR-52440 Poreč, T +38 5527 00700, booking@istracamping.com, www.istracamping.com/de/campingplatze/zelena-laguna

PiN CAMP

Jetzt online buchen / Réserver en ligne pincamp.ch

0,8 km

10A

DE EN EN free

Kleiner Platz bei einer Hotelanlage. / Petite place près d'un hôtel.

Preise/Nacht / Prix/nuit EUR 25.30–63.30, EUR 25.30–54.30, EUR 9, TAX, VISA

Premantura «Arena Stupice Campsite» ★★★ www.pincamp.ch/HR1500 HR1500

28.3.–6.10. ha 26 20 T 1000 S 70 M 111 44°47'52.3"N, 13°54'49.2"E

Premantura bb, HR-52203 Premantura, T +38 5525 29400, arenastupice@arenacampsites.com, www.arenacampsites.com

PiN CAMP

Jetzt online buchen / Réserver en ligne pincamp.ch

0,1 km P

10A

DE EN EN free

Terrassiertes Gelände mit junger Bepflanzung. Standplatzflächen gekiest und durch niedrige Hecken gegliedert. / Terrain en terrasses avec une végétation jeune. Surfaces des emplacements gravillonnées et divisées par des haies basses.

Preise/Nacht / Prix/nuit EUR 21.81–52.20, EUR 21.80–44.70, EUR 7.20, TAX, VISA

Pula «Brioni Sunny Camping» ★★★★ www.pincamp.ch/HR1300 HR1300

26.4.–1.10. ha 10 · 10 · T 400 · S 55 · M 220 · 44°53'53.5"N, 13°48'29.2"E

Puntižela 155, HR-52107 Pula, T +38 5524 65000, reservations@valamar.com, www.camping-adriatic.com

Jetzt online buchen / Réserver en ligne pincamp.ch

0,3 km · 16 A · DE · EN · EN · free

Leicht geneigtes, stufiges Gelände überwiegend in einem lichten, hochstämmigen Pinienwald. / Terrain légèrement en pente, en gradins, principalement dans une pinède clairsemée à hautes tiges.

Preise/Nacht / Prix/nuit EUR 23.11–45.77, EUR 23.11–41.87, EUR 3, TAX, VISA

Pula «Arena Stoja Campsite» ★★★★ www.pincamp.ch/HR1350 HR1350

28.3.–31.12. ha 16 · 15 · T 722 · S 9 · M 80 · 44°51'34.8"N, 13°48'52.7"E

Stoja 37, HR-52100 Pula, T +38 5525 29400, arenastoja@arenacampsites.com, www.arenacampsites.com

Jetzt online buchen / Réserver en ligne pincamp.ch

0,1 km · P · 10 A · DE · EN · EN · free

Weitläufiges, überwiegend leicht geneigtes Wiesengelände, zumeist aufgelockert durch mittelhohe Bäume. / Vaste terrain de prairie, principalement légèrement en pente, généralement aéré par des arbres de hauteur moyenne.

Preise/Nacht / Prix/nuit EUR 24.51–60.50, EUR 24.50–51.80, EUR 7.80, TAX, VISA

Pula «Arena Runke Campsite» *** www.pincamp.ch/HR1510 HR1510

27.4.–29.9. ha 4 T 247 S 60 44°48'02.4"N, 13°54'33.8"E

Runke 60, HR-52100 Pula, T +38 5525 29400, arenarunke@arenacampsites.com, www.arenacampsites.com

Jetzt online buchen / Réserver en ligne **pincamp.ch**

2 km 16 A

Geneigtes, terrassiertes Gelände, teils im Eichenwald. / Terrain en pente et en terrasses, en partie dans une forêt de chênes.

Preise/Nacht / Prix/nuit EUR 19.81–47.50, EUR 19.80–40.60, EUR 6.40,

Pula «Arena Tašalera Campsite» *** www.pincamp.ch/HR1550 HR1550

27.4.–29.9. ha 9 T 312 S 40 M 5 44°48'50.7"N, 13°54'52.3"E

Runjačica 100, HR-52100 Pula, T +38 5525 29400, arenatasalera@arenacampsites.com, www.arenacampsites.com

Jetzt online buchen / Réserver en ligne **pincamp.ch**

3 km 10 A

Geneigtes, in Stufen angelegtes Gelände mit mittelhohen Bäumen. / Terrain en pente, aménagé en gradins, avec des arbres de hauteur moyenne.

Preise/Nacht / Prix/nuit EUR 16.11–39.80, EUR 16.10–33.50, EUR 6.40,

Rovinj «FKK-Camping Valalta» ***** www.pincamp.ch/HR1000 HR1000

27.4.–30.9. ha 120 10 T 857 S 675 M 646 45°07'22.0"N, 13°37'51.8"E

Cesta Za Valalta Lim, km 7, HR-52210 Rovinj, T +38 5528 04800, valalta@valalta.hr, www.valalta.hr

0,1 km FKK 16 A DE EN EN free

Terrassiertes Gelände auf einem Hügel umgeben von Weinbergen und Olivenhainen. / Terrain en terrasses sur une colline entouré de vignobles et d'oliveraies.

Preise/Nacht / Prix/nuit EUR 41–82.50, EUR 41–75.50, TAX, VISA

Rovinj «Camp Val Saline» ★★★★★ www.pincamp.ch/HR1020 HR1020

27.4.–30.9. ha 12 T 366 M 79 45°06'53.2"N, 13°37'45.6"E

Cesta za Valaltu – Lim 7a, HR-52210 Rovinj, T +38 5528 04850, camp@valsaline.hr, www.campvalsaline.hr

0,1 km 16 A free

Überwiegend ebenes, teils auch leicht geneigtes, geschottertes Gelände im niederstämmigen Laubwald. / Terrain principalement plat, parfois légèrement en pente, empierré, dans une forêt de feuillus à basses tiges.

Preise/Nacht / Prix/nuit EUR 41.50–76, EUR 41.50–68.50, TAX, VISA

Rovinj «Camping Amarin» ★★★★ www.pincamp.ch/HR1050 HR1050

26.4.–6.10. ha 16 üM 20 T 297 M 650 45°06'32.3"N, 13°37'08.8"E

Monsena 2, HR-52210 Rovinj, T +38 5528 02200, recepcija.amarin@maistra.hr, www.maistra.com

PiN CAMP

Jetzt online buchen / Réserver en ligne pincamp.ch

0,1 km

10A

DE EN EN free

Leicht geneigtes, teils naturbelassenes Gelände, mit Terrassen im lichten Olivenhain und Mischwald. / Terrain légèrement en pente, en partie naturel, avec des terrasses dans une oliveraie clairsemée et une forêt mixte.

Preise/Nacht / Prix/nuit EUR 31–92, EUR 31–92, EUR 7, VISA

Rovinj «Porton Nature Hideouts» ★★★ www.pincamp.ch/HR1100 HR1100

29.3.–4.11. ha 11 üM 30 T 310 M 138 45°05'46.9"N, 13°38'33.9"E

Porton Biondi 1, HR-52210 Rovinj, T +38 5528 13557, sales@porton.hr, www.porton.hr

0,1 km

16A

DE EN EN free

Terrassiertes Hanggelände mit Büschen und Bäumen (Schlepphilfe möglich). / Terrain en pente en terrasses avec des buissons et des arbres (aide au remorquage possible).

Preise/Nacht / Prix/nuit EUR 24–77.50, EUR 24–68, EUR 6, TAX, VISA

Rovinj «Camping Polari» ★★★★★ www.pincamp.ch/HR1150 HR1150

19.4.–6.10. ha 60 üM 10 T 1668 S 127 M 531 45°03'46.3"N, 13°40'29.5"E

Polari 1, HR-52210 Rovinj, T +38 5528 01501, polari@maistra.hr, www.maistra.com

PiN CAMP

Jetzt online buchen / Réserver en ligne pincamp.ch

0,5 km

16A

DE EN EN free

Naturbelassenes, teils terrassiertes Hanggelände im hochstämmigen Pinienwald, an der Bucht Bijar. / Terrain en pente naturel, en partie en terrasses, dans une forêt de pins à hautes tiges, au bord de la baie de Bijar.

Preise/Nacht / Prix/nuit EUR 29–87, EUR 29–87, EUR 7, VISA

Tar «Lanterna Premium Camping Resort» ★★★★★ www.pincamp.ch/HR400 HR400

19.4.–6.10. ha 83 m/ÜM 20 T 1375 S 124 M 1423 45°17'50.2"N, 13°35'39.3"E

Lanterna 1, HR-52465 Tar, T +38 5524 65000, reservations@valamar.com, www.camping-adriatic.com

PiN CAMP
Jetzt online buchen / Réserver en ligne
pincamp.ch

0,1 km · 16A · DE · EN · EN · free

Weitläufiges, leicht geneigtes Gelände im Pinienwald. / Vaste terrain légèrement en pente dans la pinède.

Preise/Nacht / Prix/nuit EUR 29.61–83.61, EUR 29.61–73.61, EUR 8, TAX,

Tar-Vabriga «Santa Marina Boutique Camping» ★★★★ www.pincamp.ch/HR500 HR500

19.4.–6.10. ha 4,5 T 134 M 137 45°17'15.8"N, 13°36'23.5"E

Santa Marina 12, HR-52465 Tar-Vabriga, T +38 5915 6348 80, info@santamarina-camping.com, www.santamarina-camping.com

PiN CAMP
Jetzt online buchen / Réserver en ligne
pincamp.ch

2 km · 0,8 km · 16A · DE · EN · EN

Hügeliges Pinienwaldgelände und freie Wiesenstücke auf einer Halbinsel mit schmalem Landzugang. / Terrain vallonné de pinèdes et de prairies libres sur une presqu'île avec un accès terrestre étroit.

Umag «Camping Stella Maris» ★★★★ www.pincamp.ch/HR150 HR150

24.4.–29.9. ha 5 m/ÜM 20 T 463 S 26 M 209 45°27'14.1"N, 13°31'19.1"E

Stella Maris 9A, HR-52470 Umag, T +38 5527 00700, booking@istracamping.com, www.istracamping.com/de/campingplatze/stella-maris

3 km · 0,4 km · 16A · DE · EN · EN · free

Lang gestrecktes, terrassiertes Gelände mit zahlreichen mittelhohen Bäumen. / Terrain allongé, en terrasses, avec de nombreux arbres de taille moyenne.

Preise/Nacht / Prix/nuit EUR 20.70–54.10, EUR 20.70–46.70, EUR 8.80, TAX,

Umag «Camping Park Umag» ★★★★★ www.pincamp.ch/HR250 HR250

24.4.–29.9. ha 120 m² 10 T 1868 S 127 M 871 45°22'02.6"N, 13°32'28.9"E

Ladin gaj 132a, HR-52470 Umag, T +38 5527 00700, booking@istracamping.com, www.istracamping.com/de/campingplatze/park-umag

2 km

10A

DE EN EN free

Überwiegend welliges, geneigtes, teils ebenes, naturbelassenes Gelände. / Terrain principalement ondulé, incliné, en partie plat et laissé à l'état naturel.

Preise/Nacht / Prix/nuit EUR 21.90–55.50, EUR 21.90–47.90, EUR 8, TAX, VISA

Vrsar «Camping Valkanela» ★★★★ www.pincamp.ch/HR800 HR800

19.4.–6.10. ha 56 m² 20 T 1537 S 230 M 750 45°09'55.7"N, 13°36'18.9"E

Valkanela 6, HR-52450 Vrsar, T +38 5524 06640, valkanela.camping@maistra.hr, www.maistra.com

1 km

16A

DE EN EN free

Überwiegend leicht geneigtes, naturbelassenes Gelände in einem Pinienwald auf einer Halbinsel und verbundenen Insel. / Terrain principalement légèrement en pente, à l'état naturel, dans une forêt de pins sur une péninsule et une île reliée.

Preise/Nacht / Prix/nuit EUR 26–81, EUR 26–81, EUR 7, VISA

Vrsar «Orsera Camping Resort» ★★★★ www.pincamp.ch/HR850 HR850

26.4.–1.10. ha 9 m² 20 T 462 S 74 M 74 45°09'20.1"N, 13°36'38.1"E

Sv. Martin 2/1#, HR-52450 Vrsar, T +38 5524 65000, reservations@valamar.com, www.camping-adriatic.com

1 km P

16A

DE EN EN free

Weitläufiges, naturbelassenes, teils ebenes, teils leicht geneigtes Gelände mit mittelhohen Laubbäumen und Pinien. / Vaste terrain naturel, en partie plat, en partie légèrement en pente, avec des arbres feuillus de taille moyenne et des pins.

Preise/Nacht / Prix/nuit EUR 30.73–61.87, EUR 25.23–50.77, EUR 7, TAX, VISA

Vrsar «Koversada Naturist Park» **** www.pincamp.ch/HR950 HR950

19.4.–6.10. ha 90 10 T 1670 S 220 M 423 45°08'32.4"N, 13°36'19.5"E

Koversada 2, HR-52450 Vrsar, T +38 5524 41378, koversada-camp@maistra.hr, www.maistra.com

Jetzt online buchen / Réserver en ligne
pincamp.ch

1,8 km P FKK 10A DE EN EN free

Mehrfach gestuftes Wiesengelände mit vereinzelten Bäumen und Sträuchern. Auf einer Halbinsel oberhalb des Meeres. / Terrain de prairie à plusieurs niveaux avec des arbres et des arbustes épars. Sur une presqu'île au-dessus de la mer.

Preise/Nacht / Prix/nuit EUR 29–64, EUR 29–64, EUR 7, VISA

Novalja «Terra Park Phalaris» **** www.pincamp.ch/HR3850 HR3850

27.4.–13.10. ha 5 T 149 S 5 M 71 44°34'50.3"N, 14°51'09.4"E

Škuncini stani 100, HR-53291 Novalja, T +38 5533 33555, sales@terrapark.hr, www.terrapark.hr/de/

5 km P 16A DE EN EN free

In Terrassen angelegtes und durch Natursteine, Grünstreifen und Büsche gegliedertes und eingefasstes Gelände mit Bäumen. / Terrain aménagé en terrasses, structuré et entouré de pierres naturelles, de bandes vertes et de buissons, avec des arbres.

Preise/Nacht / Prix/nuit EUR 29–63.50, EUR 25–54, EUR 10, TAX, VISA

Novalja «Camping Straško» ***** www.pincamp.ch/HR3900 HR3900

12.4.–13.10. ha 60 25 T 1356 S 86 M 688 44°32'19.0"N, 14°53'09.1"E

Trg Loža 1, HR-53291 Novalja, T +38 5536 61226, strasko@hadria.biz, www.campingstrasko.com

Jetzt online buchen / Réserver en ligne
pincamp.ch

0,5 km P 16A DE EN EN free

Leicht gestuftes Gelände mit junger Bepflanzung, vereinzelt auch älterem Baumbestand. / Terrain légèrement étagé avec des plantations jeunes, parfois des arbres plus anciens.

Preise/Nacht / Prix/nuit EUR 42.26–90.66, EUR 40.26–78.66, EUR 12, TAX, VISA

Baška «Baška Beach Camping Resort» ★★★★★ www.pincamp.ch/HR3450 **HR3450**

26.4.–6.10. ha 10,4 T 399 S 17 M 178 44°57'58.8"N, 14°44'44.9"E

Put Zablaća 40, HR-51523 Baška, T +38 5524 65000, reservations@valamar.com, www.camping-adriatic.com

PIN CAMP

Jetzt online buchen / Réserver en ligne **pincamp.ch**

1 km · 16A · DE · EN · EN · free

Von Wald umgebenes Gelände mit gekiesten Standplätzen, durch junge, noch niedrige Hecken parzelliert. / Terrain entouré de forêt avec des emplacements gravillonnés, parcellisé par de jeunes haies encore basses.

Preise/Nacht / Prix/nuit EUR 27.16–81.77, EUR 24.56–74.77, EUR 7.50, TAX, VISA

Baška «Bunculuka Camping Resort» ★★★★ www.pincamp.ch/HR3500 **HR3500**

26.4.–6.10. ha 4,7 25 T 313 S 20 M 53 44°58'09.6"N, 14°46'02.0"E

Kricin 30, HR-51523 Baška, T +38 5524 65000, reservations@valamar.com, www.camping-adriatic.com/bunculuka-naturist-camp-baska

PIN CAMP

Jetzt online buchen / Réserver en ligne **pincamp.ch**

1 km · FKK · 16A · DE · EN · EN · free

Leicht geneigtes Gelände im lichten Nadelwald. Blick auf Meer und Berge. / Terrain légèrement en pente dans une forêt de conifères clairsemée. Vue sur la mer et les montagnes.

Preise/Nacht / Prix/nuit EUR 31.69–74.96, EUR 28.79–68.16, EUR 6.60, TAX, VISA

Cres «Camping Kovačine» ★★★★★ www.pincamp.ch/HR2000 HR2000

22.3.–3.11. ha 27 · 10 · T 1102 · S 138 · M 282 · 44°57'46.5"N, 14°23'49.1"E

Melin I/20, HR-51557 Cres, T +38 5515 73150, campkovacine@kovacine.com, www.camp-kovacine.com

Jetzt online buchen / Réserver en ligne
pincamp.ch

2 km · FKK · 16A · DE · EN · EN · free

Durch eine Strasse zweigeteiltes, ebenes Wiesengelände mit einzelnen Bäumen. Separater Dauercamperbereich. / Terrain de prairie plat, divisé en deux par une route, avec quelques arbres. Aire de camping permanent séparée.

Preise/Nacht / Prix/nuit EUR 28–67.10, EUR 24.30–59.10, EUR 7.50, VISA

Dobrinj «Camping Slamni» ★★★★ www.pincamp.ch/HR3090 HR3090

26.4.–6.10. ha 0,8 · 13 · T 45 · S 2 · M 17 · 45°09'13.0"N, 14°37'04.6"E

Klimno 8a, HR-51514 Dobrinj, T +38 5518 53169, info@kampslamni.com.hr, www.kampslamni.com.hr

Jetzt online buchen / Réserver en ligne
pincamp.ch

0,5 km · P · 16A · DE · EN · EN · free

Der Campingplatz befindet sich auf der Halbinsel Rastovac im Grünen und ist auf drei Seiten vom Meer umgeben. / Le camping se trouve sur la presqu'île de Rastovac, dans un cadre verdoyant, et est entouré par la mer sur trois côtés.

Preise/Nacht / Prix/nuit EUR 27.80–71.50, EUR 27.80–64, EUR 7.50, TAX, VISA

Krk «Camping Glavotok» ★★★★ www.pincamp.ch/HR3110 HR3110

21.4.–15.10. ha 6 · T 250 · S 52 · M 31 · 45°05'37.8"N, 14°26'25.5"E

Glavotok 4, HR-51500 Krk, T +38 5518 67880, info@kamp-glavotok.hr, www.kamp-glavotok.hr

2 km · 10A · DE · EN · free

Weitläufiges Gelände, teils eben, meerwärts terrassiert. Pinien- und Eichenwald. Separater Platzbereich für Gäste mit Hund. / Vaste terrain, en partie plat, terrassé vers la mer. Forêt de pins et de chênes. Espace séparé pour les hôtes avec chien.

Preise/Nacht / Prix/nuit EUR 69.50, EUR 63.75, EUR 8, TAX, VISA

Krk «Camping Bor» **** www.pincamp.ch/HR3150 HR3150

1.1.–31.12. ha 2 35 T 201 S 10 45°01'21.0"N, 14°33'42.7"E

Crikveniča 10, HR-51500 Krk, T +38 5512 21581, info@camp-bor.hr, www.camp-bor.hr

PiN CAMP
Jetzt online buchen / Réserver en ligne
pincamp.ch

0,5 km 0,6 km P 365 10A DE EN EN free

Weitläufiges, geneigtes FKK-Gelände, teils gestuft, teils naturbelassen mit vielen Bäumen und Büschen. / Vaste terrain en pente, en partie étagé, en partie naturel avec de nombreux arbres et buissons.

Preise/Nacht / Prix/nuit EUR 19.65–41.80, EUR 19.65–33.30, EUR 5.30, TAX

Krk «Ježevac Premium Camping Resort» ***** www.pincamp.ch/HR3200 HR3200

22.3.–3.11. ha 11 30 T 459 S 48 M 173 45°01'07.7"N, 14°34'00.5"E

Plavnička 37, HR-51500 Krk, T +38 5524 65000, reservations@valamar.com, www.camping-adriatic.com

PiN CAMP
Jetzt online buchen / Réserver en ligne
pincamp.ch

0,2 km P 16A DE EN EN free

Geneigtes, lichtes Waldgelände. Durch Natursteinmauern terrassierte Stellflächen. Am Ortsrand. / Terrain forestier incliné et clair. Emplacements terrassés par des murs en pierre naturelle. En bordure du village.

Preise/Nacht / Prix/nuit EUR 35.71–93.50, EUR 35.71–84.50, EUR 7.50, TAX, VISA

Krk «Krk Premium Camping Resort» ***** www.pincamp.ch/HR3250 HR3250

12.4.–13.10. ha 11 10 T 337 S 13 M 145 45°01'28.3"N, 14°35'29.8"E

Narodnog preporoda 80, HR-51500 Krk, T +38 5524 65000, reservations@valamar.com, www.camping-adriatic.com

Jetzt online buchen / Réserver en ligne **pincamp.ch**

2 km 16A DE EN EN free

FKK-Anlage. Zwei von Felsen und bewaldeten Hängen umrahmte halbkreisförmige Platzteile. / Un complexe naturiste. Deux parties de terrain en demi-cercle encadrées par des rochers et des pentes boisées.

Preise/Nacht / Prix/nuit EUR 97.69, EUR 87.71, EUR 8, TAX, VISA

Lopar «San Marino Camping Resort» **** www.pincamp.ch/HR3700 HR3700

26.4.–1.10. ha 15 T 567 S 23 M 309 44°49'25.6"N, 14°44'13.7"E

Lopar 488, HR-51281 Lopar, T +38 5524 65000, reservations@valamar.com, www.camping-adriatic.com

Jetzt online buchen / Réserver en ligne **pincamp.ch**

0,5 km 16A DE EN EN free

Ruhiger, schöner und ländlicher Platz, abseits des Ortes. / Endroit calme, beau et rural, à l'écart du village.

Preise/Nacht / Prix/nuit EUR 26.22–68.41, EUR 23.92–63.11, EUR 6.20, TAX, VISA

Mali Lošinj «Camping Village Poljana» ★★★★ www.pincamp.ch/HR2450 HR2450

28.3.–4.11. ha 23,5 T 445 S 16 M 186 44°33'19.7"N, 14°26'30.7"E

Privlaka 19, HR-51550 Mali Lošinj, T +38 5512 31726, info@poljana.hr, www.campingpoljana.com

Jetzt online buchen / Réserver en ligne **pincamp.ch**

0,1 km FKK 16 A DE EN EN

Ebenes Gelände am Meer mit geringer, überwiegend noch junger Bepflanzung sowie einigen älteren Olivenbäumen. / Terrain plat au bord de la mer avec peu de végétation, en majorité encore jeune, ainsi que quelques oliviers plus âgés.

Preise/Nacht / Prix/nuit EUR 38–81, EUR 32.50–61, EUR 8.50, TAX, VISA

Mali Lošinj «Camping Čikat» ★★★★★ www.pincamp.ch/HR2500 HR2500

1.1.–31.12. ha 35 23 T 1411 S 173 M 303 44°32'09.9"N, 14°27'03.3"E

Čikat 6a, HR-51550 Mali Lošinj, T +38 5516 67573, info@camp-cikat.com, www.camps-cres-losinj.com

Jetzt online buchen / Réserver en ligne **pincamp.ch**

0,1 km P 365 16 A DE EN EN free

Lang gestrecktes und geneigtes, licht bewaldetes Gelände, durch niedrige Steinmauern, Büsche und Blumenschmuck strukturiert. / Terrain allongé et incliné, légèrement boisé, structuré par des murets de pierre, des buissons et des décorations florales.

Preise/Nacht / Prix/nuit EUR 36–70.10, EUR 30.80–58.20, EUR 7.30, TAX, VISA

Martinšćica «Camping Slatina» ★★★★ www.pincamp.ch/HR2100 HR2100

20.4.–1.10. ha 25 30 T 572 S 100 M 110 44°49'14.1"N, 14°20'26.2"E

Vidovići 30, HR-51556 Martinšćica, T +38 5516 61124, info@camp-slatina.com, www.camps-cres-losinj.com

PiN CAMP
Jetzt online buchen / Réserver en ligne
pincamp.ch

0,5 km FKK 16 A DE EN EN free

Zum Meer hin abfallendes, vielfach gestuftes, teils auch terrassiertes Gelände. / Terrain en pente vers la mer, souvent étagé, en partie aussi en terrasses.

Preise/Nacht / Prix/nuit EUR 23.90–53.50, EUR 20.40–46.20, EUR 6.90, TAX, VISA

Nerezine «Camping Bijar» ★★★★ www.pincamp.ch/HR2150 HR2150

20.4.–1.10. ha 5 20 T 198 S 47 M 26 44°41'58.5"N, 14°23'47.8"E

Osor bb, HR-51554 Nerezine, T +38 5512 37147, info@camp-bijar.com, www.camps-cres-losinj.com

PiN CAMP
Jetzt online buchen / Réserver en ligne
pincamp.ch

0,6 km P 16 A DE EN EN free

Terrassiertes Gelände in einem sich zum Meer hin öffnenden, felsigen Talkessel. Vereinzelt Pinien und Laubbäume. / Terrain en terrasses dans une cuvette rocheuse s'ouvrant sur la mer. Pins et arbres à feuilles caduques épars.

Preise/Nacht / Prix/nuit EUR 23.40–51.10, EUR 19.50–43.80, EUR 5.80, TAX, VISA

Nerezine «Naturist Camp Baldarin» **** www.pincamp.ch/HR2170 HR2170

20.4.–1.10. ha 23 m/ÜM 10 T 344 S 75 M 36 44°36'58.2"N, 14°30'30.1"E

Bokinic 66, HR-51554 Nerezine, T +38 5512 35680, info@camp-baldarin.com, www.camps-cres-losinj.com

Jetzt online buchen / Réserver en ligne
pincamp.ch

0,1 km FKK 16 A

Ebenes, sandiges Gelände mit Bäumen. Separater Platzteil für Gäste mit Hund. / Terrain plat et sablonneux avec des arbres. Partie d'emplacement séparée pour les hôtes avec chien.

Preise/Nacht / Prix/nuit EUR 23.40–51.10, EUR 19.50–43.80, EUR 6.90, TAX, VISA

Nerezine «Rapoća Camping Village» **** www.pincamp.ch/HR2200 HR2200

19.4.–7.10. ha 3,6 T 180 S 50 M 25 44°39'48.9"N, 14°23'50.8"E

Ul. Rapoća 21, HR-51554 Nerezine, T +38 5512 37145, rapoca@losinia.hr, www.losinia.hr

Jetzt online buchen / Réserver en ligne
pincamp.ch

0,5 km P 16 A

Teils mit lichten Baumgruppen bestandenes Wiesengelände. / Terrain de prairie en partie planté de groupes d'arbres clairsemés.

Preise/Nacht / Prix/nuit EUR 51, EUR 43, EUR 5, TAX, VISA

Nerezine «Lopari Camping Resort» **** www.pincamp.ch/HR2250 HR2250

29.3.–7.10. ha 30 T 600 S 22 M 100 44°40'51.7"N, 14°23'44.8"E

Lopari 1, HR-51554 Nerezine, T +38 5512 37127, lopari@losinia.hr, www.losinia.hr

Jetzt online buchen / Réserver en ligne
pincamp.ch

1 km

16 A

DE EN EN free

Mehrfach terrassiertes und Richtung Strand steileres Gelände. In einem lichten Pinienwald mit Olivenbäumen. / Terrain en terrasses multiples et plus pentu en direction de la plage. Dans une forêt de pins clairsemée avec des oliviers.

Preise/Nacht / Prix/nuit EUR 61.20, EUR 53, EUR 5, TAX, VISA

Njivice «Aminess Atea Camping Resort» ***** www.pincamp.ch/HR3070 HR3070

29.3.–3.11. ha 14 T 408 S 5 M 111 45°10'12.2"N, 14°32'48.8"E

Primorska cesta 30, HR-51512 Njivice, T +38 5528 58690, camping@aminess.com, www.aminess-campsites.com

Jetzt online buchen / Réserver en ligne
pincamp.ch

1,5 km

16 A

DE EN EN free

Ausgedehntes und überwiegend terrassiertes Gelände an einem Hang, mit zahlreichen Steineichen, Pinien und Blumenschmuck. / Terrain étendu et principalement en terrasses sur une pente, avec de nombreux chênes verts, pins et décorations florales.

Preise/Nacht / Prix/nuit EUR 37.76–68.57, EUR 37.76–61.37, EUR 8.50, TAX, VISA

Omišalj «Camping Omišalj» ★★★★★ www.pincamp.ch/HR3020 HR3020

1.1.–31.12. ha 8 T 300 M 135 45°14'00.5"N, 14°33'10.0"E

Vodotoč, HR-51513 Omišalj, T +38 5515 88390, omisalj@hadria.biz, www.campingomisalj.com

Jetzt online buchen / Réserver en ligne pincamp.ch

3 km 365 16A DE EN EN free

Schön angelegter Platz, direkt am Meer mit wunderschönem Ausblick, von Bergen umrahmt. / Terrain bien aménagé, directement au bord de la mer avec une vue magnifique, encadré par des montagnes.

Preise/Nacht / Prix/nuit EUR 35–78, EUR 35–70, EUR 11, TAX, VISA

Rab «Padova Premium Camping Resort» ★★★★★ www.pincamp.ch/HR3800 HR3800

19.4.–1.10. ha 7,5 10 T 277 S 15 M 142 44°45'08.8"N, 14°46'27.0"E

Banjol 496, HR-51280 Rab, T +38 5524 65000, reservations@valamar.com, www.camping-adriatic.com

Jetzt online buchen / Réserver en ligne pincamp.ch

1 km 16A DE EN EN free

Leicht abfallendes, teils welliges Wiesengelände mit wenigen jungen Bäumen sowie auch älterem Baumbestand. / Terrain en prairie légèrement incliné, en partie ondulé, avec quelques jeunes arbres ainsi que des arbres plus anciens.

Preise/Nacht / Prix/nuit EUR 28.25–85.44, EUR 25.85–79.84, EUR 6.20, TAX, VISA

Jezera «Camping Jezera Lovišća» **** www.pincamp.ch/HR5900 HR5900

30.3.-15.10. ha 15 UM 15 T 360 S 40 M 190 43°47'31.0"N, 15°37'38.5"E

Uvala Lovišća 1b, HR-22242 Jezera, T +38 5224 39600, sales@jezeravillage.com, www.camp-murter-kornati.com

Jetzt online buchen / Réserver en ligne **pincamp.ch**

0,4 km P 16A DE EN EN

Unterhalb der Küstenstrasse, direkt am Meer gelegen. / Situé en dessous de la route côtière, directement au bord de la mer.

Preise/Nacht / Prix/nuit EUR 33.60-63.10, EUR 30.60-55.60, EUR 8.50, TAX, VISA

Šibenik «Amadria Park Camping Šibenik» ***** www.pincamp.ch/HR6250 HR6250

1.4.-31.10. ha 7 T 307 M 271 43°41'57.4"N, 15°52'45.9"E

Hotelsko naselje Solaris bb, HR-22000 Šibenik, T +38 5223 61017, sibenik@amandriaparkcamping.com, www.amadriaparkcamping.com

0,1 km 16A DE EN EN free

Geneigtes Wiesengelände, teils gestuft, mit unterschiedlich hohen Bäumen. Standplätze überwiegend geschottert. / Terrain de prairie incliné, en partie étagé, avec des arbres de différentes hauteurs. Emplacements principalement empierrés.

Preise/Nacht / Prix/nuit EUR 46-102, EUR 38-84, EUR 10, TAX, VISA

Tisno «Olivia Green Camping» **** www.pincamp.ch/HR5880 HR5880

28.4.-29.10. ha 4 UM 10 T 60 S 5 M 61 43°48'44.2"N, 15°37'23.5"E

Put Jazine 328, HR-22240 Tisno, T +38 5916 0566 52, contact@oliviagreencamping.com, www.oliviagreencamping.com

Jetzt online buchen / Réserver en ligne **pincamp.ch**

2 km 16A DE EN free

Terrassiertes Hanggelände mit teils dichtem Bestand an Pinien und Olivenbäumen. / Terrain en pente en terrasses, en partie recouvert de pins et d'oliviers.

Preise/Nacht / Prix/nuit EUR 88, EUR 79, EUR 9, TAX, VISA

Podgora «Medora Orbis Camping & Glamping» ★★★★ www.pincamp.ch/HR6800 HR6800

28.4.–10.10. ha 1,5 T 44 M 28 43°14'02.3"N, 17°04'43.6"E

Put Sv. Vicenca bb, HR-21327 Podgora, T +38 5216 25377, orbis.reception@medorahotels.com, www.camping-makarska-riviera.com

Jetzt online buchen / Réserver en ligne pincamp.ch

0,5 km 16 A DE EN free

Terrassiertes, gekiestes Gelände mit spärlicher, noch junger Bepflanzung. Zwischen Strasse und Strand. / Terrain en terrasses, gravillonné, avec une végétation éparse et encore jeune. Entre la route et la plage.

Preise/Nacht / Prix/nuit EUR 60, EUR 54, EUR 6, TAX, VISA

Seget Vranjica «Amadria Park Camping Trogir» ★★★★ www.pincamp.ch/HR6520 HR6520

29.3.–31.10. ha 10 15 T 373 M 242 43°30'42.1"N, 16°11'38.8"E

Kralja Zvonimira 62, HR-21218 Seget Vranjica, T +38 5217 98228, trogir@amadriaparkcamping.com, www.amadriaparkcamping.com

Jetzt online buchen / Réserver en ligne pincamp.ch

0,3 km 16 A DE EN EN free

Leicht geneigtes, naturbelassenes Gelände im Pinienwald sowie eine Wiese mit höheren Bäumen. / Terrain légèrement en pente, naturel, dans la pinède, ainsi qu'une prairie avec des arbres plus hauts.

Preise/Nacht / Prix/nuit EUR 39–90, EUR 33–74, EUR 12, TAX, VISA

Stobreč «Camping Stobreč Split» ★★★★★ www.pincamp.ch/HR6630 HR6630

1.1.–31.12. ha 5 T 260 M 55 43°30'15.3"N, 16°31'34.2"E

Sv. Lovre 6, HR-21311 Stobreč, T +38 5213 25426, camping.split@gmail.com, www.campingsplit.com

0,1 km 365 16 A DE FR EN EN free

Gestuftes Gelände mit mittelhohen, im unteren Platzbereich etwas dichter stehenden Bäumen. / Terrain étagé avec des arbres de hauteur moyenne, un peu plus denses dans la partie inférieure de la place.

Preise/Nacht / Prix/nuit EUR 32.50–71, EUR 28.50–61, EUR 7.50, TAX, VISA

Supetar «Boutique Camping Bunja» ★★★★★ www.pincamp.ch/HR7060 **HR7060**

1.4.–31.10. ha 1 T 32 M 14 43°22'51.0"N, 16°34'43.0"E

Babin Laz, HR-21400 Supetar, T +38 5215 49547, booking@campingbunja.com, www.campingbunja.com

PIN CAMP

Jetzt online buchen / Réserver en ligne **pincamp.ch**

2,5 km 16A DE EN free

Zum Meer hin teils steil abfallendes, terrassiertes Gelände mit zahlreichen Olivenbäumen. In einer kleinen Bucht. / Terrain en terrasse en partie en pente raide vers la mer avec de nombreux oliviers. Dans une petite baie.

Preise/Nacht / Prix/nuit EUR 37–85, EUR 37–77, EUR 6, TAX, VISA

Biograd na Moru «Camp Park Soline» ★★★★ www.pincamp.ch/HR5640 **HR5640**

1.4.–15.10. ha 20 20 T 666 S 70 M 604 43°55'42.1"N, 15°27'18.5"E

Put Kumenta 16, HR-23210 Biograd na Moru, T +38 5233 83351, info@campsoline.com, www.campsoline.com

2 km P 16A DE EN EN free

Naturbelassenes, terrassiertes Gelände mit Bäumen, dazwischen vereinzelte ebene Wiesen. / Terrain naturel en terrasses avec des arbres, entrecoupé de quelques prairies plates.

Preise/Nacht / Prix/nuit EUR 37.90–73.70, EUR 32.90–64.70, EUR 9, TAX, VISA

Kolan «Camping Village Šimuni» ★★★★★ www.pincamp.ch/HR3950 **HR3950**

15.3.–15.11. ha 40 32 T 460 S 60 M 320 44°27'57.0"N, 14°58'01.4"E

Šimuni, HR-23251 Kolan, T +38 5236 97441, info@camping-simuni.hr, www.camping-simuni.hr

0,5 km P 16A DE EN EN free

Weit verzweigtes, zum Meer hin abfallendes Gelände, teils mit jungen, teils mit älteren Bäumen. / Terrain largement ramifié, descendant vers la mer, en partie avec de jeunes arbres, en partie avec des arbres plus âgés.

Preise/Nacht / Prix/nuit EUR 19.50–91.50, EUR 19.50–84, EUR 9.50, TAX, VISA

Pakoštane «Camping Kozarica» **** www.pincamp.ch/HR5680 HR5680

6.4.-31.10. ha 7,3 10 T 442 S 23 M 154 43°54'40.1"N, 15°29'58.7"E

Brune Bušića 43, HR-23211 Pakoštane, T +38 5233 81070, kozarica@adria-more.hr, www.adria-more.hr

0,3 km 16A DE EN EN

Überwiegend ebenes, durch zahlreiche Neuanpflanzungen gegliedertes Gelände auf einer kleinen Halbinsel. / Terrain principalement plat, divisé par de nombreuses nouvelles plantations, sur une petite presqu'île.

Preise/Nacht / Prix/nuit EUR 23.80-61.80, EUR 23.80-54.80, EUR 9, TAX, VISA

Pakoštane «Camp Vransko Jezero Crkvine» **** www.pincamp.ch/HR5650 HR5650

1.4.-15.10. ha 6,5 T 180 M 18 43°55'50.2"N, 15°30'34.3"E

Crkvine 2, HR-23211 Pakoštane, T +38 5916 0101 50, info@vranalake.hr, www.vranalake.hr

PIN CAMP

Jetzt online buchen / Réserver en ligne pincamp.ch

2 km P 16A DE EN free

Lang gezogenes Terrassengelände mit Pinien und Olivenbäumen. Separater Platzteil mit Mietunterkünften. / Terrain en terrasses étendu avec des pins et des oliviers. Partie de terrain séparée avec des hébergements de location.

Preise/Nacht / Prix/nuit EUR 25-50, EUR 25-43, EUR 7, TAX, VISA

Zaton «Zaton Holiday Resort» ***** www.pincamp.ch/HR5200 HR5200

20.4.-5.10. ha 30 10 T 910 M 600 44°13'41.1"N, 15°10'09.0"E

Dražnikova 76 t, HR-23232 Zaton, T +38 5232 80215, camping@zaton.hr, www.zaton.hr

PIN CAMP

Jetzt online buchen / Réserver en ligne pincamp.ch

1,5 km 16A DE EN free

Terrasiertes naturbelassenes Gelände mit verschiedenen Bäumen und mittelhohen Pinien. / Terrain naturel en terrasses avec différents arbres et des pins de taille moyenne.

Preise/Nacht / Prix/nuit EUR 44.10-107.60, EUR 37.90-93, EUR 11, TAX, VISA

ORTSCHAFTSVERZEICHNIS A–Z
RÉPERTOIRE DES LOCALITÉS DE A À Z

Süddeutschland / Allemagne du Sud

Italien / Italie

Frankreich / France

Der kleine Camping-Knigge

Freiheit pur auf dem Campingplatz? Nicht ganz!

Ganz ohne Regeln geht es leider nicht. Für ein harmonisches Miteinander muss man sich auch auf dem Campingplatz an gewissen Regeln halten.

Willkommen
Camper sind gesellig und kontaktfreudig, man grüsst sich und ist per Du.

Ruhezeiten
Die meisten Campingplätze haben angeordnete Ruhezeiten. Das bedeutet, dass Sie in dieser Zeit mit Ihrem Fahrzeug nicht ins oder aus dem Gelände fahren und weder ein- noch auschecken können. Die Schranken sind in dieser Zeit geschlossen.

Nachtruhe
Beachten Sie die Nachtruhezeit auf dem jeweiligen Campingplatz. Sprechen Sie leise, hören Sie Musik in gemässigter Lautstärke und vermeiden Sie lautes Gegröle während der Nachtruhe-Zeit.

Sauberkeit und Abfall
Egal wo, ob auf Ihrem Stellplatz, am Grill, im Sanitärgebäude oder auf der Strandwiese: sammeln Sie Ihren Abfall immer ein und entsorgen sie ihn an dafür vorgesehenen Stationen!

Nehmen Sie Rücksicht auf Ihre Nachbarn
Beachten Sie die Abstandsvorschriften zu der Nachbarsparzelle. Nutzen Sie bitte auch die offiziellen Wege auf dem Campingplatz, nehmen Sie keine Abkürzung über die Parzelle eines anderen Campinggastes.

Hunde an der Leine führen
Hundeleinen-Pflicht gilt praktisch allen Campingplätzen. Leinen Sie Ihren Vierbeiner auch auf Ihrer Parzelle an.

Geschirr spülen im Gemeinschaftsgebäude
Für das Geschirrspülen hat es immer separate Waschbecken – waschen Sie ihr Geschirr dort und nicht in Lavabos im Hygienebereich. Säubern Sie das Abwaschbecken bevor Sie gehen.

Stosszeiten im Gemeinschafts-Sanitärgebäude
Verzichten Sie während Stosszeiten auf ausgiebige Duschen und auf eine in die Länge gezogene Abend – oder Morgentoilette. Und: der Blick zurück gehört auch hier dazu!

Vollständiger Artikel auf:
camping-insider.ch/knigge

Le guide du savoir-vivre au camping

Le camping, un espace de liberté sans limites? Pas tout à fait!

Sans un minimum de règles, il est impossible de cohabiter harmonieusement: au camping, comme partout, chacun doit respecter certaines règles.

Bienvenue
Les campeurs sont des gens sociables, qui ont le contact facile: on se salue et on se tutoie.

Heures de repos
La plupart des campings disposent de règles concernant les heures de repos. Il se peut que, durant cette période, vous ne puissiez pas pénétrer avec votre véhicule dans l'enceinte du camping ni accomplir les formalités d'enregistrement ou de fin de séjour. Les barrières du camping sont alors baissées.

Repos nocturne
Tenez compte des horaires de repos nocturne sur le camping. Parlez à voix basse, respectez un volume sonore modéré si vous écoutez de la musique et évitez d'être bruyant/e durant les heures de repos nocturne.

Propreté et déchets
Où que vous soyez – sur votre emplacement, près du barbecue, dans les sanitaires ou sur la plage –, ramassez toujours vos déchets et jetez-les aux endroits prévus à cet effet!

Respecter vos voisins de camping
Respectez les règles de distance entre les emplacements. Empruntez les voies et les chemins officiels dans le camping et ne prenez pas de raccourci en passant par l'emplacement d'un autre client.

Tenir les chiens en laisse
Dans presque tous les campings, les chiens doivent être tenus en laisse. Veuillez également attacher votre animal quand il se trouve sur votre emplacement.

Faire la vaisselle dans le bâtiment collectif
Des éviers séparés sont réservés au lavage de la vaisselle. Merci de faire votre vaisselle à cet endroit et non dans les lavabos destinés à la toilette. N'oubliez pas de laver l'évier avant de repartir.

Article complet sur:
camping-insider.ch/savoir-vivre

Mit dem Wohnmobil durch die Schweiz

Was Wohnmobil-Lenker beachten müssen

Die Freiheit auf vier Rädern, das Abenteuer ruft. Das Reisen im Wohnmobil erfreut sich einer immer grösseren Nachfrage, Jahr für Jahr steigen die Zahlen der Inverkehrssetzungen von Wohnmobilen, auch in der Schweiz. Immer mehr Menschen möchten diese unkomplizierte Art des Reisens erleben: man ist mobil, frei und unabhängig. Dort wo es einem gefällt lässt man sich nieder. Man bleibt länger oder fährt nach ein paar Tagen dem nächsten Abenteuer entgegen.

Höchstgeschwindigkeiten für Wohnmobile

Wohnmobile bis 3,5 t Gesamtgewicht:
- 80 km/h ausserorts
- 100 km/h auf Autostrassen
- 120 km/h auf Autobahnen

Wohnmobile über 3,5 t Gesamtgewicht:
- 80 km/h ausserorts
- 100 km/h auf Autostrassen
- 100 km/h auf Autobahnen

Was muss ich im Wohnmobil mitführen?
- Führerausweis (Der Schweizer Führerausweis erlaubt das fahren von Fahrzeugen bis dreieinhalb Tonnen – Achtung: Gesamtgewicht!)
- Fahrzeugausweis
- Abgasdokument (gilt für Fahrzeuge ohne OBD-Fehlerspeicher)
- Pannendreieck
- Autobahnvignette

Empfehlenswert:
- Leuchtwesten
- Notfallapotheke
- Ersatzlampen

Hinweis: Licht am Tag ist obligatorisch für alle Fahrzeuge (ausser Mofas, E-Bikes und Velos).

Vignettenpflicht für Fahrzeuge und Anhänger bis 3,5 t
Die Vignette kostet CHF 40.– und ist im jeweiligen Kalenderjahr gültig (1.1.–31.12.). Es gibt keine anderen Vignetten in der Schweiz. Bei Fahrzeugen und Anhängern über 3,5 t ist die Schwerverkehrsabgabe fällig.

Vollständiger Artikel auf:
camping-insider.ch/wohnmobilschweiz

En camping-car à travers la Suisse

Que doit-on savoir en matière de conduite de camping-car

En avant pour la liberté sur quatre roues, l'aventure vous appelle! Les voyages en camping-car font l'objet d'une forte demande; le nombre de mises en circulation de camping-cars augmente chaque année, en Suisse également. Les gens sont toujours plus nombreux à vouloir profiter des avantages de cette manière de voyager: mobilité, liberté et indépendance. On pose ses valises à l'endroit qui nous plait. On y reste pour de bon ou on lève l'ancre après quelques jours pour de nouvelles aventures.

Vitesses maximales autorisées pour les camping-cars

Modèles inférieur à 3,5 t de poids total en charge:
- 120 km/h sur les autoroutes
- 100 km/h sur les semi-autoroutes
- 80 km/h hors agglomération

Modèles supérieur à plus de 3,5 t de poids total en charge:
- 100 km/h sur les autoroutes
- 100 km/h sur les semi-autoroutes
- 80 km/h hors agglomération

Que doit-on obligatoirement emporter avec soi dans le camping-car?
- permis de conduire
- permis de circulation
- fiche antipollution (s'applique aux véhicules sans système OBD de diagnostic embarqué)
- triangle de signalisation
- vignette autoroutière (pour circuler sur les autoroutes)

Recommandé:
- gilet réfléchissant
- trousse de secours
- ampoules de rechange

Remarque: l'éclairage diurne est obligatoire pour tous les véhicules (hormis les cyclomoteurs, les vélos électriques et les vélos).

Vignette obligatoire pour les véhicules et les remorques jusqu'à 3,5 t
La vignette coûte CHF 40.– et est valable durant l'année civile respective (du 1.1 au 31.12) Il n'existe pas d'autres vignettes en Suisse. La redevance sur le trafic des poids lourds est due pour les véhicules et les remorques de plus de 3,5 t.

Article complet sur:
camping-insider.ch/camping-carsuisse

Wild campen in der Schweiz

Wo ist es erlaubt, wo verboten?

Von Gesetzes wegen ist wild campen in der Schweiz nicht verboten, aber es gibt viele Einschränkungen. Die gesetzlichen Bestimmungen sind Sache der Kantone, häufiger aber sogar Sache der Gemeinden. Es kann innerhalb eines Kantons also Unterschiede geben.

Generell erlaubt ist:

- Einzelne Übernachtungen (nicht in Gruppen) im Gebirge, oberhalb der Waldgrenze (bei mehreren Übernachtungen tagsüber das Zelt wieder abbauen)
- Auf Privatgrundstücken mit Erlaubnis des Grundstückbesitzers
- Not-Biwakieren

Tipp:
Gehen Sie auf Nummer sicher und erkundigen Sie sich immer vor Ort!

Erkundigen Sie sich direkt bei der Gemeindeverwaltung, im Tourismusbüro vor Ort, beim nächsten Hüttenwart in den Bergen oder direkt beim Landeigentümer, wenn:

- Sie Ihr Zelt ausserhalb eines offiziellen Campingplatzes aufschlagen wollen
- Sie Ihr Wohnmobil ausserhalb eines Campingplatzes oder eines offiziellen Stellplatzes über Nacht parken

Wenn Sie im Internet suchen, finden Sie die Angaben teilweise unter der Camping-Verordnung, dem Camping-Reglement, der Polizeiverordnung oder dem Polizeigesetz der entsprechenden Gemeinden.

Generell verboten ist:

- Campieren in Naturschutzgebieten
- Campieren im Schweizerischen Nationalpark
- Campieren in eidgenössischen Jagdbanngebieten
- Campieren in Wildruhezonen
- Campieren dort, wo ein allgemeines Betretungsverbot herrscht

Verhalten beim wild Campieren

- Respektieren Sie die Natur, wählen Sie einen geeigneten Ort
- Seien Sie rücksichtsvoll gegenüber den Wildtieren, vermeiden Sie Lärm
- Hinterlassen Sie den Ort so, wie Sie ihn vorgefunden haben
- Nehmen Sie allen Abfall mit
- Entfachen Sie kein Feuer, es ist gefährlich und stört die Tierwelt

Vollständiger Artikel auf:
camping-insider.ch/wildcampen

Faire du camping sauvage en Suisse

Autorisé ou interdit?

En Suisse, le camping sauvage n'est pas interdit par la loi, mais il existe de nombreuses restrictions. Les dispositions légales relèvent du canton, voire le plus souvent des communes. Au sein d'un même canton, il peut donc y avoir des différences.

En général, il est possible de:
- dormir une nuit (pas en groupe) en montagne, au delà de la limite des forêts (pour plusieurs nuits, démonter la tente chaque jour)
- sur un terrain privé avec l'autorisation du propriétaire
- bivouac d'urgence

Astuce:
Jouez la carte de la sécurité et renseignez-vous sur place!

Renseignez-vous directement auprès de l'administration communale, de l'office de tourisme local, du gardien de refuge de montagne le plus proche ou directement auprès du propriétaire du terrain, si:
- vous voulez monter votre tente en dehors d'un terrain de camping officiel
- vous voulez passer la nuit dans votre camping-car en dehors d'un camping ou d'un parking officiel

Si vous faites une recherche sur Internet, vous trouverez en partie les informations souhaitées sous «règlement de camping», «dispositions sur le camping» ou «ordonnance sur la police», voire dans la loi sur la police des communes respectives.

Il est en général interdit de:
- camper dans les réserves naturelles
- camper dans le Parc national suisse
- camper dans les districts francs fédéraux
- dans les zones de tranquillité de la faune sauvage
- camper là où l'accès est interdit

Bien se comporter lorsque vous faites du camping sauvage
- respectez la nature, choisissez un lieu approprié
- faites attention aux animaux sauvages, évitez de faire du bruit
- laissez le site dans le même état que celui dans lequel vous l'avez trouvé
- emportez vos déchets
- ne faites pas de feu, c'est dangereux et cela perturbe la faune

Article complet sur:
camping-insider.ch/campingsauvage

Fahrzeug vor Abreise prüfen

Fahrzeug und Wohnwagen prüfen

Worauf muss ich vor der Abreise in die Campingferien achten?
Vermeiden Sie unnötige Gefahren und böse Überraschungen unterwegs. Bevor die Reise losgeht: prüfen Sie Ihr Fahrzeug, Ihr Wohnmobil oder Ihren Wohnwagen vor der Abfahrt genau.

Vor der Abfahrt- Fahrzeug, bzw. Zugfahrzeug prüfen
- Funktionieren die Lichter, Blinker, Scheibenwischer?
- Ist genügend Motorenöl vorhanden?
- Sind Scheibenwischerblätter und -wasser in Ordnung?
- Warnweste und Pannendreieck vorhanden?
- Sind alle nötigen Fahrzeug- und Versicherungs-Papiere vorhanden/aktuell?
- Ist die grüne Versicherungs-Karte (evt. auch ein europäisches Unfallprotokoll) vorhanden?
- Haben Sie an den Ersatzschlüssel gedacht?
- Gasvorrat prüfen
- Reifendruck und Reifenprofil prüfen
- Seiten- und Rückspiegel prüfen, für Wohnwagen Zusatzspiegel anbringen

Vor der Abreise in die Campingferien mit einem Wohnwagen-Gespann
- Alle Anschlüsse und Verbindungen zwischen Zugfahrzeug und Wohnwagen prüfen
- Funktionskontrolle von Beleuchtung und Blinker an Zugfahrzeug und Wohnwagen
- Ausgewogene Lastverteilung im Wohnwagen
- Die Ladung ist gegen Verrutschen gesichert
- Reifendruck anpassen, inkl. Reserverad: Hinterräder am Zugfahrzeug 0,3 bis 0,5 bar über den Sollwert pumpen. Reifendruck beim Anhänger in der Regel 3,5 bis 4,0 bar
- Prüfen ob alle Türen, Fenster und Dachluke am Wohnwagen verschlossen sind
- Sind die Spiegel an den Kotflügeln des Zugfahrzeuges korrekt eingestellt?
- Scheinwerfer des Zugfahrzeuges auf Anhängerbetrieb einstellen

Vor der Abreise zurück nach Hause
- Gas abdrehen
- Strom abtrennen, Kabel einrollen
- Markise einfahren
- Keile entfernen und verstauen
- Wasser- und Abwasserbehälter leeren und verstauen
- Alle Antennen abtrennen/einklappen
- Fahrzeugkabel anschliessen (damit Rücklichter funktionieren)
- Alle Türen und Ladeklappen schliessen und prüfen

Vollständiger Artikel auf:
camping-insider.ch/pruefen

Vérification du véhicule

Vérification correcte du véhicule et de la caravane

Check-list pour contrôler correctement votre véhicule et votre caravane
Évitez les dangers inutiles et les mauvaises surprises en déplacement. Contrôlez minutieusement votre véhicule et votre caravane avant le départ

Avant de partir – vérification du véhicule et du véhicule tracteur
- les feux, clignotants, essuie-glaces, fonctionnent-ils?
- le niveau d'huile moteur est-il suffisant?
- les balais d'essuie-glaces et le liquide lave-glace sont-ils en ordre?
- le gilet de sécurité et le triangle de présignalisation sont-ils disponibles?
- les papiers du véhicule et documents d'assurance sont-ils disponibles et à jour?
- la carte verte est-elle disponible?
- avez-vous pensé à la clé de rechange?
- contrôler la réserve de gaz
- contrôler la pression et le profil des pneus
- contrôler les rétroviseurs latéraux et intérieur, s'équiper de rétroviseurs supplémentaires pour la caravane

Avant de partir avec une caravane
- contrôler tous les raccordements et connexions entre le véhicule tracteur et la remorque
- vérifier le bon fonctionnement du dispositif d'éclairage et des clignotants du véhicule tracteur et de la remorque
- veiller à une répartition équilibrée de la charge dans la remorque, arrimer la charge contre tout risque de glissement
- adapter la pression des pneus, roue de secours incluse. Corriger la pression des pneus: de 0,3 à 0,5 bar en plus de la norme pour les pneus arrière du véhicule tracteur. Les pneus de la remorque ont en général une pression de 3,5 à 4 bars.
- régler les phares du véhicule tracteur en tenant compte de la conduite avec remorque

Avant de partir à la maison après les vacances
- atteler la remorque
- découpler le dispositif de manœuvre du pneu
- enlever et ranger les cales et les plaques
- relâcher le frein à main de la caravane
- connecter le câble du véhicule et contrôler l'éclairage et les clignotants de la caravane
- relever les béquilles et la roue d'attelage
- fixer correctement la corde de sécurité

Article complet sur:
camping-insider.ch/controle

Camping Grundausstattung

Nützliche Checklisten für die Campingferien

Was darf auf keinen Fall bei der Grundausstattung für die Campingferien fehlen? Für alle Abenteurer, die das erste Mal Campingferien machen, sei es mit Wohnmobil, Wohnwagen oder vielleicht in einer gemieteten Unterkunft auf dem Campingplatz, haben wir nützliche Pack- und Checklisten für die Erstausstattung zusammengestellt, damit Sie die ersten Campingferien mit der richtigen und kompletten Ausrüstung so richtig geniessen können.

Wohnwagen oder Wohnmobil

Im Fahrzeug
- Führer- und Fahrzeugausweis (Tipp: nehmen Sie zusätzliche Kopien mit)
- Pannendreieck
- Leuchtweste
- Ersatzlampen
- Abgas-Dokumente
- Autobahn-Vignette
- Notfall-Apotheke
- Warntafel

Vor Ort
- Gasflaschen
- Stützfüsse
- Deichselschloss/Deichselhaube
- Unterlage-Platten und Keile
- Kanister oder Giesskanne zum Auffüllen
- Abwassertank und -schlauch
- Trinkwasser Entkeimer
- Kabelrolle
- Heringe (auch für festen Boden)
- Hammer und diverses Werkzeug
- Sonnenblende für Wohnmobil-Frontscheibe
- Sonnenschirm
- Markise
- Campingtisch und -stühle
- Liegestuhl
- Schlafsack
- Decken und Kissen
- Stufen-Tritt
- Aussenlampe
- Wasserschlauch

Weitere Checklisten finden Sie im Online-Artikel:
- Nützliches im Campinggepäck
- Geschirr und Küche
- Waschen und Putzen
- Für das Barbecue
- Kleidung
- Körperhygiene

Vollständiger Artikel auf:
camping-insider.ch/grundausstattung

Équipement de base pour le camping

Check-lists utiles pour vos vacances en camping

Quel est l'équipement de base qu'il ne faut surtout pas oublier pour vos vacances en camping? Pour tous les aventuriers qui passent leurs premières vacances en camping – que ce soit dans un camping-car, une caravane voire dans un logement loué dans un camping – nous avons compilé des check-lists utiles pour le matériel de base afin que vous puissiez profiter pleinement de vos premières vacances en camping avec l'équipement adequat et complet.

Caravane ou camping-car

Dans le véhicule

- permis de conduire et document d'immatriculation du véhicule (conseil: emportez avec vous quelques photocopies de ces documents)
- triangle de signalisation
- gilet réfléchissant
- ampoules de rechange
- fiche d'entretien du système antipollution
- vignette autoroutière
- trousse de secours
- panneau d'avertissement

Sur place

- bouteilles de gaz
- béquilles de soutien
- antivol/capuchon de protection pour tête d'attelage
- plaques de base et cales
- bidon ou arrosoir pour le remplissage
- réservoir d'eaux usées et tuyau flexible
- purificateur d'eau potable
- enrouleur de câble
- sardines (également pour sol dur)
- marteau et outils divers
- pare-soleil pour pare-brise de camping-car
- parasol
- store
- table et chaises de camping
- chaise longue
- sac de couchage
- couvertures et oreillers
- marchepied
- lampe extérieure
- tuyau d'arrosage

Vous trouverez d'autres check-lists dans l'article en ligne:

- articles utiles dans vos bagages de camping
- vaisselle et cuisine
- lavage et nettoyage
- pour le barbecue
- vêtements
- hygiène corporelle

Article complet sur:
camping-insider.ch/equipementdebase

Impressum / Mentions légales

75. Auflage / Edition 2024

Herausgeber / Editeur

Touring Club Schweiz
TCS Camping Services
Chemin de Blandonnet 4
CH-1214 Vernier
camping-insider@tcs.ch
www.camping-insider.ch

Texte / Textes

TCS Camping Services, Schweiz Tourismus / Suisse Tourisme, swisscamps – Verband Schweizerischer Campings / swisscamps – Association Suisse des Campings, PiNCAMP | ADAC Camping GmbH

Fotos / Photos

TCS Camping, TCS Camping Services, swisscamps – Verband Schweizerischer Campings / swisscamps – Association Suisse des Campings, PiNCAMP | ADAC Camping GmbH

Daten

Schweiz: TCS Camping Services
Europa: PiNCAMP | ADAC Camping GmbH, TCS Camping Services

Titelbild / Photo de couverture

Aminess Atea Camping Resort, Insel Krk, Kroatien – www.aminess-campsites.com ©Siniša Gulić/Nomentas

Redaktion / Rédaction

TCS Camping Services

Anzeigenleitung / Réalisation et gestion des annonces

TCS Camping Services

Gestaltung / Conception

AQA AG,
CH-8800 Thalwil

Karten / Cartes

Hallwag Kümmerly+Frey AG,
CH-3322 Schönbühl

Druck / Impression et reliure

Vogt-Schild Druck AG,
CH-4552 Derendingen

printed in **switzerland**

Preis / Prix

CHF 23.90, ISBN: 978-3-8283-1069-8
CHF 16.90 TCS Camping Mitglieder / Membres

Referenz TCS / Référence TCS

B-276893
B-276894 TCS Camping Mitglieder / Membres

Hinweise

Neutrale Auswahl: Die redaktionelle Beschreibung eines Campingplatz ist kostenlos. Für die Verwaltungskosten sowie Textbearbeitung werden keinerlei Beiträge verlangt. Eine Verpflichtung gegenüber den Campingbetrieben besteht nicht.

Die Bildrechte für die Abbildungen der Campingplätze, Grundeinträge und die werblichen Anzeigen liegen bei den jeweiligen Betrieben. Für das von den Betrieben zur Verfügung gestellte Bildmaterial übernimmt der Herausgeber keinerlei Haftung, insbesondere urheberrechtlicher, leistungsrechtlicher oder persönlichkeitsrechtlicher Art.

Die im Campingführer enthaltenen Daten basieren auf den bei Redaktionsschluss erhaltenen Angaben der Campingbetriebe. Der Herausgeber kann keine Gewähr für die Richtigkeit der Angaben in den Grundeinträgen und den werblichen Anzeigen übernehmen. Dies gilt auch für die richtige Platzierung der Einträge auf Karten und die Reihenfolge der Einträge und Anzeigen. Für fehlerhafte und unvollständige Angaben wird jegliche Haftung des Herausgebers ausgeschlossen, die Benutzung des Campingführers erfolgt auf eigenes Risikos. Wir empfehlen Ihnen in jedem Fall vor Reservierung beziehungsweise vor Anreise eine direkte Kontaktaufnahme mit dem jeweiligen Campingplatz.

Nota bene

Neutralité de la sélection: Le descriptif d'un camping est gratuit. Aucune contribution n'est demandée pour les frais de gestion ou de traitement du texte. Le référencement n'implique aucun engagement envers les exploitants des campings.

Les droits de reproduction graphique pour les photos des campings, informations de base et annonces publicitaires sont détenus par les entreprises en question. L'éditeur décline toute responsabilité pour le matériel iconographique mis à disposition par les entreprises, en particulier pour ce qui est de la responsabilité concernant les droits d'auteur, de prestation ou de la personnalité.

Les informations figurant dans le guide des campings se fondent sur les données fournies par les campings au moment de la clôture de la rédaction. L'éditeur ne peut se porter garant de la pertinence des informations fournies dans les données de base et les annonces publicitaires. Ceci est également valable pour le placement correct des données sur les cartes ainsi que l'ordre chronologique des informations et des annonces. L'éditeur décline toute responsabilité pour les informations erronées ou incomplètes; l'utilisation du guide de campings s'effectue aux risques de l'utilisateur. Nous vous recommandons ainsi dans tous les cas une prise de contact directe avec le camping en question avant d'effectuer votre réservation ou précédant votre arrivée.